法学教育研究

Legal Education Research

2022 第三十九卷 范九利 主编

法律出版社
LAW PRESS·CHINA
——北京——

CSSCI来源集刊

《法学教育研究》已许可中国学术期刊（光盘版）电子杂志社在中国知网及其系列数据库产品中以数字化方式复制、汇编、发行、信息网络传播《法学教育研究》全文；《法学教育研究》已许可北大法宝法学期刊数据库以电子形式对本书进行制作、以不脱离于数据库的形式进行传播和销售。本书被北京万方数据股份有限公司、万方数据电子出版社数据库收录，相关著作权使用费和稿费由本书一并支付。本书已被维普网全文收录。如无特别说明，作者提交文章发表的行为即视为同意上述声明。

本书各篇文章中的观点均属作者个人观点，不代表主办单位或其他机构、个人的观点。

法学教育研究 （第39卷）

Contents

· Exploration of Theories ·

· Teaching Research ·

学习“习近平法治思想”与法治人才培养

以习近平法治思想引领新时代法学教育

王周户* 杨思怡**

摘　要：新法学建设是新文科建设的重要组成部分，是法学学科体系、学术体系、话语体系三者的统一。法学教育是新法学建设的基础，但我国法学教育还存在教育理念不明，缺乏价值引领，重理论轻实践，学科单一回应性差以及在国际上尚未建立我国法学话语体系等问题。习近平法治思想是马克思主义法治理论中国化的最新成果，具有鲜明的时代性与实践性。新时代法学教育要以习近平法治思想为引领，笃定目标，着眼长远，德法兼修，通融价值，立足本土，面向实践，学科交叉，兼修文理，融会古今，比较借鉴，教学联动，知行合一，不断推进新法学建设。

关键词：习近平法治思想　新文科　新法学　法学教育

---

* 王周户，西北政法大学二级教授、博士生导师。研究方向：行政法学。

** 杨思怡，西北政法大学博士研究生，西北政法大学行政法学院讲师，西北政法大学法治陕西建设协同创新中心科研秘书，西北政法大学地方政府法治建设研究中心科研秘书。研究方向：行政法学、法治理论。

一、新文科建设推动下的新法学建设

“新文科”的概念最早由美国传统文科名校希拉姆学院(Hiram College)提出,旨在将现代信息技术融入传统文科学习并对传统文科各专业课程重组,通过形成文理交叉的跨学科方式达到知识扩展和创新思维的人才培养目标。为推进我国新时代高等教育从规模扩张转向内涵式发展,教育部借鉴“新文科”改革理念,在我国开展通过实施“六卓越一拔尖”计划2.0全面推进新工科、新医科、新农科、新文科建设的改革。①

新文科改革的目的是培养适应新时代要求的应用型复合型文科人才。2020年11月,教育部新文科建设工作组主办的新文科建设工作会议在山东大学召开。会议发布的《新文科建设宣言》指出新文科在提升综合国力、坚定文化自信、培养时代新人、建设高等教育强国以及促进文科教育融合发展方面具有重要作用,新时代新使命要求文科教育必须加快创新发展。必须坚持走中国特色的文科教育发展之路,坚持尊重规律,“以习近平新时代中国特色社会主义思想为指导,不断提高高等文科教育的时代性、科学性和创造性”;坚持立足国情,“要坚持不懈挖掘新材料、发现新问题、提出新观点、构建新理论,加强对实践经验的系统总结,形成中国特色文科教育的理论体系、学科体系、教学体系,为新一轮改革开放和社会主义现代化建设服务”。坚持守正创新,“既要固本正源,又要精于求变,要立足两个大局,不断从中华优秀传统文化中汲取力量,主动适应并借力现代信息技术手段,实现文科教育高质量高水平发展”。坚持分类推进,“实现文史哲促人修身铸魂、经管法助力治国理政、教育学培元育才、艺术学美人化人”。②

---

① 万玉凤、董鲁皖龙:《掀起中国高等教育的“质量革命”》,载《中国教育报》2019年4月30日,第4版。

② 《新文科建设工作会在山东大学召开》,载中华人民共和国教育部网,http://www.moe.gov.cn/jyb_xwfb/gzdt_gzdt/s5987/202011/t20201103_498067.html。

新文科是“古今打通、文理打通、人文与社科打通、中与西打通、知与行打通的‘五通文科’”③。法学是传统文科学科，推进新法学建设是推进新文科建设的重要组成部分。推进新法学建设既关系到作为中国特色哲学社会科学重要组成部分的中国特色法学体系之构建，也深刻地影响中国特色社会主义法治体系的建设。当前，国内经济发展进入新阶段，全面深化改革进入深水区。国际发展环境产生深刻变革，各种风险挑战并存，急需建立国际新秩序。习近平总书记提出，要“在法治轨道上推进国家治理体系和治理能力现代化”，④这就给新法学提出更高要求。新法学建设必须以“建设中国特色社会主义法治体系、建设法治中国、建设社会主义现代化强国、实现中华民族伟大复兴的宏伟目标”⑤而进行法学学科体系、法学学术体系、法学话语体系之建构。

新法学建设是法学学科体系、学术体系、话语体系三者的统一。法学学科承担着培养法治人才、产出法学成果、服务经济社会发展等重要职责。当前的法学学科存在“不能适应建设中国特色法治体系需要”，“不能适应法治工作实践”，“不能为国家治理体制现代化提供足够的智力支持和理论支撑”⑥以及不能够培养和输送适应中国特色社会主义法治事业需要的法治人才问题。因此，新法学学科体系应当“顺应时代要求，研究重大理论问题”“立足中国实际，解决重大现实问题”“调整法学学科结构，大力发展新兴学科，加快交叉学科的融合”⑦。法学学术体系包括法学知识体系、法学理论体系和法学教材体系。长久以来，我国法学学术体系呈现“西方法学在中国”之形态，具体表现为国内法律体系与西方法学体系之糅合，而缺乏具有与中国法治建设相匹配和相适应的中国特色法学学术体系。因此，“应当致力于构建以法律学、法治学、法

---

③ 徐显明：《新文科建设与“新法学”教育的挑战和应对》，载《新文科教育研究》2021年第1期。

④ 参见习近平：《论坚持全面依法治国》，中央文献出版社2020年版，第1页。

⑤ 杨宗科：《论“新法学”的建设理路》，载《法学》2021年第7期。

⑥ 张文显：《关于构建中国特色法学体系的几个问题》，载《中国大学教学》2017年第5期。

⑦ 马怀德：《构建中国特色法学学科体系》，载《中国高校社会科学》2017年第4期。

理学三位一体的法学学术新体系”⑧。法学学术体系和法学话语体系密切相关。“学术体系是揭示本学科对象的本质和规律的成体系的理论和知识,话语体系是理论和知识的语词表达,是学术体系的表现形式和语言载体。”⑨只有通过构建中国特色法学话语体系,才能破除中国法学研究中的“学徒心态”,才能提升我国法治理论在国际法学研究中的地位,才能提升国际社会中中国的法治话语权。

二、新时代我国法学教育存在的问题

教育的目的在于传播知识、启迪智慧、立德树人。在法学教育中则体现为以下三个层面:一是对法律知识的传授。二是在传授知识基础上引导学生实践应用并创造新知识。三是培养作为社会主义法治国家后备力量的基本品质。我国法学教育的发展历程与国家法治发展历程紧密相关,经历了初创、停滞、重建、发展、提升等阶段。改革开放以后,我国法学教育逐步步入正轨并取得了巨大成就,完成了从数量到质量、从学术型向职业型、从多元非正规向一元正规、从模仿西方向转向本土转变以及从不自信向自信的五大转变。⑩ 法学教育的目的也在不断调整与丰富,由“提高法律人才培养质量”转变为“培养一流法治人才”。⑪ 党的十八届四中全会将全面依法治国的总目标确定为建设中国特色社会

⑧ 张文显:《在新的历史起点上推进中国特色法学体系构建》,载《中国社会科学》2019年第10期。

⑨ 田心铭:《学科体系、学术体系、话语体系的科学内涵与相互关系》,载《光明日报》2020年5月15日,第11版。

⑩ 徐显明等:《改革开放四十年的中国法学教育》,载《中国法律评论》2018年第3期。

⑪ 党的十八届四中全会审议通过的《中共中央关于全面推进依法治国若干重大问题的决定》首次于官方层面提出了“创新法治人才培养机制”。2017年5月3日,习近平总书记在考察中国政法大学时进一步强调:“全面推进依法治国是一项长期而重大的历史任务,要坚持中国特色社会主义法治道路,坚持以马克思主义法学思想和中国特色社会主义法治理论为指导,立德树人,德法兼修,培养大批高素质法治人才。”2018年,教育部、中央政法委共同发布《关于坚持德法兼修 实施卓越法治人才教育培养计划2.0的意见》将法学教育的培养目标调整为“培养一流法治人才”。

主义法治体系,而有力的法治保障体系是中国特色社会主义法治体系的重要组成部分。法治人才的培养是法治保障体系的重要一环,法治人才培养状况直接关乎全面依法治国高素质法治工作队伍的形成。高校是法学教育的主阵地,是法治人才供给的大本营。“法律人才”到“法治人才”虽一字之差,但培养目标的价值维度得到了极大的扩充:新时代的法学教育不仅要传授法律知识,增长法律技能,还要促进中国特色社会主义法治理论法治的形成与完善,更要培养出一批忠诚并能够胜任社会主义法治建设的接班人。新时代的法治人才不仅是精通法律的技术型人才,还应当是宪法法律的信仰者、公平正义的捍卫者、法治建设的实践者、法治进程的推动者。

然而,现阶段我国法学教育现状却与“培养一流法治人才”的目标存在较大差距,不能充分适应新时代国家与社会对法治人才的需求。我国法学教育存在的主要问题包括:

第一,教育理念不明,人才培养同质化严重。从教育部、中央政法委的相关文件中不难看出,培养专业型、复合型、创新型人才是新时代法学教育的目标追求。但事实上,作为一门较为保守的学科,我国法学教育同质化严重。尽管我国有法学院校或者开设法学专业的院校六百余所,其办学规模、特色专业、师资力量、生源质量情况均有差异,但在学生培养方案上总体而言差别不大。尤其是法学本科阶段的课程设置,基本上都采取了大而全的思路,课程设置大同小异。每年法科本科生毕业生数量多,质量参差不齐,学生就业压力大。研究生阶段的法学教育则没有对专业型和学术型进行有效区分,法律硕士与法学硕士的课程设置、培养方案趋于同一化,导致培养的学生既不精也不专,无法适应国家及社会的需求。

第二,偏重技术传授,缺乏价值引领。教育部《法学类教学质量国家标准(2021 年版)》将法学类专业教育定性为素质教育和专业教育基础上的职业教育,这就要求新法学不仅要注重法科学生专业基础知识的培养,也要注重学生人文素养以及科学素养的培育。我国法学教育过分注重法律技术的传授而忽略了其他人文社会科学素养的培育。这表现为三点:一是专业课与通识课之间连结与融通不够。比如,作为通识课以选修形式开设的哲学、政治学、社会学、经济学等法学以外学科课程,尤其是应当承载有关中国革命道路和中国特色社会主义制度的政治、经济、社会、文化等实践与理论学科课程内容,对于法学人才拓宽视野、提高站位和在思路与方法上深化认知能力,构建和培养如何正确认识世界与认知国情、把握事物规律性与分析解决问题等深厚功底作用非常重要,进而对学生日后从整体上理解和运用法律意义重大。但目前对于这些学科课程的设置地位及其与法学专业之间如何进行有效融通方面存在认识不到位问题。二是学生更关注专业课中与法律实务关联紧密的民法、刑法、行政法等"实学",而忽视了与法律实务关联不甚紧密的法理学、法律史、法律职业伦理等"虚学"。三是法学各学科之间无论从理论学术研究还是课程教学方面相互缺乏紧密交流的体制机制,尤其在人才培养方面主要依赖于学生自我感悟自我融通,使学生各自较早地选择走向了某个方面或者领域法律规范专业技术能力培养,但影响了学生对于作为更深层次基本素养的法治思维与法治方式及其能力的培养。我国的法科教育起始于本科阶段,也是其人生观、世界观、价值观还处在逐步稳定的阶段。政治学、哲学、历史学、社会学、经济学等法学以外的人文社会学科素养的弱化不利于学生中国特色社会主义法治信仰的形成与树立,也容易导致法科学生在适用法律时过于僵化或过于功利。不了解复杂的社会现实,不考虑社会的整体状况,缺乏社会责任感和社会责任担当意识,仅简单僵化地依据法律规则处理问题,会使法科生在处理现实中面对承载和体现着政治、经济、社会、文化等要素而呈现为错综复杂的法律问题时产生种种困惑,如初出茅庐的法官在审理案件的过程中往往会在西方法律思维与中国社会文化的冲突中难以抉择,产生认同困境。而出于特定目的功利地选择性适用法律则会产生更恶劣的效果,即形成一种以法律与程序为名侵犯实质正义的状况。现实中这种情况并不鲜见,甚至法律职业人中有些不自觉地把自己变成了"讼棍""法律掮客"式人物,损害了中国特色社会主义法律职业共同体应当坚持的正确发展方向。

第三,重理论轻实践。我国法学教育中存在重理论轻实践的问题,重说教轻实践导致学生法律实务能力欠缺,无法满足多样化的法律职业的需求。一般来讲,实践教学课程体系包括实验实训课、专业实习、社会实践以及毕业论文。以本科法学教育中的实习环节为例,实习是培养学生实践能力的重要环节,既检验了学生对知识的应用与掌握情况,又给学生预留了从校园走向社会之前的缓冲区。但是,法科生的本科实习环节在实践中却被严重虚化,并没有达到预期的效果。本科法学教育的实习中存在以下问题:其一,目标不明,组织形式化。目前法学院校的实习环节一般有三种组织模式,分别为统一组织、自主选择以及二者结合。在司法考试以及就业的双重压力下,许多学生自主选择实习单位,但事实上并没有完全真正参与实习,而是用实习的时间准备各种考试。实习单位的作用仅仅是出具实习意见以应对校内考核。其二,实习内容与学业脱节。即便是学院或学校统一组织的实习,部分实习单位在用人方面也存在许多问题,例如,为学生主要安排的多为内勤杂务事项,使学生实习内容与学业相关度不强。其三,缺乏有效的监督考核,对实习质量控制不严格。由于组织形式多样,实习单位与学校本身联系与互动有限,很容易使对实习的监督考核流于形式。一般情况下,只要实习单位出具了实习意见,学生提交了实习日志,学院审核之后即认为学生已经完成了实习环节,但把实习真正当作一门实践课堂对待不够,因而在课程内容设置、教学过程以及教学方法、教学效果等方面缺少明确要求,很少配备专业教师专门承担学生实习课程的教学任务,导致缺少实习课程的过程性指导和监督。至于学生在实习中是否得到了有效的锻炼,实习是否收到了预期的效果也就缺乏真实有效的评价与考核。

第四,学科单一,难以有效回应实际问题。我国法学学科相对封闭,学科内部与学科间存在难以突破的壁垒,法学教育难以有效回应新兴事物。近年来,伴随经济发展与科技进步,我国经济社会发展出现了一些社会新变量,催生出许多新的社会问题,这就为法学学科拓展出诸多新领域。然而,这些新变量与新问题是多维度叠加生成的,在既有的封闭化的法学学科中难以找寻到制度或理论上的突破空间,单一的法学学科无法有效应对实际问题。以大数据时代兴起的数据法学领域为例,数据分类、数据权属、数据安保、算法规制、数据利用与个人信息保护的冲突等问题都不仅仅是简单的法学问题。“大数据+法学”学科建设倚赖既具有理工科背景又通晓法律的复合型、交叉型人才。

第五,中国特色尚未形成,话语体系尚未建立。我国的法学教育仍未摆脱对西方法学教育的路径依赖,“中国特色”法学教育尚未完全形成。教学与科研是法学教育的车之两轮,鸟之双翼。教学促进科研,科研反哺教学。中国特色法学教育应以中国特色社会主义法学知识体系为基础。无论是教学还是科研都必须建立在成熟的中国特色社会主义法学知识体系之上。然而,现阶段我国的法学知识体系还没有完全摆脱对西方法学理论的依赖,对于中国特色社会主义法治理论与实践问题的研究还有待深入。对全面依法治国的辩证性、全面性、系统性、深刻性认识还不够,对全面依法治国的理解与应用过度依附中央文件,缺乏全面、深入、系统的研究整合。这就导致在涉及中国法治实践的法学教育上出现大量主要停留在符合政治定位和要求层面的正确表述,而缺乏具有理论深度和阐释法治原理的理论依据。虽然反复强调“中国特色”,却缺乏对“中国特色”结合实践上升到理论的深刻阐述。对外,我国法学理论体系缺乏国际社会话语权。推动全球治理变革需要中国以负责任大国的身份参与全球治理,在全球治理中发出中国声音,为全球治理贡献中国方案。但反观国际法治领域,话语权始终掌握在西方国家手中。法学话语体系必须以成熟的法治理论体系为基础,而目前的法学显然没有达致确立一种“成熟的、得到普遍接受的、获得内在认同”的效果。在国际层面,我国法学论文影响力有限。在国际性学术会议中中国学者的影响力也十分有限。

三、以习近平法治思想引领新时代法学教育

习近平法治思想是马克思主义法治理论中国化的最新成果,是将马

克思主义一系列方法理论与中国特色社会主义法治建设实践相结合而形成的具有强大生命力的理论体系。习近平法治思想系统阐述了法治、中国特色社会主义法治与全面依法治国等根本性问题,是新时代全面依法治国的根本遵循和行动指南。

习近平法治思想并不是一种建立在抽象的逻辑之上的纯粹理论形态的法理论述,而是在中国法治建设进程中不断发展完善的具有鲜明问题意识与实践品格的理论体系。党的十八大以后,以习近平同志为核心的党中央领导人民群众在中国法治建设中探索总结并不断深化提升,逐步形成了从"习近平总书记关于全面依法治国的系列重要论述"到"习近平全面依法治国新理念新思想新战略"再到"习近平法治思想"不断发展的过程。习近平法治思想打破了传统以西方法治理论为基础的法学研究范式,既借鉴了经典的西方法治理论,又汲取了优秀的中国传统法治文化,尤其是总结了中国共产党在新中国成立前革命根据地时期和成立后法制建设的正反两方面经验,以中国特色社会主义法治的基本运动规律为依据,因而具备了时代性、科学性和创新性,成为新时代我国法学教育的根本遵循。习近平法治思想的理论特质表现为人民性与党性的统一、理论性与实践性的统一、系统论与重点论的统一、守正与创新的统一、国内与国际的统一。

徐显明教授认为新文科是"古今打通、文理打通、人文与社科打通、中与西打通、知与行打通的'五通文科'"⑫,参照这一概念,立足于新时代的新法学就应当是"融汇古今、兼修文理、通融价值、比较借鉴、知行合一"的"五合法学"。融汇古今,就是要在当代法学教育中融入中国传统优秀法律文化,为中国特色社会主义法学融入中华民族特有的民族精神。兼修文理,就是要将作为文科的法学学科与理科相关学科相关联,形成方法上的借鉴与学科间的交叉。通融价值,就是要将人文社会科学

⑫ 徐显明:《新文科建设与"新法学"教育的挑战和应对》,载《新文科教育研究》2021年第1期。

中总结出的规律性发现用于重塑社会价值观,形成国家软实力。⑬ 比较借鉴就是要正确处理西方法学理论与中国特色社会主义法治理论的关系,既借鉴吸纳优秀西方法治理论,又有自己国家的制度自信和理论自信,要建立法治的中国话语体系。知行合一,就是要贯通理论与实践,从中国法治实践中总结中国特色社会主义法治理论,并将中国特色社会主义法治理论作为指导实践的有力武器。

习近平法治思想正体现了"五合法学"之特征,新时代的法学教育不仅要关注法律现象,而且要关注全面依法治国工作中出现的各种问题。新时代的法学教育必须坚持以我国实际为起点,更加注重中国问题、中国经验、中国体制、中国特色。习近平法治思想为构建法学三大体系提供了理论支撑。以习近平思想为指引推进新法学三大体系建设具有内在关联性与层次性。以习近平思想为指引推进新法学学科体系建设,就要明确中国特色社会主义法学的研究范围与应用领域,尤其注重优化学科结构、促进学科交叉融合以及开设新学科。优化法学学科结构要重点关注理论与实践的融合,促进学科交叉融合既要促进法学学科间的交叉融合,也要促进法学学科与法学以外学科,尤其是与自然学科的交叉融合。开设新学科,就是要面对新事物、研究新对象、创新新范式,通过确定研究的基本范畴来凝聚知识,创新学术。以习近平思想为指引推进新法学学术体系建设,就要将围绕中国特色社会主义法学学科体系框架进行理论与方法的研究探索,并形成体系化的理论与知识。从中国实际出发构建中国特色社会主义法治理论体系并以此指导中国法治建设实践。

(一)笃定目标,着眼长远

全面推进依法治国是实现国家治理体系和治理能力现代化的重要依托。因而新时代法学教育应当围绕培养符合并能够胜任"治国理政"所需要的法治人才。这就要求法治人才的培养,不能只站在法律专业范围内进行法治人才培养,而是要以承载政治、经济、社会、文化、生态环境

---

⑬ 参见徐显明:《高等教育新时代与卓越法治人才培养》,载《中国大学教学》2019年第10期。

等要素进行法治人才培养。一方面,要从课程设置体系以及教学内容着手,要做好专业知识和专业应用能力方面的法治专业人才培养;另一方面,要围绕着国家治理体系和治理能力现代化,培养适应“治国理政”需要的法治人才。这种需要同样也包含着两个层面,一个层面就是这种法治人才作为法律职业人面临现实中的具体法律问题,不仅仅只是具有很强的专业应用能力,而且还具有面对具体法律问题能够很好融合政治、经济、社会、文化等相关联因素以把握整体效果;另一个层面就是这种法治人才具有在法律专业基础上能够胜任“治国理政”相关工作任务及其职位所要求的能力。这就使新时代法学教育在法治人才培养方面要提高站位,在习近平法治思想引领下,按照中国特色社会主义法治体系和法治理论,着眼于承担国家治理体系和治理能力现代化人才队伍保障重任,锚定法治人才应当具有社会责任感和担当“治国理政”能力,把握好卓越专业能力培养与“治国理政”能力培养相统一的目标方向,既要优化法学学科体系,也要改进与完善法学教育培养方案和法治人才培养体系及其运行机制。

(二)德法兼修,通融价值

以习近平法治思想为引领推进新法学建设,在价值上要坚持以人民为中心,用中国话语凸显法治的人权价值。人民是依法治国伟大实践中最主要、最根本的因素,必须将人民利益与人民福祉放在首位。这就要求新时代法学教育的目标是培养德才兼备的高素质法治人才。法学问题归根结底是价值问题,从某种意义上讲,法学从来就不是一个能够自给自足的学科,而是一个需要建立在其他学科之上,借助其他学科汲取养料的学科。法学以其独有的研究对象、研究方法成为一门独立学科,这并不排斥法学学科需以政治学、哲学、伦理学、历史学、社会学、经济学等法学以外的人文社会学科基本原理为支持。人文科学实际上对法学教育承担着基础性的作用。[14] 伴随全面依法治国的深入推进,法学教育越发显得重要。法学教育要培养的专业人才,不是只具备专业知识,能

---

⑭ 参见沈明敏:《法学教育为何应该重视人文科学?——从人文科学与法学教育的双重视角展开》,载《天府新论》2021年第6期。

够熟练适用法律的专业人士,而应是德法兼修、通融价值,既懂法理又通人情的法治人才。

(三)立足本土,面向实践

习近平法治思想具有鲜明的实践性。习近平法治思想引领下的新时代法学教育必须要立足本土,面向实践。法学是实践性极强的学科,在全面依法治国不断深入推进的大背景下,法学教育应当更加关注法治中国建设中存在的实际问题。地方法学院校更应立足地方法治实践,结合自身办学优势统筹法学教育发展。以西北政法大学行政法学院为例,行政法学院始终坚持"面向社会、面向实践、面向地方及西部"的学科发展思路,充分发挥宪法与行政法学学科优势,整合学院优秀教师以及研究生形成科研团队,聚焦全面依法治国、建设法治政府的重大命题开展中国特色社会主义公法理论及实践研究。一方面以陕西省法治政府建设为样本形成了一批高质量的理论研究成果;另一方面以实体性研究机构为依托以智库形式提出陕西省法治政府建设的对策与建议。2021年,由研究团队提出的陕西省法治政府建设"六大工程"被陕西省委依法治省办采纳并写入当年政府工作报告。

(四)学科交叉,兼修文理

新法学建设须以法治中国建设中存在的问题为导向。面临社会转型中新兴领域的法律问题,法学教育必须要与社会发展相适应,以社会需求为导向创新专业设置,增进学科之间的交叉融合,培养复合型专业人才。近年来兴起了一种以问题和领域为基本定位的领域法学。[15] 领域法学注重学科的交叉、开放、应用以及整合,法学与互联网、卫生、能源、环境、体育、教育、传媒等领域融合就形成了数据法学、卫生法学、能源法学、环境法学、体育法学、教育法学、传媒法学等新兴学科。以近年来迅速发展的数据法学为例,多数高校已经结合自身学科特长开展了一系列探索并取得了初步进展。如东南大学依托最高人民法院司法大数据研究基地设立了法律大数据与人工智能研究生人才培养方向,并探索

---

⑮ 参见刘剑文:《领域法学:社会科学的新思维与法学共同体的新融合》,北京大学出版社2019年版,第20页。

出一套“小规模、宽领域、大生态”的“三元融合”培养模式。⑯ 清华大学发挥理工科优势，开设了计算法学专业硕士培养方向，在课程设置上增大了理工科课程比例，法学科目仅占课程设置的1/3。

（五）融汇古今，比较借鉴

以习近平法治思想为引领推进新法学建设，在视野上要统筹国内国际两个面向，使其既有中国特色又具国际视野。近年来，伴随全面依法治国的不断深入推进，我国法学教育已经开始重视国内法治政府、法治社会等相关理论与实践问题，并围绕这些重大理论与实践问题开展了一系列平台建设，开设了一系列新课程，创新了相关领域的人才培养机制。但全面依法治国绝不仅限于国内，涉外法治也是重要的组成部分。必须破除当前法学教育将国际法与国内法相对立的传统观念，将国内法规则体系、国际法规则体系与相关学科知识体系三者有机融合，以国家和国际社会需求为宗旨，以国际法律实践中的具体领域为划分培养复合型高素质国际法律人才。

以习近平法治思想为引领推进新法学建设，在方法上要坚持兼容并蓄，破立并举，为我所用。既要保持法学知识的外源性，又要体现中国气派。保持法学知识的外源性，就是要将西方法治思想、马克思主义法治思想、中国传统优秀法治文化之中的优秀部分予以吸纳，使之成为中国特色社会主义法学的源头活水。体现中国气派，就要立足当代、立足本国、立足实际，凝练中国法治理论，指引中国法治实践，讲好中国法治故事。

（六）教学联动，知行合一

新法学教育应以学生为主体，以教师为主干。以学生为主体就是从需求侧出发重点关注学生对法学教育的需求，而不是仅用被动传授的方式输出知识。以教师为主干就是从供给侧出发重点提升教师专业理论素养与实践能力。首先，要畅通高校与法律实务部门之间的互动渠道，进一步贯彻落实“双千计划”，加大高校教师与实务部门工作人员的互

---

⑯ 参见王禄生、王爽：《大数据与人工智能法学方向研究生人才培养模式探索——基于东南大学的“三元融合”教育实践》，载《法学教育研究》2021年第2期。

聘互任。选派相关教师到法律实务部门挂职,聘请有经验的实务部门工作人员以课堂讲授、专题讲座、庭审观摩等多元化形式为师生提供了解实际的机会。其次,应修订法学人才培养方案,优化课程设置,增加实践教学课时,提升对实习单位的选取标准并加强对学生实习的全过程指导管理,确保实习质量。最后,应当引导鼓励学生参与实践性课题研究。中共中央、国务院印发的《法治政府建设实施纲要(2021—2025年)》提出,要“加强中国特色社会主义法治政府理论研究。鼓励、推动高等法学院校成立法治政府建设高端智库和研究教育基地。建立法治政府建设评估专家库,提升评估专业化水平”。法学高等院校承担着服务经济社会发展的职能,目前许多高校以实体性研究机构为依托与地方政府、企事业单位开展了横向课题研究。以西北政法大学省级2011协同创新中心法治陕西建设协同创新中心和陕西省哲学社会科学重点基地西北政法大学地方政府法治建设研究中心为例,近年来,围绕陕西地方法治建设实践,研究机构开展了一系列工作。在立法方面,研究中心整合校内校外优质师资以及资深实务部门工作人员,承担了《安康市硒资源保护条例》《陕西省实施〈中华人民共和国中小企业促进法〉办法》等地方立法。围绕陕西地方法治政府建设开展了陕西省法治政府指标体系研究、陕西省法治政府建设第三方评估、西安市法治政府建设评估、县级法治政府建设评估、设区市法治化营商环境评价、街道法治政府建设强基工程、乡镇法治政府建设强基工程等一系列理论研究与实践,充分发挥了服务地方法治建设的智库功能。在这些服务陕西地方法治实践的研究课题中吸纳了校内博士生、硕士生以及部分优秀本科生。通过文本分析、网络检索、实地调研等形式,学生在导师指导下深度参与课题研究,一方面发挥了专业特长;另一方面在实践中总结问题,为确定下一步学习与研究提供了方向,真正做到了学以致用,知行合一。

On the Leading of Legal Education in the New Era with Xi Jinping Thought on the Rule of Law

Wang Zhouhu Yang Siyi

Abstract: Xi Jinping Thought on the Rule of Law is one of the latest achievements in adapting Marxist theories on the rule of law to the Chinese context, which has distinct characteristics of the time and practice. In terms of theoretical characteristics, it is manifested in the unity of the Party and the people, the unity of theory and practice, the unity of system and focal points, the unity of integrity and innovation, the unity of domestic situation and international situation. The construction of the new science of law is an important part of the construction of the new liberal arts. The legal education in the new era, as the foundation of the construction of new science of law, should be carried out under the guidance of Xi Jinping Thought on the Rule of Law. It should be done to continuously forge the construction of the new science of law by making definite decisions and goals, focusing on the future, rooting in the native education, facing the practice, promoting both virtue and law, integrate different values and disciplines, promoting both science and arts, learning from both the present and the past, borrowing and comparing successful experience, collaborating both teaching and learning, realizing knowledge acquiring and practice.

Key Words: Xi Jinping Thought on the Rule of Law, new liberal arts, new science of law, legal education

习近平法治思想指导下的法学课程思政改革研究*

罗　英**　程苏文***

摘　要：早期的课程思政建设大多强调“全员推进、全课程推进”，着重解决课程思政改革在“面”上的广度。随着这项教学改革的不断推进，课程思政逐步呈现专业化发展的趋势，强调各专业课程要根据本专业的特色和教学规律，进行“量体裁衣”式的课程思政改革。习近平法治思想是马克思主义法治理论中国化最新成果，其所提出的“要坚持建设德才兼备的高素质法治工作队伍”，为法学专业课程思政改革指明了方向。法学课程思政改革应当以提升教师水平、完善教材建设、改革考核方式为依托，通过丰富多样的教学形式，努力培养中国特色社会主义法治人才；通过引入思政课程专业教师和思政教育

---

* 基金项目：本文系教育部产学合作协同育人项目“法学课程思政教学研究中心建设”（项目编号：202101067008）和湖南省普通高等学校课程思政建设研究项目“基于‘德法兼修’社会主义法治人才培养目标的《行政法学》课程思政教学改革研究”（项目编号：HNKCSZ－2020－0084）的阶段性成果。

** 罗英，湖南大学法学院副教授，法学博士。研究方向：行政法与行政诉讼法；互联网法治。

*** 程苏文，湖南大学法学院硕士研究生。研究方向：行政法与行政诉讼法。

一线辅导员对改革成效的动态评价机制，形成课程思政改革闭环，最终总结出一般性的改革经验，为法学课程思政改革提供思路和借鉴。

关键词：习近平法治思想　课程思政　法学教育　德才兼备

引　言

教育部2020年5月印发的《高等学校课程思政建设指导纲要》表明，全面推进课程思政建设已成为高校教学改革的一项重要内容，亦是落实立德树人根本任务、提升人才培养质量的战略举措。从实践看，早期的课程思政建设大多强调“全员推进、全课程推进”，着重解决课程思政改革在“面”上的广度。随着这项教学改革的不断推进，课程思政逐步呈现专业化发展的趋势，即强调各专业课程要根据本专业的特色和教学规律，进行“量体裁衣”式的课程思政改革。因此，结合法学专业的特点，努力挖掘法学专业课程中的思政元素，优化法学专业知识供给，就显得尤为重要。

2020年11月16日至17日，党的历史上首次召开的中央全面依法治国工作会议将习近平法治思想明确为全面依法治国的指导思想，这是我国法治建设的重要里程碑。习近平法治思想是马克思主义法治理论中国化最新成果，是习近平新时代中国特色社会主义思想的重要组成部分，是全面依法治国的根本遵循和行动指南。① 法学教育是推进全面依法治国和提高法治人才质量的基础和源头，②毫无疑问也应当以习近平法治思想为指导思想。无论是《法学类教学质量国家标准（2021年版）》确定法学专业核心课程采取“1 + 10 + X”分类设置模式，其中的“1”指“习近平法治思想概论”课程，还是《教育部办公厅关于推进习近平法治

① 参见张文显：《习近平法治思想的实践逻辑、理论逻辑和历史逻辑》，载《中国社会科学》2021年第3期。

② 参见杨宗科：《新时代法学教育新理念新思想新战略》，载《法学教育研究》2021年第1期。

思想纳入高校法治理论教学体系的通知》(教高厅函〔2021〕17号)要求"将习近平法治思想贯穿法学类专业课程"③,都充分彰显了习近平法治思想对推动法学教育高质量发展的重大意义。

习近平法治思想的一个核心要义是"坚持建设德才兼备的高素质法治工作队伍",④这为法学专业课程思政改革指明了方向。"德才兼备"中的"才"即是专业能力,"德"则是思想品德和职业道德。前者是专业课程的学习任务,后者是课程思政的学习任务,但二者不能截然分离,在培养"德才兼备的高素质法治工作队伍"目标指引下,二者必须紧密融合。那么,如何在习近平法治思想指导下围绕"德才兼备"的育人目标推进法学课程思政改革?本文将围绕这一核心问题展开,通过对各高校法学专业课程思政建设的实践情况进行调查研究,致力于找出当前阶段影响课程思政成效的因素,并在系统梳理习近平法治思想中蕴含的课程思政元素的基础之上,有针对性地提出在习近平法治思想指导下进行法学课程思政改革的具体路径。

一、将习近平法治思想核心要义融入法学课程思政

课程思政并不是一门或一类特定的课程,而是要求讲授者在授课过程中充分挖掘课程讲授内容和教学方式中蕴含的思想政治教育资源,在专业知识讲授中融入思想政治教育。⑤ 习近平法治思想"在概念上系统集成、在话语上自成一体、在逻辑上有机衔接,展现出鲜明的理论风格、深厚的历史底蕴、开放的全球思维和雄浑的实践伟力,蕴含着睿智的法律哲理、鲜活的法治道理、深刻的法学原理、隽永的法理情怀"⑥,为法学

---

③ 《教育部办公厅关于推进习近平法治思想纳入高校法治理论教学体系的通知》,载教育部官网,http://www.moe.gov.cn/srcsite/A08/s7056/202106/t20210602_535109.html。

④ 参见卓泽渊:《习近平法治思想要义的法理解读》,载《中国法学》2021年第1期。

⑤ 参见汪劲松、张炜:《推动思政课程和课程思政同向同行》,载《中国教育报》2021年8月30日,第2版。

⑥ 张文显:《习近平法治思想的理论体系》,载《法制与社会发展》2021年第1期。

课程思政改革提供了政治方向指引与丰富宝贵资源。习近平法治思想的核心要义是“十一个坚持”,[⑦]张文显教授创造性地将之归纳为全面依法治国的政治方向、工作布局、重点任务和重要保障四个方面。[⑧] 本文以此为参照,试图从与法学专业教学相结合的角度理解“十一个坚持”核心要义,探索出抽象的“思政元素”与具体的法学专业教学间的融合点。

(一)法学课程思政应坚持正确的政治方向

一是坚持党对全面依法治国的领导,加强学生党性教育。“党的领导是我国社会主义法治之魂,是我国法治同西方资本主义国家法治最大的区别。”[⑨]法学教育和法治人才培养必须始终走在正确的道路上,课程思政建设的开展也应当始终坚持中国共产党的领导,具体的思政建设活动内容也应当注重加强学生的党性教育。

二是坚持以人民为中心,培育学生人文精神。“全面依法治国最广泛、最深厚的基础是人民。”以人民为中心是社会主义法治的特色所在、优势所及。在日常教学中贯彻以人民为中心的思想,可以通过多种渠道、多种方式展开。比如,教师可以以《民法典》的出台为契机,向同学们介绍隐藏在法条删减增补背后的立法目的,即法律的修改与完善都是为了能够更好地解决人民群众反映的问题,更大程度地保障人民群众的利益。教师还可以在案例分析的课堂上,借助典型判决书,带领学生感受看似冰冷的文字背后蕴含的“情”与“法”的交融,帮助学生树立人本主义精神。

三是坚持中国特色社会主义法治道路,立足中国大地培养法治人才。我国政治、经济、文化、生态等领域全方位发展,物质条件有了极大改善,这为重新构建富有中国特色、更加适应中国发展情况的法律文化创造了良好的环境。高等学校法学教育应当及时做出转变,将讲授的重

⑦ 习近平:《论坚持全面依法治国》,中央文献出版社2020年版。

⑧ 张文显:《习近平法治思想的基本精神和核心要义》,载《东方法学》2021年第1期。

⑨ 习近平:《坚定不移走中国特色社会主义法治道路 为全面建设社会主义现代化国家提供有力法治保障》,载《求是》2021年第5期。

心放在我国法律制度的构建和完善上来,分析我国法治环境的优势和不足,思考我国法治建设的方向和前景,培养服务于中国特色社会主义现代化建设的法治人才,构建起中国特色社会主义法学的学科体系、学术体系、话语体系。

(二)法学课程思政应服务中国特色社会主义法治建设的工作布局

一是坚持在法治轨道上推进国家治理体系和治理能力现代化,有序推动课程思政改革。"现代化"要求国家治理体系和治理能力不断与时俱进,不能故步自封;"在法治轨道上"意味着全面深化改革要以法治为根本遵循和依托,不可偏离正轨。课程思政改革工作已经在全国范围内形成风气,各高校在大胆开展改革探索的过程中要尊重并遵循人才培养规律,过犹不及;从规章制度的制定与发放,到具体措施的构思与落实,都要依法依规进行,保证课程思政改革工作步步落在正确轨道内。

二是坚持建设中国特色社会主义法治体系,构建权力运行的监督意识。建设中国特色社会主义法治体系,要求"形成完备的法律规范体系、高效的法治实施体系、严密的法治监督体系、有力的法治保障体系,形成完善的党内法规体系"。有权必有责,用权受监督,没有监督的权力必然导致腐败,完整的权力运行过程必然包含对权力的监督。高校法学教师要在教学过程中强化学生的权力监督意识,通过讲述领导干部走上犯罪道路的实例,为学生生动展现权力滥用的后果,引发学生对多渠道强化监督合力的思考。

三是坚持依法治国、依法执政、依法行政共同推进,法治国家、法治政府、法治社会一体建设,发挥系统思维优势。"共同推进"与"一体建设"是习近平法治思想充分发挥系统思维的体现,它从总体布局层面对法治中国建设提供了方案。回归课程思政改革工作的开展,这种整体部署、协同推进的思维,体现在整个改革过程中从上到下,从里到外的配合。只有在党委领导统一领导、各院校具体推进、各部门密切协作的基础上,出台总体改革方案、修订完善培养方案和教学大纲、严格落实规章制度,统筹安排课堂教学与实践教学,才能转化成强大的改革效能。

(三)法学课程思政要落实重点任务

一是坚持依宪治国、依宪执政,维护宪法权威。宪法是国家的根本大法，自2014年12月4日，第一个国家宪法日活动开展以来，在全社会范围内增强宪法意识、弘扬宪法精神已经深入人心。作为法学专业学生，应积极参加宪法日活动，在老师的带领下参加社区的宪法知识宣传公益活动，在传播宪法精神的过程中深刻认识宪法地位，崇尚宪法、遵守宪法、捍卫宪法。

二是坚持全面推进科学立法、严格执法、公正司法、全民守法，培养各环节法治人才。过去较长一段时间的法学教育，以集中培养司法人才为导向，注重向法检系统输送专门人才。实际上，立法、执法、司法环节需要受到同等程度的重视，高校法学教育应当为深化法治领域改革提供全方位支撑。推行课程思政改革，要面向不同环节的不同要求，有针对性地细化人才教育工作。

三是坚持统筹推进国内法治和涉外法治，重视涉外法治人才培养。面对全球治理体系的大变革，我国法治教育必须加快培养优秀涉外法治人才的步伐，在国际事务中占据主动权、争取更多话语权，让世界倾听中国的声音，不断推动涉外法治发展建设，为更高水平的对外开放保驾护航。这些都要求各高校抓住构建人类命运共同体的机遇期，注重对知晓外国法律、善于运用国际规则、有能力处理国际争端的人才的培养。

（四）法学课程思政要筑牢重要保障

一是坚持建设德才兼备的高素质法治队伍，输送高素质法治人才。“法治队伍”这一概念的内涵非常丰富，几乎囊括了参与法治事业发展建设的所有群体。“德才兼备”是习近平总书记对全面依法治国工作队伍中全体成员的一致要求，自然也是衡量法学教育事业是否成功的重要标准，是对高校法学专业人才培养提出的直接要求，围绕这一具体目标，将新时代的法科学生培养成德智体美劳全面发展的人才。

二是坚持抓住领导干部这个“关键少数”，发挥领导干部强有力的示范作用。各级领导干部在法治事业的发展进程中发挥着关键作用，法学教育事业改革作为全面依法治国的重要一环，也需要领导干部的带领与指挥。具体到各高校，就需要院、校领导干部深刻领会习近平法治思想的精神，统领课程思政改革工作的开展，要让领导干部首先树立起法治意识,养成法治思维,带领学院和学校进行科学、高效的改革。

二、法学课程思政的实践现状与运行逻辑

2016 年 12 月 7 日,习近平总书记在全国高校思想政治工作会议上指出,要将思想政治工作贯穿到教育教学的全过程。此后,"课程思政"概念在全国高校广泛传播并逐渐开始施行。至今,该课程建设活动已经开展了五年,其在法学专业中的实施状况如何?暴露出了哪些问题?接下来需要在哪些方面发力?基于对上述这些问题的思考,我们分别设计了面向高校法学教师和法科专业学生的两份问卷,并通过对问卷填答数据进行分析研究,把脉课程思政建设情况的实践现状。

(一)问卷设计与调查概括

为了更加清楚地了解教师及学生这两类主体的思想政治教育的真实体验,笔者从不同的视角出发,设计了两份针对性较强的问卷。收回有效教师问卷 168 份、有效学生问卷 729 份。从问卷填答的地域来看,受访教师和学生来自北京、湖南、浙江、广东、河北、上海、湖北、福建、四川、河南、山东、江西、陕西、安徽、黑龙江、内蒙古、江苏、河北、天津、重庆、贵州、广西、辽宁、海南、新疆、吉林、宁夏、青海、香港特别行政区等 29 个省份和地区,基本保证了地域上的广泛性。其次,受访教师和学生的学校来源上,综合类大学、政法类大学、理工类大学、人文社科类大学及其他类型大学的比例与全国高校总体情况基本保持一致,故问卷结果的代表性较强。最后,受访教授和学生基本涵盖了所有法学二级学科,可参考性较高。

调查问卷教师卷共包含 18 个问题,按照受访者基本情况、课程思政实施现状、现实困境、完善路径的逻辑进行问卷设计。前 6 题从不同层面对教师基本情况进行了解,在发放问卷的过程中实时观察数据并及时作出调整,确保各类型高校、不同政治面貌、不同教龄、不同职称、不同学科的教师均有所覆盖且占比基本符合总体情况,以提升样本数据的可靠

性。第7题考查教师对法学课程思政的认知情况。第8题至第12题主要考查教师自身及其所在院校课程思政的建设进度和具体建设方案。第15题至第17题主要考查教师在课程思政实施过程中遇到的问题及未来的改进和完善措施。最后一题则保持开放性,意在收集教师对法学课程思政建设的其他意见和建议。

学生卷的设计在保持同教师卷整体逻辑相同的前提下,增加了思想政治教育体验类问题的占比。学生卷的前4题同样是对学生类样本基本情况的考查。第5题和第6题考查了学生对在法学专业知识的学习过程中接受思想政治教育的意识和认知情况。第7题至第13题主要考查学生课程思政教育教学的成果和收获情况。第14题至第16题考查学生对现阶段法学专业课程思政建设的意见和未来的展望。第17题也是开放性问题,给予学生提出更多宝贵意见和建议的机会。

(二)数据分析

1.参与调查者的基本概况。参与教师卷填答的168人中,来自综合类大学的有97人,占比达57.74%;来自政法类大学的有16人,占比为9.52%。有138名教师为中共党员,占比高达82.14%。教龄超过五年的教师共101位,占比为60.12%,取得副教授或教授职称的教师占比超一半,共97位。

填答学生卷的受访者共729位。从所处年级来看,本科生、硕士研究生、博士研究生均有分布,其中,本科生占比略高于研究生,占比达60.22%。政治面貌为共青团员的人数最多,占比达65.57%,中共党员占比为29.08%。

2.法学专业课程思政建设的现状——教师视角。

(1)认知。超过70%的老师对课程思政的本质把握较准确,认为课程思政不是简单地增开一门课,也不是增设一项活动,而是要将思政元素融入专业课教学的全过程、全方面。但仍然有少部分老师对思政内涵的认知不够深刻、不够完整,误将课程思政建设的具体方式当成课程思政的内涵。这表明教师群体对课程思政的认知存在参差不齐的现象。

(2)实施进度。调查数据显示,绝大部分教师都已经具备开展课程思政建设活动的意识,且将课程思政想法付诸具体实践的教师数占比达61.31%,尚未开展具体思政活动的教师数占比为25.6%。仅有13.1%的教师还处在比较迷茫的阶段,暂时没有课程改革思路。就受调查者所在院校的整体情况来看,在法学专业开展课程思政建设活动已经步入较成熟阶段的占比仅为21.43%。这表明,大部分高校的课程思政改革活动仍然处在初期,还需要在实践中不断摸索经验、不断完善提升,从而形成一般性经验和建设方案(具体数据见表1)。

表1　受访教师所在学校法学课程思政开展进度

选项	小计	比例/%
课程思政方案严谨、详细,且已取得较为充足的建设经验	36	21.43
课程思政方案全面,具体教学工作也在稳步推进,但尚未形成一般经验	71	42.26
知识传授和价值引领的融合还较生疏,处于摸索阶段	43	25.6
已形成初步方案,但具体教学工作尚未开展	18	10.71

以受访教师的教龄为自变量、对课程思政的开展状况为因变量进行交叉分析,数据显示,教龄超过6年的教师开展课程思政建设活动的比例远超教龄在5年以内的教师。比例分别为:教龄在5年及以下为9.25%,教龄6~10年为72.41%,教龄11~20年为62.5%,教龄20年及以上为72.5%。以教师职称为自变量、对课程思政内涵的把握状况和课程思政开展情况等为因变量,则发现副教授(副研究员)和教授(研究员)对课程思政内涵有更为深刻的认识,正确选中思政内涵选项的比例均超过70%。就课程思政的开展情况来说,副教授(副研究员)和教授(研究员)的开展比例较其他教师更高,其中教授(研究员)的开展比例达到了83.87%,副教授(副研究员)的开展比例也超过了60%。(具体数据情况见图1)上述交叉分析的结果表明,教学经验越丰富的教师,

对教学活动的开展相对更得心应手,越可能有更多精力着手思政教育,更快回应课程思政建设要求。

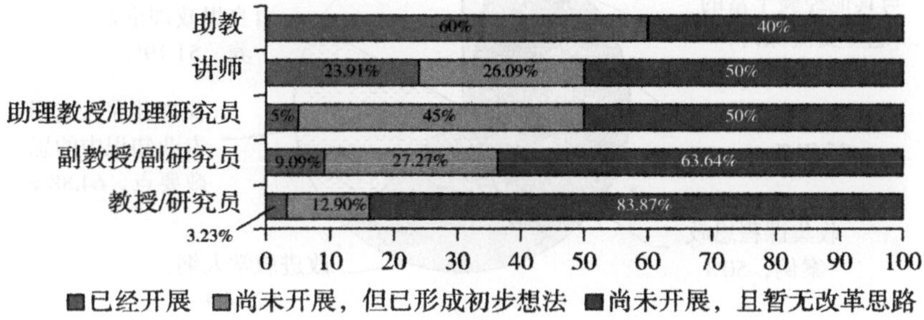

图 1　自变量 X:职称　因变量 Y:是否已开展课程思政

(3)院校具体举措及教师自身的应对措施。对受访者所在学校采取的课程思政建设举措进行分析,50%以上的校(院)党委进行了统一领导部署,并重新制定或完善了培养方案、教学计划、教学大纲;提升专业课教师的思政教学意识和能力。但仅有22.62%的被访者所在单位提高思政教育成效在教师评价体系中的占比。其原因可能是教学评价位于整个教学体系的末端环节,高校改革目前还处于探索阶段,举措主要集中在宏观层面和微观层面的前端环节,尚未做到全方位覆盖。

调查数据显示,教师获取课程思政建设经验的渠道非常广泛,且入选情况比较均衡,但入选比例最高的是浏览学校和学院网站。这说明高等院校的统筹安排对所属教师的影响最直接、最重要。有超过半数的教师通过阅读马克思主义经典读物、深度挖掘专业知识中的思政要点、改进教学大纲、收集思政案例的方式来开展课程思政教学工作,但较少选择与其他老师交流探讨、与学生辅导员交流、参加相关培训(具体数据见图2)。在今后的课程思政建设活动中,需要注重加强教师之间的经验交流与分享。在课程思政活动的开设场景选择问题上,76.79%的教师认为,课堂仍然是最重要的场所。

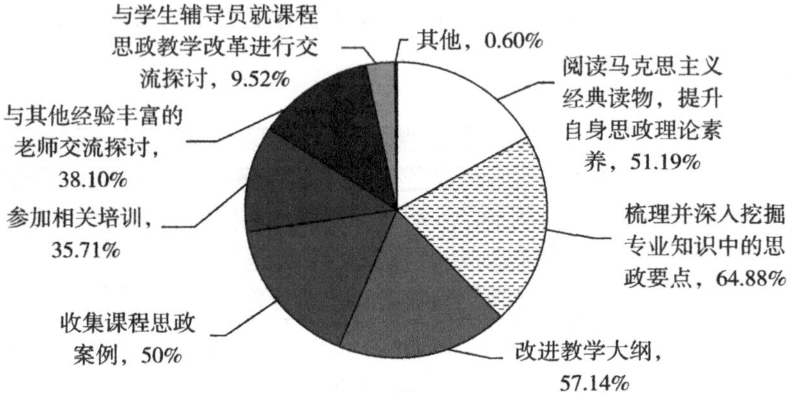

图2　受访教师为更好开展课程思政教学所做的工作

(4)现存问题及展望。调查数据显示,教师目前普遍苦恼于如何将思政元素自然融入专业课堂(占比为57.14%),以及如何掌握学生对于思政教育的吸收情况(占比为64.29%)。对于未来如何更好开展课程思政建设,教师就打造教师之间学习和交流的官方平台、建设示范课程、组建教学资源库、完善教师激励机制、形成学生反馈机制这几项共鸣强烈,都有过半数的老师作出选择(数据情况见图3)。

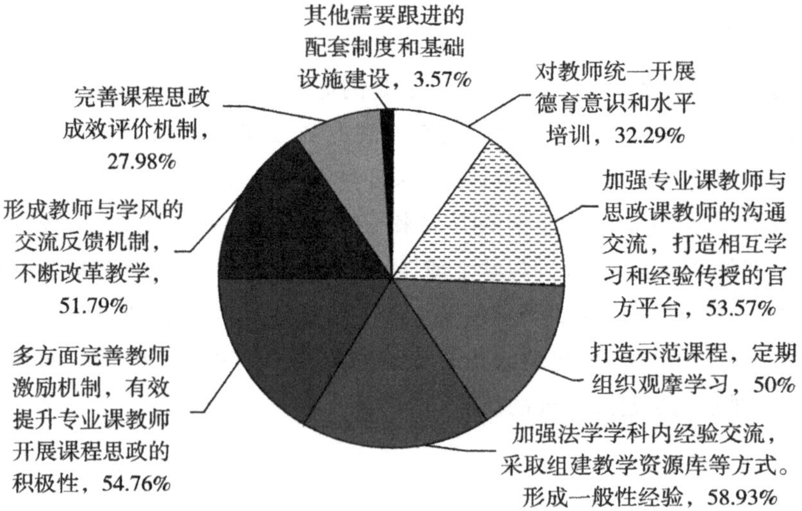

图3　法学课程思政改革活动需要完善的地方

在最后一个开放性问题中,有89名教师发表了自己的见解,集中反映在对思政内涵的把握、课程思政工作开展的注意事项、具体的教学方式方法等方面。16位教师指出,思政元素的融入需要自然,不要脱离专业知识,也不要流于形式。有老师还特别强调,对于专业性特别强的课程,不适合从始至终融入思政元素,不要为了思政而思政。有9名教师提出需要加强教师之间的交流和沟通。还有9名教师认为,在课程思政建设中融入更多相关案例很有必要,其中有3位教师重点提及了案例库的建设问题。有7位教师指出,需要重视教师自身思政素养水平的提升问题。6位教师强调了示范课程的重要地位。5位教师指出思政元素的梳理工作非常关键。4位教师强调了评价和激励机制的有效性问题。还有教师就具体思政内容提出建议,认为要着重加强党史教育与习近平法治思想教育。另有教师强调了实践教学的重要性。

3. 法学专业课程思政建设具体情况——学生视角。

(1)认知。参与调查的学生中,46.64%的同学认为专业课程对其良好道德修养的形成作用最大。相比之下,认为思政类课程、通识类课程对其产生较大影响的仅分别占30.04%和23.32%。这说明,课程思政具有现实意义,容易产生积极效应。对于课程思政的内涵,44.31%的受调查者表示不是特别清楚,这说明课程思政建设还需要进一步拓宽受众面。

以学生的政治面貌为自变量,以课程思政的内涵认识情况、思政学习的实践转化效果等为因变量。我们发现,党员学生的思政内涵了解率达到了61.33%,高于非党员同学。政治面貌为中共党员的学生中,表示会将学习到的思政知识转化为实际行动的比例为89.62%,也高于非党员同学(具体数据见表2)。这表明,学生的政治面貌会在一定程度上影响其对思想政治教育的认知,并对其具体实践活动产生不同作用,党员学生普遍来说具有更高的思想自觉和行为自觉。

表2 不同政治面貌的学生将专业课上学习到的思想政治知识转化为实际行动的意愿

X/Y	会	不确定	不会	小计
中共党员	190(89.62%)	22(10.38%)	0(0.00%)	212
共青团员	375(78.45%)	99(20.71%)	4(0.84%)	478
民主党派	1(50%)	1(50%)	0(0.00%)	2
无党派人士	0(0.00%)	0(0.00%)	1(100%)	1
群众	27(77.14%)	8(22.86%)	0(0.00%)	35
其他	1(100%)	0(0.00%)	0(0.00%)	1

(2)课程思政落实情况。调查数据显示,法学理论、宪法学与行政法学、法律史更容易开展课程思政教学,也更容易给学生留下较为深刻的印象。(见图4)就受访者所在院校所采取的思政措施而言,高达78.6%的学生都提到自己所在学校营造了课程思政的良好氛围,能够让学生充分暴露在思政教育气氛浓厚的环境中。就课程思政实施的具体效果来说,40.19%的同学认为老师在专业课上所传授的思政知识对其学习、生活的指导意义不大。这说明在课程思政教学的实效性有较大提升空间,需要持续思考如何给学生提供实用性更强的教学。在被问及是否会将在专业课上学习到的思政知识转化为实际行动时,高达81.48%的同学都做出了肯定的回答,这意味着教师在课堂上进行思想政治教育会对学生产生非常重要的影响。

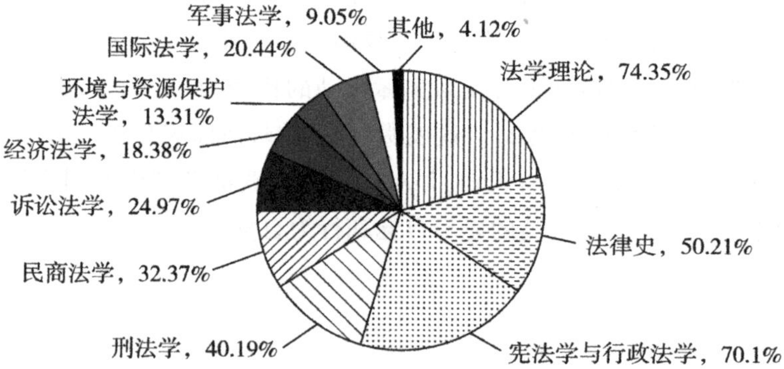

图4 受访学生接受过思想政治教育的法学专业课课堂

(3)现存问题及展望。调查数据显示,51.85%的受访同学觉得目前的思政教育比较生硬,50.21%的同学认为获取思政知识的过程比较枯燥,45.68%的同学认为思政教育活动缺乏与之相匹配的成果检验机制,41.98%的同学认为现有的考试方案尚无法激励他们注重思政知识的学习。这说明从学生群体来看,从教育教学方法到成效检验机制都还存在较大的完善和改进空间。但被问及如果期末考核方式中,提升德育水平的考核比重会对他们产生何种影响时,50.48%的同学认为这会极大影响他们的学习侧重点,仅有12.62%的同学提出,他们将继续注重专业知识的学习而不受太大影响。这说明科学合理的考核制度有利于激发学生的思政学习热情。在对未来法学专业课程思政建设的建议方面,高达84.22%的受访同学提出,希望加强对热点案例和新闻的引入,53.36%的同学希望老师能够在线上、线下同时开展思政教学,48.97%的同学希望参与更多实践活动来接受思政教育(具体数据见图5),这为今后更好开展课程思政教学提供了可行的方案。

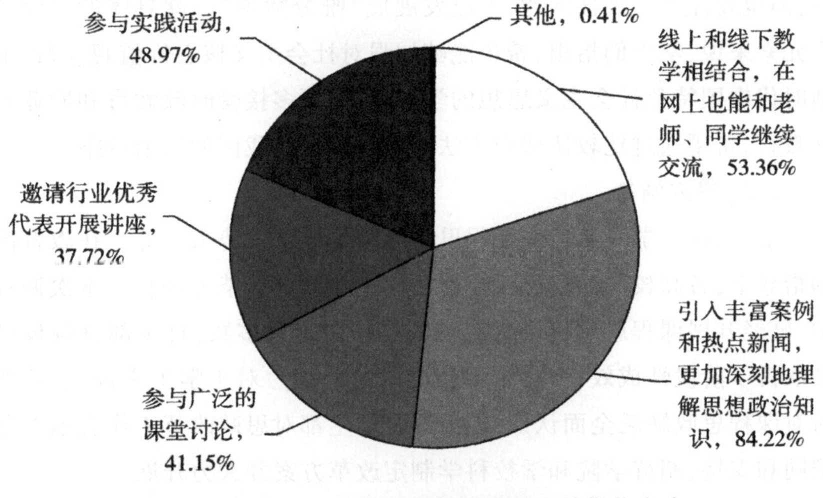

图5 受访学生认为接受思想政治教育的最佳方式

在征求受访者关于法学专业课程思政建设的其他意见和建议时,有391位同学提出了自己的观点。学生的反馈主要集中在教学形式的多样化和教学方法的科学性上,还包括对教师的期望及对考核评价方式的建议。其中,有68名同学提出,希望多多开展实践活动,在丰富多彩的实践活动中深刻感受思政教育。有59名同学表达了拓展教学形式的意愿,从而增强教学过程的趣味性和可接受度。还有48名受访学生强调,时事热点新闻和案例的引入与讨论将会大大增强课程思政教学效果。有37名学生认为思政元素与专业知识的融合要自然、密切,不要将二者割裂开来。有21名学生认为思政元素的融入要深刻,避免形式主义泛滥及教学内容的空洞。还有15名同学认为,开展课程思政建设仍然需要保持课程的专业性,仍然要以专业知识的传授为主线。还有13位学生提到了教师自身思政水平的问题。有受访同学特别提出,许多有留学背景的老师,其自身的思政意识尚且存疑,恐难给予学生科学引导。在课程思政建设的其他具体方法上,有16名学生认为,学院、学校需要进一步加强宣传力度,提升教师和学生的思政意识。有5名学生提出,可以开展思政类讲座,同时减少一些必要性不强且耗时较长的讲座,避免学生产生抵触心理。有10名学生提出,完善评价体系是一个可行的方案,但也要注意合理性问题,不能发展成“唯分数论”。就具体的思政教育元素来说,学生们指出,希望能够加强对社会主义核心价值观、习近平新时代中国特色社会主义思想的学习,希望更多接受时政教育和职业素养教育,希望通过比较法研究方法更加深刻理解我国的法治道路。

(三)研究结论

第一,在法学专业开展课程思政改革总体发展势头向好。在教育部的指导下,各高校的课程思政建设活动正在如火如荼地进行。本次调查中,已经开展课程思政建设与改革的高校占绝大多数,且少部分院校已经取得了阶段性成效,获得了宝贵的改革经验。对于学生来说,虽然暂时对课程思政缺乏全面认识,但大部分学生都对思政改革工作表示充分赞同和支持,期待学院和学校科学制定改革方案并大力开展。

第二,师生对课程思政的理解深度还有一定的提升空间。不仅少部分学生会对课程思政的科学内涵和价值功能缺乏科学、理性认识,一提到“思政”便产生抗拒心理,会发表“专业课不是思政课”“思想政治教育会让专业课变得枯燥无味”等观点,而且部分老师对课程思政的表面化理解问题也比较突出,对“实现各类课程与思想政治理论课的同向同行,实现协同育人”的课程思政目的把握不够到位。

第三,课程思政的进一步发展需为老师营造更加便利、开放的条件。本次调查中已经开展课程思政教学活动的老师普遍存在思政元素挖掘工作有困难、沟通交流渠道不畅通、改进提升方式较单一、绩效考核方式不科学、学院统一部署不到位等问题。教师的思政水平和思政教学能力会直接影响课程思政改革的最终效果,从教师自身到学院学校,要多措并举提升教师素养,为教师更好开展改革创新工作提供支撑。

第四,富有亲和力的德育教学体验对学生而言至关重要。本次调查中不少学生“谈思政色变”的原因都是担心课堂氛围会变得严肃、无趣。在改革的初期,要让学生较快适应思政教育与专业知识的融合,恐怕需要在教学形式和方法上下功夫。关注学生的兴趣爱好,采取学生喜闻乐见的教学方式,走进学生的日常生活中捕获思政教学资源和素材,能大大降低学生的抵触情绪,在潜移默化中传递正确价值观。

三、习近平法治思想指导法学课程思政改革的具体路径

习近平法治思想“包含着科学系统的法治人才培养思想,是引领法学教育改革发展和法治人才培养的指导思想和行动指南”。⑩ “十一个坚持”核心要义明确要求坚持建设德才兼备的高素质法治工作队伍。高校法科学生作为法治人才队伍的储备力量,必须以德才兼备为最终目标,响应全面依法治国的时代呼唤。

为了更好地与学科融合,课程思政改革的实施方法虽然会因学科的不同而具有细微的差别,但在指导思想上具有深刻的统一性,在实施纲领上具有强烈的一致性。课程思政改革的推动者,特别是作为课堂教学关键人物的教师,需要遵循潜移默化影响学生的理念。在进行教案设

⑩ 杨宗科:《习近平德法兼修高素质法治人才培养思想的科学内涵》,载《法学》2021年第1期。

计、开展常规教学的过程中,要立足于本学科自身的特点和专业性,立足本学科人才培养上的功能定位,并以此为基础,将发掘出的思政元素自然地融入课堂。专业课的学习具有基础且重要的作用,对专业知识的熟练掌握是造就现代化人才的重要支撑。因此,我们不能将专业课全部上成思政课,也不能将思政元素强硬地塞进专业课课堂。进行课程思政改革也不能仅依靠教师的个人力量,而是需要各部门的共同参与,尤其是需要学校统筹规划,进行顶层设计,提供充足的资金和政策支持。学院则需要根据自身实际修改教学大纲、制订工作计划,教师对具体的课堂教学进行个性化设计。通过整合各方资源,宏观、中观、微观层面一起发力,形成校园内课程思政的良好氛围,共同推进课程思政改革的顺利开展。具体而言,可从以下几个方面开展工作。

(一)改变教师认知,提升教学能力

作为学生成长、成才道路上的引路人,教师的重要性不言而喻。然而,部分教师片面认为,对学生进行思想政治教育是思想政治理论课的中心工作,是辅导员的专职任务,与专业课老师关系不大。因此,他们在备课时没有将思政元素融入专业知识讲授过程中去的意识,在正式上课的时候,更是专注于向学生传授领域内的重点问题,帮助学生消化好基础知识,对于难懂的知识点更是会进行一遍又一遍的讲解。“法学专业课程的讲授,不能仅仅停留在对法学概念、法律条文的解读,而是要将知识传授放到全面实现依法治国整体战略中来思考,要充分发掘法学知识背后的人性考量、价值关怀与制度定位”,⑪法学学科本身就蕴含了丰富思想政治元素,高校教师在有了课程思政的意识之后,就应当在这种观念的指导下有目的性地对学科知识体系进行细致的梳理和分析,挖掘知识背后的思政内容,“激活专业课程内涵的教化功能,将内隐的价值理念外化为师生教与学的行为表现”。⑫ 以行政法教学为例,在我国行政法

⑪ 沃耕:《高校法学“课程思政”教育教学改革路径与对策》,载《天津日报》2019年3月4日,第9版。

⑫ 伍醒、顾建民:《“课程思政”理念的历史逻辑、制度诉求与行动路向》,载《大学教育科学》2019年第3期。

的发展历史这一节的课程讲授中，可以在基础知识的教学之上，向同学们介绍中华法治文明对世界行政法治所做的贡献，让同学们能够在课程学习之始就初步树立起法律制度自信和法治文化自信，通过比较法的教学，培养起学生对参与社会主义法治建设的自豪感。通过介绍行政法学术大师王名扬先生的事迹，激励同学们塑造正确的价值观，带着饱满的热情和不畏艰难的勇气投身专业知识的学习。

找准思想政治教育与知识体系教育的有机融合点之后，要顺利开展课程思政，还需要教师自身具备过硬的本领，具体包括思想政治理论水平、思想政治教学方法以及知行合一的能力。师者，所以传道授业解惑也。传道者自己首先要明道、信道。法学老师在开展课程思政改革工作之前，应当查漏补缺，系统学习并构建完善的马克思主义理论基础知识体系，认真领会习近平新时代中国特色社会主义思想，并将社会主义核心价值观作为自己的精神引领。具备扎实的思想政治理论功底，是老师在课堂教学中融会贯通的前提条件。作为专业课老师，他们基本没有从事思想政治教学工作的经历，缺少经验，思政教学方法和教学技巧不足。为了解决上述问题，可以成立思政课教师与专业课教师之间的互帮互助小组，搭建多样化的平台，通过打造一批示范课程、开展教学沙龙、听取公开课等方式汲取思政课教师和本专业经验丰富教师的教学方法、进一步补充思政专业知识。二者间通过信息交流和资源共享等，让法学专业教师在联动中更好了解学生的思想政治教育现实需求，积累更多思政要点的挖掘经验，不能流于形式、空洞无物，也不能为了思政而思政，而要实现法律知识技能获得与思想品德形成之间的协同共进。除了理论知识的积累和教学方法的提升，教师还必须具备强烈的使命感和责任感，知行合一，以身作则，为学生们树立榜样，更好担负起学生健康成长指导者和引路人的责任。

（二）多方位拓宽育人形式，增强教学的可接受度

根据学生的反馈情况来看，不少同学认为目前的德育教学工作比较枯燥，课程思政内容缺乏趣味性。法学专业课程思政的进一步改革应重视学生主体的需求，根据学生的兴趣爱好和群体特点来开展思政教育教学。

一方面,要加大对热点案例和时事新闻的运用。在这个信息大爆炸的网络时代,微博热搜、今日头条、腾讯看点等弹窗随时随地更新着“劲爆”新闻,几乎没有人可以逃过大数据的推送。学生作为熟练掌握互联网使用方法的青年一代,正是通过这些渠道,快速、高效地建立起与这个世界的密切联系。这些最新发生的事件,或事关国际关系,或涉及伦理道德,是学生在茶余饭后相互交流与讨论的最佳素材。这些最能抓人眼球的新闻,同样也最能在课堂上收获学生的关注。专业课教师如果能在获取新闻资讯的同时,依靠灵敏的辨识力抓取那些本专业内的热点新闻与最新案例,便可以充分利用这些资源,提前挖掘思政元素,在课堂上与学生交流讨论,并在无形之中向学生传输内在意蕴与价值观。这些最贴近日常生活的案例,便成为教师组建案例库等教学资源的优质元素。在保留经典案例或蕴含深刻思政元素的案例的基础上,定期更新案例库中的案例,确保学生保持知识获取的新鲜感和吸引力。

另一方面,要加强实践教学法在课程思政教学改革中的运用。“成熟的法律实践应当是教育敢于为权利而斗争,为少数人而发声,为法治而奋斗的实践理性。”⑬要达到这种效果,就需要在课堂外的实践活动中,以学生感兴趣的方式,引导学生发现、感知实务中的职业精神,避免单纯说教带来的反面效应。为此,我们可以采用模拟法庭、模拟执法等实践教学方式,让学生通过法官、检察官、执法者等角色扮演,在典型案例的模拟演绎中,以主体身份去感知全面依法治国建设和法治国家、法治政府与法治社会一体建设的成就,增强民族自豪感和法治建设自信心,激发学生恪守法治精神、努力成为社会主义法治人才的动力。这种积极跳出课堂教学、在实践环节对学生进行价值引领的活动,有助于“推动学生思政教育由‘内化’向‘外化’、由‘被动’向‘主动’转变。”⑭此外,

---

⑬ 黄文瀚:《法律实践教育的人文反思与路径求索》,载《法学教育研究》2020年第2期。

⑭ 刘鹤等:《课程思政建设的理性内涵与实施路径》,载《中国大学教学》2019年第3期。

我们还可以与立法机关、执法机关、司法机关、纪检监察机关和律师事务所等法律实践部门建立协同机制。这些实践机构"是高校法学专业实习、实训、见习等实践教学环节得以开展的最主要场所,法治实际工作者的'言传身教',将对学生法律职业伦理的形成产生巨大影响"。⑮

(三)抓紧推进统一教材的编写并全国推广,及时增补删减

教材建设是育人育才的重要依托,教材内容是否能够与时俱进以及教材传递出的价值观导向是否正确积极都能对学生产生直接影响。要更好发挥习近平法治思想对法治人才培养的指导作用,就必须坚持理论先行,推动习近平法治思想进教材。我们当前法科课程主要采用了马克思主义理论研究和建设工程的教材,其内容形式上的突出特点是,在介绍基础理论知识之前会用部分篇幅介绍马克思主义法学理论和中国特色社会主义法治建设成就。这有助于引发老师和学生对我国法学发展历程的思考。面对高校思政建设的浪潮,马工程教材编写组可考虑在教材中增添思政元素充实的案例。同时,编写统一的法学课程思政教学案例教材也具有现实紧迫性。一来可以直接引导自主学习的学生,多方面塑造正确思政观;二来可以给学科教师提供案例思政教学的范式,给教师的教案设计提供指引和帮助。同时对于那些已经过时的观点,也应当及时作出调整。

(四)改革学生成绩考核方法

在进行课程思政改革之前,法学学科对学生成绩的考核方式方法同其他大多数学科一样,主要是对学生理解知识、综合运用知识的能力进行考查,一般包含平时成绩和考试成绩两部分。以湖南某高校的行政法学科为例:课堂考勤及课堂参与、平时书面作业,占比20%;期中试卷考试,占比30%;期末试卷考试,占比50%。这样的考核制度会让学生有目的性地追求卷面成绩的高分,从而倾注大部分时间在老师重点强调的知识点上,记忆各种名词解释、重点法条、重点论述题,会寻找历年期末考试的真题来"练手"。诚然,这样的考核方式与以往的专业培养目标

---

⑮ 沃耕:《高校法学"课程思政"教育教学改革路径与对策》,载《天津日报》2019年3月4日,第9版。

相契合,有助于学生知识框架的构建,加深对重难点问题的掌握。在推行法学课程思政教学改革以后,我们要以习近平法治思想为引领,对学生成绩考核方式进行改革,要“将学习效果评价从单一的专业维度,向人文素养、社会责任感等多维度延伸,综合运用客观量化评价与主观效度检验,过程性评价与终结性评价等多样的评价方式,细化对学生学习效果的测量”。⑯ 为此,可以将思政表现纳入学科考量。尽管思政素养的评定具有动态化和复杂化的特点,可能会给改革初始阶段的教师带来困扰,但是有意识地进行这样的尝试和探索或许有益于改革进程的推进,更好提升改革效果,检验学生作为受教育主体的收获与进步,为教师教学方式的优化和完善提供真实反馈。当然,这一过程也需要警惕将德育效果异化成“唯分数论”的产物。

(五)引入改革成效动态评价机制

对课程实施过程和结果进行评价是验证课程思政实效性和影响力的重要举措。在各方主体共同努力推进法学课程思政改革的过程中,作为主导力量的教师,需要接受来自不同视角的反馈。“人才培养效果是课程思政建设评价的首要标准”,⑰虽然学生的思想政治素养很难在短时间内呈现质的改变,教师也很难对这个改变的过程进行量化评判,但学生的个人感受是直观的、可靠的。基于此,专业课教师可以在学生的期末课堂评价中,有针对性地设置相关问题,收集学生们的真实教学体验,通过学生端了解课程思政改革的效果,并且发现课程思政改革的阶段性问题,寻找出有待进一步完善的环节,在改革过程中持续改善和提高课堂质量。除了学生的测评外,还可以引入外部对象监测改革的成效。比如,邀请一批思政课老师和从事一线思想政治教育的辅导员,通过听取公开课、阅读教案、查看学生课堂作业完成情况等多种渠道,最大化运用他们的专业素养与丰富经验,敏锐洞察教师教学过程中存在的不

---

⑯ 伍醒、顾建民:《“课程思政”理念的历史逻辑、制度诉求与行动路向》,载《大学教育科学》2019年第3期。

⑰ 《教育部关于印发〈高等学校课程思政建设指导纲要〉的通知》,载教育部官网,http://www.moe.gov.cn/srcsite/A08/s7056/202006/t20200603_462437.html。

足，指明改进方向。随着改革进程的不断推进，还可以通过考量毕业生的社会评价，社会对教学单位教学、研究和服务社会能力的评价等“软指标”来检验改革效果。⑱ 由此形成提高课程思政改革成效的全过程动态评价机制，科学、持续提高课程思政教学改革的质量。

结 语

新的时代背景下，推行各专业课程的课程思政改革具有先天的政策优势。在全面依法治国的战略指引下，培养习近平法治思想中所要求的德才兼备的高素质法治人才，需要法学学科作出有效回应。在本校法学课程思政改革顺利推进并取得初步实践经验后，我们希望通过线上、线下多种途径，与兄弟高校交流改革经验，相互学习，促成共同提升，对于被实践证明可行的思路与方法，主动向外推广，分享给其他有意愿的高校，为法学专业课程思政教学改革的高质量发展略尽绵力。

Research on Ideological and Political Theory Reform of Law Curriculum with the Guidance of Xi Jinping Thought on the Rule of Law

Luo Ying　Cheng Suwen

Abstract: Early ideological and political courses mostly emphasized “full-staff and full-course advancement”, focusing on solving the “aspects” of curriculum ideological and political theory reform in the breadth. With the continuous advancement of this teaching reform, ideological and political

⑱ 韩大元：《全球化背景下中国法学教育面临的挑战》，载《法学杂志》2011 年第 3 期。

theory in courses have gradually shown a trend of major-based development. It is emphasized that each major-based course should carry out a "tailor-made" reform on ideological and political theory according to the characteristics and teaching rules of the major. Xi Jinping Thought on the Rule of Law is the latest achievement of the Sinicization of Marxist theories on the rule of law. The proposal of "insisting on building a high-quality legal work team with both morality and specialty", points out the direction for the reform on ideological and political theory of the law major. The ideological and political theory reform of law courses should rely on promoting the level of teachers, improving the construction of teaching materials, and reforming assessment methods in order to strive to cultivate socialist rule-of-law talents with Chinese characteristics by rich and diverse teaching forms. Through the introduction of dynamic evaluation mechanism of the reform effect by professional teachers of ideological and political courses and front-line counselor for ideological and political education, a closed loop of the ideological and political theory reform of the curriculum can be formed, which finally conclude the general reform experience to provide ideas and reference for the ideological and political reform of the law major courses.

Key Words: Xi Jinping Thought on the Rule of Law, ideological and political courses, law education, promotion of both morality and specialty

新时代经济法治理论指导下的经济法教学内容改革与发展*

巫文勇** 李泽军***

摘　要：党的十八大后，习近平总书记根据我国经济建设实践，围绕“三大结构性失衡”“三期叠加”“单边主义”等问题，创造性地提出了“供给侧结构性改革”“经济新常态发展”“金融服务实体经济”“控制系统性金融风险”“合作共赢多边贸易体制”等经济发展思想，并以此为基础形成了我国新时代产业发展、宏观调控、金融监管和国际贸易法治理论。新时代经济法治理论在指导我国经济治理体系和治理能力现代化的同时，也对我国经济法价值、基本原则内涵和外延、经济法教学内容选择、结构体系编排产生广泛而深远的影响。经济法教学是经济法治建设的重要组成部分，教学内容选择和结构体系编排是经济法教学基础，更是我国经济法治建设的引领、支撑和保障。因此，我们应该以新时代经济法

---

* 基金项目：江西省2020年高等学校教学改革研究课题“新金融模式下金融法‘五区块’功能教学法研究”(JXJG-20-4-3)。

** 巫文勇，江西财经大学法学院教授、博士生导师。研究方向：金融证券法、公司企业法。

*** 李泽军，江西财经大学法学院2021级博士研究生。研究方向：金融证券法、公司企业法。

治理论为指导,从我国国情和经济建设实际出发,丰富经济法价值、基本原则教学内容,改革与发展教学内容和结构体系,充实经济法学科内容,提高学科体系的系统性、专业性,为经济法治建设提供坚实的理论引领和支撑。

关键词:经济法治理论　教学内容　价值导向　结构体系

党的十八大以来,习近平总书记高度重视经济法治建设,结合我国经济建设实践,围绕深化经济体制改革、产业结构调整、金融风险控制、国际经贸发展和全球经济治理,提出了一系列"内涵丰富、论述深刻、逻辑严密、系统完备,在概念上系统集成、在话语上自成一体、在逻辑上有机衔接"①的经济法治理论。其在经济领域中的法治思想在创新我国经济法治理论体系和提升治理能力的同时,也对我国经济法教学提出新的要求。

一、新时代经济法治理论指导下的我国经济法理论和立法发展

(一)新时代经济法治理论对我国经济法基础理论的丰富

新时代经济法治理论是以马克思主义法学基本原理为基础,围绕我国经济发展和依法治国的实践需要,精准把控现代经济法治的一般原理及社会主义法治的本质特征,对我国经济法治建设内在要求、价值功能、基本原则、发展方向、遵循道路等重大问题改革与发展所形成的重要论述和思想观点。新时代经济法治理论是我党法治建设科学认知的集成,是我国经济法治建设的根本指导思想,也是党和国家处理经济法律问题的基本立场。

1. 新时代经济法治理论丰富和发展了我国经济法律用语和基本概念。经济法律用语和概念是经济法理论和制度规则的基本构成,特定的法律用语和概念显现出中国特色经济法治理论和法律规范结构特征。

---

① 张文显:《习近平法治思想的理论体系》,载《法制与社会发展》2021 年第 1 期。

党的十八大以来，习近平总书记在推进经济法治建设过程中，结合我国经济和经济法治建设“提出了一整套新概念、新命题、新论断、新观点、新理论，形成了内容丰富、体系完整、逻辑严谨、具有纯熟理论思维和鲜明实践面向的法治理论”。② 这些新命题和理论所使用的新用语和新概念代表了新时代我国经济、金融、贸易和科技发展新趋势。为了解决我国经济领域中的结构性不平衡、金融创新脱离实体经济发展、经济发展创新驱动不足以及国际经济贸易中“单边主义”和“贸易保护主义”问题，提出了一系列经济法治新用语和新概念，如：(1)产业政策法和宏观调控法领域中的“去产能、去库存、去杠杆、降成本、补短板”、“供给侧结构性改革”、“经济新常态发展”、“创新驱动”和“国内可替代”；(2)国家干预法、市场监管法与反垄断法领域中的“互联网 +”平台经济、“金融服务实体经济”、“控制重大金融风险”；(3)国际贸易法领域中的“共商共享共建”、“反对贸易霸凌”和“一带一路”等。

2. 新时代经济法治理论赋予我国经济法价值和基本原则新的内涵与外延。新时代经济法治理论是在我国经济“三大结构性失衡”、“三期叠加”和“中美战略竞争加剧”背景下，围绕“供给侧结构性改革”、“经济新常态发展”、“控制重大金融风险”和“维护多边经贸体制”所提出的产业发展、宏观调控、金融监管和国际经贸法治理论与政策措施。而习近平总书记提出的“实行精准扶贫，打好脱贫攻坚战”创新了经济法“实质正义”的价值观，“国家经济安全”、“党对经济的领导”和“高质量发展共同富裕”的论述，则成为我国经济法治的新价值导向。然而，“供给侧结构性改革”、“经济新常态发展”、“控制重大金融风险”以及“维护多边贸易体制”和“改变不平等贸易规则”经济法治思想，则丰富发展了我国经济法“竞争秩序”和“开放发展”原则的思想内涵。此外，国务院于2015年5月印发的《中国制造2025》国家行动纲领，提出加速推进国产自主可控替代计划，突破我国科技发展中的前沿技术和具有国际竞争力的关键核心技术的论述，拓展了“社会整体经济效率”价值内涵，并为“经济

② 张文显：《新时代全面依法治国的思想、方略和实践》，载《中国法学》2017年第6期。

主权和经济安全"原则的实现提供了现实途径。

(二)新时代经济法治理论对我国经济行为与监管立法的促进

"社会主义市场经济是法治经济,从法治上为推动经济社会持续健康发展提供制度化方案。"③坚持立法先行,坚持立改废并举,加快完善法律、行政法规、地方性法规体系④是我国经济法治建设的前提和基础。

1. 新时代经济法治理论完善发展了我国《宪法》中的经济法律制度思想内涵。习近平总书记在坚持马克思主义宪法观的基础上,赋予了我国《宪法》新的时代内涵,并提出了:"宪法是'总依据''根本依据'等创造性概念,指出'宪法是国家各种制度和法律法规的总依据''宪法是治国理政总依据''全面依法治国的总依据''宪法是我们党长期执政的根本法律依据'。"⑤习近平总书记对《宪法》的论述,为我国经济体制、经济建设基本方针政策、产业发展模式和财产权利制度改革奠定了基础,成为我国经济行为规范和监管法律制度建设的指导思想和基本原则。党的十九大后,在习近平法治思想指导下,我国对《宪法》进行了修订,将习近平总书记有关经济法治理论融入有关我国"经济发展阶段和经济体制"、"公私财产权益定性和保护"、"国民经济调控和财富分配"和"公民基本经济权利义务和劳动保障"相关立法中,成为我国经济立法的精神支柱。

2. 新时代经济法治理论创新了我国经济行为规范和监管法律制度建设。"与根本法宪法相对应的是不同部门法如何从法理上和制度上不断加以完善,习近平法治思想中也涉及大量的部门法法治建设的理论论述。"⑥习近平法治思想要求关于经济立法要准确把握和适应我国改革开放的需要,符合经济发展规律,积极回应人民对美好生活的向往;要坚持问题导向意识,切实提高经济法律和制度规范的针对性、及时性、系统

③ 裴长洪、李程骅:《习近平经济思想的理论创新与实践指导意义》,载《南京社会科学》2015年第2期。

④ 参见习近平:《加快建设社会主义法治国家》,载《求是》2015年第1期。

⑤ 张文显:《习近平法治思想的基本精神和核心要义》,载《东方法学》2021年第1期。

⑥ 莫纪宏:《论习近平法治思想理论体系的二元化逻辑结构及功能》,载《行政管理改革》2021年第3期。

性、协调性，推动经济发展和社会稳定；坚持立改废释并举，全面规划与注重重点相结合，加快对一些重点领域、新兴产业、涉外经济的立法工作的论述，[7]促进了我国经济法的立改废工作。在此基础上，我国制定了《民法典》，并以习近平总书记有关经济发展、金融创新、自贸区建设、外商投资、市场竞争、经济公平和资本市场发展的思想观点和制度建议为指导，修改完善了《外商投资法》《公司法》《证券法》《反不正当竞争法》等。此外，还将习近平总书记的"山水林田湖生命共同体"和"努力走向社会主义生态文明新时代，为人民创造良好生产生活环境"的生态文明思想和生态环境法治理论论述融入《环境保护法》的修改中。

（三）新时代经济法治理论对我国经济执法与司法体制的创新

为了解决我国经济建设中的制度性缺陷，确保我国经济法治的有效实施，习近平总书记坚定不移地推进法治改革，"有效突破法治实践中存在的制度难题，努力破除影响法治发展的体制性、机制性、保障性障碍，进而推进中国特色社会主义法治制度的自我完善和发展，这是全面推进依法治国、实现中国法制现代化面临的一项重大战略任务"；[8]要求各级政府必须依法全面履行职能，坚持法定职责必须为、法无授权不可为，健全依法决策机制，完善执法程序，严格执法责任，[9]并且在不同的场合反复强调"司法是维护社会公平正义的最后一道防线"。[10]

1. 新时代经济法治理论为我国经济执法机制改革提出了要求并指明了具体方向。党的十八大以后，我国的经济基础、国际国内经济环境发生了很大的变化，因而要求政府转变职能，围绕推动经济高质量发展，建设现代化经济体系，加强和完善政府经济调节、市场监管，着力推进重点领域和关键环节的机构职能优化和调整。基于此，国务院在2017年4

---

⑦ 参见张文显：《习近平法治思想的基本精神和核心要义》，载《东方法学》2021年第1期。

⑧ 参见公丕祥：《习近平法治思想中的改革论述》，载《东方法学》2021年第2期。

⑨ 参见习近平：《在中共十八届四中全会第二次全体会议上的讲话》，载《人民日报》2014年10月24日，第1版。

⑩ 参见习近平：《关于〈中共中央关于全面推进依法治国若干重大问题的决定〉的说明》，载《中国共产党第十八届中央委员会第四次全体会议文件汇编》，人民出版社2014年版，第87～88页。

月成立了国务院金融稳定发展委员会,在2018年3月17日召开的第十三届全国人民代表大会第一次会议审议通过了国务院机构改革方案,其中包含与经济建设高度关联的机构调整。调整的主要内容包括:一是组建国家市场监督管理总局、国家国际发展合作署以及国家粮食和物资储备局。二是将农业部改设为农业农村部。三是对银监会和保监会进行合并组建银行保险监督管理委员会。四是优化审计署职责。本轮改革,是对我国经济发展的有效呼应,较大程度上释放了经济法治建设功效。

2. 新时代经济法治理论为我国经济司法体制改革奠定了理论基础和价值导向。"在我国公正司法的建设过程中,主要的理论创新便是在摒弃西方话语体系后,确立了中国特色社会主义的司法话语体系。"⑪我国司法体制改革坚持习近平法治思想指导,突出顶层设计:"一是探索推进司法管辖制度改革,从现有的跨行政区划法院、检察院实践基础上,进一步探索地方法院与行政区划之间的关系;二是以中央统管为目标,先行推动省以下地方法院、检察院人财物统管。"⑫在具体措施制度上包括:(1)在上海浦东新区试点设立"金融法院",提高了金融案件审判专业化水平,统一了法律适应和裁判标准,提升了金融审判质效和司法公信力。(2)在全国各地中级人民法院推广设立"知识产权审判庭",提高了知识产权案件审判的专业化水平,实现了科学技术领域中的公正司法,有助于我国加大开放力度,保护知识产权。(3)在杭州、北京和广州等地试点设立互联网法院,提高了办案效率,实现了"专业化、在线化""便民诉讼,节约司法资源"的司法改革理念。

---

⑪ 胡明:《用中国特色社会主义法治理论引领法治体系建设》,载《中国法学》2018年第3期。

⑫ 胡明:《用中国特色社会主义法治理论引领法治体系建设》,载《中国法学》2018年第3期。

二、新时代经济法治理论创新对我国经济法学科教学内容的影响

新时代经济法治理论创新对我国经济法理论和立法发展产生广泛而深远的影响,客观上要求在经济法学科教学内容选择和结构体系编排上作出相应的回应。新时代经济法治理论,是一套包括经济法治指导思想、法治的本质特征、法治建设总目标、法治的根本价值、法治基本原则以及法治的推进方式等内容在内的科学的法治理论体系。[13] 这一理论体系构成了新时代我国经济法学教学内容选择和编排体系的逻辑主线和基本原理。我们应该把创新与发展经济法学教学内容,完善教学体系作为经济法治建设重要任务来抓,遵循新时代经济法治理论,将其原创性理论、制度规范论述转化为经济法学教学内容,形成具有中国特色的经济法学理论体系、学科体系、课程体系,建立起符合新时期经济发展逻辑关联的教学内容和体系结构。

1. 新时代经济法治理论创新对我国经济法学教学内容选择和结构体系的影响与改革需求。我国传统经济法学教学内容和结构体系编排有“二分法”、“三分法”和“四分法”几种形式,但随着经济发展和对经济规律认识的逐渐深入以及经济法律制度完善和经济法学教学理论研究的成熟,“四分法”已经占据了经济法学教学的主导地位。以刘继峰 2019 年编著的《经济法学》为例,该教材分为四编,第一编是经济法总论,主要讲述经济法的产生、发展、经济法律关系、经济法的价值和基本原则以及经济法律责任和经济法的实施。第二编是经济主体法,主要讲述经济主体法的基本含义、国有企业的法律地位、制度规则、消费者保护制度以及中小企业促进法和劳动者保护法律制度。第三编是市场监管法,主要讲述市场监管法的基本原理和监管手段以及反垄断法、反不正

---

⑬ 胡明:《用中国特色社会主义法制理论引领法治体系建设》,载《中国法学》2018 年第 3 期。

当竞争法、产品质量法、广告法、电子商务法和食品安全法。第四编是宏观调控法,主要讲述宏观调控的基本原理、目标和原则以及具体的调控手段,如财政调控、税收调控、金融调控和价格调控等。

习近平总书记提出的“供给侧结构性改革”“经济新常态发展”“金融服务实体经济”“控制重大金融风险”“合作共赢多边贸易体制”等经济发展思想以及在此基础上形成的产业发展、宏观调控、市场监管、金融创新和国际贸易法治理论,对我国经济法学教学内容选择和结构体系编排产生深刻的影响,并提出了改革需求:一是要求将党对经济法治工作的领导,尽快完善经济法治体系,通过法律制度建设促进我国产业结构调整、创新生产经营模式、推动绿色低碳循环经济发展,控制耕地流失和保障粮食生产供应以及防范化解重大金融风险融入经济法学教学之中。二是经济法学教学价值导向、基本原则和内容选择应该充分体现积极主动的开放战略,构建合作共赢、多元平衡、安全高效的开放性经济体系,遵守WTO为代表的国际经济贸易规则,反对贸易保护主义和贸易霸凌主义,推动全球经济贸易体制中不公平、不合理制度安排的变革。

2. 新时代经济法治理论创新对我国经济法价值和基本原则教学的影响与改革需求。我国经济法教材对经济法的价值表述不一,但归纳起来主要有以下方面:“经济安全、经济秩序、社会正义、整体效益、经济民主、经济自由。”党的十八大以来,新时代经济法治理论在对我国经济法治创新的同时,也对我国的经济法价值进行了丰富和发展,客观上也对相关教学提出了新要求。如习近平总书记提出,要坚持党对经济法治工作的组织领导,强化党中央在经济立法、经济执法、经济司法、经济守法、经济法治改革等方面的领导;⑭“经济安全是国家安全的基础,维护经济安全首先要保证基本经济制度安全,要保障关系国民经济命脉的主要行业和关键领域安全”;⑮“共同富裕是社会主义的本质要求,是中国式现代化的重要特征,要坚持以人民为中心的发展思想,在高质量发展中促

⑭ 张文显:《习近平法治思想的理论体系》,载《法制与社会发展》2021年第1期。

⑮ 刘继峰:《经济法学》,中国政法大学出版社2019年版,第57页。

进共同富裕”。[16] 其核心观点“党对经济工作的领导”、“经济安全”和“高质量发展中促进共同富裕”,构成了经济法价值教学的新内涵。

“经济法的基本原则,是指规定于或者寓于经济法律法规之中,对经济立法、经济执法、经济司法和经济守法具有指导意义和适用价值的根本指导思想或准则。”[17]经济法基本原则与特定时期一国或区域的经济发展和经济法治建设相适应,具有明确的准则性、导向性和时代性,表明了国家或区域经济法治的精神或宗旨。2016 年李昌麒主编的《经济法学》将经济法基本原则归纳为“资源优化配置原则、国家适度干预原则、社会本位原则、经济民主原则、经济效益原则、经济公平原则、可持续发展原则”,而 2019 年刘继峰的《经济法学》则概括为“宏观调控与市场机制相结合原则、维护国家经济主权原则、倾斜性保护原则、适度干预原则”等。习近平总书记对我国经济发展和经济法治建设的诸多重要论述,高度概括了我国经济法的发展方向,表现了经济法的总体面貌,体现了国家的主导意志,反映了国家的基本政策,表明了经济法的精神实质和实践纲领,也将成为我国经济法基本原则教学的基本指导思想和主要内容。

3. 新时代经济法治理论创新对我国经济法教学经济内容的影响与改革需求。我国经济法产生于 20 世纪 80 年代,经济法学教学也随之进行。虽然经济法学教学内容随着我国经济发展、经济立法完善和经济法理论研究的深入而不断更新和科学化,但还是打上了时代的烙印,总体还处于初级阶段的论述。党的十八大以来,习近平总书记围绕“供给侧结构性改革”“经济新常态发展”“金融服务实体经济”“控制系统性金融风险”“合作共赢多边贸易体制”对我国经济发展和经济法治作出了一系列论述,不仅丰富发展了我国的经济法治理论和制度建设,客观上也对我国经济法制度规范教学产生了广泛而深刻的影响。

新时代经济法治理论创新对我国经济法教学内容的影响:(1)改变

---

[16] 习近平:《在高质量发展中促进共同富裕,统筹做好重大金融风险防范化解工作》,载《人民日报》2021 年 8 月 18 日,第 1 版。

[17] 李昌麒、卢代富主编:《经济法学》,厦门大学出版社 2016 年版,第 18 页。

了宏观调控法教学内容的内涵和外延。要求将优化产业结构、实现产业转型升级;加快核心技术研发,发展战略新兴产业,尽快实现关键技术和重要产业的国内可替代计划;保护耕地、保障粮食供给安全,促进房地产市场良性发展,从实际出发推进城镇化建设作为宏观调控法的主要内容进行教学。(2)改变了经济法学中的传统国家经济安全观。要求把坚持党对金融工作的领导、维护国家金融安全,"金融为实体经济服务、控制重大金融风险",保护金融消费者和投资者利益,强化互联网平台经济反垄断执法作为经济法学主要教学内容。(3)增加了经济法学国际经济教学内容。要求建立开放、包容、透明、非歧视,以规则为基础、"合作共赢"的新型国际经济贸易关系,维护国际经济法律的权威性和有效性,反对贸易保护主义和贸易霸凌主义作为经济法学教学内容的新篇章。

三、新时代经济法治理论指导下的我国经济法学教学内容改革方案

(一)新时代经济法治理论指导下的经济法学教学内容选择和体系

经济法学教学内容的选择与结构体系划分和编排,既反映了经济法学学科的发展与成熟程度以及教材编撰者的学术视野,更取决于特定历史条件下国家治国理政的大政方针以及经济法治建设的需要。新时代经济法治理论是对我国新时期市场经济规律的认识,对经济建设实践行为规则的科学总结以及国家对经济监管、干预和宏观调控的把握。我们应该认识到,经济法是调整经济关系的制度性学科,动态发展的经济客观上难以建立绝对固定、整齐划一的经济法律制度。因此,建立在经济发展和经济法治建设基础上的经济法学教学内容也应该实行动态化的经济法学教学内容建构,必须遵守"经济发展、创新和经济环境变化——经济法理论、法律制度改革发展——经济法教学内容、结构体系扬弃和重构"的逻辑基础与建构路径。

1. 经济法学教学内容选择、结构体系编排的价值导向和基本要求。

经济法学教学内容选择、结构体系编排应该体现经济法学教学的目标以及为了实现该目标应该坚持的指导思想和基本原则。对此,党的十八届四中全会通过的《中共中央关于全面推进依法治国若干重大问题的决定》进行了明确的要求,认为经济法学教学是我国法治建设的重要内容和途径,应该建立在中国特色社会主义道路、理论体系、制度基础上。经济法学教学理论体系、学科体系、课程体系:“必须从我国基本国情出发,同改革开放不断深化相适应,总结和运用党领导人民实行法治的成功经验,围绕社会主义法治建设重大理论和实践问题,推进法治理论创新,发展符合中国实际、具有中国特色、体现社会发展规律的社会主义法治理论,为依法治国提供理论指导和学理支持。”⑱

现阶段,我国经济基础和经济环境发生了根本性变化,因此经济法学教学内容选择和架构体系建设也应该进行相应的改革与发展,但这种选择和改变:一是能够实现经济法学教学内容的转型升级,体现中国特色社会主义市场经济建设的客观需求。二是能够促进经济法学与其他学科的交叉发展,解决经济法学教学内容与经济发展滞后问题。三是能够提炼标识性概念,打造易于为国际社会所理解和接受的新概念、新范畴、新表述,引导国际学术界展开研究和讨论。⑲ 四是能够聚焦国际社会所共同关注的问题,增强我国经济法治理论和经济法学教学的国际影响力,有利于我国经济法学话语权体系建设。

2. 经济法学教学内容选择和结构体系编排。经济法学,应该加强法治及其相关领域基础性问题的研究,对复杂现实进行深入分析、作出科学结论,提炼规律性认识,为完善中国特色社会主义法治体系、建设社会主义法治国家提供理论支撑,⑳经济法教学内容也应该对这一主题积极响应。我国的经济法学教学内容选择与编排可以从以下四个方面设计:

---

⑱ 《中共中央关于全面推进依法治国若干重大问题的决定》,载《十八大以来重要文献选编(中)》,中央文献出版社 2016 年版,第 159 页。

⑲ 参见习近平:《在哲学社会科学工作座谈会上的讲话》,载《光明日报》2016 年 5 月 19 日,第 6 版。

⑳ 参见习近平:《立德树人德法兼修抓好法治人才培养 励志勤学刻苦磨炼促进青年成长进步》,载《人民日报》2017 年 5 月 4 日,第 1 版。

第一,将习近平总书记确保谷物基本自给、口粮绝对安全、[21]合理规划我国房地产发展和土地资源使用,杜绝农业生产用地进入房地产市场等论述,纳入经济法教学相应编目。例如,将农业经营组织纳入"经济主体法"编章,创新市场主体法律制度;将新的"三农"政策、农村土地经营权流转纳入市场规制法编章;增加粮食生产和供应保障章节,加强耕地保护、粮食供应法律责任教学内容。

第二,将习近平总书记"世界主要国家都把互联网作为经济发展、科技创新、社会治理转型的重点,把互联网作为竞争新优势的战略方向",[22]以及加强对"互联网+"监管和反垄断执法的论述转化为市场监管法和宏观调控法中的教学内容。例如,增加宏观调控法和反垄断法中"互联网+"、数字经济教学内容。增加互联网、大数据、云计算等新科技经济法律理论和制度教学,如在市场管理法律中融入有关互联网平台经济、互联网第三方支付法律制度。

第三,将习近平总书记关于提高国家能源和原材料安全保障水平和话语权,建立和完善大宗商品贸易法律制度,加强金融服务支撑系统建设,提高人民币的储存和结算份额的论述纳入经济法相关教学编目。例如,将能源和原材料等大宗商品贸易内容纳入市场监管法或涉外经济法编目。将国际支付结算、人民币国际化和法定数字货币基础设施、法律规则和技术标准纳入金融监管法。

第四,将习近平总书记构建新发展格局,是与时俱进提升我国经济建设发展水平的战略抉择,也是塑造我国国际经济合作和竞争新优势的战略抉择[23]的论述纳入经济法教学对外经济贸易部分。例如,将习近平总书记"培育具有核心竞争力的主导产业为主攻方向"和根据我国产业链结构模式变化、建立双循环经济体系的论述作为产业政策法的教学内

---

[21] 参见习近平:《在中央农村工作会议上的讲话》,载中共中央文献研究室编:《十八大以来重要文献选编》,中央文献出版社2014年版,第662页。

[22] 周汉华:《习近平互联网法治思想研究》,载《中国法学》2017年第3期。

[23] 参见习近平:《关于〈中共中央关于制定国民经济和社会发展第十四个五年计划和二〇三五年远景规划的建议〉的说明》,载中华人民共和国中央人民政府网,http://www.gov.cn/xinwen/2020-11/03/content_5556997.htm。

容选编。在经济法学教学体系中建立国际经济贸易治理和反制裁教学内容和模块,增加政治制度、意识形态、贸易摩擦以及经济制裁对国际经济贸易法律制度运行影响的教学内容。

(二)新时代经济法治理论指导下的经济法价值和基本原则教学

经济法价值和基本原则是习近平法治思想的重要组成部分,“蕴含着丰富的法学命题和法律判断,是繁荣和发展法学研究事业的理论基础”,[24]不仅为建设马克思主义经济法学理论研究体系提供了丰富的思想资源,也为我国经济法学学科体系、学术体系和教学内容体系发展提供了理论支撑、学术基础和发展方向。对于经济法价值和基本原则教学,应该放置于“内容、背景、影响、创新”四个学理维度下加以考察。

1.新时代经济法治理论指导下的经济法价值教学内容发展。习近平总书记关于“国家经济安全”、“党对经济的领导”和“高质量发展共同富裕”的论述,构成了我国新时代经济法治建设的价值导向。因此,我国应该以习近平总书记有关经济法价值理论为指导,赋予经济法价值理论论述与教学新的内容和思想:一是充分认识到经济安全关系到国家安全,在经济法学教学中把握习近平总书记的“总体国家安全观”核心内涵和本质特征。二是要更加强调金融是国家重要的核心竞争力,金融安全是国家安全的重要组成部分,金融制度是经济社会发展中重要的基础性制度。[25] 三是要保障经济社会发展所需的资源、能源持续、可靠和有效供给,确保国家粮食安全,把中国人的饭碗牢牢端在自己手中。四是要加强自主创新能力建设,加快发展自主可控的战略高新技术和重要领域关键核心技术,保障重大技术和工程的安全。[26] 五是要坚持共产党对经济工作的领导,但是这种领导是经济工作大政方针的领导,经济安全的领导,而非具体经济事务的干预。六是要深刻认识到大数据时代的信

---

[24] 莫纪宏:《论习近平法治思想理论体系的二元逻辑结构及功能》,载《行政管理改革》2021年第3期。

[25] 参见习近平:《提高防控能力着力防范化解重大风险　保持经济持续健康发展社会大局稳定》,载《人民日报》2019年1月22日,第1版。

[26] 参见中共中央宣传部主编:《习近平新时代中国特色社会主义思想学习纲要》,学习出版社、人民出版社2019年版,第182页。

息安全与数据安全对国家安全的密切联系。七是要采取有力措施保障和改善民生，打赢脱贫攻坚战，全面建成小康社会，更好满足人民日益增长的美好生活需要。

2.新时代经济法治理论指导下的经济法基本原则教学内容拓展。新时代经济法治理论对我国经济法基本原则教学内容拓展，可从五个方面进行：一是将坚持党对经济法治建设的领导，作为经济法基本原则，但是这种领导是经济法治工作大政方针的领导，经济安全的领导，而非具体经济法律事务的干预。二是把维护国家经济安全上升到政治高度，将“维护国家经济主权和经济安全”作为保护国家经济安全原则的核心要义。三是将稳步推进经济体制改革，强化经济市场基础性功能，逐步放宽民营企业的市场准入，作为“宏观调控与市场机制相结合原则”重要内容。四是将坚持以人民为中心的发展思想，正确处理效率和公平的关系，构建初次分配、再分配、三次分配协调配套的分配制度安排，在高质量发展中促进共同富裕，确保社会每一个成员均能享受经济发展所带来的红利，作为“经济公平原则”的实现途径。五是将“多边合作共赢”、“共商共享共建”和“反对贸易霸凌”的国际经济贸易体制，维护WTO贸易规则的权威性以及改革现行国际贸易体制中不合理因素，作为“经济开放原则”的中国方案。

（三）新时代经济法治理论指导下的经济法制度规则内容教学

经济法律制度是通过设定人们的经济权利与义务，进而影响人们的经济行为动机，指引人们的经济行为，并调整社会经济关系。市场经济的高效率就在于价值规律、竞争规律、供求规律的作用，但发挥市场经济固有规律的作用和维护公平竞争、等价交换、诚实守信的市场经济基本法则，需要法治上的保障。如果不从法律上确认经济实体的法人资格，企业就不能成为真正的市场竞争主体。如果缺乏维护市场秩序的法治保障，市场行为就会失当，市场信息就会失真，公平竞争就会失序。[27] 因此，必须以保护产权、维护契约、统一市场、平等交换、公平竞争、有效监

---

[27] 参见习近平：《之江新语》，浙江出版联合集团、浙江人民出版社2007年版，第203页。

管为基本导向,完善社会主义市场经济法律制度。[28]

1. 新时代经济法治理论指导下的市场主体法律制度教学内容建设。市场主体法律制度建设,应该从公平竞争审查制度开始,从维护全国统一市场和公平竞争的角度,明确审查对象和方式,按照市场准入和退出标准、商品和要素自由流动标准、影响生产经营成本标准、影响生产经营行为标准,对有关政策措施进行审查,从源头上防止排除和限制市场竞争。[29] 我们应该遵照习近平总书记的指示精神,在教学中及时更新主体法律制度,并对某些滞后的主体法律制度根据新时代经济法治理论加以修正和拓展。

2. 新时代经济法治理论指导下的经济行为法律制度教学内容完善。"供给侧结构性改革"、"经济新常态发展"、"金融服务实体经济"、"加强市场监督管理"和"高质量发展下的共同富裕"等概念是习近平总书记提出的经济发展措施和市场行为规则。这些概念或经济措施客观上创新了我国经济主体的行为规制和监管措施,因此也要求将其反映到经济法学教学内容中。一是围绕建设现代化经济的产业体系、市场体系、区域发展体系、绿色发展体系等[30]更新产业政策和产业优化法律制度教学内容。二是围绕"供给侧结构性改革"和"经济新常态发展"以及习近平总书记对处于不同市场、不同服务对象的金融机构应该采取不同的政策和调控手段的论述,创新宏观调控法律制度教学内容。三是根据我国经济发展进入新常态,新常态要有新动力,互联网在这方面可以大有作为[31]的论述,丰富和发展经济法学教学中的"互联网+"、数字经济监管和反垄断执法等教学内容。

---

[28] 参见习近平:《关于〈中共中央关于全面推进依法治国若干重大问题的决定〉的说明》,载《〈中共中央关于全面推进依法治国若干重大问题的决定〉辅导读本》,人民出版社2014年版,第54页。

[29] 参见习近平:《改革既要往增添发展新动力方向前进也要往维护社会公平正义方向前进》,载《人民日报》2016年4月19日,第1版。

[30] 参见习近平:《深化金融供给侧结构性改革,增强金融服务实体经济能力》,载《人民日报》2019年2月24日,第1版。

[31] 参见习近平:《在践行新发展理念上先行一步　让互联网更好造福国家和人民》,载《人民日报》2016年4月20日,第1版。

3. 新时代经济法治理论指导下的国际经济贸易法教学内容构建。国际经济贸易法律制度是否作为经济法学教学内容,其处理方法各不相同,既有单独作为一门课程对待,也有将其列为经济法学教材中的一个章节的做法。但是,无论采取哪种形式,传统内容主要是讲授以世界贸易组织(WTO)为代表的贸易规则和技术准则。然而,在国际经济贸易政治化,中美战略竞争加剧,西方经济大国基于政治、科技等原因对我国实行全方位围堵的背景下,国际经济贸易更多情况下掺杂着政治、军事、宗教和意识形态等非经济因素。在此背景下,我们应该将习近平总书记的"共商、共享、共建"、"多边贸易体制"和"修改不平等贸易规则"纳入教学内容。修改传统贸易规则式教学,在"关税和边境问题"基础上建立起"数字贸易规则,反制裁法律制度"的新型教学内容。倡导学生"对于一国而言,国内事务与国际事务并非泾渭分明,反而联系越来越紧密。因此,要统筹好国内国际两个大局,协调推进国内法治和涉外法治"㉜的认知。

结　语

当前,我国经济法学教学内容存在诸多问题,主要是基础理论尚未规范化和体系化,理论论述与经济发展步速不一致,新经济法律思想表达不足,交叉学科内容发展滞后,致使学科内容和结构体系不能适应我国经济发展需要。例如,面对基因工程、人工智能、大数据、云计算等新科技在经济发展中的运用问题,还没有建构起科学系统的制度规范;对数字经济发展的风险性和监管必要性认识不足,教学中缺乏足够的教学时数;对关系国计民生的粮食供给、能源和原材料等大宗商品贸易缺乏基本的介绍。面对这些问题和挑战,我们必须以新时代经济法治理论为指导,坚持不忘本来、吸收外来、面向未来,大力加强经济法学教学内容

㉜ 周婧:《习近平法治思想指导下坚持统筹推进国内法治和涉外法治》,载《重庆大学学报(社会科学版)》2021 年第 3 期。

转型升级工作，丰富经济法价值、基本原则教学内容，改革僵化守旧的理论和制度规则，添加新的经济法理论原理和行为规范教学内容。“使我国的法学体系充分体现继承性和民族性、原则性和时代性、系统性和专业性、国际性和世界融通性。”㉝

On the Reform and Development of the Teaching Content of Economic Law under the Guidance of the Theory of the Rule of Law in Economy in the New Era

Wu Wenyong　Li Zejun

Abstract: After the 18th National Congress of the Communist Party of China, based on the practice of China's economic development, General Secretary Xi Jinping, creatively put forward a series of thought on economic development, including the "supply side structural reforms", "new normal economic development", "financial service for the real economy" and "systemic financial risk control" and "cooperation and win win multilateral trading system" and other economic development ideas, etc., which are mainly focusing on such issues as "three major structural imbalances", "three periods superposition" and "unilateralism". All of the thought has formed the theory of industrial development, macro-control, financial supervision and the rule of law in international trade in China in the new era. While guiding the modernization of China's economic governance system and governance capacity, Xi Jinping Thought on the Rule of Law in economy in

㉝ 张文显：《新时代全面依法治国的思想、方略和实践》，载《中国法学》2017 年第 6 期。

the new era also has extensive and far-reaching impacts on the value of China's economic law, the connotation and extension of basic principles, the selection of economic law teaching content, and the arrangement of structural systems. The teaching of economic law is also an important part of the construction of the economic rule of law. The selection of teaching content and the arrangement of the structural system are the basis of teaching economic law, and it is also the guidance, support and guarantee of the construction of the rule of law in economy. Therefore, we should take Xi Jinping Thought on the Rule of Law in economy as the guidance, starting from China's actual condition and actual economic construction, enriching the teaching content of the value and basic principles of economic law, reforming and developing the teaching content and structural system, optimizing the content of economic law, and improving the quality. It is systematic and professional, providing solid theoretical guidance and support for the construction of the rule of law.

Key Words: Theory of the Rule of Law in Economy, teaching content, value orientation, structure system

专题：卫生法治人才培养

新文科视域下医事法学本科教育标准体系建构*

刘　毅** 　朱小平***

摘　要：法学专业(医事法学方向)作为医学与法学交叉融合而形成的专业，①其已是一个不争的社会存在，展现了交叉学科专业的独特魅力。制定医事法学本科教育标准，是构建新文科视阈下医事法学协同创新话语体系，完善学科深度融合的医事法学人才培养体系，提高医事法学本科教育质量的重要途径和应然确证。本文在分析借鉴当前法学、临床医学、中医学等本科国家教育质量标准基础上，遵循新文科理念下医事法学本科教育标准的三重逻辑，从内容标准、保障标准和评价标准三个维度，探讨医事法学本科教育标准的体系建构，以期能够助力医事法学本科教育内涵式、高质量发展。

---

* 基金项目：本文系2017年度国家社会科学基金教育学一般课题“法治中国背景下我国医事法学本科教育标准研究”(项目编号：BIA170183)最终成果。

** 刘毅，西南医科大学法学院教授。研究方向：高等教育学。

*** 朱小平，西南医科大学人文与管理学院副研究员，西南大学教育领导与管理专业在读博士。研究方向：研究生教育。

① 目前专业方向名称不一，因多数院校采用了“医事法学”名称，故本文以下均称“医事法学”，法学专业(医事法学方向)本科教育标准简称“医事法学本科教育标准”。

关键词:新文科　医事法学　本科教育　教育标准

2019年,继教育部发布我国首个高等教育教学质量国家标准——《普通高等学校本科专业类教学质量国家标准》之后,教育部等13个部门联合启动了新文科建设,实施卓越法治人才教育培养计划2.0并提出了人才培养的总体思路、目标要求、改革任务和重点举措。学界普遍认为,新文科是后工业时代基于知识生产与再生产,对传统文科专业进行重组、对质量标准进行重构、对人才培养模式进行革新的文科范式,是一种知识高度综合化、信息化和数字化的文科新形态,其核心议题是鼓励学科专业的交叉融合和知识发展的协同创新。目前新文科建设已成为指导高校人文社会学科尤其是交叉学科建设的重要理念,对作为医学与法学交融而成的医事法学学科建设具有重要指导作用。为适应社会对暨懂医又懂法的专业人才需求,自20世纪90年代以来,一批高校纷纷进入医事法学领域,为社会培养输送了大批适应国家法治建设和医疗卫生事业发展急需的高素质应用型、复合型人才,彰显了医事法学作为交叉学科存在的独特价值。但是,在二十余年学科建设与人才培养过程中,医事法学本科教育发展一直处于"边缘化"状态,个别学校甚至出现了停办的现象。究其原因,主要是目前医事法学学科专业体系未能真正确立,本科教育标准缺乏,人才培养从资质、目标到过程、结果均存在诸多困境,导致学科专业建设及人才培养没有形成统一共识和规范标准,急需国家、行业、高校等各个层面进行统一规范。因此,很有必要系统梳理新文科理念下医事法学本科教育标准的建构逻辑,回应时代需求,遵循人才培养新要求,系统建构医事法学本科教育标准,以适应健康中国、法治中国战略及新文科建设对医事法学学科专业建设和人才培养质量提升的急迫需要,为医事法学本科教育提供更加科学规范的准绳和可持续的生存发展空间。

一、建构医事法学本科教育标准的三重逻辑

(一)依循时代逻辑,构建新文科理念下医事法学协同创新话语体系

新文科是在新时代背景下,突破传统文科范式,以传承创新、交叉融合、协同共享为主要手段,促进学科交叉与融合,推动传统文科走向现代文科的社会科学范式。新文科建设必须服务国家战略需求,通过多学科交叉、融合、渗透或拓展,促进我国人文社会科学战略性、创新性、融合性发展,以寻求人文社会科学的新突破、新发展,增强国际话语表达能力。医事法学教育经过二十余年的发展,人才培养体系不断完善,招生规模不断扩大,培养了大批应用型、复合型医疗卫生法治人才,为我国经济和法治建设做出了重要贡献。但是,现阶段医事法学教育的协同创新能力还不足,还不能完全适应法治中国、健康中国背景下医药卫生法治建设和医药卫生体制改革的需要,医事法学本科教育标准缺乏,人才培养体系不够完善,学生实践能力总体不强和人才培养质量总体不高等情况依然存在,急需提升在国际国内的话语能力。

综观当今世界各国,制定本科教育国家标准并进行缜密的教育质量评价,是国际教育发展的大势所趋,通过教育标准的标准化建设提升教育质量、构建国家主流学术话语体系已成为国际社会的战略性共识。[②] 随着我国逐步从国际舞台边沿走向国际舞台中央,需要我们拓展国际化和大众化视野,坚持学科创新与融合,构建具有世界水平、中国特色的学科专业体系和协同创新人才培养体系,才能在日益激烈的国际竞争中站稳脚跟。设置跨学科专业或组织,将学科进行交叉与融合是新文科建设的共识和特征。法学作为古老的四大学科之一,从西方"自由七艺"到现代学科建制,在学科历史上一直占有重要地位。医事法学作为法学的一个研究领域,虽然目前还不是完整意义上的学科专业,但它刚一崭露

---

② 参见谢维和:《我国应该建立自己的教育标准》,载《教育研究》2001 年第 11 期。

头角即展现了其独特价值,顺应了学科交叉融合趋势,为社会培养输送了大批既懂医又懂法的医药卫生领域法治专门人才,推动着法学学科话语体系的构建与拓展。如果将医事法学作为一门新兴交叉学科进行规范设置,制定标准化的教育质量标准,纳入新文科建设范畴,遵循新文科建设规律,将会大大提升我国医事法学人才培养质量,创生医事法学学科专业的发展活力和张力,创建具有中国特色、协同创新的医事法学学科专业话语体系和比较优势,促进该学科的创新发展和持续建设,这对凝练本土智慧,讲好医事法学教育的中国故事具有重要而深远的意义。

(二)依循实践逻辑,完善学科深度融合的医事法学人才培养体系

医事法学是一种基于医学与法学深度交叉融合的教育实践活动,其人才培养需遵循复合型人才培养的教育实践逻辑。而要深刻阐释医法融合的教育实践活动规律,无疑首先应遵循国家标准这一人才培养应遵守的基本准则和路径指引。2018年教育部正式颁布《普通高等学校本科专业类教学质量国家标准》,明确规定了各个学科专业应达到的教育质量标准,其中包括《法学类教学质量国家标准》。2020年,交叉学科成为第14个学科门类,这为我国医事法学学科专业体系建设和人才培养提供了新机遇和新视角。一方面,医事法学因其具有学科交叉融合特质可以向着交叉学科方向进行建设;另一方面,国家大力培养具有双学科背景的应用型、复合型、创新型人才。因此,依循医法深度融合的教育发展逻辑,制定新文科视角下具备交叉融合和协同创新特点的医事法学本科教育标准,推进医事法学学科专业和人才培养高质量发展正当其时。

教育标准是引领学科专业建设、规范人才培养过程、评价人才培养质量的准绳,在保证人才培养规格和人才培养质量方面具有重要作用。制定医事法学本科教育标准既是当前我国医事法学教育领域的一项重要议题,毫无例外也是我国医事法学学科专业体系建设的重要使命。依循教育逻辑,建构医法深度融合的高质量应用型、复合型、创新型人才培养体系,应坚持做到两个辩证统一。一是医学教育与法学教育有机结合的辩证统一。作为医学与法学交叉学科,医事法学既具有医学学科属性,也具有法学学科属性,需注重二者的交叉属性与深度融合,才能培养出符合社会需要的既懂医又懂法的医事法学人才。二是社会发展与教育发展有机结合的辩证统一。社会发展与教育发展相互依存、相互影响,医事法学人才培养体系应体现社会经济文化发展、医疗卫生健康事业发展的总体要求,通过人才培养更好地服务于社会发展。③ 因此,当下医事法学本科教育应依循医事法学本科教育实践逻辑,紧扣社会需求,立足学科本源,建构医学与法学、社会发展与教育发展有机统一的系统化、规范化医事法学本科教育标准,完善医法深度融合的高质量人才培养体系。

(三)依循理论逻辑,建立多维度立体化医事法学本科教育标准体系

医事法学本科教育标准建构的理论逻辑源于对教育理论的理性阐释和认识升华。医事法学本科教育标准涵盖教育目标、教育内容、教育过程、教育质量评估等多维表征和利益相关者实践参与。课题组主要采用布鲁姆(Bloom)教育目标分类理论、CIPP评价理论、利益相关者理论等多元理论指导,多维度、立体化建构高质量医事法学本科教育标准。

1. 采用布鲁姆教育目标分类理论指导教育目标的建构。布鲁姆认为,教育目标是一种预期教学效果,反映学生在认知、情感、行为等方面的变化样态,可观察、测量、描述和分类。④ 教育目标分为认知、情感和动作技能三个领域,分别对应6个层次认知、5个层次情感和7级动作技能。教育目标分类理论设置了具体明确、实操性强、绝大多数学生能掌握的认知、情感和技能领域目标,以全面提高教学质量为旨归,为教育教学提供了系统依据。⑤ 课题组据此理论观点,结合前期文献研究对医事法学本科教育目标、人才培养规格等方面的要求,将我国医事法学本科人才培养目标要素分解为"知识""能力""素质"三个方面,并对其构成进行立体化细分。

---

③ 参见马永红、张飞龙:《我国研究生学科目录作用机制分析》,载《研究生教育研究》2021年第3期。

④ 参见夏哲远等:《布卢姆教育目标分类理论在护理领域的应用研究》,载《护理管理杂志》2014年第14期。

⑤ 参见夏哲远等:《布卢姆教育目标分类理论在护理领域的应用研究》,载《护理管理杂志》2014年第14期。

2. 采用CIPP评价理论指导教育评价过程及标准的建构。CIPP评价理论是由美国学者斯塔弗尔比姆(Stufflebeam)提出的,评估内容涵盖背景评价、输入评价、过程评价和输出评价。背景评价主要针对国家、地方政府和学校各层面的教育理念、政策制度、目标要求、市场需求和学习者需求进行评价;输入评价是对实现教育目标的资源条件如师资队伍、资源投入等教育教学条件进行评价;过程评价是对教育教学过程、运行管理以及学习者投入状态与质量等进行形成性评价,以调整和改进实施过程;输出评价是对教育结果,培养的学生产品质量进行价值判断。课题组以此理论为指导,结合审核评估总体要求,确立医事法学本科教育评价维度和标准。

3. 采用利益相关者理论指导教育标准的主体参与建构。弗里曼(Freeman)认为,利益相关者理论在大学这种典型的利益相关者组织具有适切性。因此,在制定教育标准时需综合平衡各个利益相关者的利益诉求。课题组认为,医事法学本科教育标准制定的利益相关者包括政府教育行政主管部门、开办医事法学本科教育的高校管理人员、专业教师、学生及用人单位等。2014年,我国20所医学院校通过专业认证,认证结果显示:20所医学院校存在用人单位、社区等相关利益方参与度不够;政府部门、用人单位、毕业后教育机构对学校教育发表意见较少;学生和教师参与度不够等问题。由此可见,医事法学本科教育标准的制定应由教育部主导,医事法学教育机构、医疗卫生行业领域专家与法律实务工作者为主体,在广泛征求各利益相关者(用人单位、教师、家长、学生等)的意见建议基础上制定,并接受其监督、评估、问责。

二、建构医事法学本科教育标准的框架模型

(一)医事法学本科教育标准的内涵

有关教育标准及其体系的建构一直以来是学界研究的难点、热点话题。通过系统梳理发现,学界皆认为教育标准是一种教育规范,是关于

教育目标、过程、条件、结果等方面的普遍规定，是衡量教育质量的准则。在借鉴前人研究的基础上，笔者认为，教育标准是指以教育法律法规及有关方针政策为依据，由公认的机构制定和批准的，在一定时期范围内对教育活动进行价值导向、规范管理及监测评估的文件。它是指导和规范教育实践活动的准则和评价教育质量高低的依据，更是高等教育办学过程中必须遵循和恪守的客观准绳。而医事法学本科教育标准则要依据国家有关高等教育、法学教育、医学教育的法律法规及方针政策，特别是在当下医事法学尚未成为独立设置的法学类专业的情况下，要以《普通高等学校本科专业教学质量国家标准》中“法学教学质量国家标准”等相关文件为依据，结合其特殊性制定医事法学本科教育标准，从而对医事法学本科教育教学活动及其过程进行价值引领、规范管理和质量评估监测，确保医事法学本科教育制度化、规范化、高质量发展。

（二）国内外相关教育标准的简要梳理

医事法学本科教育标准的体系架构源于对国内外大学教育标准体系、法学本科教育标准体系的历史观照和研究循理。纵观国内外大学教育标准的历史嬗变轨迹，皆历经了螺旋演进的动态发展过程，开辟了一条以促进人的全面发展，提升人才培养质量为根本依归，以回应经济社会发展为责任担当，在适应社会中主动超越的发展道路。⑥

国外本科教育标准体系建设以美国、英国为典型代表。美国联邦教育部（USDE）通过8个地区性高等教育认证机构制定相关的认证标准保障高等教育的基本质量要求，⑦美国法学教育质量由美国律师协会进行监管与评估，评估标准包括充足的经费、合理的课程设置、完备的硬件设施，甚至是学生课堂签名等。美国学者约翰·布伦南提出四种质量标准：传统学术标准、“行政上”的标准、“教育学”标准和注重就业的标

---

⑥ 参见刘学忠、余宏亮：《论大学人才培养的质量标准及其实现路径》，载《中国高教研究》2014年第4期。

⑦ 参见国兆亮、陈志伟：《国外高等教育质量标准的类型、趋势及启示》，载《黑龙江高教研究》2020年第5期。

准。[⑧] 英国建立了标准化的政策保障体系,颁布了《高等教育质量准则》,作为审查英国所有高等教育活动的核心参照依据和标准,主要从学术标准、质量保障标准和信息公开标准三个方面详细规范了英国高等教育质量应该达到的标准和要求。[⑨] 英国《法学学科基准声明》确立了英国法学学历教育、学位授予的学术标准和质量标准,分别从雇主、普通公众及法学院三个角度规定了法律毕业生应达到的毕业标准和最基本的能力素质水平。英国学者哈维和奈特聚焦学生需求和发展,提出了学术标准、能力标准和服务标准,对学生的学业获得、能力发展以及院校服务和设施加以规定。[⑩] 纵观国外高等教育标准体系,主要建立了基于条件、绩效、学术资历框架和学生学业成就的质量标准,呈现从单一到多元、从合格到增值、从量化到质化、从鉴定到促进发展等多元特征。[⑪]

我国作为国际标准化组织常任理事国,积极响应国际标准化战略的发展趋势。2018 年,教育部发布《关于完善教育标准化工作的指导意见》,对教育标准制定程序和管理机制等进行了明确规定,标志着我国教育标准化工作进入规范化建设阶段。而法学教育自 1978 年恢复高考招生以来,一直处于持续探索与改革中,历经初创、停滞、恢复、发展和平稳过程,完成了从数量到质量、一元到多元、西化到本土化的历史性转变,初步形成了具有中国特色的法学教育标准体系。[⑫]

国内关于教育标准体系研究中,绝大多数学者是从高等教育质量维度进行阐释和界说。中国教科院教育质量标准研究课题组将教育标准

---

⑧ 参见[美]约翰·布伦南、[美]特拉·沙赫:《高等教育质量管理——一个关于高等院校评估和改革的国际性观点》,陆爱华等译,华东师范大学出版社 2005 年版,第 19 页。

⑨ 参见国兆亮、陈志伟:《国外高等教育质量标准的类型、趋势及启示》,载《黑龙江高教研究》2020 年第 5 期。

⑩ See HARVEY L and KNIGHT P, *Transforming Higher Education*, Buckingham, Open University Press and Society for Research into Higher Education, 1996, p. 15 - 18.

⑪ 参见国兆亮、陈志伟:《国外高等教育质量标准的类型、趋势及启示》,载《黑龙江高教研究》2020 年第 5 期。

⑫ 参见李其瑞、冯飞飞:《中国法学教育 70 年:发展历程、问题反思和未来展望》,载《法学教育研究》2020 年第 2 期。

划分为内容标准、评价标准和保障标准。[13] 张男星认为教育质量标准包括评价性和培养性两类质量标准，评价性质量标准是对教育条件、过程和结果的评价标准；培养性质量标准则主要聚焦于专业目标、教学内容、教学过程、师资等方面的质量要求并进行标准化规定。曾天山认为，质量标准一要考虑合格的问题，二要考虑合格基础之上优秀的问题，首先要确定一个合格标准，在合格的基础上通过比较确定优秀标准，主要体现于如招生比、淘汰率和社会评价等几个核心观测点上。刘贵华认为，质量标准是包括理念标准、过程标准和条件标准在内的全面的质量标准。张竺鹏认为，教育标准紧密围绕人才培养制定，应包括办学、教学、科研、学校管理、社会评价五个方面的标准。[14]

（三）医事法学本科教育标准的框架模型

按照系统整合的思维范式，通过对上述教育标准的理论分析和简要梳理，课题组确立了医事法学本科教育标准框架设计思路。首先，教育标准是一个多层多维立体化的结构模型。医事法学本科教育标准体系的逻辑结构由相互关联的逻辑板块及诸多要素整合而成，课题组采用中国教科院教育质量标准研究课题组的观点，将医事法学本科教育标准体系表征为多层多维的结构模型。其中，按照层次结构统合为宏观标准、中观标准和微观标准三个层面，将教育标准的核心内容划分为内容标准、保障标准和评价标准三个维度。其次，人才培养是核心内容，保障标准和评价标准紧密围绕人才培养而展开，关注人才培养的目标、过程、条件和结果，从理念上凸显“以学生发展为中心，多元利益主体参与、多元评价相结合和多维度体系构建”的教育思想。最后，着力体现新文科视域下医法深度融合和协同创新特点。基于对我国法学本科教育标准、医学本科教育标准的经验观照和实践考量，以 WFME《本科医学教育全球标准》、WHO 西太平洋地区《本科医学教育质量保障指南》《法学学科基准声明》《立格联盟院校法学专业教学质量标准》，尤其是《法学类教学

---

⑬ 参见中国教科院教育质量标准研究课题组：《教育质量国家标准及其制定》，载《教育研究》2013 年第 6 期。

⑭ 参见王春春：《高等教育质量标准与评价》，载《大学（学术版）》2010 年第 5 期。

质量国家标准》为蓝本,在广泛查阅研究文献资料,征求法学、医学、教育学等不同领域专家、不同组织和利益群体意见基础上,形成了我国医事法学本科教育标准体系的框架模型和总体架构。(见图1)

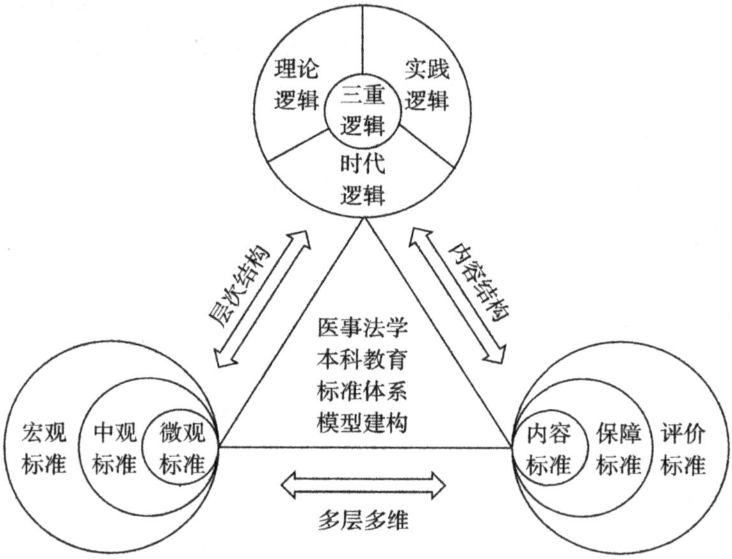

图1　医事法学本科教育标准体系框架模型

三、建构医事法学本科教育标准的体系维度

医事法学本科教育标准体系在层次结构上从宏观国家政策标准、中观行业办学标准、微观校本特色标准三个层面进行架构;在内容结构上以内容标准、保障标准、评价标准三个维度为表征。教育标准的三个层面和三个维度相互交叉、相互依存,共同构成一个有机统一体,发挥教育标准在价值导向、管理规范及监测评估中的重要作用。

(一)医事法学本科教育标准的体系架构

如上所述,医事法学本科教育标准体系从层次结构上可划分为宏观国家政策标准、中观行业办学标准、微观校本特色标准三个层面。首先,宏观层面的标准是指开办医事法学本科教育的国家标准，是国家对“为谁培养人”“培养什么样的人”“如何培养人”的总体要求和对开办医事法学本科教育的基本规范，反映国家和社会对医事法学本科教育的需求和预设，是各高校开办医事法学本科教育必须遵循和确保的最低标准。国家层面政策标准主要对学科归属、专业设置、办学条件等进行规定。在制定医事法学本科教育国家标准时，应充分考虑我国各大区域经济社会发展不平衡的实际，将标准特别是办学条件标准分为基本标准和发展标准，从而提高教育标准的普适性，反映差异性。其次，中观层面的标准是医事法学人才培养的核心标准，是指医事法学本科人才培养的行业标准、团体或协会标准，主要依托全国性学科专业团体组织（如卫生法学会、法学教指委等）对人才培养的目标、过程、条件和结果等进行规定，不仅是对国家标准的延伸和具体化，而且体现了专业特点和行业要求。目前全国范围尚未成立医事法学本科教育相关团体、协会或教育指导委员会，全国高校医事法学教育联盟在2020年12月第二届社会进步与医事法发展国际论坛上宣布成立。为推动中观层面医事法学本科教育标准建设，建议在中国卫生法学会下设立医事法学教育专委会或探索在全国法学教育指导委员会下设立医事法学教育指导分会，由专委会或教指委牵头，整合多学科专家研究制定适合行业人才需求的医事法学本科教育标准。最后，微观层面的医事法学本科教育标准是指医事法学本科教育校本特色标准，即结合开办院校实际，建设具有自身特色、与其他学校差异化发展的医事法学本科教育标准。笔者认为，当下医事法学本科教育应以培养既懂医又懂法的“应用—复合—创新”型高素质专门人才为总体目标，各高校可在自身办学特点、学科专业积淀、校院传统、育人特色和校园文化等方面进行规定和培育，并逐渐形成各自医事法学本科人才培养特色。医事法学本科教育标准的总体架构如表1所示。

表 1　医事法学本科教育标准的总体架构(从三个层面建构)

标准层面	一级指标	二级指标	标准内涵
宏观层面(国家政策标准)	学科归属	学科门类	法学学科门类或交叉学科门类
	专业设置	专业名称	目前名称众多,尚需国家主导、行业介入,集国内法学、医学、教育学等多学科专家学者意见而定
		专业归口	在法学一级学科下设置医法交叉二级学科专业,或在交叉学科门类下设置医法交叉学科专业
		专业定位	坚持立德树人、德法兼修,践行明法笃行、知行合一理念,主动适应"法治中国""健康中国"新任务新要求,为新时代新阶段国家卫生健康法治建设提供人才智力保障
		专业性质	通识教育和专业教育基础上的法律职业教育
		服务面向	面向国家机关、企事业单位和社会团体,特别是医药卫生机构、医药卫生行政机关、司法机关、法律服务机构、保险公司、行业协会等培养从事医药卫生法律工作的高素质应用型、复合型法治人才
	专业设置	学制学位	基本学制 5 年,实行弹性学制(4 ~ 6 年)。在规定年限内完成培养方案的基本要求,符合授位条件的,授予法学学士学位
		主干学科	法学、医学(基础医学、临床医学、公共卫生与预防医学)
		核心课程	①"10 + X"法学专业核心课程("10"指《法学类教学质量国家标准》规定的 10 门法学专业必修课,"X"指各校开设的法学专业必修课);②医学类专业核心课程;③医法交叉特色课程
	办学条件	基本条件	专任教师学历、职称结构,生师比,教学经费、教学设施等办学基本条件符合《法学类教学质量国家标准》要求

续表

标准层面	一级指标	二级指标	标准内涵
中观层面（行业办学标准）	职业规范	教育内容	此为人才培养内容标准，是教育标准的核心内容，包括培养目标、培养过程和培养结果等方面
		教学条件	此为保障标准，是从行业角度对人才培养条件的规范
		教育评价	此为评价标准，是对人才培养“五个度”评价的规范
微观层面（校本特色标准）	办学特色	校园文化	优良质量文化和文化生态，包括精神文化、制度文化、环境文化、行为文化等方面，具体由各校自定
		校院传统	办学定位、办学传统、学科专业优势、师资队伍特质、内部治理结构、政策制度等方面，由各校自定
		育人特色	长久以来形成的人才培养特色，包括育人理念、课程设置、育人活动、基地平台、创新创业等方面，由各校自定

（二）医事法学本科教育标准的核心内容

依照医事法学本科教育人才培养的关键环节和核心内容，课题组将标准体系从内容结构上表征为内容标准、保障标准、评价标准三个维度。其中，内容标准是人才培养的核心标准，是医事法学本科教育目标、过程、结果的基本准则和规范；保障标准是条件标准，是保证内容标准顺利实现的软硬件支撑条件；评价标准是动力标准，是确保医事法学本科教育内容标准、保障标准有效达成的手段和动力系统。在建构医事法学本科教育标准时，应当以内容标准为核心、保障标准为支撑，评价标准为动力，处理好内容标准、保障标准和评价标准之间的协调统一、张力平衡，解决好医事法学本科教育服务的有效“供给”和满足学生成长期待的“个性”发展需求之间的动力调控等问题，实现医事法学教育标准内部诸要素之间的“同频共振”，以发挥医事法学教育标准体系的最大效能。

医事法学本科教育标准核心内容(从三个维度归纳),如图2所示。

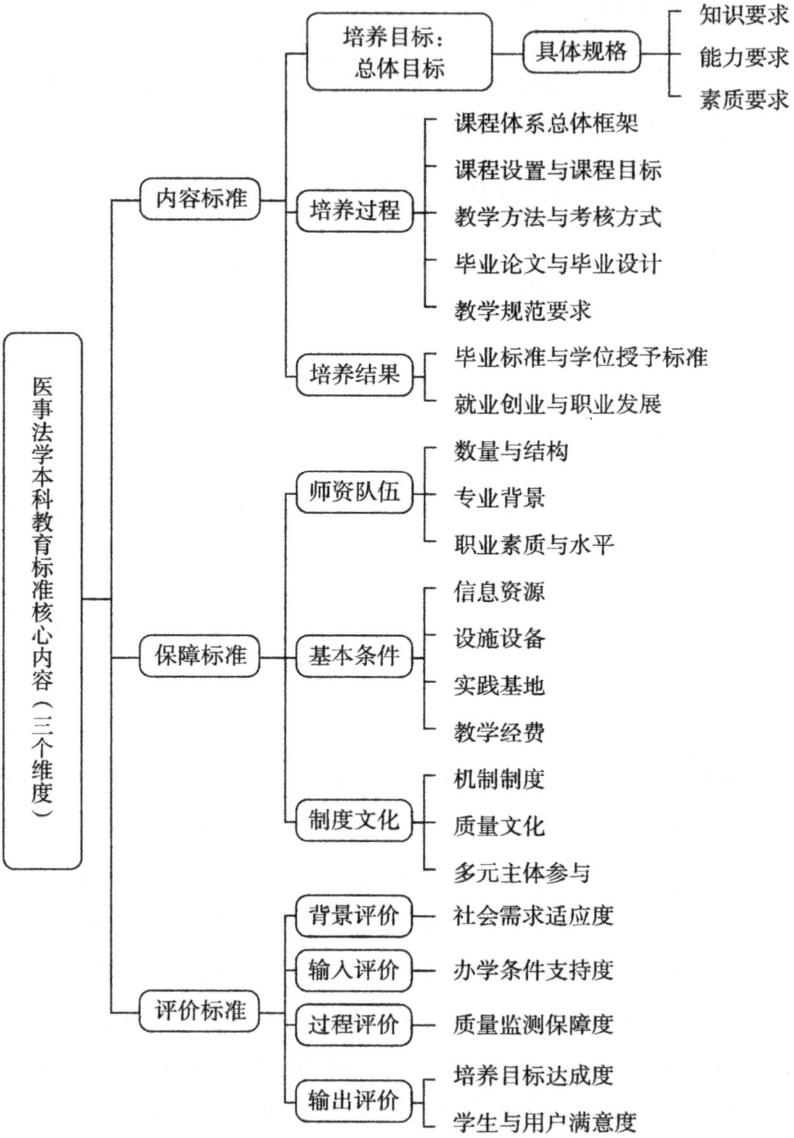

图2　医事法学本科教育标准核心内容(三个维度)

1. 医事法学本科教育的内容标准。内容标准是医事法学本科教育的核心标准,其主要功能是对人才培养的需求和内容进行规约,也可称为"人才培养标准"。习近平总书记指出,高等教育要始终围绕"培养什么样的人、怎样培养人和为谁培养人"⑮这个根本问题,内容标准便是达成这一根本任务的关键。内容标准具有丰富的逻辑内涵,在高等教育领域中通常包括人才培养目标、人才规格,人才培养成效等核心要素,总体内容涵盖人才培养目标、培养过程和培养结果三个方面。其中培养目标是培养什么样的人的首要问题,培养目标由培养方案规定,主要描述在德智体美劳、知识能力素质核心学术等领域,每个学生应该知道什么和应该做什么。培养目标分为总体目标和培养规格,参考我国《法学类教学质量国家标准》,根据我国医事法学本科教育目的及办学定位,结合新文科教育理念和学生主体实际生长需要,笔者认为,医事法学本科人才培养总体目标应体现"高素质、强能力、善创新",培养"应用—复合—创新"型法治人才(此处的"创新"是指在应用层面的创新)。培养规格和具体要求涉及知识、能力和素质三个维度,侧重于对学生应掌握的核心知识、能力和职业素养的描述。人才培养过程是对医事法学本科教育培养全过程的表达,培养过程标准是人才培养标准的关键内容,包括课程体系总体框架、课程设置与课程目标、教学方法与考核方式、毕业论文(设计)、教学规范等重要指标。人才培养结果则是医事法学本科教育人才培养的输出质量要求,主要指毕业生应达到的质量标准,具体包括学生毕业与学位授予标准、就业创业、职业发展等可量化指标以及价值增值等特色指标。

当下医事法学作为新时代高质量医疗卫生健康法治人才培养的重要场域,既是开展医事法学教育教学活动的实践场,更是肩负医事法学本科毕业生未来价值引领、职业道德素养培育的引导场。以布卢姆的教育目标分类理论为指导,参照现行法学教育标准、医学教育标准中学生

⑮ 董洪亮、赵婀娜、张烁、丁雅诵:《习近平总书记在全国教育大会上的重要讲话令教育界人士备受鼓舞》,载中国网,http://news. China. com. cn/2018 - 09/13/content_63403623. htm,最后访问日期:2021 年 10 月 12 日。

核心关键能力要素及法学类专业人才培养要求,课题组将我国医事法学本科人才培养目标细分为“知识”“能力”“素质”三个方面。其中,知识维度应涵盖思政政治理论、通识知识、专业知识和医法结合知识,要求掌握法学与医学交叉复合的基础知识和基本理论,形成以思想政治教育知识为价值导向,兼具人文社科和自然科学基础知识的合理的整体性知识结构;能力维度应包括自主学习能力、独立思考能力、合作共事能力、实践创新能力4个要素,囊括多种专业能力和技能,⑯具有良好的法律规范诠释能力、法律事实还原能力、法律逻辑推理能力、法律职业表达能力和法律活动沟通能力等核心职业能力,掌握医学和法学双学科思维方法和研究方法;素质维度包含思想政治素质、科学人文素质、法律职业素养等内容,要求具有正确的价值立场和良好道德品质、职业伦理,具有强烈的法律职业认同感和社会责任感、使命感。概言之,医事法学本科毕业生定位于处理医疗卫生健康领域中的法律问题和法律纠纷中的医疗卫生问题,须学会与人沟通,处理复杂医事关系,“懂医”“懂法”仅仅是基本能力要求,更需要充分认识人的复杂性和多样性。因此,医事法学本科教育不仅要培养“懂医”“懂法”的应用型、复合型、创新型人才(应用层面的创新),更要培养“有灵魂的人才”“有温度的人才”和“有情怀的人才”,培养人格独立、诚实守信、热爱生活、维护公平正义、追求真理的人。这不仅体现在知识和能力的“宽度”和“深度”方面,也体现在与环境互动的“温度”方面⑰,正如雅思贝尔斯所言:“教育是人的灵魂的教育⑱。”

2.医事法学本科教育的保障标准。保障标准是医事法学本科教育的支撑标准,是人才培养目标实现、过程实施必不可少的条件保障,指为保证达到内容标准要求,对提供给受教育者的资源保障和质量规定。保

---

⑯ 参见郑学宝、孙健敏:《大学生能力素质模型建立的思路与方法》,载《华南师范大学学报(社会科学版)》2005年第5期。

⑰ 参见杜瑞军等:《大学生能力模型建构:概念、坐标与原则》,载《教育研究》2017年第6期。

⑱ [德]雅思贝尔斯:《什么是教育》,邹进译,生活·读书·新知三联书店1991年版,第4页。

障标准主要包括师资队伍、基本条件、制度文化建设等；基本条件涵盖教学场地、信息资源、设施设备、实践基地和教学经费等。师资队伍是关键性保障因素，应重点研究新文科视野下医学、法学学科的深度融合，构建医事法学“双师型”师资队伍建设标准，实施在职与脱产、理论与实务、专职与兼职、校内与校外“四结合”师资队伍建设及“双千计划”，显著提升教师综合能力素质，[19]建设一支数量充足、结构合理，有理想信念、有道德情操、有扎实学识和有仁爱之心的“四有”合格师资；同时，要强化办学经费投入，加强实践基地、教学平台、信息资源、模拟法庭等设施设备及保障条件建设。此外，应强化医事法学软件类保障标准建设，着力制度和文化建设。要在育人理念、精神文化、制度文化、行为文化、质量文化等方面持续发力，推进制度育人、文化育人、环境育人，促进以理服人、以文化人、浸润育人。要加强现代大学治理体系和治理能力建设，强化科学管理、内部运行机制建设，积极倡导多元主体参与培养方案制订和学校民主管理监督，打造医法交融质量文化，强化医事法学学科专业、研究中心、实践基地等“多维一体”学科专业平台建设，构建校校、校所、校地、校企多方协同育人机制等，促进“科教、医教、医法”三者融通和政产学研用开放合作办学，为高质量医事法学本科人才培养提供外部支持保障。

3. 医事法学本科教育的评价标准。评价标准是医事法学本科教育的动力标准，通过内部和外部监测评估确保医事法学内容标准的达成和保障标准的有效实施。评价标准主要聚焦医事法学本科教育质量、关注教育结果的五个测度，即“社会需求适应度、培养目标达成度、办学条件支撑度、质量监测保障度、学生和用户满意度”，涵盖了教育过程评价标准和保障评价标准。过程评价标准是对医事法学本科人才培养过程质量进行评价，回答的是人才培养实际效果问题，属于对人才培养质量的水平评价，包括对学生的知识、能力、素质的获得性评价，也称为“绩效标准”，而保障评价标准是对医事法学本科教育质量保障情况进行评价的

---

[19] 参见朱小平、刘毅等：《医事法学应用创新人才培养模式的构建》，载《成都中医药大学学报（教育科学版）》2017 年第 19 期。

标准。在产品质量理论语境下,教育是一种特殊的生产活动,主要向社会提供教育服务和学生产品。因此,医事法学本科教育必须向社会提供优质的教育服务质量,更要在优质教育服务质量的基础上提供优秀的学生产品质量,提升人才培养输出质量。优秀的学生产品质量既是对优质教育服务质量的彰显,也是积极回应社会关切的有效举措。无论是过程性评价抑或保障性评价,最终落脚点均是以学生为本,以适应学生个体发展和未来职业期望为中心。因此,评价标准最终目的是服务于人才培养质量标准,是对医事法学本科教育内容标准的达成保障。

基于以上分析,笔者认为,医事法学本科教育评价应以CIPP评价理论的背景评价、输入评价、过程评价和输出评价为主线,重点结合审核式评估的要求,从上述五个测度开展。评价实施过程中,要按照《新时代教育评价改革总体方案》的要求,坚持"五育融合""德才兼备""全面发展"原则,坚持改进结果评价,强化过程评价,探索增值性评价与健全综合性评价相结合,对医事法学本科教育进行全方位评价改革。其中,结果评价要重视就业质量和毕业后发展质量,建立健全毕业生质量追踪评价体系;过程性评价要体现以学生为中心的评价路向,从对"以教师为主体""以教学为中心"真正转向"以学生为主体""以学生发展为中心",关注学生的学习体验、学习效果和学习潜能的激发;在增值性评价方面可以设置医事法学本科人才培养特色指标,体现医事法学本科教育与普通法学教育不同的优势和特色;在综合性评价方面则是应科学制定多维度、立体化评价指标体系,综合考量医事法学本科教育教学质量。

结 语

建构医事法学本科教育标准是提升医事法学本科教育质量,培养"应用—复合—创新"型医事法学本科人才,进而塑造医事法学更高层次拔尖创新人才的重要途径;是国家法治化建设,特别是医疗卫生健康法治建设的重要组成部分，也是健康中国、法治中国建设的根基所在；是实现第一个百年奋斗目标后、助力全面开启和实现第二个百年奋斗目标的重要之举。因此，办好医事法学本科教育，形成具有中国特色的医事法学本科人才培养模式和教育质量标准，既是当前我国经济社会发展之所需，更是服务健康中国、法治中国建设和新文科建设的战略需求所需，期望国家、行业和高校予以更多关注和支持，以更好、更快促进未来我国医事法学本科教育可持续、内涵式、高质量发展。

On the Construction of Medical Law Undergraduate Education Standard and System under the Concept of the New Liberal Arts

Liu Yi　Zhu Xiaoping

Abstract: As a law major (medical law) formed by the integration of the discipline of medicine and law, it has become an indisputable social existence, showing the unique charm of interdisciplinary major. It is an important way and concrete evidence of the formulation of the undergraduate education standard of medical law for the establishment of a collaborative and innovative discourse system of medical law under the perspective of new liberal arts, the improvement of the talent cultivation system of medical law with deep integration of disciplines as well as the improvement of the quality of undergraduate education of medical law. Based on the reference and analysis of the current undergraduate national education quality standards of law, clinical medicine and traditional Chinese medicine, this paper follows the triple logic of the undergraduate education standard of medical law under the new liberal arts concept, discusses system construction of the undergraduate education standard of medical law from the three dimensions of content standard, guarantee standard and evaluation standard, so as to promote the connotative and high-quality development of medical law undergraduate education.

Key Words: new liberal arts, medical law, undergraduate education, education standard

英国卫生法治人才培养体系管窥*

邱昭继** 徐涵叶***

摘　要：英国拥有四十余年的卫生法治人才培养历史。英国大学法学院设立的各种类型的卫生法/医事法硕士项目很有特色，为卫生法治人才培养做出了重要的贡献。英国形成了本硕博不同层次的卫生法治人才培养体系。英国大学伦敦国王学院、曼彻斯特大学、爱丁堡大学等先后成立卫生法研究中心，充分发挥卫生法领军人物的学术引领作用，搭建卫生法产学研相结合的学术平台，制定了比较完备的卫生法/医事法硕士培养方案，推出了一批高质量的卫生法学教科书。我国是卫生法治人才培养的后发国家，英国卫生法治人才培养的有益实践可供我国借鉴。

关键词：卫生法　医事法　卫生法治人才　课程体系

---

* 基金项目：陕西省研究生教育综合改革研究与实践项目“双一流”战略背景下陕西高校法律硕士研究生课程建设的理论与实践研究（项目编号：YJSZG2020082）的阶段性成果；西北政法大学教育教学改革研究项目“高素质卫生法治人才培养模式研究”成果（项目编号：XJYY202108）。

** 邱昭继，西北政法大学高等教育研究所副所长、医药卫生法律与政策研究中心主任、教授。研究方向：法理学、卫生法学。

*** 徐涵叶，西北政法大学法律硕士教育学院2020级法律硕士研究生。研究方向：卫生法学。

导　言

卫生法治人才是我国高素质法治人才的重要组成部分。新冠肺炎疫情暴发以来,政府、社会和公众越来越意识到培养高素质卫生法治人才对于全面推进依法治国和卫生健康事业高质量发展的重要性和紧迫性。从立法角度看,我国立法机关制定修改医药卫生领域的法律法规需要一批高素质的卫生法治人才;从执法角度看,我国政府部门执行医药卫生法律法规需要一批高素质的卫生法治人才;从司法角度看,我国司法机关审理医患纠纷需要一批高素质的卫生法治人才;从守法角度看,我国需要一批高素质的卫生法治人才给政府、社会组织、企业和个人宣传和普及医药卫生法律法规;从法治人才培养来讲,我国高校法学院系卫生法学学科建设与发展需要一批高素质的卫生法治研究人才。

全面推进依法治国需要"借鉴国外法治有益经验"。[①] 同样,培养高素质卫生法治人才也需要借鉴国外卫生法治人才培养有益经验。卫生法学在我国是一门新兴交叉学科,起步较晚,研究基础较为薄弱,卫生法学"在医学和法学领域内处于双重边缘化境地"。[②] 受限于我国卫生法学的学科发展状况,我国卫生法治人才培养同样起步晚,培养机构也较少。我国自 1996 年在东南大学(原南京铁道医学院)率先开设医事法学专业以来,至今也才二十余年的卫生法治人才培养历史。[③] 2021 年 1 月,国务院学位委员会、教育部印发通知,新设置"交叉学科"门类。这一举措为卫生法学的发展提供了坚实的政策保障。

英国既是医药卫生教育强国,也是法学教育强国。英国的卫生法学教育同样处于世界领先水平。英国大学有着较为丰富的卫生法治人才

---

① 《〈中共中央关于全面推进依法治国若干重大问题的决定〉辅导读本》,人民出版社 2014 年版,第 8 页。

② 王晨光:《疫情防控法律体系优化的逻辑及展开》,载《中外法学》2020 年第 3 期。

③ 参见孟彦辰:《美国卫生法课程体系设置及其启示》,载《法学教育研究》2019 年第 4 期。

培养经验。爱丁堡大学法学院在20世纪70年代就设立了医事法与伦理学科。伦敦国王学院在1976年成立了医事法与伦理研究中心,这是英国首个卫生法领域的研究中心。本文将以爱丁堡大学、曼彻斯特大学和伦敦国王学院的卫生法治人才培养体系作为研究对象,④从这三所大学卫生法治人才培养的课程体系、教材体系、研究平台、师资队伍、就业情况等方面管窥英国卫生法治人才培养的经验,以期为我国的高素质卫生法治人才培养提供一些启示。

一、英国卫生法学教育概况

(一)本科阶段的卫生法学教育

英国法学本科教育起步早,世界名校剑桥大学和牛津大学在13世纪就成立了法学院,在19世纪中叶设立了法学文学学士学位(BA in Jurisprudence)。19世纪下半叶以来,英国的大学纷纷成立法学院(系)并设立法学学士学位(LLB)。⑤ 英国大学本科教育阶段没有设立卫生法专业。但是,英国大学法学院通常给法学专业本科生开设了多门卫生法领域的课程。比如,爱丁堡大学法学院针对法科学生开设了《医师法学基本问题》《欧盟卫生法与政策》《全球卫生:法律与政策》《精神卫生与犯罪》《公共卫生伦理与法律》等选修课程;⑥曼彻斯特大学面向法学专业本科生开设了《法律、医学和伦理原则》和《精神卫生法》;⑦肯特大

---

④ See Pritzwalks-LLM GUIDE, *Top LL. M. Programs for Health/Medical Law* 2021 (March 3, 2022), https://llm-guide. com/lists/top-llm-programs-by-speciality/top-llm-programs-for-health-medical-law.

⑤ 参见胡加祥:《英国律师制度沿革与法学高等教育简介》,载《政法论丛》2007年第4期。

⑥ See The University of Edinburgh, Degree Regulations & Programmes of Study 2021/2022(March 3, 2022), http://www. drps. ed. ac. uk/21 – 22/dpt/cx_sb_laws. htm.

⑦ See The University of Manchester, *LLB Law/Course details* (March 14, 2022), https://www. manchester. ac. uk/study/undergraduate/courses/2022/09672/llb-law/course-details/#course-profile.

学法学院给法学专业本科生开设了《法律与医事伦理》和《精神卫生法》[⑧];剑桥大学法学院给法学专业本科生开设了《法律与医事伦理》研讨课[⑨]。

(二)硕士阶段的卫生法学教育

英国硕士阶段的卫生法学教育很有特色,在世界上有竞争力的卫生/医事法硕士项目很多。根据德国“法学硕士项目指南”公布的卫生/医事法硕士项目排名榜,排名前50的卫生/医事法硕士项目主要来自英语国家的大学,美国有20所,英国有13所,加拿大有4所,澳大利亚有2所。英国进入该项目前50强的大学分别是曼彻斯特大学、爱丁堡大学、伦敦国王学院、伦敦玛丽女王大学、肯特大学、卡迪夫大学、利物浦大学、诺森比亚大学、法学大学、伦敦大学、布里斯托大学、伦敦大学学院和德蒙福特大学。[⑩]

英国大学法学院设立了多种类型的卫生/医事法硕士学位。最常见的是一年制的授予法学硕士学位(LLM)的“医事法律与伦理”(或“卫生与法律”)项目。还有一些大学设立了授予文学硕士学位(MA)、理学硕士学位(MSc)和研究生文凭(PGDip)的“卫生保健伦理与法律”项目,这些项目的学制通常为1年全日制或2年非全日制。法学硕士学位基本都需要相关的本科专业背景或较长时间的工作经验,对成绩要求也比较高,文学或理学硕士学位大都不需要法学基础,但需要相关领域的经验。

爱丁堡大学法学院在20世纪70年代就设立了医事法与伦理交叉学科。目前,法学院设置了“医事法律和伦理”法学硕士、“医事法律和伦理”法学硕士(在线)以及“法律与医学伦理”(网上职业继续教育)这

---

⑧ See University of Kent, *Course Structure*(March 3, 2022), https://www.kent.ac.uk/courses/undergraduate/177/law#tab--stage2.

⑨ See University of Cambridge, *Centre for Law, Medicine and Life Sciences*(March 18, 2022), https://www.lml.law.cam.ac.uk/teaching/tripos-seminar.

⑩ See Pritzwalks-LLM GUIDE, *Top LL. M. Programs for Health/Medical Law* 2021 (March 14, 2022), https://llm-guide.com/lists/top-llm-programs-by-speciality/top-llm-programs-for-health-medical-law.

三个项目。申请“医事法律和伦理”法学硕士课程要求至少申请人有在法律、政治、医学、医学人文学科或生命科学专业的学位。[11] 申请“医事法律和伦理”法学硕士线上课程要求申请人至少有在法律专业的学位,同时也考虑具有相关学科学位的候选人,还将考虑申请人的其他资格和专业经验作为申请的一部分。[12]

曼彻斯特大学设置了“医事伦理与法律”法学硕士、“医事伦理与法律”文学硕士、“医事伦理与法律”理学硕士、“医事伦理和法律”研究生文凭、“医事伦理”研究生证书以及“医事保健法”研究生证书这六个课程。申请“医事伦理与法律”法学硕士课程要求申请人至少有在法律专业的学位,或其国际同等的学位,申请人在与本课程相关的法律模块方面有较强的背景,相关模块成绩达到二级一等或以上。[13] 申请“医事伦理与法律”文学硕士课程要求至少有在任何专业的学位,或其国际同等的学位。[14] 申请“医事伦理与法律”理学硕士课程要求申请人为完成三年本科学习的英国医学院医学生。[15]

伦敦国王学院早在 1978 年就设立了“医事伦理与法律”文学硕士项目,[16]此后又设立了“心理健康、伦理与法律”理学硕士以及“医事法”文

---

⑪ See The University of Edinburgh, School of Law, *LLM in Medical Law and Ethics* (March 12, 2022), https://www. law. ed. ac. uk/study/masters-degrees/llm-medical-law-and-ethics#fifth.

⑫ See The University of Edinburgh, School of Law, *LLM in Medical Law and Ethics* (March 12, 2022), https://www. law. ed. ac. uk/study/online-masters-degrees/llm-medical-law-and-ethics#fifth/.

⑬ See The University of Manchester, *LLM Healthcare Ethics and Law/Overview* (March 13, 2022), https://www. manchester. ac. uk/study/masters/courses/list/09213/llm-healthcare-ethics-and-law/#course-profile.

⑭ See The University of Manchester, *MA Healthcare Ethics and Law/Overview* (March 13, 2022), https://www. manchester. ac. uk/study/masters/courses/list/01180/ma-healthcare-ethics-and-law/#course-profile.

⑮ See The University of Manchester, *MSc Healthcare Ethics and Law* (*Intercalated*)/ *Entry Requirements* (February 27, 2022), https://www. manchester. ac. uk/study/masters/courses/list/07880/msc-healthcare-ethics-and-law-intercalated/entry-requirements/#course-profile.

⑯ See King’s College London, *Medical Ethics & Law MA* (March 16, 2022), https:// www. kcl. ac. uk/study/postgraduate-taught/courses/medical-ethics-and-law-ma.

学硕士项目。[17] 此外,伦敦玛丽女王大学设立了全球卫生法与治理研究硕士项目,肯特大学法学院设立了法律与卫生法学硕士项目,利物浦大学法学院设立了法律、医事与卫生保健法学硕士项目,卡迪夫大学法学院设立了医疗实践法律问题法学硕士项目,布里斯托大学法学院设立了卫生、法律与社会法学硕士项目,诺森比大学法学院设立了精神卫生法与实践研究生文凭项目,德蒙福特大学法学院设立了医事法与伦理法学硕士项目,法学大学设立了医事法与伦理和精神卫生法法学硕士项目。

(三)博士阶段的卫生法学教育

国家、地区和地方政府、社会组织开始意识到他们需要在医事伦理和法律方面训练有素的人员。基于此,英国个别高校设立了培养卫生/医事法领域高端人才的博士学位项目。曼彻斯特大学法学院设立了生物伦理与医事法方向的博士学位项目,该项目的招生对象是本科成绩优异且拥有伦理学、法学或相关学科硕士学位(或在医事法律与伦理领域有三年以上专业经验)的人员。[18] 爱丁堡大学法学院设立了医事法与伦理方向的博士学位项目,该项目培养的许多博士毕业生现在都是医事法与伦理领域的顶尖学者。

二、卫生法治人才培养的课程与教材体系

医事伦理和法律法学硕士课程提供高质量的医事伦理和医事法律教育。课程强调将生物伦理和法律理论应用于真实世界的场景,以满足医事保健和法律专业人员以及相关领域的实际需要。

---

[17] See King's College London, *Medical Ethics & Law MA* (March 13, 2022), https://www.kcl.ac.uk/study/postgraduate-taught/courses/medical-ethics-and-law-ma.

[18] See The University of Manchester, *PhD Bioethics and Medical Jurisprudence/Programme Details* (March 16, 2022), https://www.manchester.ac.uk/study/postgraduate-research/programmes/list/06250/phd-bioethics-and-medical-jurisprudence/programme-details/#course-profile.

(一)爱丁堡大学卫生/医事法专业课程体系

爱丁堡法学院在卫生/医事法领域有着悠久的教学和研究传统。该校的医事法律与伦理硕士课程包括180个学分,包括120个学分(每学期60个学分)的教学课程和60个学分的一万字的论文。⑲ 教学课程中必修课占60学分,学生还需要在核心课程中选择40~60学分,剩下的学分可以从选修课程中选择。必修课程主要是使学生了解该课程的基本概念,培养学生对医学法理学主要要素以及对医学伦理学和医事法之间关系的主要理论、原则和概念的批判性理解,核心课程部分则是进行了细分,学生在掌握必修课程的基础上可以通过核心课程进一步研究医事法律和伦理学不同领域的问题。

医事法律与伦理专业法学硕士课程体系包括以下内容。

(1)必修课程(20学分/每门):医事法学的基本问题;生物伦理学的基本问题;当代医事法学问题。

(2)核心课程Ⅰ(20学分/每门):精神卫生法;公共卫生伦理。

(3)核心课程Ⅱ(10学分/每门):生育与法律;生命的终结、道德与法律;现代医事保健的塑造和规范;临床过失与法律。

(4)选修课程:从法学院课程中选修20学分。

(5)论文(60学分):撰写一篇100,000字的医事法律与伦理领域的论文。⑳

(二)曼彻斯特大学卫生/医事法专业课程体系

该校卫生保健伦理与法律专业硕士项目所有授课部分(共120学分)是通过课程作业来评估,15学分的课程需要4000字的课程作业,30

---

⑲ See The University of Edinburgh, School of Law, *LLM in Medical Law and Ethics* (March 12, 2022), https://www.law.ed.ac.uk/study/masters-degrees/llm-medical-law-and-ethics#second/.

⑳ See The University of Edinburgh, School of Law, *LLM in Medical Law and Ethics* (March 14, 2022), https://www.law.ed.ac.uk/study/masters-degrees/llm-medical-law-and-ethics#second/.

学分的核心课程单元需要6000字的课程作业。[21] 授课部分的教学基本上以讲座和讨论相结合的形式进行,鼓励同学之间互相提问和辩论。研究生文凭和研究生证书的相关课程则不需要论文。其中法学硕士课程要求同时学习伦理和法律,但授课偏向于法律;文学硕士课程深入研究医事伦理和法律以及这两个学科如何相互作用;理学硕士则是为医学生量身定制,让他们更深入地理解医学中的法律和道德挑战。

卫生保健伦理与法律专业法学硕士课程体系[22]

(1)必修课程(30学分/每门):哲学生命伦理;医事法律问题。

(2)选修课程(15学分/每门):精神卫生法律和政策;伦理学、遗传学和基因组学;全球卫生法和生物伦理学;研究伦理学;医学、法律与社会。

(3)论文(60学分):一篇12,000~15,000字的法学专业论文。

卫生保健伦理与法律专业法学硕士、文学硕士和理学硕士的课程体系大致相同。而获得卫生保健伦理与法律专业研究生文凭则不需要撰写学位论文,这是与获得这个专业硕士学位的最大区别。

(三)伦敦国王学院卫生/医事法专业课程体系

伦敦国王学院提供的三个课程都是一年全日制或两年兼职就读,所有学生通常会修180学分,包括120学分的授课部分以及60学分的论文。[23] 授课主要通过研讨会的形式学习并由医事法律和伦理中心及其学术团队支持。国王学院的课程中精神卫生的部分是一大特色。心理健康、伦理与法律课程是为热衷于考虑由精神疾病引起的问题的卫生专业人员、律师、决策者和所有具有相关第一学位的人设计的,旨在培养精神卫生领域的领导者。

---

[21] See The University of Manchester, *LLM Healthcare Ethics and Law/Course Details* (March 14, 2022), https://www.manchester.ac.uk/study/masters/courses/list/09213/llm-healthcare-ethics-and-law/course-details/#course-profile.

[22] See The University of Manchester, *LLM Healthcare Ethics and Law/Course Details* (March 14, 2022), https://www.manchester.ac.uk/study/masters/courses/list/09213/llm-healthcare-ethics-and-law/course-details/#course-profile.

[23] See King's College London, *Medical Ethics & Law MA* (March 14, 2022), https://www.kcl.ac.uk/study/postgraduate-taught/courses/medical-ethics-and-law-ma.

1. 医事伦理与法律专业文学硕士课程体系[24]

(1)必修课程(15学分/每门):医事法Ⅰ:同意、拒绝和请求;道德理论与医学伦理学。

(2)选修课程(15学分/每门):精神卫生与行为能力法;验尸官与审讯;生命终结法;法律与生育;医事法Ⅱ:过失和意外事故;刑法与精神障碍;心理卫生伦理学;司法与资源分配;自治和公共卫生;生育伦理学;全球健康伦理;伦理学;临床研究伦理。

(3)论文(60学分):一篇医事法领域的12,000~15,000字论文。

2. 医事法专业文学硕士课程体系[25]

(1)必修课程(15学分):医事法Ⅰ:同意、拒绝和请求。

(2)选修课程(15学分/每门):精神卫生与行为能力法;验尸官与审讯;生命终结法;法律与生育;医事法Ⅱ:过失和意外事故;刑法与精神障碍;道德理论与医事伦理学(20学分);人权法:国际和跨国视角(40学分)。

(3)论文(60学分):一篇医事法领域的12,000~15,000字论文。

(四)教材体系建设情况

爱丁堡大学梅森和史密斯教授1983年出版的《法律和医事伦理》[26]是英国卫生法学教材建设的标志性成果。这本教科书为探索医事法与伦理提供了一个框架,对医学伦理实践和法律之间的相互关系进行了广泛的考察。近四十年来经过爱丁堡大学卫生法几代学人的持续建设,这本教科书已出11版,篇幅从最初的200多页扩展到700多页,成为英国卫生法领域最具标志性的一本教科书。[27] 牛津大学乔森纳·赫林教授的《医事法与伦理》现已出了9版,该书于2019年获得英国医学协会医

---

[24] See King's College London, *Medical Ethics & Law MA* (March 14, 2022), https://www.kcl.ac.uk/study/postgraduate-taught/courses/medical-ethics-and-law-ma.

[25] See King's College London, *Medical Law MA* (March 14, 2022), https://www.kcl.ac.uk/study/postgraduate-taught/courses/medical-law-ma.

[26] See J. K. Mason, and R. A. McCall Smith, *Law and Medical Ethics*, Butterworth, 1983.

[27] See G. Laurie, S. Harmon and E. Dove, *Mason & McCall Smith's Law and Medical Ethics*, 11th edition, Oxford University Press, 2019.

学基础图书一等奖。[28]

英国的卫生法学人出版了多部有影响的医事法教科书。曼彻斯特大学玛格丽特·布雷热(Margaret Brazier)教授 1987 年推出的《医疗、患者和法律》是一本很有影响的教科书。[29] 该书第 6 版经过全面修订和更新,涵盖了从辅助死亡到知情同意、立法改革、专业监管和补救、欧洲数据保护和临床试验法规以及器官捐献立法和政策改革的最新案例。[30] 伦敦国王学院伊恩·肯尼迪教授和卡迪夫大学安德鲁·格拉布编写的《医事法:文本与材料》第一版问世于 1989 年,2000 年出了第三版,篇幅长达 2300 余页。[31] 伦敦政治经济学院艾米莉·杰克逊教授出版了《医事法:文本、案例与材料》,这本教材在 2017 年获得英国医学协会"医学基础"图书一等奖。[32] 相近主题的教材还包括布里斯托大学朱迪思·莱恩教授和伯明翰大学让·麦克海尔教授主编的《医事法原则》。[33]

公共卫生法与精神卫生法领域也有一批教科书。比如,爱丁堡大学格雷姆·劳里教授等人编写的《剑桥卫生研究条例手册》,[34]英国最高法院副院长布伦达·黑尔出版的《精神卫生法》,[35]英国诺丁汉大学彼得·巴特利特教授和拉尔夫·桑德兰副教授出版的《精神卫生法:政策与实践》。[36]

㉘ See Jonathan Herring, *Medical Law and Ethics*, 9th edition, Oxford University Press, 2022.

㉙ See M Brazier, *Medicine, Patients and the law*, Penguin Books, 1987.

㉚ See M Brazier and E Cave, *Medicine, Patients and the law*, 6th edition, Manchester University Press, 2016.

㉛ See Ian Kennedy and Andrew Grubb, *Medical Law: Text with Materials*, 3rd edition, Butterworths, 2000.

㉜ See Emily Jackson, *Medical Law: Text, Cases and Materials*, 6th edition, Oxford University Press, 2022.

㉝ See Judith Laing and Jean McHale, *Principles of Medical Law*, 4th edition, Oxford University Press, 2017.

㉞ See Graeme Laurie et al., *The Cambridge Handbook of Health Research Regulation*, Cambridge University Press, 2021.

㉟ See Brenda Hale, *Mental Health Law*, 6th edition, Sweet and Maxwell, 2020.

㊱ See Peter Bartlett and Ralph Sandland, *Mental Health Law*, 4th edition, Oxford University Press, 2013.

三、卫生法治人才培养的平台、师资与就业

英国的卫生法治人才培养通常依托卫生法及相关学科的研究机构。卫生法学实力强劲的大学法学院都设立了卫生法研究中心。这些研究中心聚集了一批卫生法学领域的专家学者，推出了大量有影响力的学术成果，承担了大量的科研项目，建设了一批卫生法学一流课程。

（一）卫生法研究中心概览

伦敦国王学院、曼彻斯特大学和爱丁堡大学都建立了跨学科、跨领域的研究中心，整合了医学、法学、社会科学等不同学科的人力资源，并在此基础上进行卫生法学教育，有助于学生多学科知识体系的构建，也方便学生进行跨专业交流。

伦敦国王学院研究中心隶属于伦敦国王学院法学院，首任主任由爵士伊恩·麦科尔·肯尼迪教授担任，现任主任是罗莎蒙德·斯科特教授。该中心在生殖伦理和法律问题、自闭症和残疾伦理、心理健康伦理和法律等方面具有鲜明的特色和研究实力。该中心与“精神病学、心理学和神经科学研究所”合作培养心理健康、伦理与法伦理学硕士学位。研究中心与该校盖伊和圣托马斯医学院有着密切的联系，整合学校医学和法学的优质资源联合培养卫生法治人才。[37]

1986 年，曼彻斯特大学成立了社会伦理与政策研究中心，这是一个由来自法学、神学、哲学和医学等不同学科背景的研究人员共同组建的跨学科研究中心。[38] 研究中心的最初目标主要是两个：(1)开展和发表社会伦理和政策问题的研究成果，促进对这些问题的研究；(2)促进有关伦理、法律和政策教育项目的发展。目前，该中心学术团队由律师、伦

---

[37] See King's College London, Centre of Medical Law & Ethics (March 16, 2022), https://www.kcl.ac.uk/medical-law/about-us.

[38] See M Brazier, A Dyson, J Harris and M Lobjoit, Teaching Medical Ethics Symposium: Medical Ethics in Manchester, *Journal of medical ethics*, 13, 1987, p. 151.

理学家和社会法律学者组成。[39]

爱丁堡大学在整个校内各方资源的基础上于2012年成立了梅森医学、生命科学与法律研究所(以下简称梅森研究所)。梅森研究所挂靠在爱丁堡大学法学院。梅森研究所的任务是探究医学、生命科学和法律之间的联系,在社会法律、医学和生命科学治理以及生物伦理学领域有自己独特的原创研究。梅森研究所与企业、科学家、政策制定者和公众深度合作。其研究成果转化为国内国际政策制定者和行业制定的标准和指南。[40] 爱丁堡大学还设立了"全球正义与健康研究所"、"厄舍人口健康科学与信息学研究所"及"生物医学、自我与社会中心"等与卫生法研究密切相关的研究机构。

此外,牛津大学于2009年成立了健康、法律和新兴技术研究中心,利物浦大学法学院于2013年成立了卫生法与规制教研组,布里斯托大学法学院于2017年成立了卫生、法律与社会研究中心,剑桥大学法学院成立了法律、医疗与生命科学研究中心,诺森比大学法学院成立了医事与精神卫生法教研组。

(二)师资队伍

一流的师资队伍是培养高素质卫生法治人才的关键要素。英国卫生法学强校都拥有一批优秀的卫生法领域的专家学者。

第一,充分发挥一流学者的学术引领作用。爱丁堡大学、曼彻斯特大学和伦敦国王学院的卫生法研究中心都有一位精神领袖。爱丁堡大学梅森医学、生命科学与法律研究所以英国医事法学开拓者约翰·肯扬·梅森(1919~2017)教授的名字命名。梅森于1939年获得剑桥大学彼得学院学士学位,1943年毕业于伦敦圣巴塞洛缪医院。梅森在第二次世界大战中担任皇家空军中队医疗官。1973年梅森教授因在飞机事故法医病理学的出色服务被授予大英帝国司令勋章。1973~1985年担

---

[39] See The University of Manchester, Centre for Social Ethics and Policy (March 16, 2022), https://www.socialsciences.manchester.ac.uk/csep/about/.

[40] See The University of Edinburgh, School of Law, About the Mason Institute (March 16, 2022), https://www.law.ed.ac.uk/research/research-centres-and-networks/mason-institute/about-the-mason-institute.

任爱丁堡大学法医学教授。从20世纪70年代后期开始，他与同事兼朋友亚历山大·麦考尔·史密斯教授在爱丁堡大学法学院开创了医事法学的教学和研究。1985～2017年任爱丁堡法学院的名誉研究员。他在法学院开辟了一个新的研究领域：医事法学。梅森教授的学术品格和奉献精神极大地影响了梅森研究所的学风。[41]

伦敦国王学院医事法与伦理研究中心的灵魂人物是伊恩·肯尼迪(1941～)教授。肯尼迪教授是英国医事法与伦理学研究的创始人之一。肯尼迪教授于1963年在伦敦大学学院获得法学学士学位，1965年获得加州大学伯克利分校法学硕士学位。1965～1971年任伦敦大学学院法学讲师和副院长。1978～1997年先后担任伦敦大学国王学院医事法与伦理研究中心主任和法学院院长。1997～2001年回到伦敦大学学院任卫生法、伦理与政策讲座教授，2002年至今担任该校名誉教授。肯尼迪教授有丰富的社会服务经验。肯尼迪教授曾任综合医学委员会委员、药物委员会委员、纳菲尔德生物伦理委员会委员和主席。2002年，他因在医疗法和伦理方面的贡献当选为英国社会科学院院士。[42]

曼彻斯特大学社会伦理与政策研究中心的灵魂人物是约翰·哈里斯教授和玛格丽特·布雷热(1950～)教授。哈里斯教授是曼彻斯特大学科学、伦理和创新研究所生物伦理学讲座教授。他被认为是生物伦理学领域最具全球影响力的哲学家之一。布雷热教授是英国卫生保健法、生物伦理法领域的先驱，也是英国著名的医事法律师。布雷热教授1971年获得法学学士学位后就执教于曼彻斯特大学。她是曼彻斯特大学社会伦理与政策研究中心的创始人之一。布雷热教授还主持了许多与医疗保健相关的政策制定委员会，曾任代孕审查委员会主席、保留器

---

[41] See The University of Edinburgh, School of Law, *About the Mason Institute* (March 12, 2022), https://www.law.ed.ac.uk/research/research-centres-and-networks/mason-institute/about-the-mason-institute.

[42] See The British Academy 2020, *Professor Sir Ian Kennedy FBA* (March 15, 2022), https://www.thebritishacademy.ac.uk/fellows/ian-kennedy-FBA/, also see HandWiki, Biography: Ian Kennedy (legal scholar) (March 15, 2022), https://handwiki.org/wiki/Biography:Ian_Kennedy_(legal_scholar).

官委员会主席、纳菲尔德胎儿和新生儿医学重症监护决策委员会主席。她于2007年当选为英国医学科学院院士,2014年当选为英国社会科学院院士。㊸

第二,拥有一支高素质的研究队伍。爱丁堡大学梅森研究所现任所长和卫生法学科研负责人是安妮-玛丽·法瑞尔教授。研究所成员包括医事法名誉教授亚历山大·麦考尔·史密斯,医事法教授格雷姆·劳里,医事法与伦理学高级研究员卡特里奥娜·麦克米兰,生物伦理学研究员艾米丽·波斯坦研究员等。㊹ 曼彻斯特大学社会伦理与政策研究中心共有14名专职研究人员,研究中心主任由高级讲师莎拉·德瓦尼和亚历山德拉·马洛克担任。研究队伍中既包括老一辈卫生法学家布雷热教授,也包括卫生法学界中坚力量丽贝卡·贝内特教授、尼古拉·格洛弗-托马斯教授和西蒙娜·佐丹奴教授,还包括像费·加兰博士这样的卫生法学界后起之秀。㊺ 伦敦国王学院医事法与伦理研究中心现有专职研究人员4人,分别是研究中心主任医事法与伦理学讲座教授罗莎蒙德·斯科特、彭尼·刘易斯教授、高级讲师吉利安·克雷吉博士和朱利亚·卡瓦列尔博士。㊻ 该研究中心规模不大,但与该研究中心合作的伦敦国王学院精神病学、心理学和神经科学研究所是拥有31位研究人员的欧洲规模最大的研究机构。㊼

第三,充分整合校内外研究力量,实现学科交叉融合。爱丁堡大学梅森研究所聘请该校医学和兽医学院的莎拉·陈教授和内哈·塞提研

㊸ See The British Academy 2020, *Professor Margot Brazier FBA*(March 15, 2022), https://www.thebritishacademy.ac.uk/fellows/margot-brazier-FBA/.

㊹ See The University of Edinburgh, School of Law, *Mason Institute/People*(March 15, 2022), https://www.law.ed.ac.uk/research/research-centres-and-networks/mason-institute/people.

㊺ See The University of Manchester, *The Centre's Members*(March 16, 2022), https://www.socialsciences.manchester.ac.uk/csep/about/people/.

㊻ See King's College London, *Centre of Medical Law & Ethics/People*(March 16, 2022), https://www.kcl.ac.uk/medical-law/people.

㊼ See King's College London, *Institute of Psychiatry, Psychology & Neuroscience*(March 16, 2022), https://www.kcl.ac.uk/ioppn/about.

究员担任副所长，这两位都是医事伦理学领域的专家。曼彻斯特大学社会伦理与政策研究中心同样注重学科的交叉融合。比如，高级讲师伊恩·布拉辛顿 1999 年和 2003 年分别获得伯明翰大学医疗保健伦理学硕士学位和哲学博士学位。此后在伯明翰医学院和华威大学哲学系任教。[48]

（三）学生就业情况

卫生法法学硕士课程可以将来自法律和医事保健领域的不同从业者聚集在一起。在一个典型的卫生法法学硕士课程中，参与者可能包括希望尽快了解现行法律的医事保健专业人士以及希望将自己的业务扩展到医事领域的律师，还有希望继续进行博士研究的人等。其就业去向主要有以下几种形式。

第一，医药企业、律师事务所和公私医院。医事保健专业人员获得相应学位后，他们在自己就职的医事机构内成为解决有关医事法律或伦理方面问题的专家。卫生法专业毕业生进入医药企业、律师事务所工作也是自然而然的事情。

第二，学术机构。一些对法律和医学伦理学有浓厚学术兴趣的毕业生会前往高校等学术机构继续从事卫生法方面的研究工作，如曼彻斯特大学设有社会伦理和政策中心，一些毕业生会选择继续攻读博士学位，然后在中心工作。

第三，政府部门。许多政府部门有针对卫生政策制定的就业岗位。伦敦国王学院有许多毕业生后来从事与政策相关的工作，包括在人类受精和胚胎管理局、人体组织管理局和卫生与社会福利部的工作。

四、启示

英国拥有四十余年的卫生法治人才培养历史，为英国、世界各国及

---

⑱ See The University of Manchester, The Centre's Members(March 16, 2022), https://www.socialsciences.manchester.ac.uk/csep/about/people/.

国际组织培养了一大批卫生法治人才。英国大学法学院设立的各种类型的卫生法/医事法硕士项目很有特色,为卫生法治人才培养做出了重要的贡献。通过对英国三所卫生法学强校卫生法治人才培养的考察,我们可以总结出以下几点卫生法治人才培养的经验。其一,形成了本硕博不同层次的卫生法治人才培养体系。针对法学专业本科生开设卫生法学相关课程,这为本科生未来从事卫生法治工作打下了较好的专业基础。硕士研究生层次,英国大学设立了多种类型、多种形式的卫生法/医事法硕士项目和研究生文凭项目。针对有志于卫生法学术研究的研究型人才,一些大学还设立了卫生法学博士项目。其二,制定了比较完备的卫生法/医事法硕士培养方案。针对不同类型的卫生法硕士项目,开设了有针对性的课程,通过课程来落实卫生法治人才培养理念。其三,推出了一批高质量的卫生法学教科书。教科书的撰写者都是卫生法学相关领域很有造诣的专家学者,教科书内容丰富,涵盖卫生法各个领域,既包括卫生法的基础知识,又包括卫生法律法规、案例和相关素材。其四,充分发挥卫生法领军人物的学术引领作用。爱丁堡大学的梅森教授、伦敦国王学院的肯尼迪教授和曼彻斯特大学的布雷热教授都为所在学校的卫生法学科建设发挥了巨大的作用。其五,成立卫生法研究中心,搭建卫生法产学研相结合的学术平台。各校卫生法研究中心发挥了以下功能:(1)聚集了一批高水平的研究人员;(2)大量承接政府、企业和社会组织的科研项目;(3)为政府的医药卫生政策提供咨询;(4)开设卫生法领域的各类各层次课程。我国是卫生法治人才培养的后发国家,英国卫生法治人才培养的有益经验可供我国借鉴。我国卫生法治人才培养应该做好以下几个方面的工作。

第一,大力培养卫生法专业硕士。卫生法治人才属于应用型法治人才,其就业去向主要是政府、企业、律所和社会组织。因此,我国高校法学院应该加大卫生法专业硕士的培养力度,在法律硕士专业下设置卫生法专业,扩大卫生法专业的招生规模,组建卫生法专业导师组,开设多门卫生法领域的课程。

第二,面向法学专业本科生开设卫生法课程。目前,我国一些医学院校的法学院开设了卫生法课程,但多数主流法学院校都没有开设卫生法课程。根据《法学类专业教学质量国家标准(2021年版)》,卫生法课程不在法学专业核心课"1+10+X"之列。建议将卫生法列入"X"类专业必修课,或者至少开设卫生法选修课。

第三,鼓励有条件的高校自设卫生法学二级学科,培养卫生法学高层次学术人才。国内目前设置了卫生法学二级学科的高校非常少,这不利于培养卫生法学高层次学术人才。卫生法学属于法学与医学相结合的交叉学科,可以在法学院或医学院设立卫生法学二级学科,授予法学硕士(博士)或医学硕士(博士)学位。

第四,建设一支创新型高水平卫生法学师资队伍。拥有一支高水平的卫生法学师资队伍是培养高素质卫生法治人才的关键。师资队伍建设与平台机构建设息息相关,有了机构才会有相应的队伍。虽然我国高校也成立了一些卫生法研究中心,但相比法律人工智能、数字法治、知识产权等领域的研究中心,卫生法研究中心不仅数量少,而且投入的经费和人员编制都偏少,这严重制约了卫生法研究中心的平台建设。

当然,我们不能照搬英国卫生法治人才培养的各种做法。毕竟中英两国的教育管理体制差异较大。比如,英国大学向卫生/医事法硕士研究生收取高额学费的做法在中国就行不通,英国各大学给卫生/医事法硕士项目取五花八门的名称的做法也不可取。

A Glimpse into the Cultivation System of Health Rule of Law Talents in the UK

Qiu Zhaoji　Xu Hanye

Abstract: The UK has a history of cultivating the rule-of-law talents for health law for more than 40 years. The various types of master programs of health law/medical law master programs set up by law schools of the UK universities are very distinctive, which have made an important contribution to the cultivation of the rule-of-law talents for health law. The UK has developed a cultivation system of the rule-of-law talents for health law at different levels of undergraduate, master's degree and doctoral degree. King's College London, University of Manchester and University of Edinburgh have successively set up the Health Law Research Center, giving full play to the academic leading role of health law pioneers, building an academic platform for the combination of production, education and research in health law, formulating relatively complete cultivation programs for master of health law/medical law, and publishing a number of high-quality health law textbooks. It is a reference of the beneficial experience of the cultivation of health rule-of-law talents in the UK for China as the latecomer in this field.

Key Words: health law, medical law, health rule of law talents, curriculum system

法学专业医药法类课程的设计与展开

赵西巨[*] 李 玮[**] 安 琪[***]

摘 要:面向法学专业学生的医药法课程教学不同于面向医药学生的卫生法教学。有必要改革传统医药法类课程“大而全”以及机械地以部门法为教学单元的编排模式,注重课程体系与教学内容的系统性、有机性和理论性。必须对我国医药法类的法律制度进行科学分类,并汲取域外课程建设成果与经验。法学专业的医药法类课程可在以下六门课程中做选择:(1)医事法;(2)药事法;(3)公共卫生法;(4)精神卫生法;(5)传统医药法;(6)生命科技法。可以以《医事法》《药事法》课程教学内容改革为起点和突破口,注重对其精耕细作,增强其示范效应,带动其他医药法类课程建设面上的展开。

关键词:法学专业 医药法 课程体系 教学内容

* 赵西巨,山东中医药大学教授,法学博士。研究方向:民商法、医事法。

** 李玮,山东中医药大学讲师。研究方向:民商法、卫生法。

*** 安琪,山东中医药大学讲师。研究方向:民商法、卫生法。

前 言

我国《法学类教学质量国家标准(2021年版)》(以下简称《标准》)将法学类专业培养目标定位为培养复合型、应用型、创新型法治人才,鼓励高校对专业建设进行基于自身定位和办学特色的本土化和细化。其中,培养"复合型"人才的定位为法学专业医药法类课程模块的构建提供了契机。该《标准》在统一基本动作的基础上,倡导法学教育的多元化和个性化。这不仅体现在法学专业核心课程上的"1+10+X"分类设置模式,而且在专业选修课程建设方面,该《标准》并没有设置统一的课程群,而是鼓励开设与专业必修课程形成逻辑上的拓展和延续关系的"模块(课程组)"式课程,并强调了各高校在设置专业选修课程体系上的自主性,鼓励开发跨学科、跨专业的新兴交叉课程。这些措施和导向都为法学专业的医药法特色化发展提供了利好空间。

就目前来看,在我国,医学院校仍是开设医药法类课程的主战场。就医学院校的法学专业来说,为了凸显专业特色和竞争优势,也为了充分利用学校现有的医药资源,专业建设通常会向医药法学方向发展。一般情况下,该类专业的课程体系会分为三大模块:医学类课程、法学类课程和医药法类课程。期待或要求学生用综合性大学法学专业本科四年培养时间,来探知种类繁多、专业性强、分属不同学科的知识,学生的学习压力和学校的课程安排压力可想而知。由此,为了使学生在扎实掌握法学基本功的基础上真正地有特色发展,必须在课程设置(特别是医学类课程和医药法学课程的选择)上做文章,注重不同种类课程的彼此互促和整体前行,避免内部消耗和争夺,在强化各课程和知识点间的连续性、相关性和有机性上下足功夫。

医药法类课程的开设不应局限于医学院校。综合性院校的法学院,基于其专业优势和功底,完全可以成为医药法类课程开设的主力军。就世界范围来看,国际许多知名法学院都将医药法类课程纳入了法学生培养课程体系。[①] 我国一些综合性院校法学院也有这样的动作。[②] 卫生法或医药法是一个波及面广、专业性强、复杂程度高、与社会生活息息相关的法学领域。法学教育中的多学科交叉融合不仅是法学学科边界拓展之需要,而且是法学回应社会需求和提升法学生职业能力之需要。一项对172个经美国律师协会(ABA)认证的美国法学院的研究表明,越是高等级法学院,跨学科内容越丰富、课程资源投入越大、法学生的职业竞争力越强。[③] 在增强医药法类课程的可及性和惠及面上,我国综合性院校和非医学院校法学院不应缺席。

医药法类课程成为法学专业的选修课、必修课甚至主干课在我国尚属新鲜事。它既是一支新生力量,也是一支潜力股。本文以增强该类课程和内容的现实性、科学性和有机性为宗旨,以拓展课程专业性和理论深度为努力方向,试图在厘清我国现行医药法律制度和吸纳国外较为成熟经验的基础上,结合亲身教学实践,就法学专业的医药法类课程体系和教学内容设计提出设想。

一、我国医药法律制度之扫描:本土探查

医药法类课程的设置离不开我国的法律土壤。只有植根于我国现实的法律土壤,课程体系和教学内容的设计才不至于成为空中楼阁。我国现行的医药法律制度涉及诸多领域。与医疗相关的法律、行政法规、司法解释、部门规章等达数百部,种类繁多,数量巨大。[④] 在繁杂中厘清

---

① 参见孟彦辰:《美国卫生法课程体系设置及其启示》,载《法学教育研究》2019年第4期;赵西巨:《法学第一学位教育之定位:基于域外法学院的观察》,载《法学教育研究》2015年第2期。

② 参见翟宏丽:《法科院校卫生法学学科建设的研究与实践》,载《中国法学教育研究》2016年第1辑。

③ 参见杜维超:《论法学教育中的多学科交叉融合》,载《中国法学教育研究》2018年第4辑。

④ 参见法律出版社法规中心编:《中华人民共和国医疗法律法规全书(含全部规章2022年版)》,法律出版社2022年版。

类别,在迷乱中辨明方向,通过梳理,我国医药法律制度基本可归纳为以下六大类:

(一)医事法类法律制度

该类法律制度与医疗服务提供有关。它主要是指规范医疗主体(医疗机构、医疗从业人员)、医疗行为、医疗责任承担与纠纷处理方面的法律制度。它可细分为三类制度。

1. 医疗主体法律制度。医疗主体法律制度关涉"谁"可以提供医疗服务,即医疗服务提供者。从宏观层面来看,《基本医疗卫生与健康促进法》不仅触及了"基本医疗卫生服务"的提供,而且分列专章规范"医疗卫生机构"和"医疗卫生人员"。从微观层面来看,规制医方的法律制度主要包括以《医师法》为主体的医师法律制度、以《医疗机构管理条例》为中心的医疗机构法律制度和其他医疗人员(如护士)法律制度。在医疗主体(医疗机构和从业人员)方面,《中医药法》做出了一些偏离,开创了中西医有别的新局面。

2. 医疗行为法律制度。医疗行为法律制度旨在保证行医者的医疗行为在合理的、通常的注意义务轨道和行业惯常的执业规范下实施并保证在行医者失范并对患者造成损害时有可资利用的救济渠道。在我国,上述医疗主体法律制度(如《医师法》和《医疗机构管理条例》)是综合性法律,既是医疗主体法,也是医疗行为法,其中内含许多有关医疗业务的规定。此外,规范和控制医疗行为的条款也散见在《基本医疗卫生与健康促进法》、《民法典》(侵权责任编医疗损害责任一章)和其他与医疗服务和临床有关法律法规(如《献血法》《母婴保健法》《处方管理办法》《医疗技术临床应用管理办法》《医疗美容服务管理办法》)中。

3. 医疗责任及程序法律制度。兼具医疗行为法和医疗责任及程序法双重身份的《医疗事故处理条例》内含许多医疗纠纷出现后的解决机制以及行医者承担行政责任和民事损害赔偿责任的规定。不过,在民事损害赔偿层面,《侵权责任法》和后来的《民法典》中医疗损害责任一章已基本替代了《医疗事故处理条例》。《医疗纠纷预防和处理条例》的出台,意味着医疗纠纷处理程序法家族又增添了新的一员。就医师行政责任而言,《医师法》列举了一些具体的可导致卫生健康主管部门行政处罚的医师执业不当行为,但是医师执业中的不当行为尚缺乏一般性规定,医师行政处罚程序也未见踪影,我国的医师行政责任法并不发达。

(二)药事法类法律制度

此类法律制度主要关涉两种与人体健康相关的产品:药品、医疗器械。以《药品管理法》为基本法的药事类法律制度可细分为三类制度。

1. 药事主体法律制度。在药事领域,与患者(消费者)对应的活动主体主要包括药品的生产、经营企业和向患者配发药品之人(药师)。2019年修订的《药品管理法》引入了国际通用的"药品上市许可持有人"这一概念,其外延不再局限于企业。我国药事主体法律制度主要有与执业药师资格取得有关的法律制度和《药品管理法》中关于药品上市许可持有人、药品生产企业、药品经营企业的规定。

2. 药事行为法律制度。药事行为法律制度密切追踪药品的市场准入(审批许可制度)——药品的生产、经营(质量管理规范)——药品的包装说明(风险警示)——药品的不良反应报告(投入市场后的风险关注)这一药品安全性和有效性保障链条。其主导法律仍是我国的《药品管理法》及其实施条例。此外,还包括由《药品管理法》这一母法衍生出的行政法规(如《药品注册管理办法》《处方药与非处方药分类管理办法》《药品说明书和标签管理规定》《药品不良反应报告和监测管理办法》),与药物有关的质量管理规范(如《药品生产质量管理规范(GMP)》《药品经营质量管理规范(GSP)》),特殊药品法律制度(如《疫苗管理法》《血液制品管理条例》《麻醉药品和精神药品管理条例》)和医疗器械法律制度。

3. 药事责任法律制度。我国药事立法当中不乏药事行政责任的规定,但是药事侵权责任法并不发达。我国《药品管理法》基本上是一部药事行政法,它只有一条关于药品损害赔偿责任的规定。我国药事侵权责任法的构建,还需要依托民事法律,特别是侵权法来完成。

(三)公共卫生法律制度

"基本公共卫生服务"是我国《基本医疗卫生与健康促进法》所指向

的“基本医疗卫生服务”的组成部分。根据该法,国家将建立健全突发事件卫生应急体系、传染病防控制度和慢性非传染性疾病防控与管理制度。《传染病防治法》和《突发公共卫生事件应急条例》是我国公共卫生法中可见度比较高的法律法规。公共卫生法律制度还包括其他疾病防治类法律制度(如《职业病防治法》《艾滋病防治条例》)。

(四)精神卫生类法律制度

精神卫生法的主要立法目的在于保护精神疾病患者这一特殊弱势群体的合法权益。我国在这一领域曾长期无全国性立法。2012年,人们期盼已久的我国《精神卫生法》获得通过,引起国内外关注。

(五)传统医药类法律制度

中西医毕竟是两种理论基础、解释体系和临床实践皆不同的医学体系,如何在立法上区别对待,是值得关注的一个命题。《中医药法》是我国中医药领域的第一部法律,也是我国中医药领域的综合性、基础性法律。传统医药类法律制度以《中医药法》为中心,辐射到了与《中医药法》相配套的法律制度,如《中医医术确有专长人员医师资格考核注册管理暂行办法》等。

(六)生命科技类法律制度

此类法律制度主要是指关于脑死亡、安乐死、器官移植、基因工程、人体实验、人工生殖等生命科技问题的法律制度。与西方发达国家相比,我国在此领域的立法相对滞后,在脑死亡、安乐死等方面尚无全国性立法。我国在人工生殖与器官移植等领域存在全国性立法(如《人类辅助生殖技术管理办法》《人体器官移植条例》),但立法层次不高。

由此可见,我国的医药法律制度涉及层面多元,覆盖范围较广,内容庞杂。必须对医药法类的法律制度进行科学分类,将医药法分解成几个相对独立的类别,在类别下对其精细研究,在课程内容选择上不宜采取“大而全”和机械组合的办法。与此同时,我们应认识到,尽管我国的医药法类课程教材体系和教学内容应以现行的法律法规为依托,但不宜采用单纯以法律法规编排教学内容的做法,此种做法可能使一本本应体系化的教科书沦落为各类具体法规的松散的罗列和照搬,从而导致教材学术性不足、有机性不强、理论性较差。另外，如果教学内容过分依赖具体法规，教材内容很容易产生滞后性，一些基本的、恒定的法律制度和理论问题在教材中体现不出来，这冲击了教材应有的抗时限性。因此，有必要科学设置医药法类课程体系，合理选择课程教学内容，保持教学内容的实用性、时效性、理论性和有机性。

二、国外医药法学内容设计之窥视：国际观察

为了从他山之石中寻求借鉴，本文作者利用在牛津大学法学院做访问学者（2018～2019年）的机会，走进了藏书超过45万册的牛津大学博德利法律图书馆。该图书馆有长长一排医药法学类书架。作者选择了一些较新的、较具代表性的教材类和专著类书籍进行研读和比对。

（一）医事法类（含生命科技法）

作者精选了10种英美法系医事法类教材，来自三个法域（英国、澳大利亚和新西兰）。其中，来自英国的有8种，它们分别是：（1）Leanne Bell著述的《医学法律与伦理》；⑤（2）Margaret Brazier和Emma Cave著述的《医学、患者与法律（第六版）》；⑥（3）Claudia Carr著述的《揭示医学法律与伦理》；⑦（4）Lisa Cherkassky著述的《关于医学法律的文本、案例和资料》；⑧（5）Nils Hoppe和José Miola著述的《医学法律与医学伦理》；⑨（6）Jonathan Herring著述的《医学法律与伦理》；⑩（7）G. T. Laurie、S. H. E. Harmon和E. S. Dove著述的《梅森和麦考史密斯之法

---

⑤ See Leanne Bell, *Medical Law and Ethics*, Pearson, 2012.

⑥ See Margaret Brazier and Emma Cave, *Medicine, Patients and the Law* (Sixth edition), Manchester University Press, 2016.

⑦ See Claudia Carr, *Unlocking Medical Law and Ethics*, Hodder Education, 2012.

⑧ See Lisa Cherkassky, *Text, Cases and Materials on Medical Law*, Pearson, 2015.

⑨ See Nils Hoppe and José Miola, *Medical Law and Medical Ethics*, Cambridge University Press, 2014.

⑩ See Jonathan Herring, *Medical Law and Ethics*, Oxford University Press, 2018.

律和医学伦理》;[11](8)Jonathan Montgomery 著述的《健康照护法》。[12] 来自澳大利亚的是作者为 Anne-Maree Farrell、John Devereux、Isabel Karpin 和 Penelope Weller 的《健康法:框架与语境》。[13] 来自新西兰的是 Peter Skegg 和 Ron Paterson 所编著的《新西兰健康法》。[14]

总体来讲,以"Health Law(健康法)"或者"Health Care Law(健康照护法)"命名的教材(10种中有3种)比以"Medical Law(医学法)"为命名的教材(10种中有7种)涉猎范围更广。前者的触角不仅延伸到了"精神卫生法",而且触及了"公共卫生法",甚至扩展到了"全球卫生法"、"土著人健康法"和"残疾人健康法"。以"Medical Law(医学法)"命名的教材(7种)中,有4种将"精神卫生法"纳入关注的视野。10种教材中,只有2种教材谈及了药事法的有关内容,如医疗产品责任。

在这10种与医事法相关的教材中,每种教材皆涉猎的主题有:(1)医疗过失法(Medical Negligence);(2)同意(Consent)或知情同意;(3)保密(Confidentiality);(4)生命的起始:与孕育(Fertility and Conception)和人工生殖(Assisted Conception/Reproduction)有关的法律;(5)与生命的终止(End of Life)有关的法律制度;(6)与人体组织(Human Tissue)和器官移植(Organ Transplantation)有关的法律。其中,医疗过失法大多涉及注意义务、注意义务(或注意标准)的违反、因果关系、损害等方面。有的教材为医疗诉讼法单独设章,有的则将程序法囊括在了实体法(医疗过失法)当中,有的则将医疗诉讼和赔偿放在了一个更加宽广的医疗纠纷解决框架下探讨。关于"同意"问题,许多教材谈到了"同意能力"(Capacity)的问题,并特别关注了一些特殊群体(如未成年人、缺乏同意能力之人、老年人)的照护问题。在与生命的终止有关的法律制度中,有5种教材提到了"堕胎"问题。在与人体组织有关的

---

[11] See G. T. Laurie, S. H. E. Harmon, E. S. Dove, *Mason & McCall Smith's Law & Medical Ethics*, Oxford University Press, 2019.

[12] See Jonathan Montgomery, *Health Care Law*, Oxford University Press, 2003.

[13] See Anne-Maree Farrell et al., *Health Law: Frameworks and Context*, Cambridge University Press, 2017.

[14] See Peter Skegg, Ron Paterson, *Health Law in New Zealand*, Thomson Reuters, 2015.

法律制度中,有数本教材言及人的身体构成部分的财产定性和归属问题。

在这10种与医事法相关的教材中,有7种教材单独考察了与医学研究有关的法律问题,有6种教材关注了一个国家医疗服务的提供和对医疗从业人员的规制(Professional Regulation),有8种教材为医疗服务提供中的资源配置(Resource Allocation)或医疗服务的可及性问题单独设章,有5种教材明确列出了医患关系和患者权利这一主题。

(二)药事法类

作者参阅了5本药事法类教材。一种基于美国法,⑮三种基于英国法。⑯ 美国教材的可取之处是它区分了对药品的规制(regulation of medications)与对药事(pharmacy practice)的规制。三种英国教材都涉及了药事行业(药房和药师)管理、药品管理和药品侵权等法律制度。其中,一个比较好的体例来自《药物法律和规制》。在该教材中,作者首先介绍了药品的定义、其特殊性以及随之而来的药品所特有的规制体系,然后按从药品研发到面世的基本顺序(临床试验、上市许可、药物警戒、市场销售)讲述了相关的法律制度。不过,其中美中不足的是,药物损害责任制度分量不足,与药物警戒制度合并在一章当中。

(三)公共卫生法类

作者参阅了来自美国的几本公共卫生法类教材。⑰ 其中,一本是由Kenneth R. Wing、Wendy K. Mariner、George J. Annas和Daniel S. Strouse

---

⑮ See Richard R. Abood, *Pharmacy Practice and the Law* (Fifth Edition), Sudbury, Massachusetts, Jones and Bartlett Publishers, 2008.

⑯ See Jonathan Merrills, Jonathan Fisher, *Pharmacy Law and Practice* (Fourth Edition), Elsevier Science Ltd., 2006; Joy Wingfield, Karen Pitchford (eds.), *Dale and Appelbe's Pharmacy and Medicines Law* (Eleventh Edition), Pharmaceutical Press; Emily Jackson, *Law and the Regulation of Medicines*, Hart Publishing, 2012.

⑰ 美国学者Lawrence O. Gostin曾出版过一系列与公共卫生法有关的教材和著作,包括:Lawrence O. Gostin, Lindsay F. Wiley, *Public Health Law and Ethics: A Reader* (Third Edition), University of California Press, 2018; Lawrence O. Gostin and Lindsay F. Wiley, *Public Health Law: Power, Duty, Restraint* (Third Edition), University of California Press, 2016; Lawrence O. Gostin, *The AIDS Pandemic: Complacency, Injustice, and Unfulfilled Expectations*, University of North Carolina Press, 2015。

著述的《公共卫生法》。[18] 该教材涉及面广泛,其一大特点是启用了大量的宪法经典案例。它不仅聚焦州政府在行使与公共卫生有关的权力时所涉及的基本宪法原则,而且通过四个个案研究(肺结核、艾滋病、SARS、流感)聚焦针对传染性疾病的隔离措施和其他限制自由的应对措施,探讨了传染病防治领域所涉及的限制自由和强制治疗措施的合宪性问题。它触及的主题还包括公共卫生管控和医疗信息隐私,涉及医疗信息的强制性报告制度、传染病的管控(如强制检测和接触追踪制度)、环境性疾病(如癌症和其他慢性疾病)、基因检测和 DNA 或生物样本银行。该教材不仅关注传染病防治,而且关注烟草、肥胖问题和对健康的个人行为的促进。

(四)精神卫生法类

作者关注了二种精神卫生类教材,这二种都侧重于对临床实践中的法律问题的分析。一本是由 Ronald Schouten 著述的《精神卫生实践与法律》。[19] 该书在介绍基本法律制度的基础上,分析了精神卫生实践中 15 个方面的问题。它不仅关注精神卫生法的特有问题,也顾及了一些通常的医事法问题(如知情同意、医疗侵权、保密、医疗文书)在精神卫生服务领域的展开。另一本是由 Michael Butler 著述的《精神卫生法从业者指南》。[20] 尽管该书围绕英国的精神卫生法案和心智能力法案而展开,但是章节铺设却由一些关键词领衔主演,比如"精神障碍"(Mental Disorder)之定义、民事强制措施(Civil Admissions)、监禁和治疗、刑事强制措施、监护、精神卫生裁判机构。

从以上外来信息中,我们可以汲取如下营养:(1)就域外对医药法的探究来看,一些领域的划分已变得十分清晰。医事法、药事法、公共卫生法、精神卫生法的疆域相对独立且泾渭分明。(2)就医事法来讲,医

---

⑱ See Kenneth R. Wing et al., *Public Health Law* (Second Edition), LexisNexis, 2014.

⑲ See Ronald Schouten, *Mental Health Practice and the Law*, Oxford University Press, 2017.

⑳ See Michael Butler, *A Practitioner's Guide to Mental Health Law*, Wildy, Simmonds & Hill Publishing, 2014.

疗过失法、知情同意法则、医生保密、生殖、人体组织与器官是医事法(含生命科技法)关注的恒定主题,医疗行业规制、医疗文书、医疗诉讼也是医事法经常光顾的领域。比较来看,就我国医事法来讲,有必要深化对医师惩戒机制和程序、特定人群同意能力、护理法律的探究,有必要增强医疗资源配置相关法律问题在医事法中的可见度。(3)应善于运用民法中的概念和思维来观察医药法学问题,特别是在医疗领域。用注意义务、医疗过失、因果关系这些民法中所熟知的概念来分析医疗行为和医疗责任,是国际上通行的一种做法。(4)在课程内容的选择上,应关心涉及公民权利、利益冲突(包括不同个体间利益冲突和个体利益与国家或社会利益间冲突)的领域和问题。在关注医事法和药事法两大领域的同时,应将公共卫生和精神卫生这两个易侵犯个体权利和个体利益的领域纳入法律关注的视野。(5)应注意精细分析医学法领域所特有的、贯穿于各个医学领域的基本原则,如知情同意原则。知情同意原则不仅存在于疾病治疗过程中,而且还存在于诸如人体试验、器官移植、脑死亡、安乐死、人工生殖等生命科技领域,可适用范围非常宽泛,很有深入探究的必要。

三、医药法类课程体系与教学内容之设计:面的铺开

如上节所述,“大而全”的以部门法为教学单元组合成的课程体系不具有可行性和科学性。必须对我国的卫生法律制度有所取舍。我们有必要依据学生需要、专业需要和社会需要,以法学的视角择取有探讨价值的、与法学密切相关的、涉及公民权利的、存在利益冲突的、相对独立的知识区域作为构筑课程体系和内容的基点。有必要在吸纳国外较为成熟的经验基础上,以法学理论为视角,以改革现有的教学内容为己任,以拓展课程知识面和深度为努力方向,实现法学和医学的真正联姻,增强医药法类课程教学内容的关联性、有机性和学术性。

作为法学专业学生来说,一本简单的类似《卫生法》的课程已不能

满足需要。可以从我国的医药法律制度中择取以下类别的法律制度作为新课程内容设计的基础:(1)医事法类;(2)药事法类;(3)公共卫生法类;(4)精神卫生法类;(5)传统医药法类;(6)生命科技法类。由此,法学专业的医药法类课程设置可从《医事法》《药事法》《公共卫生法》《精神卫生法》《传统医药法》《生命科技法》六门课程中作出选择。有条件的高校,还可以设置《全球卫生法》课程,将全球卫生机构、国际性卫生法规和话题纳入关注的视野。这是一个医事与药事、个体健康与公共卫生、身体健康与心理健康、传统与现代、国内与国际相互呼应的课程体系。这基本形成了可供法科生选择的医药法类课程"模块(课程组)"。其中,对医学院校法学专业来说,医事法和药事法可设为必修课程,公共卫生法、精神卫生法、传统医药法、生命科技法、全球卫生法可设定为专业选修课。每个高校可以根据自身情况将上述课程块进行重组,比如,在综合性院校中,可以设置囊括性强、涉猎面广的医药法课程,一些本来相对独立的服务,如公共卫生服务、精神卫生服务、生命科技服务,可以作为特殊的医疗服务,纳入一体化考虑;在医学院校中,可以偏重医事法教学;在药科院校中,可以以药事法教学为主打;在中医院校中,可以将传统医药法单列;在理工类或科技类院校中,可以凸显生命科技法位置。

无论如何进行课程组合,在每一类别医药法律制度下,要结合法学专业的特点,注重从民法学、行政法学、刑法学、国际法学的角度观察和分析问题,注重对知识点和核心概念的深入搜寻和精细归纳,设计出既与国际关注点相吻合又与国情相契合,既具有自身独立性又与法学专业核心课程相衔接的课程教学内容。要强化课程建设的专业化视角和走向,拓展课程知识面和深度,增强医药法类课程教学内容的关联性、有机性和学术性,以点带面,完成医药法类课程的系统和全面建设,提升医药法类课程的教学质量,推动法学专业和人才培养的特色发展。只有这样,才能实现医药法特色发展与法学专业人才培养相互促进、达到共赢。

基于此,六门课程的教学内容设计如下:

(一)医事法

该课程以医疗主体法(医师与医疗机构)——医疗行为法(医疗合

同与医疗侵权)——医疗责任与程序法(医疗事故责任与医疗损害责任、医疗纠纷处理与医疗事故处置)为一条线索,具体讲解医疗服务提供、医师和护士、医疗机构、医患关系、医疗合同、医疗广告、医疗事故责任、医疗损害责任、侵害患者知情同意权责任、医疗产品责任、医疗损害赔偿、医疗文书、保密、医疗纠纷、医疗诉讼、医疗鉴定等相关法律制度,并就医疗服务提供与医疗资源配置、医疗行业规制、医疗过失、知情同意原则、因果关系、举证责任、专家证人、服务与商品二分法等几个难点问题做深入分析。

(二)药事法

主要围绕药事主体法——药事行为法——药事责任法这样一条线而展开,其中内嵌行政法层面的药品管理法和民法层面的医疗产品责任法。主要讲解药师与药商、药品管理、药品保护、药物责任等内容。药事法的展开不限于行政法视角,富含民法视角。重点关注处方的调配与药师民事责任、药品上市前及上市后的监控法律制度、原研药与仿制药的管理、药品专利链接制度、医疗产品责任(包括药品、医疗器械缺陷责任、仿制药产品责任、疫苗责任)、药物临床试验之规制及民事责任。

(三)公共卫生法

公共卫生法涉及社会公共利益和公民个体权利的冲突与平衡,涉及政府公共卫生权力的行使与对个体基本权利(如隐私权)的保护,它是宪法、行政法在公共卫生领域的延伸。它不局限于传染病防治法。它涉足的区域可能非常广,囊括食品安全、环境保护、肥胖、烟草控制、疫苗接种等法律制度。内容涉及传染病防控中限制自由的应对措施(如隔离、强制治疗)、公共卫生管控中触及隐私的措施(如报告制度、强制检测、接触追踪)。艾滋病的立法问题(如艾滋病的检测、保密、通知、报告制度、刑法控制)可作为传染病防治的一个个案研究。

(四)精神卫生法

本课程可关注精神卫生法的立法历史与现状、医疗看护制度、精神障碍者的权利与约束(比如出入院程序、约束与隔离、精神疾病患者的权利)、精神疾病的司法鉴定。在给出“精神障碍”定义的基础上,它可以关注精神卫生法的三个层面,(1)民事层面:心智能力(capacity)问题、对精神病人的监护、出入院程序、约束与隔离、英美法国家的社区治疗令(Community Treatment Orders);(2)权利层面:患者知情同意权、隐私权;(3)刑事层面:刑事行为能力及其抗辩、精神疾病司法鉴定、精神病与刑事司法体系。此外,还可以关注精神疾病肇事者、肇事的责任承担、精神病从业者对患者的保密义务和对第三人的警示义务问题。

(五)传统医药法

该课程主要涉及中医药发展、中医药保护(包括行政保护、品种保护和知识产权保护),涉及中医师的准入和执业、中医药教育、中药管理、中医药知识产权等法律制度。随着域外对“补充与替代医学(CAM)”的关注和研究的深入,有必要将传统中医药的法律规制放在国际大视野中去考察,用比较法的视角探究世界两大医学体系在医事法具体制度上的适用。

(六)生命科技法

本课程通常从人的三个生命阶段探讨医学科技对生命的介入问题,即生命的起始(生育控制、人工生殖)、生命的存续(器官移植)和生命的终结(脑死亡、安乐死)。它也可以关注其他生命科技问题,如基因技术、人体实验。生命科技的发展是不会止步的,该课程关注的领域、范围和问题也是开放的。

四、《医事法与药事法》课程教学之探微:点的突破

《医事法与药事法》在我校属于法学专业核心课程。可以以《医事法》与《药事法》教学内容改革为起点和突破口,注重其精耕细作,打造其精品品质,增强其示范效应,从而带动其他医药法类课程面上的展开。

(一)章节设计

关于《医事法》课程体系与教学内容,正如前文所述,我们可以将医事法分为医疗主体法(医师与医疗机构)、医疗行为法(医疗合同与医疗

侵权)和医疗责任与程序法(医疗纠纷与医疗诉讼)。这种教学思路和课程体系革新了传统的医事法教材体系,力求做到详略得当、深度和宽度相济、抽象与具象互补。此种体系内在的理论性和专业性对于法学专业的学生来讲具有更强的适用性。

具体来讲:

第一部分医疗主体法主要关注对医疗行业及其从业者的规制,它主要探讨两大医疗主体——医师和医疗机构。关于医师,主要涉及的问题包括医师资格制度、医师执业制度、医师权利义务和医师责任。关于医疗机构,关涉的问题主要包括医疗机构的概念及其类别、医疗机构之设置和营运管理、医疗机构之执业、医疗机构违规之处罚。如果《传统医药法》课程不单独开设的话,中医医疗主体(中医医师和中医诊所)法律制度可以纳入此部分。

从医疗行为的性质来说,它可从两个视角去解析:一是医疗合同(医疗契约),二是医疗侵权。对这两个视角的关注构成了本课程体系的第二部分。这是医事法的主干部分。在此部分,"医疗服务提供与医疗资源配置"一章扮演着承上启下的角色,它既牵扯到对医疗服务提供者(医疗主体)的管控,又涉及对医患关系和医疗行为的影响。

"医患关系和医疗合同"部分在关注医患关系的概念、类型、性质的基础上,分析医疗合同的成立、种类、特点、性质、内容、终止、违约责任。医疗合同立法是一个讨论议题。

医疗侵权法律部分以我国《民法典》侵权责任编医疗损害责任一章所涉及的内容为蓝本。它聚焦五个领域的医疗损害责任法律制度:(1)通常的适用于诊疗领域的医疗损害责任(诊疗损害责任);(2)在信息告知领域发展起来的侵害患者知情同意权责任;(3)医疗产品责任;(4)过度医疗责任(或不必要检查损害责任);(5)侵犯患者隐私权责任。我国《民法典》侵权责任编医疗损害责任一章还涉及了病历资料相关法律制度。尽管病历资料不应是《民法典》关注的对象,但却是医事法绕不开的一个话题。作为一种特殊的医疗服务,医疗美容服务相关法律问题可单列一章。

医疗损害责任一章以提供历史视角开场,分析我国关于医疗纠纷处理双轨制下一个传统的、迄今仍未退出历史舞台的概念——医疗事故。在简要介绍我国医疗事故立法历程的基础上分析我国医疗事故的概念、构成要件、等级、抗辩事由。该章着眼于区分医疗事故责任与医疗过失损害赔偿责任,并分析医疗损害责任的构成要件、性质(违约责任和侵权责任)、责任竞合和归责原则。本章着重分析医疗损害责任构成要件中的两个要件——医疗过失和因果关系。可分别探讨医疗过失的概念、形态、认定标准之选择以及因果关系的基本理论、学说和在医疗损害责任中的应用。

侵害患者知情同意权责任一章提供了一个直视和全面解剖知情同意原则的机会。作为一个向纵深发展的章节,本章详尽解析知情同意原则的历史渊源、法理根据、内容构成、救济途径。另外,本章将以与通常的医疗损害责任加以比较的视角,解剖侵害患者知情同意权责任的构成要件及其认定标准,以凸显这一特殊的医疗损害责任形态的独特魅力。本章还可关注未成年人和丧失同意能力的成年患者这些特殊群体的知情同意问题。

医疗产品责任这一部分内容不仅在医事法部分有所论及,而且在药事法部分也会出现。这主要是因为我国《民法典》将医疗机构纳入了医疗产品的责任主体链条当中。正因如此,医事法部分关注医疗产品责任法的重点是责任主体问题,即医疗机构是否应为医疗产品责任的主体之一。这牵扯到服务与商品二分法的适用。药事法部分将回归本质,深入解剖医疗产品责任的构成要件及其认定标准。

过度医疗责任(或不必要检查损害责任)这一章内容关注的实际上是一个社会热点和医疗表象,其法律本质是诊疗领域的医疗损害责任。也许是意识到了其在医疗侵权诉讼中的证明价值,病历资料的相关法律制度出现了我国侵权责任法医疗损害责任中,可以借此对病历相关法律制度展开一个全方位的考察。这种考察不仅包括医生的病历做成、保存和提供义务以及违反该义务的法律后果,而且囊括病历的所有权问题和患者在病历上所存有的权利。保护患者隐私权的对应面是医生的保密义务。保密是医事法的一个重要内容,因此医生保密义务与患者隐私权保护形成单独一章。医疗美容服务一章可以以医疗美容服务与一般医疗服务的比较开篇,从行政法层面的监管法切入,落脚到民法层面的医疗损害责任法,使其成为医疗责任规则的演练场。

第三部分医疗程序法主要考察医疗纠纷解决法律制度。借由最近出台的《医疗纠纷预防和处理条例》,我国的医疗纠纷解决法律制度架构已逐渐明晰。它主要包括三大部分:(1)医疗纠纷预防与处理法律制度(以《医疗纠纷预防和处理条例》为主要法律依据);(2)医疗事故处理法律制度(依托《医疗事故处理条例》);(3)医疗诉讼法律制度(建立在《民法典》侵权责任编医疗损害责任一章及相关司法解释、民事诉讼法基本规则之上)。就医疗诉讼法律制度而言,医疗侵权诉讼中的举证责任分配问题是一大争议点,可在分析一般举证责任分配理论的基础上着手探讨几个可在医疗诉讼中适用的举证责任分配规则——事实自证原则、妨碍证明理论、重大诊疗过失举证责任转换,并审视我国在此领域的举证责任分配状况。医疗诉讼同样是证据之争,所以本章还可将分析的重点放在与医疗有关的三种证据上——书证(医疗文书)、鉴定结论(医疗鉴定)、证人证言(医疗专家证人)。其中前两项我国有相对较为成熟的立法规定。本章可分析医疗文书的种类、性质、病人在病历上的权利、病历制作、管理及保存,这部分内容可与先前的病历资料法律制度一章建立链接。关于医疗鉴定,首先应明确医疗鉴定的性质。基于法律的发展,它现在可分为医疗损害鉴定和医疗事故技术鉴定。两种鉴定都面临鉴定机构、鉴定专家库、专家鉴定组、受理与鉴定的问题。根据《医疗纠纷预防和处理条例》,医疗损害鉴定又分为诉讼前(人民调解和行政调解阶段)的医疗损害鉴定和诉讼中的医疗损害鉴定。关于专家证人制度,我国立法较少,属于较为新鲜的一域。它可主要介绍英美法中的专家证人制度,并分析我国的专家辅助人制度及其建构。

医事法中的生命科技法部分以医学科技在生命的不同阶段的介入为线索,分为生命的起始(生育控制与人工生殖法律制度)、生命的存续(器官移植法律制度)和生命的终止(脑死亡和安乐死法律制度)三部分。其中,人工生殖法律制度和器官移植法律制度各分为两个层面:行政法层面的监管法和民法层面的医疗损害责任法。我国目前立法对行政法层面内容规定较多,但需要回应医疗纠纷现实,强化对相关问题民事法层面的探讨。

同样,药事法部分也基本分为两个层面:行政法层面的药品管理法和民法层面的医疗产品责任法,其中内含对药事主体法和药事行为法的建构。基于其重要性,药物临床试验法律制度可单列一章。

具体来讲,“医事法与药事法”篇章结构列示见表1:

表1 《医事法与药事法》篇章结构

<table>
<tr><td rowspan="16">医事法</td><td>医疗主体法</td><td colspan="2">第一章　医疗主体法律制度</td></tr>
<tr><td rowspan="9">医疗行为法</td><td colspan="2">第二章　医疗服务提供与医疗资源配置</td></tr>
<tr><td colspan="2">第三章　医患关系和医疗合同</td></tr>
<tr><td rowspan="7">医疗侵权相关法律制度</td><td>第四章　医疗损害责任</td></tr>
<tr><td>第五章　侵害患者知情同意权责任</td></tr>
<tr><td>第六章　医疗产品责任(医事法部分)</td></tr>
<tr><td>第七章　不必要检查损害责任</td></tr>
<tr><td>第八章　病历资料法律制度</td></tr>
<tr><td>第九章　医生保密义务与患者隐私权保护</td></tr>
<tr><td>第十章　医疗美容服务</td></tr>
<tr><td>医疗程序法</td><td colspan="2">第十一章　医疗纠纷解决法律制度</td></tr>
<tr><td rowspan="5">生命科技法</td><td colspan="2">第十二章　生命的起始:生育控制法律制度</td></tr>
<tr><td colspan="2">第十三章　生命的起始:人工生殖法律制度</td></tr>
<tr><td colspan="2">第十四章　生命的存续:器官移植法律制度</td></tr>
<tr><td colspan="2">第十五章　生命的终止:脑死亡法律制度</td></tr>
<tr><td colspan="2">第十六章　生命的终止:安乐死法律制度</td></tr>
<tr><td rowspan="3">药事法</td><td colspan="3">第十七章　药品管理法律制度</td></tr>
<tr><td colspan="3">第十八章　医疗产品责任(药事法部分)</td></tr>
<tr><td colspan="3">第十九章　药物临床试验法律制度</td></tr>
</table>

(二)问题导向

医事法与药事法教学坚持问题导向,运用问题教学法、论辩式教学法、点面结合法展开教学。在“生成”问题时,参考了牛津大学 Jonathan Herring 教授编写的《医事法问答系列》一书。㉑ 该书的篇章基本上反映了通常医事法教学与研究所关注的领域,与我们所设计的医事法讲授领域基本合拍。与此同时,本文作者在凝练问题时还参考了牛津大学 Imogen Goold 和 Jonathan Herring 教授编写的《医学法律与伦理大辩论》一书。㉒

为了使讲授内容更加精准且走向深入,基于中国的法律制度和语境,医事法与药事法课程教学设计了如下问题(见表2):

表2 《医事法与药事法》所涉问题

第一章　医疗主体法律制度	在医疗主体法方面,《中医药法》与《医师法》的衔接与协调
	非法行医罪主体要件的认定
第二章　医疗服务提供与医疗资源配置	基本医疗服务范围与基本医疗保险基金支付范围的关系
	分级诊疗制度与基本医疗保险制度的衔接
	基本药物目录与基本医疗保险药品目录的关系
	循证医学和经济学评价与基本医疗保险基金支付范围
	基本医疗服务医疗保障经办机构与定点医药机构间的集体谈判协商机制及服务协议
	医疗资源配置与司法审查
	医师的医疗资源配置义务对医疗行为的影响
	医疗资源配置中的伦理议题

㉑ Jonathan Herring, *Medical Law* (Third Edition), Routledge, 2016.

㉒ Imogen Goold and Jonathan Herring, *Great Debates in Medical Law and Ethics* (Second Edition), Palgrave, 2018.

续表

第三章　医患关系和医疗合同	医患关系是否为消费关系
	患者自主与父权主义
	医疗服务合同的性质
	医疗合同中医方的义务和患方的权利
	医疗合同典型化
第四章　医疗损害责任	我国医疗事故法律制度的历史价值、存留价值和去向
	医疗事故处理与医疗纠纷处理、医疗事故责任与医疗损害责任、医疗事故技术鉴定与医疗损害鉴定的区分
	医生的注意标准问题(医疗过错的判定标准)
	医疗过错推定
	“蛋壳脑袋”规则、“机会丧失”与因果关系认定
第五章　侵害患者知情同意权责任	信息告知的范围和标准
	患者个人意愿与医疗干预的关系
	未成年人的同意能力问题
第六章　医疗产品责任(医事法部分)	医疗机构是否为医疗产品销售者
第七章　不必要检查损害责任	不必要检查损害责任这一责任形态单独存在的必要性
第八章　病历资料法律制度	病历的所有权和阅览请求权
	在我国语境下,患者可复制病历的范围是否包括主观性病历资料
第九章　医生保密义务与患者隐私权保护	医生的保密义务及例外
第十章　医疗美容服务	医疗损害责任法在医疗美容服务领域的适用

续表

第十一章　医疗纠纷解决法律制度	诉讼外医疗纠纷解决机制
	诉讼前和诉讼中的医疗损害鉴定
	医疗侵权诉讼中的举证责任分配
第十二章　生命的起始:生育控制法律制度	"不当出生"、"不当生命"和"不当受孕"之诉
第十三章　生命的起始:人工生殖法律制度	与胚胎植入前基因诊断有关的法律问题
	代孕合法化问题
	人体组织的财产属性
	"不当授精"之诉
第十四章　生命的存续:器官移植法律制度	器官捐献的同意模式
	指示性(附条件)捐献
	在器官移植领域,如何适用医疗损害责任法
第十五章　生命的终止:脑死亡法律制度	如何定义死亡
第十六章　生命的终止:安乐死法律制度	医助自杀涉及的法律问题
	双重效应原则
	安乐死立法
第十七章　药品管理法律制度	药品上市许可持有人制度;拓展性临床试验制度;仿制药与Bolar 例外;药品专利链接制度;药师责任
	在中药管理方面,我国《中医药法》作出了哪些不同于《药品管理法》的规定
第十八章　医疗产品责任(药事法部分)	处方药与非处方药的缺陷认定
	药品警示缺陷责任;"专业中间人"原则
	药品缺陷与假药、劣药、药品不良反应、药品瑕疵的概念区分;药品缺陷与药品质量标准的关系

续表

第十九章　药物临床试验法律制度	如何在临床试验领域适用医疗损害责任法

(三)典型案例聚焦

医事法与药事法课程注重案例教学和比较法教学。在择取案例时,坚持了“宁缺毋滥”的原则,注重案例的典型意义。案例的获取,是博览群书的结果,也是一个积累和逐渐丰富的过程。在这个过程中,本文作者同时参考了牛津大学 Jonathan Herring 教授所编写的《医事法标志性判例》一书。[23] 就英美法判例的选择而言,在关注传统的英美法系国家的同时,关注的目光也投放到了族群与文化背景与我国较为相似的新加坡。医事法与药事法课程所选用的典型案例及其章节分布见表 3:

表 3　《医事法与药事法》典型案例

第一章　医疗主体法律制度	周兆钧被控非法行医案
第二章　医疗服务提供与医疗资源配置	*R v. Cambridge Health Authority, ex parte B (A Minor)* [1995](英国) *Shortland v. Northland Health Ltd.* [1998] 1 NZLR 433(新西兰)
第二章　医患关系和医疗合同	郑某峰、陈某青诉江苏省人民医院医疗服务合同纠纷案
第三章　医疗损害责任	*Bolam v. Friern Hospital Management Committee* [1957](英国)

[23] Jonathan Herring and Jesse Wall, *Landmark Cases in Medical Law*, Hart Publishing, 2017.

续表

第四章　侵害患者知情同意权责任	陈某雪与中国人民武装警察部队上海市总队医院纠纷案 *Canterbury v. Spence*, 464 F. 2d 772 (1972)(美国); *Rogers v. Whitaker*(1992) 175 C. L. R. 479 (HCA)(澳大利亚); *Montgomery v. Lanarkshire Health Board*, [2015] UKSC 11(英国); *Chester v. Afshar* [2004](英国); *Hii Chii Kok v. Ooi Peng Jin London Lucien and another* [2017] SGCA 38(新加坡)
第五章　医疗产品责任(医事法部分)	齐二药亮菌甲素注射液产品质量损害赔偿纠纷案
第七章　病历资料法律制度	*Breen v. Williams*[1996] HCA 57; (1996) 186 CLR 71 (澳大利亚)
第八章　医生保密义务与患者隐私权保护	*R v. Department of Health, ex parte Source Informatics Ltd.* [1999] EWHC 510(英国); *Tarasoff v. Regents of the University of California*, 551 P. 2D 334 (1976)(美国)
第十一章　生命的起始:生育控制法律制度	阳某蓉等诉广州市番禺区何贤纪念医院医疗损害赔偿纠纷案 *McFarlane v. Tayside Health Board* [1999] UKHL 50; [2000] 2 AC 59(英国); *Cattanach v. Melchior* [2003] HCA 38(澳大利亚)
第十二章　生命的起始:人工生殖法律制度	*ACB v. Thomson Medical Pte Ltd.* [2017] SGCA 20(新加坡); *Doodeward v. Spence* (1908) 6 CLR 406(澳大利亚); *Yearworth and Others v. North Bristol NHS Trust*[2009] EWCA Civ 37(英国); 吴某澜诉上海聚仁生物科技有限公司买卖合同纠纷案
第十五章　生命的终止:安乐死法律制度	*Airedale NHS Trust v. Bland*[1993] AC 789(英国); *R (on the Application of Purdy) v. Director of Public Prosecutions*[2009] UKHL 45(英国)

结　语

回应社会对应用型、复合型法学人才培养的需求，也考虑到医药与社会生活的密切程度，医药法类课程有必要成为高等院校法学专业课程体系的一分子。在法学专业医药法类课程建设上，本文形成的基本观点为：

1. 法学专业医药法类课程建设应以我国现有的医药法律制度为基石。应对我国现行的医药法律制度作分类处理，以便厘清我国的现有法律框架，明晰课程建设的法律土壤。与此同时，医药法类课程体系和教学内容建设不必拘泥于现有法律条文，应在知识点的有机性和理论性以及知识结构的合理性上做文章。

2. 以我国现有的医药法律制度为基石，并参照域外成果和实践，可以将法学专业的医药法类课程设置为以下六个课程单元：（1）医事法；（2）药事法；（3）公共卫生法；（4）精神卫生法；（5）传统医药法；（6）生命科技法。这一课程体系不仅尊重了我国现有的法律框架，而且与国际上的领域划分和关注点相吻合。

3. 以《医事法与药事法》课程为例，在每门课程具体教学内容的设计中，应注意围绕课程的核心概念展开教学，注重教学内容的系统性、有机性和理论性，注重授课内容的专业性和深度，注重医药法类课程与其他法学课程的衔接，使医药法类课程既是法学知识的回顾和应用，又是具体知识的深化和拓展，成为其他法学课程的有效促进。

4. 善于从公民权利、民法、伦理学的角度深入分析医学问题，实现法学、医学、伦理学等多学科的联姻。善于从传统的法学二级学科（如民商法、宪法、行政法、刑法、法理学）的角度去审视医学问题，来构建相应的医药法教学单元，如医事行政法、药事行政法、医事刑法、医疗侵权法、医疗诉讼法，进一步深化和强化传统法学领域与医药领域的对接。

Design and Development of Medical Law Courses for Law Majors

Zhao Xiju Li Wei An Qi

Abstract: The teaching of medical law for law majors is different from the teaching of health law for medical students. There is a need to reform the arrangement mode of traditional medical law curriculum which is "large and complete", mechanically taking different branches of law as the teaching units, and paying attention to the systematization, organic and theoretical nature of the curriculum system and the teaching content. It is also necessary to scientifically classify the legal system of medical law in China and draw on the achievements and experience of foreign curriculum construction. Basically, there are six medical law courses of law majors: (1) medical law, (2) pharmaceutical law, (3) public health law, (4) mental health law, (5) law for traditional medicines, (6) bio-technology law. We can take the teaching content reform of "medical law" and "pharmaceutical law" as the Startiy point and breakthrough, paying attention to its intensive cultivation, enhancing its demonstration effect, and promoting the development of other medical law courses.

Key Words: law majors, medical law, curriculum system, teaching content

美国高校卫生法治人才的培养路径及中国因应*

殷　峻**

摘　要：为应对新冠疫情带来的全球卫生健康危机，美国出台"健康人民 2030"规划，卫生和公共服务部将打造卫生法治环境作为改善全民卫生健康水平的重要举措，高校发挥着培养卫生法治人才的战略支点作用。通过梳理美国高校卫生法治人才培养的主要举措与实践，将美国高校卫生法治人才培养的主要路径归纳为：注重战略引导，多方位打造卫生法治环境；基于卫生法律与政策专项工程，采取精专式、跨学科培养模式；建立卫生法治学生组织，设置额外学业激励资金。为应对未来中美在全球卫生治理领域展开的博弈，我国应当打造精专型卫生法治人才复合梯队，推动跨部门跨领域的合作共建，打造高水平卫生法治师资体系。

关键词：健康人民 2030　法治人才培养　卫生法治　全球卫生治理

---

* 基金项目：2020 年度国家社科基金国家应急管理体系建设研究专项"重大突发公共卫生事件国际争端解决机制研究"（项目编号：20VYJ051）。

** 殷峻，广东外语外贸大学法学院讲师，法学博士。研究方向：国际卫生法、国际争端解决。

新冠肺炎疫情发生以来,美国面临前所未有的国内和国际卫生健康危机,为重塑国内外卫生治理秩序,卫生和公共服务部出台了“健康人民 2030”(Healthy People 2030)战略规划,其中的“法律与卫生健康政策计划”(Law and Health Policy Project)专项工程指出,应当加强卫生领域法律与政策的制定与实施,优化卫生法治环境。卫生法治意指通过法律和政策确立公共卫生机构和其他政府机构的使命、组织、职能、经费和权力等事项,并提供一系列合法的干预措施,履行政府保障公众健康的职责,满足群体对公共健康利益的期待,确保人们能够享有健康生活的条件与环境。① 为应对未来全球卫生治理话语权的激烈争夺,卫生法治人才成为维护人民卫生权利和捍卫国家卫生权益的重要资源。

新冠肺炎疫情仍在蔓延,我国与美国在全球卫生治理领域的博弈不可避免,如何合理借鉴美国高校卫生法治人才培养的实践,形成具有中国特色的卫生法治人才培养路径,是我国在国际卫生法治话语权争夺中必须思考和面对的问题。尽管美国在应对新冠疫情方面并没有展现传统卫生医疗强国应有的大国担当,但其在全球卫生治理领域仍然扮演着重要角色。美国高校为改善国内卫生法治环境,维护美国在全球卫生治理中的国际话语权,为卫生部门、国际组织、法律服务机构、医药企业提供了大量卫生法治人才,这是我国在未来必须予以警惕的。美国高校卫生法治人才的培养路径体现为四大方面:

一、注重制定卫生健康中长期发展战略:“健康人民 2030”规划

国家卫生健康战略是卫生法治人才培养的引擎,高校培养卫生法治人才首先需要国家卫生健康战略的支持。美国高校卫生法治人才的培养注重响应“健康人民 2030”战略规划,服务于国家卫生健康战

---

① 参见李广德:《我国公共卫生法治的理论坐标与制度构建》,载《中国法学》2020 年第 5 期。

略布局。

(一)美国高校对"健康人民2030"的解读

"健康人民"(Health People)战略规划最早源于1979年里士满医生题为《健康人民:外科医生关于健康促进和疾病预防》的报告。1980年,美国疾病预防和健康促进办公室(the Office of Disease Prevention and Health Promotion)发布了"健康人民1990"规划,在随后的三十年中由卫生和公共服务部每隔十年更新一次。2020年8月,"健康人民2030"规划发布,强调未来十年美国政府将更加关注卫生健康公平、卫生健康的社会决定因素及卫生健康素养,最新一版规划的愿景、使命、基本原则和行动计划如表1所示。

表1 "健康人民2030"规划概览

愿景	构建一个所有人都可以在其整个生命周期中充分获取卫生健康和福祉潜力的社会
使命	促进、加强和评估国家为改善所有人的卫生健康和福祉所做的努力
基本原则	1. 所有公民和社区的卫生健康和福祉对于繁荣公平的社会至关重要 2. 促进卫生健康和福祉与预防疾病是紧密关联的,包括身体、心理和社会健康三个方面 3. 投资以实现所有公民的卫生健康和福祉,可为社会带来宝贵的利益 4. 实现卫生健康和福祉需要消除卫生健康差异、实现卫生健康公平和获得健康素养 5. 卫生健康的物质性、社会性与经济性环境增强实现卫生健康和福祉的潜力 6. 在全国范围内促进和实现卫生健康与福祉是一项共同责任,涉及联邦、州、部落和社区各个层级,包括公共、私营和非营利部门 7. 努力实现公民卫生健康和福祉是部门决策和政策制定的重要因素

续表

行动计划	1. 设定国家目标与可衡量的目标，以指导实证为基础的政策、计划和其他行动，以改善卫生健康环境 2. 提供准确、及时与可访问的数据，推动有针对性的行动，以解决卫生健康状况不佳的高风险地区和人群的卫生健康问题 3. 通过公共和私人的共同努力，改善所有年龄段公民和居住社区的卫生健康环境 4. 为公众、项目、政策制定者和其他人提供卫生健康评估工具 5. 共享及支持可复制、可扩展与可持续的循证计划和卫生政策 6. 每两年做一次十年规划实施情况的报告 7. 促进研究与创新，突出关键研究、数据和评估需求 8. 促进开发与提供人们可承担的卫生健康改善措施、疾病预防手段和诊疗方法

注：本表根据美国卫生和公共服务部网站资料整理而成。②

"健康人民 2030"规划描绘了一个宏大的愿景并提供了行动的基本准则，针对人们的生活、学习、工作和娱乐中的卫生健康问题，从经济、物质和社会环境等路径着手，通过循证干预及实施法律政策来实现最终目的，联邦、州、海外领地、部落和社区五个层面应当共同承担维护人民卫生健康利益的责任，这意味着需要加强跨领域、跨部门的协作配合，有效利用各自优势资源。③

（二）美国高校响应"健康人民 2030"的主要途径

第一，结合"健康人民 2030"规划，开设卫生法治新兴部门法课程。课程设置是学科发展的关键，美国高校以国家战略规划为导向，结合新冠疫情发生以来面临的法治困境，以消除卫生健康差异、实现卫生健康公平及获得健康素养为目标，设置卫生法治环境建设所需的卫生法课程，包括公共卫生应急法、法律流行病学、法律与流行病应急预案、疫苗

② 载美国卫生和公共服务部网 2022 年 1 月 21 日，https://health.gov/healthypeople/about/healthy-people-2030-framework。

③ See Nicolaas Pronk et al., *Promoting Health and Well-being in Healthy People 2030*, *Journal of Public Health Management and Practice*, 2021, 27, p. 242-247.

法、部落公共卫生法等课程。不少高校在响应"健康人民 2030"规划的同时,充分考虑卫生法治跨学科的特性,跨领域设置课程项目。例如,乔治城大学奥尼尔国家和全球卫生法研究所与瑞士日内瓦国际与发展研究院共同设置"全球卫生法和治理"法律硕士学位及"国家和全球卫生法"法律硕士学位,并围绕七大主题领域开设交叉学科课程,包括食品药品法、全球卫生治理、卫生保健、卫生健康和人权、传染病、非传染性疾病及卫生贸易和投资。④

第二,鼓励科研人员开展针对性研究,打造卫生法治科教中心与高端智库。卫生法治的纵深发展离不开学科理论的深化,美国高校重视卫生法治理论研究工作,针对"健康人民 2030"对联邦、州、部落和社区的要求,就面临的国内和国际卫生法问题开展专门性研究,涉及重大突发公共卫生事件应急管理、新型疫苗研发和分配、《大流行病预防与应对条约》起草等卫生法治问题。鼓励专家学者将最新的科研成果运用于教学之中,形成"科研—教学"动态循环链,使学生接收最前沿的卫生法治知识。例如,伯里斯、⑤蒙特兹⑥等学者结合新冠肺炎疫情对法律流行病学(Legal Epidemiology)展开研究,将法律作为探究疾病起因、分布和预防的重要因素,采用科学严谨的方法将复杂的法律语言转化为可用于评估人口卫生健康的客观数据,开辟了法律与流行病学相结合的新领域。又如,戈斯廷组建了高端卫生法科研团队,为美国参与全球卫生治理及完善全民健康覆盖提供法律意见,⑦以促进"健康人民 2030"规划高质量发展。

---

④ 资料来源:乔治城大学法学院网 2022 年 1 月 21 日,https://www.law.georgetown.edu/academics/courses-areas-study/health-law/。

⑤ See Scott Burris et al., *Identifying Data for the Empirical Assessment of Law (IDEAL): A Realist Approach to Research Gaps on the Health Effects of Abortion Law*, BMJ Global Health 6, 1 - 10(2021).

⑥ See Jennifer Montez et al., *Trends in U.S. Population Health: The Central Role of Policies, Politics, and Profits*, Journal of Health and Social Behavior 62, 286 - 301(2021).

⑦ See Lawrence Gostin, *The Legal Determinants of Health How Can We Achieve Universal Health Coverage and What Does it Mean*, International Journal of Health Policy Management 10, 1 - 4(2021).

第三,通过提供社会服务与实务培训,打通高校、政府与行业间的人才培养通道。“健康人民 2030”规划由卫生部门启动,涵盖政府职能部门、科研院校、医疗机构、民间资助机构、法律服务机构等多方主体,各主体在规划的框架体系中发挥各自功能优势,分角色实现规划设定的目标。霍夫曼认为,实践类知识是学习卫生法的关键,而高校的卫生法教育目标之一就是让学生懂得角色转变,适应实务部门的现实需要。⑧ 高校运用其教学科研资源为校外主体提供智力支持,为卫生健康执法部门提供知识技能培训。例如,马里兰大学利用其优势地理位置,与参议院、众议院、司法部、食品和药物管理局、约翰霍普金斯卫生系统总顾问办公室、国家人类基因组研究所等单位形成深度合作关系,安排学生参与校外实习及实践研讨会。⑨ 伯克曼等指出,法学院学生应当走进实验室,掌握卫生健康领域的科学分析方法,体验法学与生物学、医学等学科交叉的魅力,从而有效地参与到日后卫生健康政策起草及法律制定之中。⑩

二、高校充分利用 LHPP 专项工程,跨学科培养精专型卫生法治人才

(一)提升美国卫生法治水平的 LHPP 专项工程

“法律与卫生健康政策计划”(Law and Health Policy Project,LHPP)是“健康人民”规划的重要组成部分,在性质上属于“健康人民”规划中的专项工程,于 2010 年正式写入“健康人民 2020”规划,合作共建

---

⑧ See Diane Hoffmann, *Teaching Health Law: A Health Law Practice Workshop: Bridging Externship Placements and the Classroom*, Journal of Law, Medicine & Ethics 37, 513 – 518(2021).

⑨ 资料来源:马里兰大学弗朗西斯金凯瑞法学院网 2022 年 1 月 21 日,https://www.law.umaryland.edu/Programs-and-Impact/Health-Law/。

⑩ See Benjamin Berkman and Karen Rothenberg, *Teaching Health Law: Teaching Law Students to Be Policymakers: The Health and Science Policy Workshop on Genomic Research*, Journal of Law, Medicine & Ethics 40, 147 – 153(2021).

单位包括疾病预防和健康促进办公室、疾病控制和预防中心、疾病控制和预防中心基金会及罗伯特·伍德·约翰逊基金会。该工程旨在通过加强联邦合作伙伴与卫生健康专家间的联系,共享有关循证法律与政策干预措施的信息,从而探索法律与政策如何帮助公民作出更加卫生健康的选择。⑪ 泰特尔鲍姆等学者在考察"健康人民"规划40年发展历程的基础上指出,卫生法治是美国政府始终重视的卫生治理路径,卫生法治的好坏不仅影响着公民的基本卫生健康权利,而且决定着国家的卫生健康状态、卫生健康公平、卫生健康差异及卫生健康素养。⑫

LHPP以提升美国卫生法治水平为目标,在卫生健康执法部门、海关、边境管理、食品药品监管等政府部门中倡导"依法而治"的精神,而这里的"法"既包括卫生健康类的法律法规,也包括有关卫生健康事务的政策规定。司法机关和普通民众均需对卫生健康法律政策有深刻的理解和恰当的运用,从而维护社会卫生健康秩序和卫生司法正义。美国在参与全球卫生治理时,也需要熟练掌握国际卫生法及有关国际组织的政策规则,这些法律和政策事务的处理都离不开卫生法治人才。美国高校中涉及卫生法治人才培养的法学院、公共卫生学院、医学院、药学院等院系基于LHPP专项工程开展学科建设和教学工作,主要分为基础课程设置和实践型课程设置两大板块。

(二)基于LHPP专项工程的基础课程设置

基础课程的设置是卫生法治人才培养的关键环节,是高校学生对卫生法治领域进行深入学习的起点。在LHPP专项工程的指引下,美国高校在卫生法治相关基础课程的设置上主要体现为两大特点。

---

⑪ 资料来源:美国疾病控制和预防中心基金会网2021年1月21日,https://www.cdcfoundation.org/pr/2014/robert-wood-johnson-foundation-funds-new-healthy-people-2020-law-and-health-policy-projectexternal icon。

⑫ See Joel Teitelbaum et al., *Law and Policy as Tools in Healthy People* 2030, Journal of Public Health Management and Practice 27, 265-269(2021).

第一，基于卫生法治内涵的丰富性，基础课程设置呈现多样性特征。卫生法治课程设置最重要的是保证充足的课程类别数量，因为卫生法律与政策针对的主体范围十分广泛，关涉具有不同教育、信仰、文化、经济背景的群体，其中的细分主题和领域种类众多。⑬《美国新闻与世界报道》2020年全美高校专业排名榜显示，卫生法排名第一的高校是圣路易斯大学，其法学院、公共卫生和社会正义学院与医疗伦理中心合作共建基础课程体系，提供了多达31门卫生法治相关基础课程，其中传统教学课程17门，专题研讨课程14门，详见表2。

表2　圣路易斯大学卫生法治相关基础课程设置

	卫生法律政策类课程	卫生管理类课程
传统教学课程	1. 反垄断法	12. 药品和医疗器械监管
	2. 生命伦理与法律	13. 欺诈、滥用与医疗保健监管
	3. 比较卫生法	14. 卫生保健融资与业务规划
	4. 残疾人歧视法	15. 卫生健康质量
	5. 老年人法	16. 卫生健康产品责任
	6. 卫生保健法	17. 卫生保健交易实践
	7. 卫生法模拟法庭	
	8. 保险法	
	9. 公共卫生法	
	10. 卫生法律与政策写作	
	11. 生物技术法律与政策	

⑬ See Kimberly Boies, *Promoting Diversity in Public Health Law Through Online Education*, Journal of Law, Medicine and Ethics 44, 24 – 28(2016).

续表

	卫生法律政策类课程	卫生管理类课程
专题研讨课程	18. 医疗事故和药物/医疗器械诉讼	27. 残疾儿童教育
	19. 竞争、政策、法规与医疗改革	28. 健康信息隐私监管
	20.《雇员退休收入保障法》/员工福利	29. 非营利组织问题
	21. 司法精神病学	30. 人类受试者研究规制
	22. 老年人法专题	31. 卫生保健专题
	23. 法律与决策	
	24. 法律与科学	
	25. 突发公共卫生事件法	
	26. 卫生法理论	

注:本表根据圣路易斯大学法学院网站资料整理而成。⑭

第二,法学院与公共卫生学院、医学院等院系形成交叉课程共建体系。卫生法治环境的打造涉及卫生法、公共卫生、卫生管理、医药学、生物学、社会学等学科领域,通过跨学院共享师资与教学资源,形成卫生法治基础课程共建体系。考察美国卫生法排名较高的院校可以发现,该院校的公共卫生学院或医学院往往在全美排名中也相对靠前(见表3),从而形成强强联合的交叉学科优势,形成卫生法治教学科研合力,在新兴卫生健康领域取得突破。以奥尼尔国家和全球卫生法研究所为例,新冠疫情发生以来,其迅速组建"新冠疫情法律实验室",针对紧急行动状态与远程限制、隔离与检疫措施、药物获取、疾病监测与技术、艾滋病与新冠疫情六大领域,对防疫保护措施、移民入境、隔离措施、卫生行政处罚相关法律问题展开研究,为科研人员及决策者提供参考信息和法律

⑭ 资料来源:美国圣路易斯大学法学院网2021年1月21日,https://www.slu.edu/law/health/academic-programs/concentration.php。

意见。⑮

表 3 《美国新闻与世界报道》2022 年卫生法、公共卫生、医学专业院校排名比较

	卫生法专业名次	公共卫生专业名次	医学专业名次
乔治亚州立大学	1	54	无
圣路易斯大学	2	52	70
芝加哥洛约拉大学	3	60	无
波士顿大学	4	8	33
东北大学	5	54	29
休斯顿大学	6	56	无
乔治城大学	7	33	55
哈佛大学	8	3	1
斯坦福大学	9	12	4
马里兰大学	10	20	27

注：本表根据《美国新闻与世界报道》官方网站资料整理而成。⑯

（三）基于 LHPP 专项工程的实践型课程设置

LHPP 专项工程强调通过法律与政策的制定和实施，为民众提供卫生法律服务，以解决现实生活中发生的卫生法律问题。高校为学生设置了形式多样的实践型课程，主要包括学术论坛、学科竞赛、专题实践课程、课外项目及卫生医疗行业联合培养，具有代表性的高校卫生法治实践型课程的主要形式与内容如表 4 所示。实践型课程设置的特征可归纳为三点：

第一，重视开放式课程建设，院校间共享教学资源。在卫生法治实践型课程的设置方面不仅注重对校内的其他院系开放，也允许校内课程

⑮ 载乔治城大学奥尼尔国家和全球卫生法研究所网 2022 年 1 月 21 日，https://oneill.law.georgetown.edu/publications/oneill-institute-2019-2020-highlights/。

⑯ 载美国新闻与世界报道网 2022 年 1 月 21 日，https://www.usnews.com/best-graduate-schools/top-law-schools/clinical-healthcare-law-rankings。

向校外开放,并且通过校际、院际合作共享实践教学资源。[17] 以乔治亚州立大学的法律、卫生健康与社会中心为例,其与埃默里大学、莫尔豪斯医学院结成研究伙伴关系,卫生法课程可在三校的不同学院之间互选互认,并组建乔治亚临床与转化科学联盟,邀请临床研究调查员、社区临床医生及专业协会组成项目研究团队,三方充分发挥各自优势,将教学科研资源进行有效融合。[18]

第二,强化法律诊所教育教学,锻炼运用法律政策的能力。法律诊所教育源于20世纪70年代的美国法学院,强调学生在法律实践中提升法律政策分析能力,拓展学科视野和培育人文精神,为有需要的群体提供负担得起的法律服务。[19] 以迈阿密大学法学院为例,其与医学院合作成立卫生健康权法律诊所,学生可代理客户处理卫生健康法律问题,被代理的客户主要为低收入人群。学生主要负责法律研究、提交法律书状、拟定案件辩护策略,并在行政听证会和法庭上发表代理意见。学生还有机会为在移民法律事务中遭受健康损害的客户提供法律援助,与国土安全部展开较量。[20]

第三,联系卫生健康实务部门,丰富学生实习实践渠道。卫生法治具有较强的实践性,高校提供的实习形式丰富,其中不仅包括司法机关、卫生部门、律师事务所等法律实务部门,也包括社区、非营利组织、医药公司等容易存在卫生纠纷的单位。以圣路易斯大学卫生法学习中心推出的“草根倡议”创新课程为例,课程分为两个部分,第一部分为学生参与社区卫生健康知识宣传工作,收集案例并向居民演讲,就《平价医疗法》、医疗补助、医疗诉讼等主题向公众开展普法教育。第二部分则侧重

---

[17] See Gillian Dutton, *International Experiences: A Path to Critical Legal Skills, Values, and Innovation for American Law Students*, Clinical Law Review 27, 33 – 36(2020).

[18] 资料来源:乔治亚临床与转化科学联盟网2022年1月21日,https://georgiactsa.org/about/what-we-do/index.html。

[19] See Peter Joy, Challenges to Legal Education, Clinical Legal Education, and Clinical Scholarship, *Clinical Law Review* 26, 237 – 242(2019).

[20] 资料来源:迈阿密大学法学院网2022年1月21日,https://www.law.miami.edu/academics/clinics/health-rights-clinic。

于支持草根公共卫生运动，组织学生参与地方立法论证和政策制定。[21]

表4　美国代表性高校卫生法治实践型课程的主要形式与内容

课程形式	具体内容	代表性高校
学术论坛	邀请卫生法、医药学等领域的专家到校演讲，举办卫生法治前沿问题学术论坛	圣路易斯大学、迈阿密大学、马里兰大学
学科竞赛	组织学生参加全国性的卫生法模拟法庭、卫生贸易、合规竞赛	圣路易斯大学、马里兰大学
专题实践课程	提供跨学科开放式课程，与兄弟院校共享共建课程体系	佐治亚州立大学、埃默里大学、莫尔豪斯医学院
	提供卫生健康正义联盟、法律诊所等情景体验式法学实践课程	乔治城大学、佐治亚州立大学、凯斯西储大学
	针对在校学生、政府公务员、律师、学者、实务工作者开设卫生法实务课程	芝加哥洛约拉大学、斯坦福大学
	以培养高端卫生法律师为导向，建立跨学院课程融合体系	波士顿大学、亚利桑那大学
	与瑞士日内瓦国际与发展研究院跨国合作办学，研究卫生领域的国际机构运行模式，提升学生全球视野	乔治城大学
	专门开设全球卫生法、全球卫生治理专题实践课程	乔治城大学、东北大学、埃默里大学

[21] 资料来源：圣路易斯大学法学院网 2022 年 1 月 21 日，https://www.slu.edu/law/health/student-opportunities.php。

续表

课程形式	具体内容	代表性高校
课外项目	在学生创办和运营的卫生医疗法杂志中担任编辑	波士顿大学、凯斯西储大学、圣路易斯大学、斯坦福大学
	与低收入个人和家庭合作,增加困难人群接受卫生法律服务的机会	哈佛大学、迈阿密大学
	为学生进入当地非营利卫生医疗组织和公共卫生组织提供实习机会	休斯顿大学、匹茨堡大学
	安排学生进入政府部门、国立卫生研究院、食品和药品管理局与国家人类基因组研究所实习	马里兰大学、埃默里大学
卫生医疗行业联合培养	为经济条件有限的病患提供法律服务,或在本地医疗机构实习	芝加哥洛约拉大学
	与倡导保护医疗补助和医疗保险联盟合作,提供有关歧视性医疗保险诉讼服务	哈佛大学
	参与当地医疗诊所维权活动,为当地家庭提供卫生法律服务	乔治城大学

注:本表根据各高校官网信息综合整理而成。

三、学生组织积极建立学术自治团体,开拓丰富的卫生法治激励资金渠道

(一)鼓励学生创设卫生法治服务组织,多渠道提升自主学习和实践能力

高校中的学生组织颇具规模,是高校教学管理中的重要力量,是代

表学生利益的发声媒介。[22] 美国法学院系有由学生创办法学学术组织的传统，在卫生法领域，不少对卫生法治抱有强烈兴趣的学生在校方的支持下建立学生组织，共同研究卫生法治问题，为校外人员提供卫生健康法律服务。例如，美利坚大学由学生创建了卫生法律和政策学生协会，旨在鼓励卫生健康专业发展、探索学生就业机会和提高人们对卫生健康权的认识，通过与执业律师和教职人员一同组织社区服务活动，为当地居民提供卫生健康领域的法律意见。[23] 波士顿大学公共卫生学院成立了公共政策和法律学生组织，为学生、教育者和专业人士搭建沟通平台，组织学生参与当地服务和社交活动，获得卫生政策和法律证书。[24]

（二）与多方主体展开互利合作，获得额外专项资金支持

法学院、公共卫生学院等院系为开拓学生就业渠道，除申请常规的运行资金外，还加强与校外单位的合作，争取额外的教学科研专项资金支持。例如，罗伯特·伍德·约翰逊基金会制订了专项资金计划，为乔治亚州立大学法学院及法律、卫生与社会研究中心提供资金支持，旨在加强法学院、公共卫生学院和其他与卫生健康相关专业的教学质量，提升教职人员的福利水平。[25] 类似的高校还有乔治城大学、维斯西储大学、马里兰大学等。此外，杜克大学鼓励卫生健康领域的教职人员参与由校外研究所出资赞助的研究参与计划，该计划致力于加强美国高校教职人员与疾病控制和预防中心的互动和联系，向学术界输送实务职能部门的实践知识和最新技术。[26]

---

[22] 参见祁占勇、康韩笑：《美国高校学生组织参与学生权益维护的路径与启示》，载《教学研究》2021年第2期。

[23] 资料来源：美利坚大学华盛顿法学院网2022年1月21日，https://www.wcl.american.edu/community/students/organizations/health/。

[24] 资料来源：波士顿大学公共卫生学院网2022年1月21日，https://www.bu.edu/sph/students/student-services/student-organizations/health-policy-and-law-student-organization/。

[25] Charity Scott, *Transforming the Future of Public Health Law Education through a Faculty Fellowship Program*, Journal of Law, Medicine and Ethics44, 6–17(2016).

[26] 资料来源：杜克大学网2021年12月11日，https://researchfunding.duke.edu/faculty-research-participation-centers-disease-control-and-prevention。

四、加强卫生法治人才培养的中国因应

尽管美国高校为培养卫生法治人才设计了丰富的路径,拥有不少擅长卫生法律与政策的专家,但新冠疫情发生以来美国政府及个别政客并没有遵循法治精神,漠视国内广大民众及少数族裔的基本卫生健康权利,对本国科研抗疫人员进行政治施压及无端指责,滥用法律手段对其他国家实施恶意骚扰,甚至肆意宣布退出世界卫生组织,放弃卫生大国的责任担当。这从侧面反映出美国高校在卫生法治人才培养方面存在的问题,即重保障个人私利而轻全球发展利益,重维护地方政府权威而轻全人类卫生健康前景,这对于完善全球卫生治理体系及推动国际卫生合作都是极为不利的。我国不仅应当看到美国高校卫生法治人才培养中采取的有益措施,而且应当高度重视其中的弊端与不足,这些缺陷将会导致美国全球卫生治理话语权日渐式微的关键因素。

当前我国卫生健康治理水平得到很大提升,在疫情中检验了应对国际关注的突发公共卫生事件的立法、执法、司法与守法综合能力,法律体系、法治监督体系和法治保障体系不断完善,我国正努力从静态的公共卫生法律体系向公共卫生法治体系转变。[27] 如何培养出优秀的卫生法治人才,在未来与美国等西方国家展开卫生法治合作与博弈,并在全球卫生治理中输出中国规则和中国标准,是当前需着重考虑的问题。习近平总书记在中国政法大学考察时指出,法治人才培养要以我为主、兼收并蓄、突出特色,深入研究和解决好为谁教、教什么、教给谁、怎样教的问题。[28] 培养卫生法治人才时,应当坚持以习近平法治思想为引领,树立人类卫生健康共同体意识,借鉴美国高校的有益措施,充分发挥高校战

㉗ 参见陈云良:《促进公共卫生法律体系向公共卫生法治体系转化》,载《法学》2021 年第 9 期。

㉘ 参见《习近平在中国政法大学考察》,载新华网 2022 年 1 月 21 日,http://www.xinhuanet.com/politics/2017-05/03/c_1120913310.htm。

略支点的作用，加强我国卫生法治人才培养，为完善国内卫生法治环境和加快涉外卫生法治工作战略布局提供人才保障。

（一）建设卫生法治人才复合梯队

国家制定专项人才培养政策是培养卫生法治人才的关键举措，应当从新发展格局的战略高度重视卫生法治人才培养问题，优化顶层设计与统筹规划，打造“高端+中级+初级”卫生法治人才复合梯队，为卫生法治工作提供多层次、宽领域、精深型人才。建议由国家卫生健康委员会牵头制订《卫生法治人才梯队建设十年计划》，将高等院校和科研院所作为人才培养的战略支点，立法机关、司法机关、行政机关、医疗机构、外事部门、替代性争端解决机构、涉外法律服务机构、学术性组织及行业组织一同纳入人才梯队共建单位。

加强“高端”卫生法治人才培养，组建卫生法治人才“国家队”。[29] 精选具有坚定政治立场和家国情怀、深厚卫生法和国际法功底的卫生健康行政机关工作人员、法官、检察官、专家学者、医师、律师等作为我国应对国际卫生法律战的常备精锐部队。定期开设涉外卫生法律服务高级研修班，开展包括国际卫生法、国际关系、涉外谈判技巧在内的培训活动。定期召开内部研讨会，针对突发棘手的国际卫生法律问题及国际卫生争端，快速形成工作小组，高效制订应对策略。

加快“中级”卫生法治人才培养，构建省市级卫生法治人才库。在国边境检验检疫、国际健康驿站建设、医药企业跨国合作、在华外国人防疫检查、公共卫生应急管理等方面，定期开展实务实操培训活动，及时学习重点国家和地区卫生法律政策与理论的新发展，重点提升卫生法治知识水平和解决现实工作问题的能力，为日常处理一般性的公共卫生法律问题提供充足的人才储备。

夯实“初级”卫生法治人才培养基础，鼓励有条件的法学和医学院校、院系建立跨学科人才培养模式。[30] 推进卫生法学、公共卫生学、国际

---

[29] 张海文：《关于加强涉外海洋法律人才队伍建设的几点思考》，载《国际法研究》2020 年第 3 期。

[30] 参见郭为禄：《探寻公共卫生法学教育之道》，载《法学》2020 年第 4 期。

法学、预防医学、药学、生物学、外语、国际经贸、跨文化交流课程协同建设,[31]加强法律、医药、外语复合型卫生法治人才培养。拓宽与世界高水平院校和科研机构的合作交流渠道,积极推进教师互派、课程互通、学分互认、学位联授等实质性合作。加强和各类国际组织合作,支持学生到国际组织实习,为我国卫生法治长期发展夯实基础。

(二)构建跨部门与跨领域联动培养机制

卫生法具有显著的交叉学科特征,不仅涉及多元化的利益,而且需运用多元化的法律调整手段,[32]高校在卫生法治人才培养中应当出台跨部门、跨领域、交叉优势学科的举措,重视理论的实践与应用,建立"高校与校外单位联动、高校间联动、院系间联动"的"三联动"培养机制。校外单位包括党政机关、立法机关、司法机关、行政执法机关、外事部门、科研院所、替代性争端解决机构、涉外法律服务机构等。

通过项目共建的形式,建立卫生法治人才培养基地及科研合作联盟,丰富卫生法治实践教学资源,如设立卫生法治人才精英班,遴选一批基础扎实又有从事卫生法治工作意向的人员进行定向培养,根据实际需要设定培养目标和方案,并给予相应的资金支持。安排从事卫生法教育和研究的专家学者到公共卫生实务部门挂职或研修,安排从事卫生法律实务工作的专家在高校中兼任校外导师,在校内外共享共建师资方面形成联动效应。

(三)打造高水平卫生法治师资体系

卫生法治人才培养的重镇之一在科研院校,高校有完善的卫生法治课程体系离不开背后的师资团队,应当通过引进与培育相结合,不断优化卫生法学教师队伍的素质与结构,以教研教改为抓手,不断提升教育教学能力。重点实施"高端人才引进计划""学科带头人和学术骨干培养计划"等教师培养发展计划,加强卫生法治教学研究机构与制度建设,

---

[31] 参见孟彦辰:《美国卫生法课程体系设置及其启示》,载《法学教育研究》2019年第4期。

[32] 参见王晨光:《时代发展、学科交叉和法学领域拓展——以卫生法学为例》,载《应用法学评论》2019年第1辑。

打造一支师德高尚、业务精湛、结构合理的卫生法治高校师资队伍。

卫生法治人才培养的关键实务部门在公共卫生行政机关,其中师资队伍的建设同样重要。在卫生健康、海关、公安、法院、检察、仲裁和司法鉴定等系统以及律师行业的人员初任和晋升培训中,邀请卫生法律实务专家,开展卫生法律服务专题培训。在日常培训教学中,通过举办讲座、报告会、线上开放课程等多种形式,增强从业人员的法律服务意识和能力,提升实务部门对卫生法治人才培养重要性的认识。组织专家学者撰写具有中国特色的双语、全英、小语种卫生法学教材,开发面向全球的多语种卫生法学课程及配套教材,㉝努力讲好中国卫生法治教育的国际公开课。

结 语

未来各国面临着卫生治理的历史性考验,通过加强卫生法治以维护社会稳定、开展防疫治疫、恢复经济生产是法治国家的理性选择。如何在全球卫生治理中占据主动、如何向全球输出本国卫生健康产品与标准以及如何建立新的国际卫生秩序是中美在卫生健康领域展开博弈的关键问题。这不仅关乎国家及人民的卫生健康利益,也影响着未来若干年全球卫生治理格局的演变。卫生法治人才无论在加强国内和涉外卫生法治方面,还是在推动全球卫生治理变革方面均具有重要作用,中美在全球卫生法治领域的竞争归根结底是卫生法治人才的竞争。我国应当继续加强卫生法治人才培养力度,高校扮演好战略支点的角色,为统筹推进国内卫生法治和涉外卫生法治提供优质人才储备。

㉝ 参见冶慧颖:《"一带一路"建设下的外语人才培养规划探究》,载《中国教育学刊》2020年第8期。

The Path of Cultivation of Health Legal Talents in American Universities and China's Response

Yin Jun

Abstract: In response to the global health crisis brought by the COVID - 19, the United States has issued the "Healthy People 2030" plan. The Department of Health and Human Services takes the establishment of a legal environment for health care as a significant measure to improve the level of health care for all the people, and universities play a strategic pivot role in the cultivation of legal talent for health care. By sorting out the main measures and experiences of the cultivation of health legal talent in American universities, the major cultivation paradigms in universities are summarized as follows: focusing on strategic guidance and creating a legal environment for health care in multiple ways; basing on the special project of health law and policy and adopting a specialized and interdisciplinary cultivating model; creating law student organizations for health care and setting up additional incentive funds. In order to cope with the game between China and the United States in the field of global health governance in the post-pandemic era, China should build a compound echelon of specialized health legal talents, strengthen cross-departmental and cross-field cooperation and build a high-level health and legal faculty system.

Key Words: Healthy People 2030, cultivation of legal talents, the rule of law for health care, global health governance

理论探讨

“个案公正”视角下法学教育改革路径研究

汪世荣[*]　李乐凡[**]

摘　要:“努力让人民群众在每一个司法案件中都感受到公平正义”,是习近平总书记对政法机关提出的明确要求,也是推进全面依法治国、建设中国特色社会主义法治体系、建设社会主义法治国家的重要目标。司法是维护社会公平正义的最后一道防线,实现个案公正关乎每一个当事人的切身利益,亦是法治社会的必然要求。法治社会的建设和运行需要法治人才的储备,实现个案公正与司法机关办案水平和能力密切相关,法学教育承担着培养德才兼备的高素质法治人才的任务,在推动实现个案公正中居于不可替代的作用。法学教育应当注重理论与实践相结合,关注个案公正,围绕案例教学进行教育改革。案例教学法关注对个案的分析、类案的检索、检索报告撰写和使用、类案裁判一致性等问题的研究和教学,通过高水平的法学教育推动司法工作高质量发展,促进个案公正目标的实现。

* 汪世荣,西北政法大学教授、博士生导师。研究方向:中国法律史、法学教育。

** 李乐凡,西北政法大学博士研究生。研究方向:中国法律史、法学教育。

关键词:个案公正　法学教育　改革路径　案例教学

公平正义是司法的灵魂和生命。司法是维护社会公平正义的最后一道防线。我们常用天平来代表公正,因为天平能够衡量两边所称的东西重量是否相等。而个案公正,是指对于一个案件,通过司法途径作出的裁判结果,能够接受双方当事人的质疑,经受时间的检验,符合公正的要求,我们把这种公正称为"程序公正"和"实体公正"。在这里,公正是一种评价标准,是一种人们的主观心理感受,个案以"看得见"的方式,呈现司法公正的过程和结果。普遍性寓于特殊性之中,个案公正是实现司法公正的有效途径和方式。

一、"个案公正"与法学教育的关系

公正,即公平正义。对于什么是公正,可谓仁者见仁,智者见智。但是,公正是千百年来人们的不懈努力。在个案中实现公正,不仅是当事人的期许,也是司法人员职业责任的体现,是司法职业伦理的要求。

中国历史上就有重视个案公正的传统和经典案例,陕甘宁边区革命根据地也特别重视个案公正问题,个案公正旨在重视司法的社会效果,发挥司法在社会治理中的特殊作用。正是古代和近代关于个案公正的重视,形成了中国独特的案例法文化传统。案例法文化体现了法治建设历史的传承性、中华法文化的独特性和人民司法的进步性。加强个案公正也是客观的、现实的社会需要。

《史记·张释之冯唐列传》形象、生动地阐发了个案公正的意义和价值:"上行出中渭桥,有一人从桥下走出,乘舆马惊。于是使骑捕,属之廷尉。释之案问。曰:'县人来,闻跸,匿桥下。久之,以为行已过,即出,见乘舆车骑,即走尔。'廷尉奏当,一人犯跸,当罚金。文帝怒,曰:'此人亲惊吾马,吾马赖柔和,令他马,固败伤吾乎?而廷尉乃当罚金!'释之曰:'法者,天子所与天下公共也。今法如此而更重之,是法不信与民也。

且方其时,上使立诛之则已。今即下廷尉,廷尉,天下之平也,一倾而天下皆为之轻重,民安所措其手足?唯陛下察之。’良久,上曰:‘廷尉当是也。’”“犯跸案”不仅强调个案公正的重要性,还对最高司法机关在个案公正中的作用进行了特别阐释。虽然中华法系将制定成文法典作为法治建设的标志性环节,历朝历代也都重视法典编纂,但是个案公正是现实需求,追求个案公正也是共识。中国古代戏曲关于追求个案公正的主题,就明确地强调个案公正是司法公正的基本形式。

革命根据地的法治建设也特别强调个案的作用。个案的公正审理不仅对司法具有重要的价值,对制定法的实施也具有示范意义。“马锡五审判方式”是陕甘宁边区人民司法的典范,是高度关注个案公正的产物。根据马锡五审理真实案件改编的评剧《刘巧儿》,家喻户晓,成为推动《婚姻法》实施的重要载体。努力实现“个案公正”是传承人民司法优良传统的需要。

当代司法公正具有新的特点,个案在衡量司法公正中所占的比重更加突出。对具体案件的当事人而言,最为关切的内容是个案公正,评价司法是否公平公正,不仅体现在对司法运行状况总体的感受,更多地体现在具体案件,尤其是涉及自己切实利益的案件。在2020年11月16日召开的中央全面依法治国工作会议上,习近平总书记强调,当前和今后推进全面依法治国要坚持以人民为中心,维护人民权益。① 而早在2012年,习近平总书记就曾提出,努力让人民群众在每一个司法案件中都感受到公平正义。②

往小处说,如果不能让人民群众在具体案件中感受到公平正义,人民群众就不会相信政法机关,从而也不会相信党和政府。③ 人民群众每一次经历冤假错案,损害的都不仅仅是他们的合法权益,更是法律的尊

① 参见习近平:《在中央全面依法治国工作会议上的讲话》(2020年11月16日),载《人民日报》2020年11月18日,第1版。

② 参见习近平:《在首都各界纪念现行宪法公布施行三十周年大会上的讲话》(2012年12月4日),载《十八大以来重要文献选编》(上),中央文献出版社2014年版,第91页。

③ 参见习近平:《严格执法,公正司法》(2014年1月7日),载《十八大以来重要文献选编》(上),中央文献出版社2014年版,第718页。

严和权威,是他们对社会公平正义的信心。一个错案的负面影响足以摧毁九十九个公正裁判积累起来的良好形象。执法司法中万分之一的失误,对当事人就是百分之百的伤害。④

往大处说,全面推进依法治国,必须坚持公正司法。公正司法是维护社会公平正义的最后一道防线。所谓公正司法,就是受到侵害的权利一定会得到保护和救济,违法犯罪活动一定要受到制裁和惩罚。如果人民群众通过司法程序不能保护当事人的合法权利,那司法就没有公信力,人民群众也就不会相信司法。法律本来应该具有定分止争的功能,司法审判本来应该具有终局性的作用,如果司法不公、人心不服,这些功能就难以实现。⑤

正如英国哲学家培根所说:“一次不公的判断比多次不平的举动为祸尤烈,因为这些不平的举动不过弄脏了水流,而不公的判断则把水源败坏了。”⑥这其中的道理是深刻的。

公正与否是一种价值判断,能否实现个案公正与司法机关办案水平和能力密切相关,司法工作人员的能力和水平起了决定性作用,司法工作人员的能力和水平与法学教育质量不无密切关系。在实现司法公正的过程中,法学教育的作用必须得到重视。高质量的法学教育、高素质的法治人才培养,是实现司法公正的前提和条件。

二、“个案公正”对法学教育提出新挑战

个案公正关乎到全面依法治国基本方略的落实策略。建设社会主义法治国家,全面推进依法治国,法治人才是关键。围绕“个案公正”目

---

④ 参见习近平:《在中央政法工作会议上的讲话》(2014年1月7日),载《人民日报》2014年1月9日,第1版。

⑤ 参见习近平:《在十八届中央政治局第四次集体学习时的讲话》(2013年2月23日),载《人民日报》2013年2月25日,第1版。

⑥ [英]弗朗西斯·培根:《论司法》,载《培根论说文集》,水天同译,商务印书馆1951年版,第171页。

标,法学教育必须进行相应改革,建设一支德才兼备的高素质法治队伍至关重要。我国专门的法治队伍主要包括在人大和政府从事立法工作的人员,在行政机关从事执法工作的人员,在司法机关从事司法公正的人员。⑦

个案公正的实现需要司法人员依照宪法和法律规定,遵守法律面前人人平等原则,对市场主体平等保护。习近平总书记指出,公有制经济财产权不可侵犯,非公有制财产权同样不可侵犯;国家保护各种所有制经济产权和合法利益,坚持权利平等、机会平等、规则平等,废除对非公有制经济各种形式的不合理规定,消除各种隐性壁垒,激发非公有制经济活力和创造力,健全以公平为核心的原则的产权保护制度,加强对各种所有制经济组织和自然人财产权的保护,清理有违公平的法律法规条款。⑧ 坚持对同样情况一视同仁,依法按照同样程序、作出同样处理,平等地保护当事人的权利,使司法结论能够经得起事实、证据、法律和历史的检验,司法决定体现法律、事理与民情的统一。司法审判必须明辨是非,惩恶扬善。真正体现出司法是社会公正的最后一道防线。

所以,培养什么人,是法学教育改革要思考的首要问题。习近平总书记指出:有才无德会坏事,有德无才会误事,有德有才方能干成事。⑨因此,在培养法学人才时,既要重品德培养,也不能忽视能力提升。针对目前我国法治人才培养中存在的问题,习近平总书记提出了德法兼修的明确要求。

古语云:“公生明,廉生威。”执法司法是否具有公信力,主要看两点,一是公正不公正,二是廉洁不廉洁。执法不严、司法不公,一个重要原因是少数干警缺乏应有的职业良知。习近平总书记强调,职业良知源于职业道德,要把强化公正廉洁的职业道德作为必修课,教育引导广大

---

⑦ 参见习近平:《加快建设社会主义法治国家》(2014 年 10 月 23 日),载《求是杂志》2015 年第 1 期。

⑧ 参见习近平:《在民营企业座谈会上的讲话》(2018 年 11 月 1 日),载《十九大以来重要文献选编》(上),中央文献出版社 2019 年版,第 672 页。

⑨ 参见习近平:《贯彻落实新时代党的组织路线,不断把党建设得更加坚强有力》,载《求是杂志》2020 年第 15 期。

干警自觉用职业道德约束自己,认识到不公不廉是最大耻辱,做到对群众深恶痛绝的事零容忍、对群众急需急盼的事零懈怠,树立惩恶扬善、执法如山的浩然正气。[10]

早在2012年开始实施的“卓越法律人才教育培养计划”,就明确要求深化中国法学高等教育教学改革,提高人才培养质量,注重培养实践能力,加大应用型、复合型人才的培养。可以说,提高法治人才培养质量已经成为新时代中国高等法学教育改革发展最核心最紧迫的任务。党的十九大报告指出,“人民美好生活需要日益广泛,不仅对物质文化生活提出了更高要求,而且在民主、法治、公平、正义、安全、环境等方面的要求日益增长”。满足人民对公平、正义的要求,就需要扎实推动实现“个案公正”。

三、案例教学在实现“个案公正”中的作用

司法公正寓于个案之中。法学教育和法学研究应当重视个案裁判问题,重视个案的关键事实及其理由,关注个案判决。案例教学法对个案的分析、类案的检索、检索报告撰写和使用、类案裁判一致性等问题的研究和教学,将有助于培养高水平的法治人才,从而真正推动个案公正的实现。

(一)法学教育中重视运用案例资源

个案公正关注的是个体,是特定环境和条件下的具体案情,关注当事人的心理感受。个案公正体现的朴素观念是相同问题相同处理,不同问题不同处理,称为“同案同判”。只要两个案件的关键事实与法律关系都相同,就应当适用同样的法律,作出相似的裁判。个案公正体现的是通过比较现实正义,亚里士多德认为:“所有的合法行为就在某种意义上是公正的”,因为法律基于“把那些倾向于产生和保持政治共同体的

---

[10] 参见习近平:《严格执法,公正司法》(2014年1月7日),载《十八大以来重要文献选编》(上),中央文献出版社2014年版,第718~719页。

幸福或其构成成分的行为看作是公正的"。⑪

俗话说,"没有比较就没有伤害"。如果对关键事实与法律关系相同的前后两个案件作出了相互矛盾的裁判,会导致其中当事人心理感受的落差,更可怕的后果是会冲击既有的规则,从而造成混乱。"同案同判"不仅适用于执法司法领域,还是一项管理原则:一视同仁,杜绝"双标"。所以,高度重视个案公正,有助于推动司法公正的进程。

其实,执法和司法活动表面上是处理特定当事人之间的纠纷,但是,司法裁判往往会产生溢出效应,会对之后类似纠纷的谈判、调解乃至同类案件的裁判产生无形的影响。从这种意义上来看,个案裁判的本质是在进行风险管控,即管理和控制裁判风险。这里的管控裁判风险是指避免对基本事实、争议焦点、法律适用相同的案件,作出相反的裁判。管控裁判风险,就要尽可能使待裁决案件与同类案件的生效裁判结果保持一致性,避免前后案件裁判结果相互矛盾、相互抵触。当然,类案裁判一致的前提是业已发生法律效力的类案,具有理由的一致性,呈现的是"相洽"关系,而非"相斥"关系。而相互矛盾和相互抵触的类案,为待决案件的审理提出了严峻挑战。

法学研究和教学中必须正视类案之间的矛盾和抵触,如果不能提出有效的解决问题的意见和建议,就难以形成与司法实践的良性互动。同样,法学教育要重视个案的分析和研究,要传授学生重视法律事实认定的技术,才能有效培养学生对事实认定的区分能力和敏感性。

(二)重视类案检索关注判决理由

2020 年 7 月开始试行的《最高人民法院关于统一法律适用加强类案检索的指导意见(试行)》,建立了"类案的强制检索制度"。根据指导意见,与待决案件基本事实、争议焦点、法律适用等方面具有相似性,且已经人民法院裁判生效的案件被定义为类案。该司法解释要求,当处理待决案件时,存在类案的情况下,待决案件的裁判应当与之保持一致。对待决案件作出与类案相反的判决,必须具备充分的理由。在执法办案

⑪ [古希腊]亚里士多德:《尼各马可伦理学》,廖申白译注,商务印书馆 2003 年版,第 129 页。

过程中推行类案及关联案件强制检索制度,为规范法官自由裁量权、统一法律适用、促进司法公正、提升司法公信力提供了重要支撑。

类案检索报告培养学生分析问题的视角,关注个案公正,对于与法律适用密切相关的诸如证据、事实、当事人诉求等给予充分重视。将司法公正纳入法治的总体观察视角,将案件的审理、纠纷的化解和规则的建构有机结合。更加关注案件的质量,通过裁判一致性体现法律确定性,追求法治的统一,实现法律规范社会的功能。

讲理是司法活动的主要特征,法院就是讲理的地方,最早的法官称谓是"理官",中国最早的法官"皋陶"担任的职务是"大理"。中国古代乃至民国时期,法官的称谓是"推官""推事",这也强调法官工作中逻辑推理的重要性。民国北洋政府时期最高法院的称谓是"大理院"。裁判文书作为法院审理案件形成的结论,以书面的形式向社会发布,其中所蕴含的判决理由,构成了核心内容。

而类案检索报告的核心内容是关注判决理由,分析、评价判决理由。法学教育应当充分重视个案判决理由的分析和总结、提炼,类案检索不仅是一个技术性的工作,还需要以生效判决的研究成果作为基础。只有经过扎实、持续的训练,才能掌握这一技能。类案检索报告的核心内容是关注判决理由,分析、评价判决理由,自觉接受判决理由的约束。

充分的说理,把理由说明白、说透彻,才能使双方当事人心服口服,使公众受到教育。从这个意义上说,司法公开更多的是裁判理由的公开。"以公开促公正",理由公开之后,能够接受社会的监督和质疑,有说服力的判决理由能够得到更大范围的传播,形成讲道理的社会风气。俗话说:"有理走遍天下",判决的说服力就建立在其呈现理由的充分性基础之上。说理也是一门技术,需要通过总结前辈同行的经验、吸收同辈同人的智慧。反过来,更充分的理由呈现,也保持了裁判文书的质量,提升了司法的效果。

所谓判决书公开,承载的当然是判决理由的公开。法学教育不仅关注判决理由、公开判决理由,更应当重视所公开的判决理由的质量。高质量的司法公开是司法公正的体现。没有教学关于判决理由的分析、总结、提炼，法学研究成果不能有效转化为个案裁判的理论资源，法治人才培养中不能嵌入类案检索、检索报告撰写、分析及运用等内容，高质量的判决理由的产生就失去了深厚的土壤和良好的环境。缺失个案公正的司法公正，就是无源之水、无本之木。

（三）案例教学是培养“德才兼备”法治人才的重要途径

如何处理好法治实践与法学教育改革的协调推进关系？法治实践重在当下环境、条件及法治运行状况的改善。社会主义初级阶段法治的特点，决定了当前的法治实践只能立足中国国情。

但是，法治建设需要一个明确的目标，法学研究应当对长远规划进行细致描述。法治国家、法治政府、法治社会的“三位一体”建设，需要法治人才的储备，法学教育就应当担负专门人才培养的重任。法治建设要靠人，法学教育要把满足法治建设长期目标的工作和当前工作有机结合。法治建设最终目标的实现需要数代人甚至数十代人的努力，我们目前的法学教育既要体现阶段性，也要有贯穿法治整体性的内容。⑫ 在具体案件中，必然遭遇职业伦理和价值观的冲突，需要讨论如何正确判断、甄别和选择。也正是在具体个案的审理和裁判过程中，法官独立的判断才显得尤为宝贵。职业伦理和价值观的讨论离开个案，可能沦为空洞的说教。

例如，赵某等诉某纸业公司债务纠纷执行异议案，被执行人和第三人的抗辩理由是：作为执行依据的判决形成时间是2013年，而被执行人将公司全部财产折抵第三人某房地产开发公司债务的时间是2012年，“以资抵债”的行为发生在判决确定之前，“抵债时作为执行依据的判决尚未确定”，因而不存在双方恶意串通损害执行申请人利益的情形。一审、二审法院采纳了被执行人的抗辩理由。但再审认定：被执行人和第三人之间存在人员和财务的混同，且作为折抵的债权，付款凭证主要是企业内部的财务记账凭证，缺乏相关款项实际支付的凭据。再审后撤销了原一审和二审判决，指令原一审法院重新审理。这里，存在原告赵某

⑫ 参见汪世荣：《全面深化改革、全面依法治国背景下六个值得思考的问题》，载《法制与社会发展》2015年第5期。

与被执行人之间债权的形成时间争议:双方的债权形成于借款发生之时,还是形成于判决生效之时?如果对这一问题判决理由不能进行有针对性地分析说明,被执行人对判决的服从就可能大打折扣。只有认真回应当事人的理由,才能增强说理的针对性,提高判决的说服力。归纳双方的争议、分析和回应争议焦点,不仅是法律说理的问题,更是职业伦理的体现。

“德法兼修”要求将职业伦理和职业价值观教育融入法治人才培养的全过程,重视日常养成,使之成为良好职业习惯。以法律职业从业者的标准和要求,规范学生日常的学习和生活,从身体力行中才能感受到职业的特性。教学过程中,将知识传授、能力训练和职业伦理养成有机结合,才能适应法治人才培养的特殊需要。纠纷化解中存在的价值选择,提出了对职业伦理原则的拷问,案例教学法是法治人才培养不可忽视的手段和载体。案例教学中,由于需要调查收集证据,对证据的真伪作出判断,对案件事实及证明方法进行决断,必然存在律师和当事人之间、律师和证人之间、双方律师之间的利益冲突,需要作出判断和选择。在特定的环境和条件下,结合具体的当事人和具体的纠纷,职业伦理和职业价值观的冲必然呈现,勇敢面对,正确处理成为客观现实的需要。“德”的要求,体现在特定案件中对证据、事实和法律的正确理解,不仅关注具体问题的解决,还需要讨论各种情况下可能导致的结果和后果。

案例教学法更加重视法治的效果。个案公正有助于推动社会进步,坚持渐进式法治发展道路,并持之以恒,取得成效。法治只有在特定的社会环境和条件下,结合具体纠纷的解决,才能凸显其价值。案例教学法的优势,是关注类案裁判,充分运用已有案例资源,更好实现司法公正。

结　语

司法是维护社会公平正义的最后一道防线,实现个案公正关乎每一个当事人的切身利益，亦是法治社会的必然要求。法治社会的建设和运行需要法治人才的储备，法学教育承担着培养德才兼备的高素质法治人才的重要责任。高水平的司法公正，需要一支德才兼备的高素质法治工作队伍，这支队伍的建设有赖于高水平法治人才的培养。

个案公正有助于推动社会进步，是一种渐进式法治进步道路。法治只有在特定的环境和条件下，重视具体纠纷解决的效果，才能凸显法治循序渐进发展的规律。关心现实生活中发生的个案，重视纠纷的有效化解，通过类案检索，突出司法审判的技术性要求；通过遵循先例原则建立“同案同判”机制，使相同的问题得到相似的处理。个案之间的比较，最大限度保持判决理由的一致性，法律适用的统一性，实现个案的公平公正，最终达至司法的公平公正。所有这些，都需要建立在法治人才培养环节对案例教学的充分重视基础之上，以长效机制促进个案公正审理。

重视个案公正是中国传统优秀文化的组成部分。坚持以立德树人为根本，坚定理想信念，加强对学生的德育教育，增长专业知识，锻炼应用能力，提升综合素质，才能真正培养出德才兼备的高素质法治人才。裁判文书公开为判决理由公开创造了良好的契机，充分重视判决理由的研究和运用，明确新时代法学教育改革的方向，有针对性地开展法治人才培养改革，才能实现“让人民群众在每一起司法案件中感受到公平正义”的目标。

On the Reform Path of Legal Education from the Perspective of “Case Justice”

Wang Shirong　Li Lefan

Abstract: “To make every effort to guarantee the people feel fairness and justice in every judicial case” is a clear requirement put forward by General Secretary Xi Jinping to the organs of political and law, and it is also a major goal of promoting China's overall law-based governance, building a socialist legal system with Chinese characteristics and building a socialist country ruled by law. Judiciary is the last line of defense to safeguard social fairness and justice. The realization of case justice concerns the vital interests of each party, and it is also the necessary requirement of law-based society. The construction and operation of law-based society requires the reserve of legal talents. The realization of case justice is closely related to the level and ability of judicial organs in handling cases. Legal education undertakes the task of cultivating high-quality legal talents with both political integrity and ability, and plays an irreplaceable role in promoting the realization of case justice. The legal education should pay attention to the combination of theory and practice, concern about the case justice, and carry out the educational reform around the case teaching. The case teaching method focuses on the research and teaching of case analysis, case retrieval, writing and use of retrieval reports, consistency of similar case judgments. It promotes the high-quality development of judicial work and the realization of the goal of case justice through high-level legal education.

Key Words: case justice, legal education, reform path, case method

论国际税法人才培养的创新路径

崔晓静[*]　陈镜先[**]

摘　要：法治人才培养与教育是全面依法治国系统工程的重要组成部分，其在涉外法治建设中具有基础性、战略性、先导性的地位和作用。由于师资薄弱、课程缺乏系统性及教材缺乏实务性等问题的存在导致复合型国际税法人才储备数量不足，如何创新国际税法人才培养机制值得深入探讨。近年来，武汉大学国际税法研究中心在国际税法人才培养模式、教学模式等方面做了一系列创新尝试，取得了较好的效果。未来各高校应当针对师资队伍建设、课程体系设置、教材建设及教学方式等多方面创新国际税法人才培养路径，稳步推进涉外法治专业人才培养目标和教育宗旨的实现，更好服务于党和国家高水平对外开放大局。

关键词：涉外法治　全球税收治理　国际税法　人才培养

* 崔晓静，武汉大学国际法研究所教授。研究方向：国际经济法。

** 陈镜先，武汉大学国际法研究所博士研究生。研究方向：国际法。

一、加强国际税法人才培养的重要意义

首先,加强国际税法人才培养有助于加快国家涉外法治体系的建设。2014年10月党的十八届四中全会通过了《中共中央关于全面推进依法治国若干重大问题的决定》,明确提出加强涉外法治建设,要求坚持立德树人、德育为先导向,培养熟悉和坚持中国特色社会主义法治体系的法治人才和后备力量,建设通晓国际规则、善于处理涉外事务的涉外法治人才队伍。习近平总书记指出,全面依法治国是一个系统工程,法治人才培养是其重要组成部分。[①] 涉外法治专业人才培养和教育在涉外法治建设中具有基础性、战略性、先导性的地位和作用。因此,涉外法治体系建设不应是静止性、单维度的,而是需要动态化、多维度的全方位建设,国际税收法治是涉外法治建设中的重要组成部分。改革开放以来,我国在涉外法治人才培养方面取得了很大成就,也向境外输出了一批优秀法治人才。但是,无论在国内还是国外,国际税法人才的培养及输出是一块短板。例如,在国内许多法院遴选行政审判法官时,未能积极主动地吸收具有财税法专业知识的人才,导致人民法院行政审判庭法官的专业知识结构过于单一,难以有效解决包括国际税收行政纠纷在内的各类复杂多样的行政争议。[②] 在国际社会上,也鲜见精通国际税法理论与实践的复合型中国籍人才。以上种种现象表明,加强国际税法人才培养不仅能为国内法治建设添砖加瓦,更重要的是能让国家更全方位地进行涉外法治体系的建设。通常来说,税收涉及一国财政主权,其与国家主权利益密不可分,加强国际税法人才培养可以更进一步达到"建设高素质的涉外法律服务人才队伍"的目标,更好地维护中国税收主权利益。

---

① 参见新华社:《习近平同志〈论坚持全面依法治国〉主要篇目介绍》,载中国政府网,http://www.gov.cn/xinwen/2020-12/16/content_5569988.htm,最后访问日期:2022年8月20日。

② 参见崔晓静:《论中国特色国际税收法治体系之建构》,载《中国法学》2020年第5期。

其次，加强国际税法人才培养能更好对接或服务于国家高水平对外开放。2019年2月25日习近平总书记在中央全面依法治国委员会第二次会议的重要讲话中指出，要加快推进我国法域外适用的法律体系建设，加强涉外法治专业人才培养，更好服务于党和国家高水平对外开放大局。③ 2019年7月10日中共中央办公厅、国务院办公厅印发《关于加快推进公共法律服务体系建设的意见》，要积极为国家重大经贸活动和全方位对外开放提供法律服务，发展壮大涉外法律服务队伍，加快培养涉外律师领军人才，建立涉外律师人才库。由此可知，中国近些年来高度关注涉外法治服务人才的培养，以此对标更高的国家对外开放的水平。目前，世界处于百年未有之大变局，国际形势复杂多变，国际经济合作愈加错综复杂，对高素质、高水平国际税法人才的需求大幅增加。例如，我国在"一带一路"国际合作过程中，涉及许多与税收相关的专业性问题，包括国际反避税问题以及如何帮助中国企业在走出去的过程中实际享受到东道国所提供的税收优惠待遇等，甚至在未来中国参与全球税收治理时，都需要具有国际视野、通晓国际规则的专门国际税法人才对其中的税收措施进行仔细分析研究。然而，中国目前既需要大量的国际税法人才，又面临国际税法人才不足的现状，因此，需要不断加强国际税法人才培养，提高我国涉外法律服务能力，调动与世界各国经济合作的积极性，从多方面共同服务于国家高水平对外开放的战略要求。

最后，加强国际税法人才培养是国家参与全球税收治理、构建中国特色国际税收法治体系、优化税收法治营商环境的需要。全球化背景下的税收问题已不再只是一国内部的经济政策问题，而是关乎国际经济和政治格局的综合性问题，国际税收秩序也由此成为全球治理的重要组成部分。④ 当今中国正在前所未有地靠近世界舞台的中央，如何进一步服务对外开放，建设同我国国际地位相适应的国际税收治理体系，成为我国税务

③ 参见新华社：《习近平主持召开中央全面依法治国委员会第二次会议并发表重要讲话》，载中国政府网，http://www.gov.cn/xinwen/2019-02/25/content_5368422.htm，最后访问日期：2022年8月20日。

④ 参见张泽平：《全球治理背景下国际税收秩序的挑战与变革》，载《中国法学》2017年第3期。

部门高度关注的重大战略问题。目前,国际税收治理成为全球治理体系更加重要的组成部分,其意义远超过税收本身,是抵御国际金融风险,规范国际经济秩序,促进全球经济复苏的重要力量,加强国际税收治理刻不容缓。⑤ 加强培养高层次的国际税法人才,才能为我国提高国家软实力、推动和主导国际税收治理体系变革提供人才基础。与此同时,培养税务法律人才也可以为税收政策法治化提供智力支持,为税收环境法治化进行外部专业监督,从而进一步优化税收法治营商环境。⑥ 传统上,中国在发达国家牵头制定国际税收规则的过程中往往缺少话语权,只能成为国际税收规则的追随者。但是,随着中国积极走向国际舞台以及综合国力的提高,中国由规则的追随者逐渐转变为规则的制定者。《二十国集团领导人杭州峰会公报》中提出,将支持国际税收合作以建立一个全球公平和现代化的国际税收体系,中国将为此作出贡献,成立一个旨在开展国际税收政策设计和研究的国际税收政策研究中心。⑦ 近年来,中国面临国际税收规则重塑的历史机遇,应当精准地抓住机遇,向世界发出中国声音,贡献中国智慧,建设一支高质量、高水平的国际税法人才队伍,为国家参与国际税收规则制定建言献策,使中国方案能够融入国际税收规则的重塑当中,从而进一步提高国际话语权,深度参与国际税收合作,共同致力于建立公平、可持续的中国特色国际税收体系,优化税收法治营商环境。

二、国际税法人才培养的问题检视

(一)专业师资力量薄弱

整体而言,我国国际税法专业师资力量仍然较为薄弱。首先,各个法

---

⑤ 参见《大国税务:深度参与全球税收治理》,载《中国税务》2019年第10期。

⑥ 参见毛圣慧、王铁铮:《税收营商环境优化的国际经验借鉴及路径研究》,载《河南师范大学学报(哲学社会科学版)》2020年第4期。

⑦ 参见《二十国集团领导人杭州峰会公报》第19段,载人民网,http://world.people.com.cn/n1/2016/0906/c1002-28693129.html。

律院校国际税法专业的师资匮乏，仅武汉大学、厦门大学、北京大学、华东政法大学、中国政法大学、中央财经大学、对外经济贸易大学、上海政法学院等少数高校具有专门从事国际税法教学和研究的师资，其他多数国内高校的法学院均无国际税法的专业师资。这导致仅有少数高校能够承担起国际税法人才培养的重任，严重制约了我国国际税法人才培养的能力和规模，致使国际税法人才的供给远远无法满足国家的需求。其次，即便在上述具有国际税法师资的高校，相关师资的数量也十分有限，未能形成数量充足、素质优良、结构合理的学科梯队，国际税法教学往往呈现"单打独斗"的局面。最后，许多国际税法教师缺乏实务经验，导致课程教学仅仅停留于抽象的讲授，授课内容与国际税法实务脱节，毕业生缺乏实务操作能力。

(二)课程设置缺乏系统性

国际税收法律事务具有复杂性、综合性和跨学科性，要求国际税法人才能够通晓国内税法与国际税法，精通外语，并掌握必要的经贸知识。然而，在现行的法学学科体系之下，国际税法学通常属于国际经济法学或财税法学的一个细分方向，学科发展能够获得的资源较为有限。在这种情况下，法律院校能够开设《国际税法》和《财税法》作为专业选修课程已是难得之举，遑论专门针对国际税法制定一套系统性的人才培养方案。这就导致国际税法课程设置缺乏系统性和完整性，学生能够学习到的国际税法专业知识较为粗浅，知识结构体系较为单一。特别是与会计、财务、税收相关知识的缺失，势必会给学生未来从事国际税法实务工作带来很大的障碍。

(三)教材建设缺乏实务性

目前，北京大学出版社、法律出版社、高等教育出版社已出版了若干部国际税法教材。总体而言，这些教材为我国国际税法教学提供了相对优质和权威的资源。然而，现有的教材也存在一些问题，即过于侧重原理和知识的论述，而忽视了教材的实务性。实务性的缺失，一方面，体现为教材对国际税法实务操作的关注与介绍不足。例如，转让定价是国际税法实务中非常重要的一项业务，具有很强的专业性和技术性，但现有的教材对于转让定价的论述过于理论化,而未能讲解清楚跨国企业在实践中究竟是如何进行转让定价税收筹划,以及税务机关是如何进行转让定价调查与调整的。另一方面,现有的教材对于国际税法案例的选编仍然存在一些问题,如案例选编的功能定位不够明确,案例的数量仍然较为有限,部分案例为虚构的案例、内容过于陈旧,很多案例是由税收实务部门来编撰,对案例的阐释缺乏精准的法律分析更多是反避税的操作等。国际税法教材对于实务关注和回应的缺失,既影响了教材的可读性,导致内容过于抽象和枯燥,也不利于提升学生的法律实践能力。

(四)实习实践缺乏针对性

近年来,为了提升学生的法律实践能力,许多法律院校都组织学生进行专业实习和实践。然而,目前许多高校的实习实践安排仍然较为粗放,未能精细考虑各个学科人才培养的特殊需要。就专业实习而言,各个法律院校在组织专业实习时选择的单位类型较为有限,未能充分兼顾到国际税法人才培养的特殊需求,导致专业实习缺乏针对性。各法律院校为学生统一安排的实习单位通常为检察院、法院、律师事务所和仲裁委员会等,而上述单位目前承接的涉税案件数量通常非常有限,学生在这些单位实习几乎无法系统性地接触到涉税业务。就专业实践而言,目前我国法律院校组织学生参加的国际法模拟法庭竞赛主要包括 Jessup 国际法模拟法庭辩论赛、国际刑事法院模拟法庭比赛、红十字国际人道法模拟法庭比赛、ELSA 世贸组织模拟法庭竞赛、Manfred Lachs 空间法模拟法庭竞赛和 Willem C. Vis 国际商事仲裁模拟辩论赛等。同样,这些国际法模拟法庭竞赛均未涉及国际税法领域,无法为国际税法人才培养提供具有针对性的实践训练渠道。

三、国际税法人才培养的创新路径

(一)强化国际税法师资队伍建设

法治建设需要法治人才,而法治人才的培养则需要优秀的师资队伍,法学师资队伍是法治人才培养的重要保障和宝贵资源。⑧ 为了强化我国高水平国际税法人才的供给能力，各大法律院校（特别是法学“双一流”院校和涉外经贸法律院校）首先应当加快国际税法师资队伍建设，着力构建涵盖学科带头人、骨干教师、专职教师、兼职教师、实务导师和外籍教师的国际税法学科梯队。一是要加快国际税法方向的法学博士培养，扩大国际税法博士后的招收数量，以充实国际税法专业师资的后备力量。二是要通过师资培训提升国际税法专职教师的教学能力。例如，近年来教育部法学教学指导委员会联合全国法学教师培训基地办公室、中国法学会财税法学研究会举办全国财税法学师资研修班，组织学员通过示范课程、课堂评议、交流研讨、专题讲座、实践教学、网络互动等方式进行研修，主题包括“财政法学”“税法总论”“商品与劳务税法”“所得税法”“财产税法”“国际税法”“税收征管法”等，有助于提升国际税法师资的整体素质。三是要加强法律院校与实务部门之间的双向交流。一方面，可以借鉴最高人民法院建立的法律研修学者和挂职学者制度，加强法律院校与税务机关之间的合作，选派国际税法教师到税务机关挂职、调研，以丰富高校教师的国际税法实务经验；另一方面，法律院校可以从税务机关、税法律师事务所、四大会计师事务所等实务部门聘请具有一定理论水平和丰富实务经验的国际税法实务人士担任实务导师或兼职教授，以推动国际税法教学主体的多元化。四是要加大海外高层次人才的引进力度，引进海外知名高校的留学人员回国担任教师，聘请外籍教师为学生开设讲座或全英文课程。

（二）优化国际税法课程体系设置

为了加强“法律 + 外语 + 经贸”复合型国际税法人才的培养，各高校可以发挥自身的学科优势，整合学科资源，制定跨学科的国际税法人才培养方案，构建系统性的国际税法专业课程体系。具体而言，可以开设国际经济法、国际税法基础、财税法、外国与比较税法、专业英语、会计学基础和财务报告分析等作为专业主干课程，确保学生能够扎实掌握国际经济

⑧ 参见王群瑛：《新时代法治人才培养的基本要求》，载《中国高等教育》2018 年第 19 期。

法、中外税法与国际税法的基础知识,夯实专业外语基础,并掌握必要的经贸专业知识。在此基础上,各个法律院校还可以结合自身的能力与特色开设国际税法案例研习、国际反避税法、欧盟税法、跨境并购税法、公司税法、金融税法等课程供学生根据自身的兴趣进行选修,以进一步提升学生的国际税法专业素养。同时,还应当根据不同培养层次与类型的培养目标开设相应的课程。例如,可以针对研究型人才开设国际税法学术训练与论文写作、国际税法学前沿问题研讨,针对应用型人才开设国际税务筹划、国际税务代理等课程。

(三)加快国际税法精品教材建设

为了加强国际税法精品教材建设,编写者在编写教材时,除了继续注重涵盖国际税法的基本理论和基本制度,反映国际税法中的前沿问题和研究成果,确保教材的系统性、完整性和前沿性,还应更加注意提升教材的实务性。一是可以吸纳国际税法实务人士加入教材编写组,将其在实务中积累的经验、接触的案例有机融入教材之中。二是应当完善教材的编排体例,在每章设置章节导读、基础知识、案例分析、前沿拓展、延伸阅读和思考题等版块。三是应当加强对案例的引用和阐释。引用案例的目的,既可以是帮助学生理解国际税法规范在实践中的解释与适用,也可以是为了揭示国际税法实践中存在的疑难问题,提升学生运用理论分析实践的能力。在选取和引用案例时,应当注重选取具有真实性、新颖性和代表性的案例,提升学生梳理和归纳案件事实、运用法律规范的能力,培养学生的问题意识和批判性思维。

(四)推动国际税法教学方式创新

第一,加强案例教学。法学具有鲜明的实践性与应用性,而案例教学在实践性教学中始终居于关键地位。⑨ 在国际税法领域,IBFD 数据库广泛收集了各国国际税法的司法判例,为案例教学的开展提供了丰富的资源。为此,各法律院校应当充分利用各国的案例资源,强化国际税法案例教学,选取具有真实性、典型性、争议性和时效性的国际税法案例,引导学

---

⑨ 参见王泽鉴:《法学案例教学模式的探索与创新》,载《法学》2013 年第 4 期。

生了解案例背景、进行案情分析、梳理焦点问题、整理裁判思路、归纳案例启示。经验型案例重在分析其成功经验，问题型案例重在分析其不当之处，争议型案例重在分析其疑难问题对现行法律制度的启示。⑩

第二，线下教学与线上教学相结合。由于种种因素的影响，我国的国际税法优质教学资源十分匮乏，高校之间的教学质量差异较为明显，难以满足学生日益增长的个性化、国际化、优质化的学习诉求。随着信息技术的发展，慕课驱动了优质教学资源的开放共享和普及化、民主化。为此，推动国际税法的重镇高校率先进行国际税法慕课建设，有助于增加我国优质国际税法教学资源的供给能力。同时，各法律院校可以努力打造线上线下混合式课程，即学生课外在寝室完成网络在线的慕课学习，在课堂上则围绕学习内容展开与教师和学习伙伴的协商、交流与对话，⑪以提升国际税法教学的质效。

第三，课内教学与课外活动相结合。课内与课外并不是相互对立、此消彼长的关系，而是相互依存，相辅相成的关系。将课内教学作为“主战场”，利用多种资源举办形式丰富的课外活动，能有效弥补课内教学在内容及形式方面的不足。在教学实践中，应当将课内教学与课外活动有机结合，整体考虑，从而为人才培养实现“1 +1 >2”的效果。⑫ 例如，可以积极打造国际税法学术品牌活动，举办国际税法论坛、国际税法青年学术沙龙、国际税法研究生读书报告会等学术交流活动，为学生营造浓厚的学术氛围。近年来，武汉大学国际税法研究中心通过线下或线上的方式举办了珞珈国际税法高端论坛、学术沙龙等，取得了一定积极的成效，促进了思想的交流和碰撞，帮助学生拓展学术视野、提高创新能力。又如，可以鼓励和吸纳学生参与国际税法科研项目的研究，提升学生的国际税法科研能力。此外，还可以充分利用小学期或暑假开设国际税法夏令营或暑

---

⑩ 参见李丹：《实践教学视角下法律案例教学思路的重塑》，载《高教探索》2020 年第 6 期。

⑪ 参见刘济良、王洪席：《“慕课”之于大学教学变革：价值与限度》，载《教育研究》2015 年第 8 期。

⑫ 参见马平：《基于创新型人才培养的高校课外活动实践探究》，载《江苏高教》2020 年第 12 期。

期实务课程。对此,可以借鉴厦门大学与维也纳经济管理大学联合举办“国际税法全国暑期学校”以及北京大学、中央财经大学与荷兰莱顿大学联合举办“国际税法暑期学校”的有益经验。

(五)积极引进国际优质教学资源

加强国际合作是培养国际化人才的有效手段,积极引入国际优质教学资源,一方面可以有力地推动国内大学教研水平的上升;另一方面可以使高校学生对外国文化有所了解,同时开阔视野,有助于他们从国际视角来思考和解决专业性问题。[13] 目前,美国的纽约大学、乔治城大学,英国的牛津大学、剑桥大学、伦敦政治经济学院,荷兰的莱顿大学,奥地利的维也纳经济管理大学等在国际税法领域均具有较强的实力。我国的法学“双一流”院校可以争取与这些国外高校建立合作关系,选派优秀的学生参加暑期学校、访问学者、联合培养、学期交换等项目。

同时,自新冠肺炎疫情暴发以来,人员的跨境流动面临诸多障碍,许多高校的国际交流合作项目处于受阻甚至停滞的状态。在未来,各法律院校应当充分发挥信息技术优势,探索高校国际交流与合作的新形式,由“人员的跨境流动”拓展为“教育资源的国际共享合作”。具体而言,可以与国外高校建立校际或院际的合作项目,通过互联网实现国际税法的课程共享、师资共享和图书馆资源共享。例如,就课程共享而言,合作双方可以相互开放各自优质课程的视频资源,允许学生旁听网课直播并参与互动,联合开设网上课程以及举办线上讲座。就师资共享而言,可以建立海外导师制度,由海外导师通过互联网对学生的学业、科研进行远程指导。就图书馆资源共享而言,合作院校可以整合图书馆资源,相互开放一定数量的数据库访问接口,实现资源的互补。以武汉大学法学院为例,2021年,崔晓静教授与加拿大约克大学法学院的李金艳教授通过互联网进行国际税法课程的联合授课。通过“互联网+教育”的形式,有助于拓展学生的国际学术视野,有助于开拓优质教育资源合作渠道,实现不出国门也能“留学”。

---

⑬ 参见王玉峰、樊蓉:《高校国际化人才培养模式:西方名校的经验与启示》,载《新疆大学学报(哲学·人文社会科学版)》2016年第4期。

(六)探索拓展专业实习实践渠道

作为一门独立的学科,国际税法的人才培养和法律实践具有其自身的特殊性,故其实习实践培养方式也应当区别于一般的法律人才培养。⑭为此,各个法律院校应当积极探索适合国际税法人才培养的实习实践渠道,提升培养的针对性。就专业实习而言,可以与税务机关、税法律师事务所、税务中介机构、企业税务部门合作建立实习基地,选派国际税法专业的学生前往这些实务部门实习。就专业实践而言,可以组织法学院学生参加德勤税务精英挑战赛、安永税务精英大赛等已经具有较高影响力的税务专业比赛,甚至可以尝试开设国际税法模拟法庭实训课程,由各高校联合举办全国大学生国际税法模拟法庭大赛等。

On the Innovative Path of Cultivating the Talents of International Tax Law

Cui Xiaojing　Chen Jingxian

Abstract: The cultivation and education of the rule-of-law talents is an important part of comprehensively implementing the rule of law as a systemic project. It plays a fundamental, strategic and leading position and role in the construction of foreign-related rule of law. The shortage of compound talents of international tax law is caused by the lack of qualified teachers, systematic curriculum and practical teaching materials. It is an issue how to innovate the cultivation mechanism of international tax law talents, which is worthy of in-depth discussion. In recent years, the International Tax Law Research Centre of Wuhan University has made a series of innovative attempts in the

⑭ 参见曾令良:《卓越涉外法律人才培养的"卓越"要素刍议》,载《中国大学教学》2013年第1期。

cultivating and teaching modes of international tax law talents and achieved good results. In the future, colleges and universities should innovate the cultivation path of international tax law talent such as, the construction of teaching faculty, systemic curriculum, teaching materials and teaching methods, and steadily promote the realization of the cultivation goal and educational purpose of foreign-related rule of law professionals, so as to better serve the overall situation of high-level opening up of the Party and the country.

Key Words: foreign-related rule of law, global tax governance, international tax law, cultivation of talents

交融与守正：新文科视野下法律思维的价值坚持及其养成*

冷传莉** 陈茂华***

摘　要：法律思维本质上属于规则思维方式，是"法律人"必须训练并养成的思维。在全面依法治国与新文科建设双重背景下，中国特色法学教育的内涵式发展，必须正视传统法学教育模式的缺陷，既要积累足够的共识和智慧探讨融合创新的路径，更要坚守法律思维训练与养成作为未来我国法治人才培养的核心目标定位，正确认识和认真贯彻法教义学理念，重视提升法学教师的法律思维能力与水平，通过教学内容优化和教学方法改革，实质性强化法科学生的法律思维训练。

关键词：新文科　法律思维　养成教育　交叉融合　固本守正

* 基金项目：本文系贵州省普通本科高校课程思政教学改革研究项目"课程思政视域下民法教学改革研究"（黔教函〔2021〕116号－2）阶段性研究成果。

** 冷传莉，贵州大学法学院教授，博士生导师，法学博士。研究方向：民商法学、法学方法论、法学教育。

*** 陈茂华，贵州大学法学院民商法博士研究生。研究方向：民法学、公司法学、法学方法论、法学教育。

一、问题的提出

全面依法治国正在中华大地蹄疾步稳地深入推进,建设法治中国,必须加强政治、组织、队伍、人才、科技、信息等多方面保障,其中人才保障具有决定意义,习近平总书记强调,推进全面依法治国,建设一支德才兼备的高素质法治队伍至关重要。从"政法人才"到"卓越法律人才"培养,再到培养德法兼修的高素质法治人才成为习近平法治思想的重要组成部分,全面依法治国对法治人才培养提出了更高的标准和要求。

与此同时,面对日益复杂化的社会问题,在浪潮奔涌的新科技革命时代背景下,为应对新变化、开辟新路径、解决新问题,实现学科融合发展,2018年教育部提出推进新工科、新医科、新农科、新文科学科建设,2019年教育部联合科技部等13个部门启动"六卓越一拔尖"2.0计划,到2020年,教育部全面部署新时代中国高等文科教育创新发展举措发布《新文科建设宣言》,将文理打通、人文与社科打通、中西打通、知行打通、古今打通的"五通文科"正如火如荼地展开,跨学科的交叉与融合大势所趋。

在上述双重背景下,学界发出"法学教育向何处去"的时代之问,而作为法治人才培养最主要方式和第一阵地的法学教育如何扮演好自己的角色地位,如何才能完成核心使命等成为未来中国特色法学教育发展面临的重大课题。聚焦上述主题,学界作出了积极的回应,纷纷建言献策,形成了一定的理论成果,如徐显明教授认为,新文科建设中"法学"应起到引领和示范作用,需要在生源构成、培养目标、培养体系、师资队伍和培养模式等方面更新;①杨雅妮教授指出,新文科建设背景下,应以"强化价值引领""社会需求导向""学科专业融合""实践培养人才"为

---

① 参见徐显明:《新文科建设与卓越法治人才培养》,载《中国高等教育》2021年第1期。

基本遵循，通过创新发展实现传统法学教育的变革；[②]杨文义教授则提出了“打破壁垒、积极拓展”“兼收并蓄、实现突破”的融合创新之变，[③]等等。这些理论观点对新文科背景下法学教育发展提供了不同的进路，但稍显遗憾的是，在新文科建设的格局下，法学教育如何应对专业知识交叉融合培养过程中法律思维养成的准确价值定位、如何实现法科学生法律思维培养与训练等问题，学界关注不够，缺乏深度思考。尤其是研究中出现了因为学科融合创新，忽视法学学科本质特征的观点和立场，将法律思维视为西方话语体系下法律人的本质规定和行为准则而加以否定。鉴于此，为避免舍本逐末，本文在既要交融创新、更要固本守正的理念启示下，试图从宏观层面探讨将法律思维养成作为法学教育的核心价值定位，在此基础上尝试构建法律思维养成的具体实现路径，以期为我国法学教育改革的内涵式突破贡献点滴力量。

二、新文科建设的兴起及其对法学教育发展的启示

新文科建设为法学教育的发展提供了突破自身“瓶颈”的契机和际遇，但在具体讨论前需要对新中国成立以来我国法学教育的图景作一概览。

（一）新中国成立以来法学教育检视

回溯新中国成立以来法学教育七十多年的发展历程，经过了初创起步、缓慢发展、破坏停滞、恢复重建、探索前进、蓬勃发展等阶段，尽管充满曲折和艰辛，但实现了从无到有、从小到大、从弱到强的发展，为法治人才培养以及依法治国发挥了巨大作用。从高等教育法学院校体系发展看，1950 年中国人民大学法律系作为中国第一所高等法学教育机构

② 参见杨雅妮：《新文科建设背景下法学教育的变革》，载《新文科教育研究》2021 年第 2 期。

③ 参见杨文义：《新文科背景下法学教育的谋与变》，载《河南科技学院学报》2021 年第 10 期。

诞生,经过不断设立、改造和调整全国法学教育机构,到1963年我国形成“五院四系”的法学教育体系格局。④ “文化大革命”期间虽遭到破坏,但之后又走上恢复发展的轨道,特别是20世纪90年代中后期开始“爆炸式”发展,法学教育步入高速发展的快车道。截至2021年8月,632所高校开设法学本科专业,全国共有法学一级学科博士点55个、硕士点149个,⑤法律硕士授权点超过280个。从培养学生的层次和数量看,1950年中国人民大学法律系成立时招生人数极少,而发展至今,仅2020年就录取1668名法学博士、11,420名法学硕士、24,000名法律硕士、7.7万名法学本科生,⑥以近年来招生人数推算,法学专业在校学生人数已超过40万,“形成了从法学本科、法律硕士、法学硕士到博士研究生的教育体系”。⑦ 从法学学科门类看,从最初的宪法学、婚姻法学等,到后来14门核心主干课为主的课程体系,再到今天形成了门类齐全、学科多样、覆盖面广的学科门类。法学研究成果从20世纪50年代的“寥廖炊烟”,到如今法学论文百万余篇,法学书籍数十万册,成为法学发展一道亮丽的风景线。目前,全国近19万名法官、检察官中超85%的人员都有过法学教育背景,在短短七十多年的历程中,法学教育已经完成了从数量到质量、从一元到多元、从西化到本土化等多方面的根本性转变。⑧

同时,也必须正视法学教育自身存在的诸多缺陷和问题,以下方面可见端倪:一是专业核心价值定位不准、摇摆不定,目标过于抽象而措施与目标不匹配。培养目标一直是学界关注和讨论的焦点,也是法治人才培养的核心问题,影响和决定培养计划的制定,包括课程、教科书、教学

④ “五院四系”即北京、西南、华东、西北、中南五所政法院校和北京大学、人民大学、吉林大学、武汉大学四个法律系。参见霍宪丹:《法律教育:从社会人到法律人的中国实践》,中国政法大学出版社2010年版。

⑤ 参见教育部:《对十三届全国人大四次会议第8342号建议的答复》(教高建议〔2021〕120号),载中华人民共和国教育部网,http://www.moe.gov.cn/jyb_xxgk/xxgk_jyta/jyta_gaojiaosi/202109/t20210907_560085.html。

⑥ 参见https://mp.weixin.qq.com/s/JLIZ9hTzFu8gJXlsQLZO5A。

⑦ 徐卫东:《中国高等法学教育三十年发展回顾》,载《当代法学》2008年第1期。

⑧ 李其瑞、冯飞飞:《中国法学教育70年:发展历程、问题反思和未来展望》,载《大学教育研究》2020年第2期。

方法等配套安排。虽然中央层面的文件提出了革命化、正规化、专业化、职业化以及立德树人、德法兼修等要求，毋庸置疑，必须把政治标准放在法学教育的首位，但在专业核心价值定位以及如何落地方面一直存在较大争议。二是法学理论教学和研究与实践脱离严重。集中体现在：一方面，学生掌握的理论知识无法融入实践，实践运用能力差强人意；另一方面，大多从事学术研究的学者或老师不关心法律实践或完全没有实务经验，在学术 GDP 驱动下为研究而研究，而从事法律实践的法律职业群体也不注重理论的总结提升和学习吸纳。例如，《中国法学》《法学研究》等著名 CLSCI 期刊，近五年刊载的论文几乎没有法官、检察官等实务界作者的成果，经笔者调查，这些法学期刊也几乎不是法官、检察官或律师的常态化读物，其中缘由值得深思。再如，2020 年在厦门市召开的商法年会，主题是“公司法重大修订与商事法治现代化”，依参会名单，与会人员 499 人，法院仅占 9 人，其他实务界的人员也很少，有学术界自说自话的感觉，类似人员格局的研讨会不在少数，最终形成学术界与实务界割裂局面。三是复合型法治人才，特别是涉外法治人才极为匮乏。弗兰克·福特大法官就曾指出，“法律人应该具有哲学家、历史学家和先知的素质”。但长期以来，我们对多学科的融通教育重视不够，学生学科背景单一，难以适应法律职业要求。[9] 特别是当下，国际型的涉外法治人才总体处于稀缺状态，在涉外法律服务市场上，真正能从事代理涉外经贸法律实务的中国律师人数极少。目前为止，在中国的律师事务所找不到一个中国律师能独立承担一起涉外的反倾销诉讼，通常需要聘用欧美律师予以合作或协助办案。[10]

（二）新文科建设的兴起及其对我国法学教育的启示

法学教育作为文科教育的重要组成部分，随着“新文科”建设的兴起，自是首当其冲走在前面，作出积极应对。

---

⑨ 参见吴汉东：《法学教育发展的历史轨迹与中国道路》，载《中国大学教学》2016 年第 1 期。

⑩ 参见李其瑞、冯飞飞：《中国法学教育 70 年：发展历程、问题反思和未来展望》，载《法学教育研究》2020 年第 2 期。

1. 新文科建设的兴起。学科是人类对不断积累、发展和形成的知识体系按照一定标准和特征所作的划分,⑪文科是其中人文与社会科学的简称。而“新文科”概念最早由美国希拉姆学院在2017年率先提出,初衷是针对传统文科进行学科重组、文理交叉,把新技术融入哲学、文学、语言等课程之中。⑫“新文科”概念一经产生,我国就积极响应,赋予其新的内涵,制定相关政策,提出了规划和发展目标。

学界对新文科的研究也分别从不同角度进行解读和界定。徐显明教授提出,新文科的“精髓和灵魂就在于创新,应秉持新理念,适应新时代,确立新使命,赋予新内容,运用新方法”⑬;宁琦教授认为,新文科是“回应时代变化对高素质人才的诉求,并在这些变化的基础上对人才培养和科学研究进行创新”⑭,不一而足。

在诸多学者对新文科的解读中,不难发现,“新文科”概念是在互联网+、大数据、人工智能、物联网、区块链等技术革命影响下,顺应时代潮流,服务经济社会发展,积极主动求变的产物。新文科建设是回应新时代要求的高等教育变革,是在原有文科学科理论、学科体系基础上的创新,正从理论走向实践。如2021年7月29日,教育部办公厅下发《关于推荐新文科研究与改革实践项目的通知》(教高厅函〔2021〕10号),公布了首批新文科研究与改革实践拟立项项目1012个,这标志着国家层面努力促使新文科建设在各高校改革实践中走深走实。

2. 新文科建设对法学教育发展的启示。正视社会各界对既有法治人才培养质量的质疑,尤其是针对用人单位对法科毕业生实际工作能力评价较低的直接反馈,回应社会对法治人才尤其是高端优秀法治人才的需要,改革我国传统法学教育模式存在的缺陷与问题早已刻不容缓,此

---

⑪ 目前,人们将人类所有的知识划分为自然科学、农业科学、医药科学、工程与技术科学、人文与社会科学五大门类。

⑫ 参见方延明:《“新文科”建设:何以必要及如何可能》,载《江海学刊》2020年第5期。

⑬ 徐显明:《新文科建设与卓越法治人才培养》,载《中国高等教育》2021年第1期。

⑭ 宁琦:《社会需求与新文科建设的核心任务》,载《上海交通大学学报(哲学社会科学版)》2020年第4期。

前中国法学教育界也不停地找寻和发现解决中国法学教育之困的切实方案。新文科建设的兴起，给法学教育发展带来了新的契机，为破解上述困局提供了良好际遇。

笔者认为，新文科之新，以文科内部的融通和文理之间的交叉融合为核心，寄希望于打破学科壁垒基础之上，借助不同学科的价值理念和思维方式来解决文科自身建设以及人类社会发展中面临的系统性、复杂性问题。因此，新文科建设于法学教育而言，应充分考虑当前法学教育所处的特定历史时期，吸取我国法学教育的发展历史与他国法学教育的有益经验，深刻检视我国传统法学教育存在的主要矛盾，借助现代网络信息技术手段对法学教育的全面影响，推进不同学科的开放和交融，吸取其他学科有用养分，倡导引入计算机、大数据等理工科的科学技术，实现法学学科与其他学科的交融创新。

但必须清醒认识到，交融创新的目的是补齐法学学科的短板，让其发展更加完善，更好地为全面依法治国、法治中国建设提供人才保障。推进交融创新的同时，更要固本守正，这是本文研究重点所在。切忌在交叉融合和跨学科的大旗下，忽视甚至摒弃学科自身的规律与特质，因为学科之间的融合与交叉，是以学科之间的相互独立和清晰边界为前提的，任何一门学科均有其作为独立学科的自身品格与固有规律。更为重要的是，融合发展中，应尊重并坚持法学教育的核心要义和法治人才培养的自身规律，既不能单纯地沉醉于理念之争，也不能片面地以学科交融创新为指针，矫枉过正地过于偏重法学学科与其他学科的融合，却忽视甚至丢掉法学知识体系的基础性地位。因此，未来法学教育改革的关键点还在于，回归法学教育培养法治人才的基本职能，正视法学作为一门专门学问与独立学科的固有逻辑，找寻到能够最大限度契合法治建设人才实际需要和法治人才培养基本规律的改革突破口，实现法学学科交融创新的同时继续坚持并致力于法律人必须具备的基本素养——法律思维能力的训练养成与有效提升，并将其作为法学教育的核心价值定位。下文将围绕这一问题继续展开。

三、新文科建设视野下法律思维的价值坚持

承前所述,新文科建设对学科交叉与知识融合的强调背景下,应继续坚持并致力法律思维能力的训练养成与有效提升。

(一)学科交叉融合背景下法律思维的本质把握

虽有学者曾怀疑地指出真有独特的法律人思维吗?⑮ 但随着法治建设和法学教育的推进,类似"法治不仅是由制度和规范生成的,还包括与制度规范相并存的法律思维"⑯的观点基本成为学界共识,并将法律思维作为法学理论的基础性问题展开研究。只是关于法律思维内涵的揭示却因视角差异而存在较大争议,郑成良教授认为法治实质上就是一种思维方式,进而将法律思维界定为"按照法律的逻辑(包括法律的规范、原则和精神)来观察、分析和解决社会问题的思维方式"⑰;刘治斌等学者从职业主义视角出发强调法律思维是区别于其他职业的一种独特思维方式;⑱李瑜青等学者则从法律思维的过程与结果互动关系层面理解法律思维,⑲不一而足。

本文无意创建一个新的法律思维定义或理解视角,但出于文章研究的需要,将法律思维的训练与提升作为新文科建设背景下法学教育改革的核心目标,厘清法律思维的本质就具有先决性意义。

首先,法律思维本质是一种思维形式。从逻辑学角度,法律思维归于思维属概念,具有思维内涵的一般规定性。因此,法律思维本质上是一种依据法律规范的规则思维方式,"当法律思维作为思维方式,它的一端便连接着法律的形而上层面,联系着法律和法律人的文化内蕴、品格和精神需求;当法律思维作为思维方法时,它的另一端连接着法律的形

---

⑮ 参见苏力:《法律人思维?》,载《北大法律评论》2013年第2辑。

⑯ 陈金钊:《法治思维及其对法治的意义》,载《法商研究》2003年第6期。

⑰ 郑成良:《法治理念与法律思维》,载《吉林大学社会科学学报》2000年第4期。

⑱ 参见刘治斌:《法律思维:一种职业主义的视角》,载《法律科学》2007年第5期。

⑲ 参见李瑜青、张建:《法律思维内涵与特征再思考》,载《东方法学》2012年第2期。

而下层面,它在对解释、推理、论证等法律方法的探索中使法律为人们的生活提供了更为理性的安排。”[20]质言之,法律思维既要强调法治视野下依据法律规范的规定性,也要注意包括法学专业知识和经验知识储备的基础性,还要看到法律思维过程的体系性以及思维方法的技术性。

其次,法律思维有别于其他文科和理工科的思维。无论是哲学思维、政治学思维、经济学思维,还是计算机思维、大数据思维和医学思维,在对待同一社会事件的分析与最终形成的看法上,各种思维的内容、侧重、利弊分析的权衡因素以及决策层面存在明显的差别。而法律思维过程则表现为但又不完全等同“三段论式”逻辑,因为其内在体系结构表明,法律思维必须要以法律规范、专业认知、经验常识、概念术语等储备作为前提,既是知识,也是经验,既有价值判断,又有利益衡量。更重要的是,法律思维作为一种职业思维模式,正是法律的规范性、社会性、目的性、概念性、体系性决定了法律思维的层次性、体系性、过程性,是一个非常强的概念但却有着非弱的可定义性。

最后,法律思维有别于常人思维但并不排斥社会常识。法律思维具有专业性和职业性特点,需要长期训练养成,但法律所要处理和面对的是日常生活中发生的各种矛盾纠纷,法治其实就是我们每一个人每一天的生活,那些法条不过是立法者努力从日常出发,面对复杂的人性和社会条件所设计出一套合乎理性的规则,要执行好这套规则,就要求法律职业人才必须是一个有生活经验和社会常识的正常的理性人,应知晓社会伦理情常,能认知并切身体会普通人的情感,亦即法律人“需有一种一方面能够洞察人类的全部感情,又不能被任何感情所支配的最高的智慧”。[21]

(二)法律思维对法学教育固本守正的价值证成

“法学乃经世致用之学”,其专业属性要求担当法治人才培养重任的法学教育必须兼顾理论与实践双重品格,新文科背景下法学教育改革

[20] 谌洪果:《法律思维:一种思维方式上的检讨》,载《法律科学》2003 年第 2 期。

[21] [法]卢梭:《社会契约论》,载州长治主编:《西方四大政治名著》(第 1 版),天津人民出版社 1998 年版,第 493 页。

的前提性和基础性问题,应当明确并强调法律思维的培养与训练作为法学教育核心目标的定位。

其一,有助于中国特色法学教育模式的可持续发展。在法学教育理论界,对法学教育模式的基本定位长期以来就存在通识教育与职业教育的理念差异与认识分歧,导致一方面我国法学教育的总体目标不明确;另一方面不同层次法学教育目标不清晰。如《关于实施卓越法律人才教育培养计划的若干意见》明确了实施卓越法律人才教育培养计划的总体目标在于“培养造就一批信念执著、品德优良、知识丰富、本领过硬的高素质法律人才”,但是该意见同时明确了应用型、复合型、涉外型、西部基层法律人才的分类培养模式,在差异化培养目标和模式下,唯有强化法律思维训练并将其作为我国法学教育的核心目标,才有助于我国特色的法学教育模式可持续发展。

其二,有助于培育多元化法律职业共同体。随着法治建设的深入,法律职业分工越发精细,法律职业共同体的发展早已超越法官、检察官、律师的传统架构而越发多样化,具体岗位的差异对法治建设人才需要的知识结构和专业技能会呈现细微或明显的差别,但对法律思维方式的要求却是相同的,他们“信奉相同的价值观念、使用相同的思维方式和论证方法、共享一套话语符号和价值观念”。[22] 因此,唯有在法学教育中贯彻法律思维训练的核心目标定位,才能适应多元化法律职业共同体的培育需要。

其三,有助于统领法学教育改革全局。新文科建设背景下法学教育改革的纵深推进,既需要从法治人才培养理念、培养模式、培养机制等宏观层面努力,也需要在法学学科建设、课程体系、考核方式、评价机制等微观层面创新。对法律思维内涵的研究表明,法律思维具有层次性、体系性和过程性的特征。法学知识系统尤其是法律概念体系是法律思维展开的基础性工具,徘徊于事实与规范之间的法律思维强调程序自治和形式逻辑。因此,确立法律思维训练的核心目标地位,可以有效弥合通

[22] 陈骏业:《法律思维能力在法律高等教育中的核心定位及培养》,载《河北法学》2008年第2期。

识教育与职业教育的理念分歧，可以将法律知识的传授与实践技能的训练有机联系在一起，可以在更为具象的层面为我国法律人才培养机制、法学学科建设以及法学教育课程体系设置等方面提供更有针对性和统领性的目标指引。

其四，有助于契合法学教育规律的时代要求。大数据时代现代网络信息技术极大地拓展了知识信息的获取渠道，法学院的在校教育并不是唯一的法律信息来源，法律知识的传授是法学教育的重中之重，但并不能作为法学教育的根本目的。因为“对于法律人来讲，思维方式甚至比他们的专业知识更为重要。因为他们的专业知识是有据（法律规定）可查的，而思维方式是决定他们认识和判断的基本因素”。[23] 重视对学生的思维训练，有助于学生将理论知识与法律实践相融合，提升法律解释、法律推理、法律论证的能力，更加契合法学教育的本质。

四、新文科建设中法律思维养成的实现路径

法律思维的养成绝非易事，涉及因素众多。笔者认为，新文科视野下，宜以知识和逻辑为切入口，在法教育学理念指引下，对教学内容实质性优化，充分提高讲授者法律思维能力和水平。

（一）正确对待且认真贯彻法教义学理念

法学教育中深刻理解并贯彻法教义学理念对法律思维养成至关重要。法教义学源于德国法学界主流研究方法，在我国法学教育发展中逐步被引入。法教义学尽管一度被激烈批评，因为反对者认为法律应当是一种活的体系，必须运用经验知识和价值判断才可能妥适地解决个案，但是法教义学却将法律规范视为裁判的全部依据，法律适用就成为通过逻辑推演出结论的机械过程，完全忽略裁判中法条之外的知识、经验与价值的方法。其实不然，法教义学“并非不关注经验知识和价值判断，而

[23] 孙笑侠：《法律人思维的规律》，载葛洪义：《法律方法与法律思维》（第1辑），中国政法大学出版社2002年版，第81页。

是致力于将它们教义化和类型化……教义也并非绝对,它依然保留了被案件的特殊情形和价值判断所挑战的可能,挑战如果成功,则会造成教义的变迁”。㉔ 从法教义学历史发展的视角看,受到利益法学与评注法学的影响,法教义学的基本主张是“强调规范与规范性,反对过度夸大法律的不确定性,主张司法裁判的法律(规范)属性;反对轻视规范文义的倾向,主张认真对待文本本身;反对摆脱法律约束的要求,主张法律(规范)对于司法裁判的约束作用”。㉕

因此,笔者认为,法教义学以现行实定法规范为研究对象,以现行法整体规范合法性作为逻辑前提,以现行法律规范在司法实践中的具体适用为目标,也关注现行法规范的合理性发展与修改,其基本方法是体系化地识别和解释现行法律规范,强调概念作为分析工具的基础性作用。这一点与法学教育培养具有法律知识且能够解决法律实践问题的法治建设人才目标是相适应的,与法学教育坚持的法律思维训练核心目标是高度契合的。在中国法学教育中应当坚持并认真贯彻法教义学的基本理念。与此同时,还必须充分正视在中国特定语境下法教义学方法可能会遇到的挑战,如我国现行法的规范性尤其是体系性不足,可能会对法学教育中引入法教义学方法造成负面影响。

(二)以法律思维培养为导向对教学内容实质性优化

方法论问题解决后,就需要确定以何种内容作为载体更有助于法律思维的养成。换言之,学校教些什么、教师如何教、课程如何考核等具体问题,无不直接影响着法律思维训练的实际效果。

1.优化课程设置。设置一套既凸显法学学科本质特点,又体现学科交融,特别是围绕法律思维养成的课程体系是必要前提。

首先,合理设置体现专业之必要的法学类课程。教育部高校法学学科教学指导委员会规定了14门法学专业核心课程,但对核心课程之外的其他法学课程如何设置并无规定性要求;根据2021年教育部最新发布的普通高校法学本科专业教学质量国家标准提出法学专业核心课程

㉔ 雷磊:《法教义学的基本立场》,载《中外法学》2015年第1期。

㉕ 雷磊:《什么是我们所认同的法教义学》,载《光明日报》2014年8月13日,第16版。

的“1+10+X”模式。以此为导向,笔者认为,第一,核心主干课地位不能动摇,切忌以教学改革之名不断进行课程的花样翻新,从而削弱核心主干课的地位或者大幅压缩学时比例。第二,增设专门针对法律思维训练的方法论课程,如新开法律方法与法律思维、法律解释学、法律适用与研究等课程。第三,开设程序法与实体法相互贯通的实务类课程,并从师资方面要求实体法与程序法教师共同担任同一门课程教学任务,以实现实体法与程序法的无缝衔接,加大法律思维训练力度。第四,科学区分法学专业课程类别,合理安排各类课程教授时段。一般而言,理论知识类课程主要涉及基本概念、基本原则和基础理论,适合开设在法学专业低年级;案例分析类课程紧跟在相应理论知识类课程后开设;而能力研讨类课程更适合在高年级展开,旨在训练学生的研究、推理和说理能力。从而形成课程难度逐渐递进、知识内容逐步深化、能力训练有序展开的专业课程体系,逐步实现法科学生法律思维的养成。

其次,适当安排交叉类学科课程。以新文科建设中专业融通理念为指引,强化法学学科与其他学科的交叉融合,特别是创新“法治+数字”复合型法治人才的培养模式,注重法科学生跨学科思维能力的锤炼和解决交叉领域实际法律问题能力的提升,构建由法学专业课程、信息科技课程、交叉学科课程(数据法学、计算法学等)、法律实践课程(科技法律谈判、科技法律文书等)、智能时代创新创业课程组成的跨学科、层次化专业课程体系。

最后,科学控制人文通识课程(公共课程)的比例。基于既要培养具有法律思维的职业法律人,又要使优秀的法律职业人更应是一名合格公民,通识类课程(如思想政治、英语等公共课程)在本科学位课程总课时量中的比重不超过合理比例为宜。

2. 改革法律思维训练的教学方法。我国传统法学教学方法以基本概念和基本原则、基础知识和基础理论为教学重点,加之国家统一法律职业资格考试考查内容以现行法律规定为主的影响,讲授内容就增添了更多法条注释的内容。借鉴既有理论教学与实践教学的成功经验,可以考虑从以下几方面入手改进专业教学方法:一是认真对待并贯彻法教义学理念,重视对基本概念与特征、基本制度内容的传授,但不能满足于简单的概念式讲授,要着力提高学生自主学习的自我驱动力,以促进学生的深度学习思考。二是强调实践技能训练必须建立在知识积累基础上。协调理论教学与实践教学的关系,注重教学内容和课程性质差异对教学方法的影响,根据具体课程需要选择相适应的教学方法。三是注重实践教学方法在课堂教学中的具体运用。为实现案例教学更逼近审判实践的场景、氛围等,选择教学案例应注重案例的真实性、知识性、可争辩性等,尽量让学生实质感受真实裁判(代理)压力环境中的角色扮演。四是充分应用现代计算机数据信息技术手段,依托跨学科专业的各类优质教学资源,借助"雨课堂""腾讯会议""学习通"等信息媒介开展线上教学和自主学习,线下课堂增强师生之间以及学生与学生之间互动与研讨,形成线上与线下并行、课内与课外协同、师生时时交互的教学新模式,让法律思维的训练和养成无处不在、无时不在。

3. 提升法学教材的内涵质量。法律思维的有效养成中,教材质量也至关重要。全国适用的教材曾分为司法部所属大学、重点综合大学自用和通用教材等类别,目前主要有全国统编教材、各法学院校组织出版教材和学者独著等类别。从范围看,基本覆盖了法学专业教指委所规定的全部核心课程及其他专业课程;从内容看,前两类教材尤其是部门法学科教材因为法律修改和司法解释的出台,为适应法律的最新发展,教材的版本更新频率较快、知识量越来越丰富、信息量越来越大。但其中最大的问题在于法律方法、法律解释、法律思维、法律逻辑类教材供给不足,对学生法律思维训练缺乏应有的关注,法教义学的理念与方法在教材建设中没有贯彻或贯彻不到位。

笔者认为,改变这一现状,须从教材编写思路与理念上重视教材对学生法律思维能力训练的重要引导作用,将知识的传递与思维的训练有机结合,实现学生对现行实定法律体系的熟悉、对专业基础知识的体系化理解和润物细无声式的思维训练。

(三)重视提升法学教师的法律思维能力与水平

从目前法学教育发展的体系循环看,教师的法律思维与学生的法律思维养成互相影响、互相促进,前者有利于培养高素质的学生,而学生法律思维养成后又拓宽优秀法学教师的来源。

目前,法学师资队伍建设在学历结构、学院结构、职称结构、年龄结构等硬性指标方面较之以前已大为改善,诸多法学院校对新进教师的学历要求法学博士及以上,甚至须是“985”“211”之类的著名法学院校博士。但客观而言,中国法学教育仍存在法学专业师资力量薄弱的现实困境,“既有历史遗留的知识问题,也有社会发展新出现的见识问题”。[26]今天的中国法学教育仍然需要继续思考,我们究竟需要什么样的法学教师?因为教师是法律思维训练的关键因素,教师自身的教育理念、知识体系、实践经历、问题意识、分析框架、教学经验、教学方法均会对法学教育产生深刻影响,师资会直接决定法学院可以给学生什么样的法学教育。只有当教师自身具备具体法学学科相对完整的知识体系和较高的理论素养基础上,才可能建立相应的稳定的分析问题的框架体系,形成相对完善的课堂教学方案设计,引导学生进行真正的法律思维训练。

针对目前教师队伍法律实践能力不足的实际,解决路径一是努力创造条件并鼓励法学院专业教师适当参与法律实务工作。二是适应法治建设人才培养需要,鼓励高等学校加大聘用具有法律实践工作经历的资深人士兼任法学教师的力度,形成专兼结合、理论与实务兼备的高素质师资队伍,以从知识结构、实践能力多方面改革和优化高等学校教师结构。三是从课程师资的具体配置层面,对法律实践性特征极强的课程,建立法学院校专职教师与法律实践部门导师共同担任一门课程教学任务的合作机制,让法学院专业教师与实践导师通过共同探讨、共同设计课程教学方案、双师同堂教学的方式,在课程准备与教学过程中,促使教师与实践的沟通,法学专业师资队伍的教育理念也可以在潜移转化中得以更新。

---

[26] 王轶:《法学教育中的学生与老师》,载《北京航空航天大学学报》2018年第3期。

结　语

法律思维作为一种具有典型专业特征的职业思维模式,是经过规范法教义学熏陶后应该养成的“法律人”思维,它是分析、解决法律问题,准确认定法律事实,正确适用法律规范,并能结合当下社会生活背景与条件妥适地处理法律纠纷的必备思维模式与能力,是“法律人”形成知识共同体、解释共同体和文化共同体路径依赖。在中国特色法治国家建设与新文科建设的背景下,时代赋予了法学教育重大使命,既要借助新文科建设的东风,通过学科融合发展、开拓创新突破自身发展“瓶颈”;同时,必须强调坚守法律思维培养与能力训练在法学教育中的核心价值,这是确保法科人才培养质量的基础,同时也是通过法治人才的专业水平提升国家法治水平的重要保障。

Integration and Integrity Preservation: Value Persistence and Cultivation of Legal Thinking from the Perspective of New Liberal Arts

Leng Chuanli　Chen Maohua

Abstract: Legal thinking essentially belongs to the mode of thinking of rules, which must be trained and cultivated by “legal person”. Under the dual background of the comprehensive rule of law and the construction of new liberal arts, the connotative development of law education with Chinese characteristics must face up to the defects of the traditional law education model. We should not only accumulate enough consensus and wisdom to explore the path of integration and innovation, but also stick to the training and cultivation of legal thinking as the core goal of the training of talents ruled by law in China in the future, correctly understand and conscientiously implement the philosophy of legal doctrine, attach importance to improving the legal thinking ability and level of law teachers, and substantially strengthen the legal thinking training of law students through optimizing teaching contents and reforming teaching methods.

Key Words: new liberal arts, legal thinking, cultivation education, intersection and integration, integrity preservation

论卓越法治人才培养主体的协同育人路径

刘红春*

摘　要：法治中国的建设需要多元化、专业化以及规模化的卓越法治人才的参与。发挥各相关培养主体的作用，形成协同培养的合力，以提高人才培养的质量和数量是卓越法治人才培养中各协同培养主体努力的方向和目标。但在传统由政府和高校承担主要培养责任的培养模式下，公检法、律协、企业等主体有效协同培养的模式并未形成，其协同培养的作用并未得到充分发挥。鉴于此，本文从卓越法治人才培养的主要管理者——教育行政机关的职权配置出发，借鉴功能性分权理论，分析以其为主导过程中卓越法治人才协同培养存在的困境，引入公检法、律协、企业等以形成多方共治的新时期治理模式，推动跨部门协同育人的常态化合作机制的形成，破除合作的体制机制壁垒。

关键词：卓越法治人才　培养主体　功能性分权　协同育人

* 刘红春，云南大学法学院副教授，法学博士。研究方向：涉外法治人才培养。

一、问题的提出

在现代社会,公共管理模式需要变革,重要变革之一就是"寻找新的制度性合作伙伴",这在社会学、政治学、公共管理学等诸多领域几乎成为一种共识,强调多元主体参与、政府不再是唯一主体的协同治理理论应运而生,并以其独特优势积极回应了变革的现实诉求。自党的十八届三中全会提出"实现国家治理体系和治理能力现代化"总目标以来,协同治理理论与实践研究进入了一个全新的发展阶段。科学有效的权力结构与运行机制是实现国家治理体系和治理能力现代化的要素,协同治理的关键在于构建多元主体合作行动框架,而多元主体间互动模式选择、机制设计是框架构建的基础。在卓越法治人才教育培养领域,自2018年《关于坚持德法兼修 实施卓越法治人才教育培养计划2.0的意见》(以下简称《卓越法治人才培养计划2.0意见》)颁布、卓越法律人才培养计划升级为卓越法治人才培养计划以来,基于教育部与中央政法委、地方教育部门与政法部门、中央与地方政府、各高校协同视角的研究日益丰富,并提供了一定的系统认识和研究基础。从各类人才培养实践来看,一个完全由高校或者政府承担的人才培养模式具有一定的局限性,适应时代需求的人才培养强调培养过程中多元主体间有效合作的重要性,这就说明协同育人与新时代人才培养有很强的契合性,可以为其提供有效的解释框架。协同育人在法治人才培养领域的应用实践仍存在一定的完善空间,如由于路径依赖,更多的是将高校或政府作为主体分析焦点,对其他主体的关注和探讨不够;由于卓越法治人才培养计划还处于推进中,更多的是聚焦于宏观政策层面的分析,较少基于微观层面关注主体间的互动机制、组织架构及职权边界划分。因此,本文将结合意见文本、既有理论和横向实践对比等,对主体间的协同育人路径进行研究,以期为协同育人的实践提供专业、规范与体系理论支撑。

二、卓越法治人才的培养主体

在法治人才培养过程中,理论界趋向于把承担人才培养的任务的主体认为是政府及高校而忽略了其他主体的参与。传统理论认为,根据法律规定和程序成立的享有权力并履行相应责任的教育行政主体是培养人才的主要主体。随着公共行政的变革要求,传统判断行政主体的标准从单一行使行政权的行政机关渐渐发展为以行使的内容即公共权力为标准来认定,即行使了公共权力皆可成为行政法上的行政主体。① 但在法治人才培养中,公安、法院、检察院以及司法行政部门行使职权的范围和类型几乎没有明确的规定,其他相关部门的协同合作同样较少有相应的文件予以明确,实践中相关的协同性经验也较少。此外,笔者通过横向对比文、理、工、农、医、教等领域卓越人才培养中协同育人的参与主体、职权配置及异同点(见表1),进一步理清基于协同治理与功能性分权理论的体系化、规范化、专业化的卓越法治人才中协同育人路径构建之法。

表1 "六卓越"培养计划协同育人要素比较

异同	要素	卓越法治人才	卓越工程师	卓越医生	卓越农林人才	卓越教师	卓越新闻传播人才
不同点	参与主体	教育部、地方教育部门、中央政法委及地方政法部门、高校	教育部、工业和信息化部、理工科专业类教学指导委员会、高校	教育部,国家卫生健康委,国家中医药管理局,各省(区、市)教育、卫生健康、中医药行政部门	教育部,农业农村部,国家林业和草原局,各省(区、市)教育、农业农村、林业和草原行政部门,卓越农林人才教育培养计划2.0专家委员会,高校	教育部、各省(区、市)教育行政部门、卓越教师培养计划2.0专家委员会、高校	教育部,中央宣传部,各省(区、市)教育、宣传部门,高等学校新闻传播类专业教学指导委员会,高校

① 参见江必新:《国家治理现代化与行政法治》,中国法制出版社2016年版,第31页。

续表

异同	要素	卓越法治人才	卓越工程师	卓越医生	卓越农林人才	卓越教师	卓越新闻传播人才
不同点	参与主体	—	—	卓越医生教育培养计划 2.0 专家委员会、高校	—	—	—
	认证权	未制定相关认证标准	教育部授权中国工程教育专业认证协会②制定	教育部与原卫生部联合制定	未制定相关认证标准	教育部制定	未制定相关认证标准
	评估权	教育部、中央政法委、高校	教育部、有关部门、高校	教育部、有关部门、高校	教育部、有关部门、高校	教育部、有关部门、高校	各省(区、市)教育部门、宣传部门、高校
相同点	1. 教育经费由中央及地方政府统筹财政资金保障 2. 人才培养计划制定权由以上参与主体行使 3. 人才培养计划方案的制定权都由高校来行使 4. 以上评估权中,高校的评估权主要是发布自评报告						

资料来源:笔者根据"六卓越"培养计划文件整理。

(一)教育行政机关

在我国,是否属于教育行政管理的事项范围主要看事务是否属于教育领域,所有管理教育事务的机关均为教育行政机关,包括中央及地方

② 其作为经过教育部授权的能够实施工程教育认证的仅有的第三方合法组织,是中国科学技术协会下属团体会员,由33家全国性行业组织共同组成。

政府,而专门管理教育行政事务的机关是教育行政部门。[3] 教育行政机关包括管理一般教育事务的政府和专门管理高等教育事务的教育行政部门。宪法、组织法和其他法律确定了中央与地方政府行政权力的配置结构,并将中央与地方政府行政权力配置的权力授予国务院。在国家行政机关中,根据行政权所涉及的具体事务范围来看,可以把国家行政机关分为综合与专业的行政机关。中央与地方政府作为综合机关,发挥的是宏观上管理和协调的作用,而教育行政部门作为专门管理教育事务的机关,其主要行使具体的教育事务管理职权。

在卓越法治人才培养中,中央和地方政府拥有管理和组织教育事务的行政权,这是由其职能决定的,教育经费筹措及使用权由政府来行使便是其教育行政权行使的体现。由于社会分工的细化和法治人才培养的特性,要求其他专门的职权由专业的部门即教育行政部门来行使。教育部及地方教育行政部门是作为卓越法治人才培养计划实施中专门机关出现的,专业的教育行政管理活动应该交由教育行政部门这一特定专业的主体来完成。要积极稳妥推进我国卓越法治人才的培养工作,必须依据现行宪法及法律关于不同主体的性质、地位、职权及与其他国家机关的关系,确定各自在卓越法治人才培养中的职能定位,理顺其在卓越法治人才培养中的相互关系。根据《中华人民共和国教育法》(以下简称《教育法》)第14条及《中华人民共和国高等教育法》(以下简称《高等教育法》)第13条,教育行政部门在卓越法治人才培养中主要指的是教育部及教育厅(省、自治区)、教育委员会(直辖市)。

(二)高校

卓越法治人才培养计划的实施单位主要是各高校。政府作为高等教育的承担者,创办高校是国家教育权的体现,通过制定政策、批准等对高校进行管理则是行使和实现国家教育权的途径。[4] 因此,按照教育法

---

③ 参见管华:《论教育行政机关的法律地位》,载《华东师范大学学报(教育科学版)》2021年第1期。

④ 参见申素平:《高等学校的公法人地位研究》,北京师范大学出版社2010年版,第50页。

相关规定和授权进行教育事务管理的高校,行使着部分高等教育权力,应纳入教育行政主体的范畴。[⑤] 作为人才培养的第一阵地,高校是提供高等教育服务的主体,国家授权其享有部分管理公共事务的权力,按照《教育法》等规定,其制定的自我管理和组织相关活动的规章制度需要得到国家的认可和批准。[⑥] 根据教育部公布的清单事项及其说明可知,中央部属高等学校章程核准权由教育部行使,而省部共建高校的章程由教育厅核准。也就是说,教育行政部门通过核准大学章程的方式来实现对高校的领导。大学章程也需遵循科学合理的设置要求和程序,并为大学开展管理设定基础的规范和依据,并在此基础上展开立、改、废、释等工作。[⑦] 大学章程是制定人才培养方案的依据,也是教育行政权行使的延伸和体现。

(三)其他主体

实际履行行政职能的组织和团体被纳入新的行政主体范畴,由其依法行使职权并承担具体职责是新一轮党和国家机构改革有关行政主体理论的创新,体现了国家治理为主导、多元社会组织参与的治国理政新模式。[⑧]《卓越法治人才培养计划 2.0 意见》提出了要加强与法治实务部门如司法行政部门、法检、律协、企业等协同培养的机制,从其他卓越人才培养计划的教育行政权配置中也可以看出,相关部门被纳入人才培养中。《中共中央关于全面推进依法治国若干重大问题的决定》提出了建设包括立法、执法、司法、法律服务以及法学教育等不同工作类型的专门、法律服务和法学专家等法治人才队伍。关于法律职业的定义,由于概念本身的不确定性,目前并没有明确的法律法规对其内涵和外延作出

---

⑤ 参见申素平:《高等学校的公法人地位研究》,北京师范大学出版社 2010 年版,第 50 页。

⑥ 参见王敬波:《高等教育领域里的行政法问题研究》,中国法制出版社 2007 年版,第 9 页。

⑦ 参见王敬波:《高等教育领域里的行政法问题研究》,中国法制出版社 2007 年版,第 9 页。

⑧ 参见熊文钊:《论机构改革与行政主体理论创新》,载《行政法学研究》2021 年第 2 期。

明晰的规定。[9] 而法律职业已在学界有所研究,虽然对于法律职业的界定和内涵有不同的认识,但是法官、检察官、律师等以实施法律、主要工作围绕法律开展的法律职业者和立法者、执法者、法学教育家等与法律相关的职业者共同构成法治人才工作队伍是基本上形成共识的。[10] 除此之外,每年对律师(包括实习律师)进行考核的律协以及吸纳法学就业生的企业也是协同培养不可或缺的主体。

根据功能适当的权力配置原则,[11]将相应职权配置给在组织、人员安排等方面具有功能优势的最适合机关是行政机关在配置行政职权隐含的原理。[12] 教育作为一种公共服务已然不是由政府主导的一元化服务,需要其他相关部门和公共行政组织共同参与。[13] 司法行政部门如司法厅,公安、法检、仲裁委以及律所等法律相关实务部门是吸纳卓越法治人才就业的主要部门,在组织、结构以及人员配置上理应具有权力配置的功能优势,其应该被纳入协同培养的范畴,且作为最终用人单位,其对人才培养的评估评价和认证标准是人才培养能否最终达到社会需求的重要指标。但目前来看,这样的设想并未成型。但是不可否认的是,司法行政部门、公安、法检、仲裁委、企业以及律所等主体的参与有助于卓越法治人才培养主体间协同育人格局的形成,最终培养出真正推动法治中国建设的卓越人才。

三、培养主体间协同培育的困境

从卓越法治人才培养的参与主体来看,其已经由传统的自上而下的

---

⑨ 参见潘剑锋:《论以法律职业精英化为目标的法律职业资格考试》,载《现代法学》2019 年第 5 期。

⑩ 参见潘剑锋:《论以法律职业精英化为目标的法律职业资格考试》,载《现代法学》2019 年第 5 期。

⑪ 参见张翔:《国家权力配置的功能适当原则——以德国法为中心》,载《比较法研究》2018 年第 3 期。

⑫ 参见张翔:《我国国家权力配置原则的功能主义解释》,载《中外法学》2018 年第 2 期。

⑬ 参见张翔:《我国国家权力配置原则的功能主义解释》,载《中外法学》2018 年第 2 期。

科层制转变为多元主体共同参与治理的格局。⑭ 但在当前的科层制架构内，公共组织迫于行政压力难以实现政社良性互动。⑮ 破除体制机制壁垒、实现深度协同是《卓越法治人才培养计划2.0意见》提出的构建政府部门、法检、律所、企业等法治实务部门与法学院校双向交流机制的措施，但是这样的双向交流机制对卓越法治人才协同培养其实也是不全面的。

（一）职权界定不清晰

行政权作为一种重要的国家权力，其取得和运行必须有合法的依据。⑯ 教育行政权作为行政权的组成部分，其取得和行使也必须有合法的依据。从《宪法》《国务院组织法》《教育法》《高等教育法》以及国务院办公厅对教育部职责规定和内设机构的划分来看，采取概括加列举的方式界定教育部以及地方教育行政部门的职权并不表示职权界定就是清晰明了的。法律对于职权的规定通常采用有限的列举或抽象描述的方式，这就导致对于职权的具体范围等产生不同的认知。⑰ 国务院办公厅对教育部职责和内设机构的划分以及《卓越法治人才培养计划2.0意见》不完全列举卓越法治人才培养过程中组织实施的主体，涉及中央政法委及地方政法部门、中央及地方政府、教育部及地方教育部门、高校等，专业教育组织、联合培养单位如司法行政部门，公安、法检、律协等相关主体在职权配置中属于何种地位，能否行使具体职权？教育行政部门仅仅是专门的培养主体之一，综合性管理机关政府和专门性管理机关教育行政部门之间的权力界限何在？教育部和地方教育部门在行使具体职权时的范围和权限为何？高校与教育行政机关之间的权力范围和界限在哪？都未予以明确规定。而主体不明确，导致具体职权的配置缺乏合法有效的承接主体；具体职权不明确，导致相关的培养主体之间无法

---

⑭ 参见张翔：《我国国家权力配置原则的功能主义解释》，载《中外法学》2018年第2期。

⑮ 参见胡卫卫等：《技术赋能何以变成技术负能？——“智能官僚主义”的生成及消解》，载《电子政务》2021年第4期。

⑯ 参见周佑勇：《行政法基本原则研究》，武汉大学出版社2005年版，第148页。

⑰ 参见刘国乾：《效能导向的综合执法改革原理与操作》，载《法学家》2020年第6期。

界定各自职责,行使各自参与人才培养的权力。经分析后发现,在卓越法治人才培养过程中导致权能配置不合理的原因主要有三个:

一是教育经费筹措及使用权在"六卓越"人才培养计划中的配置和运行基本上是一致的,即高等教育经费采取的是中央与地方分级承担的责任制度模式,即主要由中央和地方政府进行划拨,地方政府及高校有权根据本地或本校实际情况来依法合理使用教育经费,同时,通过合理渠道扩大其他教育经费的投入,发挥司法行政等实务部门作为参与卓越法治人才培养中教育行政权合理行使和不可或缺辅助性主体的作用,支持卓越法治人才的培养。但目前还未形成合理的经费投入与管理渠道,即教育经费筹措来源渠道仍是单一的,主要还是由政府支持,其他途径的投入或来源较少。

二是以效能为导向来制定卓越法治人才培养计划及方案之路仍不明晰和精准。人才培养计划的制定需要从顶层设计来考虑,顶层设计的优势在于能够形成统一的认识,进而转变为制度,指导人才培养。⑱ 在有关人才培养计划和方案的制定上,教育部作为中央教育行政部门,其所行使和享有的人才培养教育规章制定权适用于全国的教育事务,发挥的是宏观上的指导作用,而地方教育行政部门的人才培养计划制定权则主要是针对本地区的特点和实际情况来制定贯彻落实教育部规章,出台具体细化与补充规章的规范性文件,由此,人才培养计划制定权实现了教育部与地方教育部门在纵向上的分配和衔接。根据《卓越法治人才培养计划2.0意见》,地方教育部门以及政法部门享有在教育部规章基础上的人才教育培养计划的制定权。根据查询地方教育厅官网统计,截至2022年3月13日,仅有广西壮族自治区、河南省、山西省、云南省、江西省及甘肃省6个省份发布了卓越法治人才培养计划,培养计划的落实有待进一步跟进。人才教育培养方案的制定权主要由高校来行使。在制定培养方案时,高校作为参与培养及课程设计的主体,教学管理制度的系统修订是实现制度保障人才培养计划得以实施、体现人才培养核心地

⑱ 参见法学教指委秘书处:《"培养德法兼修高素质法治人才研讨会"纪要》,载《中国法学教育研究》2017年第3期。

位的前提。[19]

三是涉外法治人才的培养未见有关的培养计划和设置。目前我国高等教育还不够重视涉外法治人才的培养，其一，在计划制定和设置上多省份还未有相应的计划，目前也仅有6个省份在人才培养计划中纳入涉外法治人才的培养内容；其二，未形成完整的国际法学科体系，[20]涉外律师、涉外知识产权人才等不同的人才培养需求与日俱增，涉外法治人才培养的数量和质量还远不能满足涉外法治工作的开展。

从本质来看，未制定卓越法治人才培养计划的省级教育行政部门存在行政立法不作为的现象。所谓行政立法不作为指的是，在《卓越法治人才培养计划2.0意见》有明确制定人才培养计划要求的前提下，各省教育行政部门未及时或者怠于行使人才培养计划制定权的情况。[21] 人才培养计划制定权的落后或缺失，会导致人才培养过程中其他权力的行使缺乏合法性依据，存在教育行政权力滥用、缺位、越位、不作为等问题，影响教育行政部门的效能提升。此外，制定权还包含着人才培养方案的制定，人才培养计划制定权难以落实，人才培养方案的制定也缺乏相应的依据和支撑。

（二）协同机制不健全

卓越法治人才培养具有多元一体化的特征，多元之一便是培养主体的多元化，中央政府以及教育行政部门如何协调多元化主体共同参与人才协同培养机制的建立，"双千计划"、高校与实务部门联合培养等实践性教学方式的引入可以说是构建协同育人的重要突破，但教育行政部门在其中的地位和作用却并不突出或者说具体职权并不明确，协同培养时主次也未有明确规定。教育行政机关既是教育事务的管理者和监督者，同时其作为实务部门之一，在人才培养资源与要素整合方面的培养机制

---

[19] 参见法学教指委秘书处：《"培养德法兼修高素质法治人才研讨会"纪要》，载《中国法学教育研究》2017年第3期。

[20] 参见黄进：《完善法学学科体系，创新涉外法治人才培养机制》，载《国际法研究》2020年第3期。

[21] 参见朱海波：《论行政立法不作为的内涵、认定及责任》，载《云南行政学院学报》2013年第4期。

壁垒仍未消除,有效沟通和交流的协同机制尚未建立。[22]

一方面,在对卓越法治人才培养质量的评估中,教育行政部门自行组织或者委托第三方评估机构对各高校卓越法治人才培养的成效进行评价的评估权以及高校的自我评估权的行使还存在未落实到位的情况,各主体之间如何更好地衔接没有明确的法律规定。对高校教学质量和效果开展评估是教育行政部门履行监督职责的方式。[23] 国务院有关教育评价体系的改革中指出,下级政府履职评价的依据主要源于地方结合实际对国家层面确立的评价内容和指标的细化,高校要按照国家一些大的评估指标[24],根据不同的定位推行分类评价的机制。卓越法治人才培养类型的多元化和精细化,要求其评估标准也要更具有针对性,体现人才培养的特色。在制定人才培养评估标准和实施评估权的过程中,应以教育部成立的从事有关教学评估的高等教育教学评估中心(以下简称"教育部评估中心")为主,吸纳司法行政部门、公安、法检、律协等与法律相关部门参与。《深化新时代教育评价改革总体方案》作为教育领域的首个有关评价改革的文件,表明我国在教育评价的体系上又向前迈进了一步。我国现行卓越法治人才评估管理组织体系主要是由教育部及各省教育评估机构组成。本科教学评估方案由教育部评估中心和省级教育行政部门的评估部门(如上海市专门教育研究与评估中心)分别负责中央部委所属院校和地方所属院校的审核评估,以及要充分发挥第三方评估的作用,但是直到教育部发布的2020年全国的本科教学质量报告来看,未见省级行政机构评估部门和第三方评估机构身影。[25]

---

[22] 参见刘同君:《新时代卓越法治人才培养的三个基本问题》,载《法学》2019年第10期。

[23] 参见刘同君:《新时代卓越法治人才培养的三个基本问题》,载《法学》2019年第10期。

[24] 参见刘同君:《新时代卓越法治人才培养的三个基本问题》,载《法学》2019年第10期。

[25] 《全国普通高校本科教育教学质量报告(2020年度)》:教育部教育督导局委托教育部高等教育教学评估中心研制完成……采用海量数据挖掘、多维案例分析、大规模问卷调查等方法,结合高等教育质量监测国家数据平台和全国千余所高校本科教学质量年度报告……

高校作为评估主体主要是进行自评并发布自评报告，但根据2018年全国的本科教学质量报告指出的问题，高校分类评估还有待进一步完善。而且，全国人大常委会对《高等教育法》的实施情况进行检查后发现，我国高等教育分类评价体系和评价标准不健全且单一，如河南省2018年的本科专业评估工作中从成立专业类教学指导委员会一直到评估结果的认定与运用及工作总结9个工作程序，[26]学生、家长及雇主并未被纳入其中，评估机制中还缺乏第三方评估机构的参与，说明评估权的社会化程度不够。此外，报告的发布存在不及时、不规范的现象，评估数据共享平台未搭建，目前并没有一个可以查询教育部、各级教育行政部门评估机构或中心、第三方评估机构以及高校的自我评估报告的统一平台。

另一方面，专业认证中存在相应法学认证标准、行业认证标准和高校认证标准缺乏，与之相配套的认证制度机制也尚未建立等系列问题。对高校开设课程和培养方案是否达到预期目标进行评价的过程即为专业认证，其是建立专业准入和退出机制的手段。最初的教育认证制度起源于美国，随后被欧美大部分国家采用，经过不断地摸索，国外的认证制度和体系建设形成了稳定及规范化的态势，形成诸如华盛顿协定（Washington Accord，WA）等认可度较高的认证标准和组织。我国的认证制度始于建筑专业，经过在工程类专业、医学教育专业以及师范类专业深入调研、广泛试点后，在卓越工程师中的工程教育认证、卓越医生中的医学教育认证以及卓越教师中的师范类专业认证领域制定了相应的认证标准，并开展了认证工作，公布了认证名单。这是教育部进一步落实在文、理、工、农、医、教等领域实施“六卓越”计划2.0中专业认证权的体现。对比卓越工程师培养计划的实施过程发现，在人才培养的标准上面，《卓越工程师教育培养计划通用标准》奠定了卓越工程师培养的

[26] 9个工作程序指的是：(1)专业类教学指导委员会的成立；(2)研究确定各专业评估指标体系；(3)完善信息平台；(4)召开专业信息填报培训会；(5)数据采集、填报及上传；(6)开展数据自我核查；(7)委托教学指导委员会开展评估工作；(8)形成专业评估结果；(9)评估结果的认定与运用及工作总结。

基础标准,中国工程教育专业认证协会经过教育部授权,制定了认证标准并进行了认证工作的实施,即《工程教育认证工作指南(2018年版)》从认证组织机构、认证理念、制度文件及认定程序等方面对各类卓越工程师人才进行认证,形成了较为规范和标准的人才培养认证标准和流程。反观卓越法治人才计划的实施,虽然自2015年即启动了试点工作,但是截至目前,教育部还未成立相关的法学专业认证委员会,相应的法学认证标准至今未出台,行业认证标准和高校的认证标准缺乏,与之相配套的认证制度机制也尚未建立,认证标准的制定也没有构建吸纳司法行政部门、公安、法检、律协等与法律相关部门参与机制。而缺乏相应的法学认证制度,高起点、高标准、高水平的法学专业认证工作难以铺展,也阻碍了我国建立覆盖所有学科门类的、全国统一的认证体系目标实现以及卓越法治人才培养质量获得国际承认的步伐。

(三)协同模式未形成

任何一种模式的形成和运行都是一个整体性、系统性的工程,需要动静结合、共同发力。协同培养的各类主体发挥协同育人时要求行使职权的主体既要享有适当的权力,同时必须履行相应责任。构建科学有效的权力结构与运行机制是国家治理现代化的重中之重,党的十七大报告提出了"决策权""执行权""监督权"的权力结构,强调三者之间相互协调,党的十九大报告更进一步对三者的运行予以明确要求,即"构建决策科学、执行坚决、监督有力的权力运行机制"。卓越法治人才培养要应对新的市场环境和需求,需要在卓越法律人才培养计划的基础上取长补短,将其成功经验吸收到多元一体化的培养机制中,如分类培养思想、"理论—实务"互动机制。细化与实务部门的互动机制是为了应对多元化的人才培养诉求,也是政府协同治理要求下的必然选择,由此也能促进实务部门的法治化水平和能力的提升。在一体化目标的要求下,整合各部门对于卓越法治人才培养的相关职能,加强合作的基石,要清晰划分合作机构的权责范围。责任边界的科学界定在讲求公平原则的基础上要注重灵活性的发挥,以充分调动各培养主体的参与积极性,优化合作的路径和机制,规范教育行政权的行使,落实责任的承担。

通过对上述问题的分析可以发现，虽然多元主体共同参与卓越法治人才的培养已基本形成共识，但是在人才培养的过程中，具体的合作和培养模式却并未真正建立起来。这就导致了人才培养的主体依然以教育行政机关和高校为主，其他主体虽然偶有参与，但是参与的模式和机制却并未形成固定的、常态化的模式。

四、协同培育卓越法治人才的路径

政治权力与治理权力的统筹配置是功能性分权得以产生治理有效性的关键机制之一，政治权力的集中与治理权力的功能性划分间形成了良性互动与支持的关系。[27] 置于协同培育卓越法治人才的语境中，权力的集中可以为卓越法治人才计划的运行提供一个稳定的环境，从而确保多元主体协同育人的目标统一、力量集中，而多元主体以专业化、理性化、科学化的协同育人模式推动卓越法治人才计划落地实施。

（一）科学配置职权，推动跨部门协同合力的常态化合作机制形成，破除"部门壁垒"

卓越法治人才培养过程中，只有精准界定各类主体行使的职权范围和类型，才能科学配置相应的职权，以提高教育行政机关的行政效率，并推动跨部门协同合力的常态化合作机制的形成，破除"部门壁垒"。

由于人才培养本身是复杂的，即使在任务划分、职责分工之后也必然会出现卓越法治人才培养计划推行不畅或主体履行衔接不利的情况，这就需要指定一个牵头负责部门，由其来负责制定更详尽的计划协调各类主体关系，敦促法治人才培养顺利开展，以便各类主体之间进行协调，从而保证全国层面卓越法治人才培养计划的有效施行。从这一角度来看，省级教育部门及时制定卓越法治人才培养计划是实现人才培养计划制定权完整链条的关键。换言之，省级教育部门制定的法治人才培养计

[27] 参见陈国权、皇甫鑫：《功能性分权与中国特色国家治理体系》，载《社会学研究》2021年第4期。

划发挥着承上启下的作用,对上,其是教育部制定的卓越法治人才培养计划的落实和细化;对下,其是各高校培养方案制定、各职能部门依法行使权力的依据和基础。教育部作为上级教育行政部门,对于还未及时制定人才培养计划的省份,要根据人才培养计划制定权能否实现的现实条件,督促其尽快出台相应的规定,以保障教育行政部门在法治人才培养过程中发挥引领作用。

对于涉外法治人才的培养,可采纳已有省级教育部门的规定,在卓越法治人才培养计划中纳入涉外法治人才的培养。同时对于新提出的涉外律师、涉外知识产权人才也应有相应的安排,才能实现精细化和专业化培养目标。在卓越法治人才培养中,学科专业的发展有其自身的规律,一级学科的设立审批权限由教育部独自享有,由其进行设立和调整的审批。在涉外法治人才的培养上,构建国际法学科体系,设置国际法学为一级学科是全面依法治国中涉外法治建设的需要。学科作为高校人才培养的基本单位,是高校人才培养的关键载体,承载法学知识结构体系的国际法学学科体系建设对于涉外法治人才的培养发挥着基础性、先导性的作用。国际法学学科的设置虽然只是人才培养的一环,却是关乎人才培养方向和目标的重要环节,完善其设置有利于保障我国涉外法治人才的培养,统筹国内国际法治建设协同并进。在人才培养计划的指引下,高校根据实际情况制定符合本地、本校特色的人才培养方案,实现人才培养全程有法可依,有章可循,是贯彻全面法治原则的体现。

要以评促建,提高学校或学院人才培养的整体水平。是否满足法治中国建设的需求是评价卓越法治人才培养质量的根本标准。[28] 真正的目的不是评估,而是通过评估建立一套人才培养的动态调整机制,[29]这是教育行政权配置和运行的内在要求。在实施评估时,由教育部及省级教育评估部门分工负责不同学校的评估工作。引入独立专业的第三方

---

[28] 参见陈国权、皇甫鑫:《功能性分权与中国特色国家治理体系》,载《社会学研究》2021 年第 4 期。

[29] 参见陈国权、皇甫鑫:《功能性分权与中国特色国家治理体系》,载《社会学研究》2021 年第 4 期。

评估机构,在委托第三方机构进行评估时,要以法律法规为依据,明确委托事项的内容、方式、期限及法律责任等,实行多元化主体评估机制,并及时发布评估报告。对于高校在自我评估时,教育部及省级教育行政部门要积极引导高校自主选择《本科评估方案(2021—2025年)》规定的两类四种“评估套餐”,[30]针对不同的法治人才如涉外律师、涉外知识产权人才等要设立专门的评价标准。在评估时要引入学生、家长以及雇主的参与,强化卓越法治人才培养中评估权的社会化程度,让评估的结果更能得到外部的认可和接受,也得到更加充分的外部监督。教育部要充分利用互联网、大数据等信息技术工具,建立评估信息共享平台,实现教育部、省级教育行政评估中心或机构、高校以及第三方评估机构之间资源共享。

目前,卓越工程师、卓越医生以及卓越教师都有了认证标准并进行了相应的认证工作,卓越法治人才的认证标准及制度建立可以借鉴已有的经验并结合自身特点进行相关标准的制定和完善。考虑到由于卓越法治人才培养计划牵涉多方、多专业以及长期性的问题,短时间之内难以形成适用于所有专业的认证标准,教育部可以主导遴选一批具有官方性质的专业评估机构,逐步过渡到能独立承担责任的独立法人性质的法学专业认证机构,在完善其准入和退出机制的同时由其组织实施法学专业的认证工作,培养一批相对独立和权威的法学专业教育认证组织,填补我国法学教育认证领域的空白。与此同时,可以参照卓越工程师培养计划中工程教育认证的模式,首先以《卓越工程师教育培养计划通用标准》为例,由教育部牵头制定《卓越法治人才培养计划通用标准》,其次授权相关行业起草具有针对性的法学专业认证制度,从认证标准、程序、结果形式、理念、组织管理、异议处理等明确法学专业认证标准,高校制定符合本校特色的认证标准,形成法学专业三级标准和认证办法体系。

另外,积极与法学认证标准有关的国际组织接轨并加入认可度高、具有权威性的国际协议,推动建立中国特色、国际实质等的法学认证体

[30] 范唯:《深化评估分类改革助力本科教育高质量发展》,载《中国高等教育》2020年第22期。

系,完善我国法学教育质量保障体系的建设,进一步推动我国涉外卓越法治人才的培养。值得注意的是,教育认证实行的是自愿申请制度,教育部及地方教育部门要积极引导、鼓励和支持高校全面参与法学专业认证,打通评估和认证的衔接通道,对教育部认证(评估)并在有效期内的专业(课程),在免于评估考察的同时可借鉴美国政府以提供学生奖学金的方式来鼓励高校通过专门机构认证,认证标准应在教育部开展的本科教学工作审核评估的基础上不断超越、提升。遴选专业的评估机构过渡到法学专业认证机构以及评估和认证通道的打通,对于评估权和认证权的完善和衔接是有益的探索,也是协同育人原则下教育行政机构整合部门职能的体现。

(二)引导多元主体共同参与,精准界定职权,以刚性条款为各主体限权定责

法治政府建设要求权责配置必须统一。[31] 这在某种程度上意味着在权力配置中协调优先于制约,在权力分工的框架下构建权力协调机制,实现权力运行效率的提升。国家职权结构配置状态决定了我国权力合理分工的价值目标在于以行政任务为导向来提高行政效率,在实际行政过程中要与具体的国家机构职能、权力范围等结合来实现合理配置政府职能的目标和要求。[32] 精准界定职权不仅要明确职权的具体类型和范围,还要找准行使具体职权的主体,根据其具体的职责范围和界限准确配置职权。对于卓越法治人才培养中教育行政机关行使的具体教育行政职权,法律采取了概括加列举的授权模式,这就需要在卓越法治人才培养中配置具体教育行政职权时遵循权责一致的基本要求,不仅要遵循合法性原则,也要考虑权力行使合理性的比例原则,对教育行政机关的具体职权类型:对人才培养计划及方案制定权、教育经费筹措及使用权、评估权及认证权进行梳理,由此达到权责一致的设计目标,精准界定

---

[31] 参见人民出版社编:《〈中共中央关于全面推进依法治国若干重大问题的决定〉辅导读本》,人民出版社2014年版,第135页。

[32] 参见宋华琳:《政府职能配置的合理化与法律化》,载《中国法律评论》2017年第3期。

职权。法律意义上的行政任务体现为行政机构的主管事项范围,行政机构职能的配置应以任务为导向进行合理设置。[33] 这也是效能导向原则的体现,以人才培养任务为导向来设置教育行政机关以及其他协同培养主体的职能并配置相应的职权,以达到提高行政效率的目标。

从权力结构层面来看,卓越法治人才培养的协同育人路径在权力结构维度主要体现为教育行政机关与其他主体协调机制。换言之,教育行政机关为了实现协同育人之目的通过决策权、执行权、监督权等权力协调与配置,在各类主体之间实现时间上相互连接、空间上环环相扣、课程上互相衔接,为卓越法治人才的培养提供高效的供给服务。在协同育人的过程中,准确界定教育行政机关的职权范围和类型才能充分发挥协同的合力。如上所述,教育行政机关即管理和组织教育事务的行政机关,作为主要的决策权、执行权、监督权行使主体,在卓越法治人才培养计划制定之后,需要对计划进行任务划分并对其进行职责分工,在计划实施过程中进行主体协调。分析卓越法治人才培养过程中参与的中央政法委和地方政法部门、中央及地方政府、教育部及地方教育部门、高校、联合培养单位等可以发现,教育行政机关仅包括中央及地方政府、教育部及地方教育部门,作为公法人的学校也在一定程度上行使部分教育行政权,中央政法委和地方政法部门并不行使具体的教育行政职权,其主要是体现党的领导。而其他的联合培养单位并非教育行政权的主体,不行使教育行政权,而在德法兼修共同目标的指引下,以教育行政机关为主,发挥各自优势共同参与人才协同培养。参与主体协同性的增强需要在顶层予以设计,在高等教育的相关管理法规中,明确各部门的职权和合作的原则,化解多元一体化协同过程中的阻力。教育部以及省级教育行政部门规范合理配置相应的制定权、评估权及认证权,是履行教育行政职权的要求,也是促进我国卓越法治人才培养全面法治建设的要求。教育行政部门在行使上述教育行政职权时,要保障司法行政部门、公安、法检、律协等实务部门参与权的行使和落实,以提高卓越法治人才的社会

---

[33] 参见宋华琳:《政府职能配置的合理化与法律化》,载《中国法律评论》2017 年第 3 期。

适应性和满足法治中国、法治社会以及法治政府的建设需求。

(三)合理构建教育行政机关与其他主体的衔接关系,推动以教育行政机关为主体的多元一体协同模式形成

从功能性分权的角度来说,治理权力的划分体现在决策权、执行权、监督权的功能性分权体系,而决策权、执行权、监督权呈现层级化形态。基于卓越法治人才培养过程的分权制度性探索,如何通过决策、执行、监督的专业化,逐渐形成决策科学、执行坚决、监督有力的协同育人模式,职权界定应当首先予以明确。换言之,卓越法治人才培养过程中教育行政权的清晰界定是职权运行顺畅的前提条件。只有准确界定职权行使的种类和范围,协同育人模式有效运行才有基础。政府作为高等教育的主要责任者,依法管理高等教育是其不可推卸的责任。规范教育行政权的行使依据和过程对于整个权力的行使是基础且有必要的。中央政府及教育部作为宏观掌控者应从顶层设计方面合理界定中央教育行政部门的职权范围,在清单范围内为权力的行使划清界限。在具体职权的行使方面,需要各主体之间协同配合,共同育人。

精确界定各类主体行使的职权是卓越法治人才培养中各主体职权科学配置进而高效运转的基石。教育行政机关在行使职权的同时,要积极地与其他部门展开合作,通过多种方式的互动对话,实现协同育人下教育行政权的动态运转。协同配合的过程本身也是动静结合的过程。从静态来看,各主体之间的权限范围和性质对其具有约束力和稳定性,而从协同培养的过程和形式来看,协同育人的过程是动态的,是不断调整的。只有静态上配备规范齐备的法律制度,各部门依职权行使培养人才的职责,在培养过程中协调、整合相应的职能,不断调整协同的方式,才能形成动态的培养机制,消除卓越法治人才培养过程中协同不畅的运行障碍。

结　语

人才的培养与国家的教育体制改革息息相关,从法学人才到法律人才再到法治人才的培养的转变,其中所涉及的参与主体与具体的职权的界定也是与时俱进的。与其他五大卓越人才培养中的教育行政权配置相比,卓越法治人才培养形成了自己的特色。在厘清人才培养计划及方案制定权、教育经费筹措及使用权、评估权以及认证权配置的主体、范围的基础上,发挥教育行政机关作为培养法治人才的主体性以及司法行政部门、公安、法检、律协等辅助主体的协同参与作用,形成宏观与微观不同视角的差序格局治理。但在卓越法治人才培养的协同过程中,还存在职权界定不清晰,协同合力的机制未建立、合作壁垒未消除以及多元主体共同参与的协同模式未形成的问题。这就要求在党的统一领导下,一是要科学配置职权,推动跨部门协同合力的常态化合作机制的形成,破除“部门壁垒”。二是要引导多元主体共同参与,精准界定职权,以刚性条款为各主体限权定责。三是要合理构建教育行政机关与其他主体的衔接关系,推动以教育行政机关为主体的中央政法委和地方政法部门、中央及地方政府、教育部及地方教育部门、高校以及司法行政部门、公安、法检、律协、企业等共同参与的多元主体协同育人格局。

On the Collaborative Education Path of the Subject of Cultivation of Outstanding Rule-of-Law Talents

Liu Hongchun

Abstract: The construction of a rule-of-law China needs the participation of the diversified, professional and large-scale outstanding rule-of-law talents. It is the direction and goal of the collaborative subjects in the cultivation of outstanding rule-of-law talents to play the role of the relevant subjects of cultivation, form the joint force of collaborative cultivation, and improve the quality of cultivation and the quantity of talent. In the traditional mode of cultivation that the government and universities bear the main responsibility for cultivation. However, it has been not formed and exerted of the effective collaborative mode of cultivation by Public Security Bureaus, People's Procuratorates, People's Courts, law associations, enterprises and other subjects. In view of this, this paper starts from the authority allocation of the educational administrative organs, the main managers of cultivation of outstanding rule-of-law talents, drawing lessons from the theory of functional decentralization. It also attempts to analyze the predicament in the collaborative cultivation of outstanding rule-of-law talents, introduces Public Security Bureaus, People's Procuratorates, People's Courts, law associations, enterprises to jointly form governance model of multi-party co-governance in a new period. In this way, it promotes the formation of a normalized cooperation mechanism of inter-departmental collaborative cultivation, and breaks down the institutional barriers of cooperation.

Key Words: outstanding rule-of-law talents, the subject of cultivation, functional decentralization, collaborative cultivation

人工智能如何促进教育现代化*

魏文松**

摘　要:人工智能伴随第四次产业革命而产生,属于最新一代产业创新的核心驱动技术。教育现代化战略的实施需要充分发挥现代科技的推动作用,彰显人工智能促进教育现代化的技术价值。人工智能与教育现代化的价值衔接关系主要体现为:以人为本是二者的价值基础,人工智能可以推动教育现代化战略的有效实施,教育现代化能够充分彰显人工智能的技术优势。以政治需求为导向、以经济发展为目的、以教育变革为驱动是我国教育现代化实践历程中的三种传统模式,以人工智能为主导的现代模式是新时代教育现代化的路径创新。为有效应对人工智能促进教育现代化的潜在风险,可以采取相应的法律规制路径。进一步明晰教育人工智能的法律定位,提升对公民受教育权、个人信息权的法治

* 基金项目:2019 年教育部人文社会科学规划基金项目"新时代公平优质受教育权:教育平衡充分发展的国家义务研究"(项目编号:19YJA820012)、2020 年江苏省研究生科研创新计划项目"紧急状态下公民受教育权的限制与保障研究"(项目编号:KYCX20_0067)的阶段性成果。本文受"中央高校基本科研业务费专项资金资助"(项目编号:3213052103D)。

** 魏文松,教育部教育立法研究基地特约研究人员,东南大学人权研究院(国家人权教育与培训基地)研究人员,东南大学法学院博士研究生。研究方向:宪法学与行政法学、教育法学。

保障,确立人工智能介入教育领域的基本界限,强化教育人工智能犯罪主体的刑事责任。

关键词:教育现代化　价值衔接　教育人工智能　风险应对　法律规制

一、问题的提出

人工智能(Artificial Intelligence)是研究、开发能够模拟、延伸和扩展人类智能的理论、方法、技术及应用系统的一门新的技术科学,[①]伴随第四次产业革命的兴起而产生。作为代表最新一代产业创新的核心驱动技术,人工智能可谓充分汇聚了大数据、脑科学、云计算、超级计算等前沿科学技术,并在深度学习、情感计算以及智能决策等应用领域均展现一定的技术优势。基于大数据分析的机器视觉、语音识别和自然语言处理显现其智能效力,结合主观经验智慧辅助社会治理,具有技术优势和价值判断高度融合的特性。[②] 正如2018年10月31日,习近平总书记在中共中央政治局第九次集体学习时所强调的,人工智能是新一轮科技革命和产业变革的重要驱动力量,加快发展新一代人工智能是事关我国能否抓住新一轮科技革命和产业变革机遇的战略问题。同时指出,要加强人工智能同保障和改善民生的结合,加强人工智能在教育领域的深度应用,创新智能服务体系。[③] 习近平总书记的讲话不仅为推动人工智能发展奠定了重要的指导思想基础,也明晰了教育现代化与人工智能的内在辩证关系,同时还为人工智能促进教育现代化的理论创新与制度设计确立了基本的发展方向。

与此同时,2019年2月23日,中共中央、国务院印发了《中国教育现

---

① 参见刘宪权:《人工智能时代的刑法观》,上海人民出版社2019年版,第3~4页。

② 参见侯浩翔、钟婉娟:《人工智能视阈下教育治理的技术功用与困境突破》,载《电化教育研究》2019年第4期。

③ 参见《加强领导做好规划明确任务夯实基础　推动我国新一代人工智能健康发展》,载《人民日报》2018年11月1日,第1版。

代化2035》重点部署了面向教育现代化的十大战略任务，其中就包括了加快信息化时代教育变革。建设智能化校园，统筹建设一体化智能化教学、管理与服务平台。利用现代技术加快推动人才培养模式改革，实现规模化教育与个性化培养的有机结合。创新教育服务业态，建立数字教育资源共建共享机制，完善利益分配机制、知识产权保护制度和新型教育服务监管制度。推进教育治理方式变革，加快形成现代化的教育管理与监测体系，推进管理精准化和决策科学化。④ 教育现代化的本质是教育现代性的增长，教育现代性是现代教育一些特征的集中反映。教育现代化是一个复杂的、长期的、系统的教育变迁过程，是国家宏观教育战略与政策的重要议题。⑤ 由此来看，加快信息化时代教育变革已经成为国家加快教育事业建设的重要政策内容，信息化也被视作教育现代化战略目标实现的必然要求和重要动力。教育现代化战略目标的实现离不开人工智能发挥重要的技术作用，人工智能越来越多地被应用于教育领域，并且已经成为当今教育发展实践中一个不可逆转和无法回避的重要趋势。教育人工智能作为一种教育与人工智能结合的新型样态已经被提出并被广泛接受，而且蕴含着丰富的理论内涵和实践价值。

教育现代化战略目标的实现需要依托现代科技提供的技术保障力度，充分发挥现代科技的推动作用，彰显人工智能促进教育现代化的技术价值。运用作为前沿科技的人工智能技术引领教育现代化，推动教育体制的改革，同时以教育现代化的深入推进实现人工智能的技术更新，促使更多优秀人才投入到现代科技创新研发工作当中。虽然教育人工智能具有多重层面的积极效应，但同样也产生了许多现实问题，因而既要强调人工智能促进教育现代化的能动作用，同时也不能忽略对人工智能在教育领域适用时的规范引导，防止技术滥用以谋取非正当性利益。如何准确把握教育现代化与人工智能之间的价值衔接关系？对于人工

④ 参见中共中央、国务院印发《中国教育现代化2035》，载《人民日报》2019年2月24日，第1版。

⑤ 参见褚宏启：《教育现代化的本质与评价——我们需要什么样的教育现代化》，载《教育研究》2013年第11期。

智能在教育领域的科学适用应当选择何种模式?如何对人工智能促进教育现代化面临的风险挑战进行法律规制?这些问题都是在推动教育现代化战略实施过程中,所必然要面对和应当妥善加以解决的。因此,本文拟就人工智能如何更好地促进教育现代化的相关问题展开探讨,以求教于学界方家。

二、人工智能与教育现代化的价值衔接关系

(一)以人为本是人工智能与教育现代化的价值基础

以人为本更加强调人的重要性,社会不断发展的核心主体应当是人。无论是人工智能的发展还是教育现代化的推进,都属于社会发展的构成内容,也都应当遵循以人为本的价值基础。特定历史时期的社会发展有其内在的特殊机理与基本规律可循,总结过往的实践经验自然也就离不开对社会发展进程背后深层次原理的探寻。新中国成立至今,我国社会发展内在的特殊机理与基本规律其实就集中呈现为两个核心主题关系的校正,即改革与法治,抑或可以称为创新与规制。正如有学者所认为的,法治与改革是促进社会稳定与发展的两大时代主题。法治与改革的结合可以构成一个新的、可被称为“法治改革”的统合体。⑥ 改革是社会发展前进的必要条件,也是推动法治发展的重要动力,法治则为改革提供了关键的制度保障,消除改革进行过程的阻碍因素,但是改革本身也会对法治体系完善产生一定的冲击,改革的变动性与法治的稳定性之间也难以避免存在一些矛盾。人工智能作为一种现代技术科学,蕴含着丰富的创新要素,可归属于社会发展进程中的改革范畴,但也包含诸多的不确定因素和风险挑战。这不仅在一定程度上表明人工智能本身的双重实践功效,同时也折射出人工智能在介入教育领域时适用价值的双面性。现代信息技术的发展变迁既是一个代表着创新的动态过程,同

⑥ 参见陈金钊:《在深化改革中拓展法治——统合意义上的“法治改革”论》,载《法律科学》2017年第5期。

时也未尝不是对法治原则与既定规范进行挑战的过程。人工智能与教育现代化都应当坚持以人为本的理念,人工智能的发展应当服务于人,教育现代化战略的实施也应当是服务于人,这是二者之间价值衔接关系的重要表现。

还应当予以指出的问题是,人工智能在对教育现代化产生促进作用的同时,也可能导致一定的消极影响。对于这些消极影响如果不加以审慎认知和主动防范的话,很可能会对教育发展产生不利的后果,侵犯公民的教育主体属性。不言而喻,人工智能对教育发展的影响是多领域、深层次、高效应的,对于公民教育权益的保障也会产生很大的影响。智能时代对现有法律制度产生了革命性的挑战,智能时代具有数据前置性、自我适应性、高速迭代性和大众普及性等技术特征,呈现个人信息深度卷入、场景影响高度不确定、既有秩序面临高烈度冲击、公众遭遇泛在威胁等技术风险。智能时代技术风险为法律体系带来个人信息使用规则重构、算法规范路径创制、法律主体观念更新和法律归责体系迭代等时代挑战。⑦ 人工智能促进教育现代化应当秉持法治的原则,坚持以人为本的发展理念,同时需要依照程序性思维,即在新技术的研发阶段、新技术在教育领域的适用阶段以及评估与验收阶段都应当遵守相应的法律规范。当然法律制度体系也需要不断完善,以适应社会发展的实践需求。

(二)人工智能可以推动教育现代化战略的有效实施

无论现代科技发展到何种程度,人工智能在教育领域的适用范围多广,都应当秉持教育优先发展的重要地位,以人工智能作为教育现代化战略实施的技术工具,这也是二者之间价值衔接的重要基础。教育优先发展是新时代教育事业建设的重要指导思想,对提高保障和改善民生水平具有重要推动作用。正如习近平总书记在党的十九大报告中所明确提出的,提高保障和改善民生水平,需要优先发展教育事业,建设教育强国是实现中华民族伟大复兴的基础工程,必须把教育事业放在优先位

---

⑦ 参见周佑勇:《论智能时代的技术逻辑与法律变革》,载《东南大学学报(哲学社会科学版)》2019 年第 5 期。

置,加快教育现代化,办好人民满意的教育。⑧ 教育是国之大计、党之大计,教育优先发展是贯彻党的十九大报告精神的重大战略安排,也是确保国泰民安的一项重要事业。⑨ 据此可知,教育优先发展已经成为党和政府统筹社会各项事业建设的基本政策,教育在整个国家发展体系当中起着基础性、先导性作用,其他诸多行业的发展和制度的完善都需要借助教育之力来推动和实现。教育优先发展不仅表明了教育事业建设在我国社会发展实践中的重要地位,同时还在一定程度上暗含着教育现代化战略目标实现过程中应当坚持的立场取向。

为全面落实教育优先发展理念,我国创造性地提出"三个优先"战略,即在经济社会发展规划上优先安排教育、在财政资金投入上优先保障教育、在公共资源配置上优先满足教育和人力资源开发需要。教育现代化战略的实施与教育优先发展绝不是一句空话和口号式的宣传,而是应当将教育事业建设的具体内容指标化、数据化。因此,有学者提出应当把教育在财政资金投入和公共资源配置中的位置作为衡量教育是否得到优先发展的重要指标,将教育优先发展的理念落实为"占比""增长率""名次"等客观真实的指标或数据。并提出教育优先发展的三个关键指标,即优先发展体现为财政投入的增加、教师队伍建设力度的增加以及教育职业吸引力的增加。⑩ 人工智能促进教育现代化的逻辑进路首先应当是秉持教育优先发展的立场取向,保证教育财政的稳定投入,继续保持国家财政性教育经费占国内生产总值的比例始终在4%以上。人工智能的定位应当服务于教育现代化,而且应当是作为一种手段,在教育现代化的进程中扮演辅助角色以及发挥人工智能在教育治理方式、教育课程改革以及教育环境改善等方面的价值作用。

---

⑧ 参见习近平:《决胜全面建成小康社会 夺取新时代中国特色社会主义伟大胜利》,载《人民日报》2017年10月19日,第2版。

⑨ 参见魏文松:《新时代民族地区教育优先发展的法治保障探讨》,载《广西师范学院学报(哲学社会科学版)》2019年第4期。

⑩ 参见郅庭瑾、吴晶:《教育优先发展的三个关键指标》,载《人民日报》2018年10月16日,第16版。

(三)教育现代化能够充分彰显人工智能的技术优势

究其本质而言,人工智能是引领时代变革的一种前沿科技,对社会发展的诸多方面都产生了较大的影响。因此,就有学者提出对人工智能要从技术逻辑来正确理解,人工智能是一次技术迭代,而不是对人的替代,人工智能只是一种新技术手段。各种智能音箱、聊天机器人、机器写作,都只是一种更高效便捷的媒介技术,是新的技术迭代。人工智能的发展不是取代人,而是创造更多的机会。[11] 在新时代社会主要矛盾已经转化的现实背景下,对于教育领域相关矛盾的解决应当积极推动教育现代化,以满足人民日益增长的美好生活需要。同时还需要理性审视人工智能与教育现代化二者之间的内在关系,凸显人工智能的技术逻辑,准确把握人工智能的技术定位。人工智能与教育现代化的辩证关系可以定位为,前者是一种手段或途径,后者是一种目的。教育现代化能够在一定程度上彰显人工智能的技术优势,应当赋予人工智能更高的教育适用价值,这是二者之间价值衔接关系的又一体现。

人工智能作为一种技术在教育领域适用时,应当坚持一种中立的价值立场,体现自身服务于教育发展的技术理性,而不带有任何的倾向性。换言之,带有目的性或主观性的技术都不是纯粹的技术,自然也就不符合技术发展的正当逻辑。针对教育学发展与技术发展的互动关系而言,教育学发展有其内在的技术逻辑,是技术进步通过推动教育改革,使教育理念、教育目的、价值取向、课程体系、教学方式、学校运行等方面发生革命性变化,这些变化同时成为教育学理论的基本内容。此外,教育学理论还主动回应技术进步引领教育实践变革,形成了“技术进步—教育改革—教育学理论研究”三者之间的互动关系。[12] 随着人工智能、互联网大数据等现代信息技术在教育领域的广泛适用,教育现代化战略得以深入推进,而且人工智能的技术优势也能够得到充分彰显。人工智能作

---

⑪ 参见张洪忠、石韦颖、刘力铭:《如何从技术逻辑认识人工智能对传媒业的影响》,载《新闻界》2018 年第 2 期。

⑫ 参见伍红林:《技术时代的教育学发展——兼议人工智能背景下教育学的两种可能》,载《华东师范大学学报(教育科学版)》2019 年第 5 期。

为引领第四次产业革命的重要技术,在与教育改革相结合的时候更应当充分发挥其适用价值。除此之外,从技术逻辑与制度逻辑的辩证关系出发,技术逻辑源于工具特性,制度逻辑则体现着作为技术开发者和使用者对工具使用的选择。面对由技术变革引发的产业变革、社会变革趋势,制度逻辑的选择作用可以加快或延缓这种变革的趋势,且这种选择作用是通过影响技术变革的社会要因来实现的。⑬

三、教育人工智能:人工智能促进教育现代化的路径创新

(一)教育现代化实践历程中的传统模式

首先,以政治需求为导向的教育现代化模式。新中国成立至今,我国教育现代化历经了不平凡的发展路程,在不同历史时期教育现代化呈现不同特征的发展模式,而且均与当时特定的历史背景有着莫大的关联。有学者认为,我国教育现代化的实践再次生动地诠释了以工业化为基础特性的现代化决定着教育现代化的发展任务这一正确命题。⑭ 以政治需求为导向的教育现代化模式是新中国成立初期我国教育现代化的真实反映,在这一特定的历史时期,发展教育事业不仅仅是国家建设社会主义事业的重要目标,更是用于巩固政权基础、维护社会稳定的手段,因而这一时期的教育现代化实际上是更侧重于服务政治本身,满足当时的政治需求。从新中国成立至改革开放初期,我国教育现代化的发展历程所呈现的突出特征就是教育事业发展与国家政治秩序建设相伴而行。二者在内容和手段上存在一定的契合性,教育并不是一个绝对独立于政治范畴之外的话语体系。

从新中国成立前夕通过的具有临时宪法性质的《中国人民政治协商

⑬ 参见于小川:《技术逻辑与制度逻辑——数字技术与媒介产业发展》,载《武汉大学学报(人文科学版)》2007年第6期。

⑭ 参见冯增俊、张运红等:《教育现代化论》,广东高等教育出版社2014年版,第265页。

会议共同纲领》(以下简称《共同纲领》)的相关规定来看,《共同纲领》专门以第五章文化教育政策对教育的相关问题作出具体规定,从第41条到第49条共涉及9个条款。例如,第41条规定,中华人民共和国的文化教育为新民主主义的,即民族的、科学的、大众的文化教育。人民政府的文化教育工作,应以提高人民文化水平,培养国家建设人才,肃清封建的、买办的、法西斯主义的思想,发展为人民服务的思想为主要任务。该条规定反映出新中国成立初期教育政策承继了新民主主义教育的基本方向与基本政策,具有较为强烈的政治色彩,蕴含了一定的政治目的和政治需求。与此同时,第46条也规定,中华人民共和国的教育方法为理论与实际一致。人民政府应有计划有步骤地改革旧的教育制度、教育内容和教学法。该条规定体现了新中国成立初期教育教学的基本方法是理论与实际的衔接互动,政府是教育改革与发展的真正主导者。除此之外,第47条还规定,有计划有步骤地实行普及教育,加强中等教育和高等教育,注重技术教育,加强劳动者的业余教育和在职干部教育,给青年知识分子和旧知识分子以革命的政治教育,以应革命工作和国家建设工作的广泛需要。以上相关条款的规定均反映出在新中国成立初期,教育现代化模式具有很明显的计划经济色彩,教育事业被寄予更多的政治使命,这种模式是符合当时政治发展需求和历史发展规律的。

其次,以经济发展为目的的教育现代化模式。自十一届三中全会召开之后,我国确立了以经济建设为中心的国家发展战略,经济发展成为时下各项社会事业建设都绕不开的核心议题。在以经济发展为主要目的的作用下,教育现代化进程与经济建设亦步亦趋,二者之间保持着密切的关系。在改革开放的影响之下,以经济发展为目的的教育现代化模式逐步得以确立。以经济发展为目的的教育现代化模式所体现的基本价值理念是,经济发展为教育事业建设奠定了重要的物质基础,同时也是持续推动教育改革实践的根本目的,而教育现代化的不断前进则是确保经济快速、高质量发展的关键途径和手段。一直以来我国经济建设保持着较快的发展速度,教育体制机制不断得以构建和完善,教育基础设施实现很大程度上的改善,因而教育现代化在这一阶段获得了较高程度的经济物质保障,教育现代化进程得以持续推进,以经济发展为目的的教育现代化模式也正是在这一时期形成的。

20世纪80年代初期,我国确立了“教育要面向现代化,面向世界,面向未来”的战略方针,三个面向为新时期我国教育体制的改革和发展指明了前进方向,这与以经济建设为核心的战略安排在指导理念上具有高度的契合性。还应当予以重视的是,我国教育立法工作的逐步展开也正是从这一时期正式开始的。例如,1980年我国第一部专门的教育法律《学位条例》得以颁布并开始实施,在一定程度上推动了我国教育法治建设的历史进程,为以经济发展为目的的教育现代化模式提供了重要的制度保障。以经济发展为目的的教育现代化模式,强调教育事业为经济发展的服务作用,应当为经济建设输出大量优秀的专业性人才,营造良好的社会文化氛围。与此同时,建立社会主义市场经济体制目标的提出在一定程度上释放了更多的生产力,经济体制的革新同样对教育体系、教育内容、教育方式、教育结构以及教育理念等诸多方面都提出了新的要求与标准,教育体制机制在外部经济压力的持续作用下也发生了较大的革新,教育系统的内生活力也进一步被焕发。在此期间,为了适应经济体制改革的需要,教育体制作出了重大的调整,教育改革依附于经济发展的既定战略安排。

最后,以教育变革为驱动的教育现代化模式。一直以来教育公平都是教育发展的重要价值追求,相关教育立法与教育变革活动的开展也是在此基础上进行的。有学者指出,1978年至21世纪初,我国主体的改革是经济改革,而在教育领域是建立与社会主义市场经济相适应的教育体制。进入21世纪以来,伴随科学发展观的提出,教育公平成为公众关注的教育改革热点和难点问题。在治理乱收费、整顿改制学校的同时,着力推进区域之间、城乡之间、学校之间的教育均衡发展。[15] 教育首次被确定为社会主义现代化建设的重点内容之一是在1982年召开的党的十二大上,教育改革自此也逐渐成为国家改革政策体系的重要内容构

---

⑮ 参见杨文杰、范国睿:《教育变革的张力与活力——改革开放40年教育变革诸要素逻辑关系分析》,载《复旦教育论坛》2018年第5期。

成。在1985年通过的《中共中央关于教育体制改革的决定》就对教育改革的重要事项作出了指示,并提出教育体制改革的根本目的是提高民族素质,多出人才、出好人才,教育必须为社会主义建设服务,社会主义建设必须依靠教育。在此后,因为1997年亚洲金融危机的暴发,致使世界诸多国家经济发展面临着巨大的挑战和新的转向。对于如何更好地把握和处理教育与经济发展之间的关系,同样也成为这一时期我国推进教育现代化不得不予以重视的问题。

为克服经济危机带来的风险,就有必要对教育发展对经济建设的依赖性进行反思,重新审视教育与经济的互动关系,以教育变革为驱动的教育现代化模式的确立实现了对以往模式的革新。以教育变革为驱动的教育现代化模式的作用下,我国教育领域发生了深层次的变化。2006年,我国高校招生规模已经达到540万,是1998年的5倍,我国高等教育的毛入学率达到23%。截至2008年年底,我国各类高等教育总规模已达到2907万人,位居世界第一,高等教育毛入学率达到23.3%。[16] 在2007年召开的党的十七大上,教育被列为以改善民生为重点的社会建设之首,并从建设人力资源强国的高度论述教育优先发展的战略地位。我国包括学前教育、民办教育、高等教育等在内的教育领域都进入快速发展的轨道之上,教育变革与经济转型成为推动社会发展的双轮驱动力。以教育变革为驱动的教育现代化模式成为这一时期教育发展的主要模式,我国教育事业自此进入了一个大变革、高效率发展的阶段。在这一历史进程中,我国教育现代化模式的形成与赓续完备得益于教育变革的力量供给,教育变革就成为主导教育事业建设的主要驱动力。

(二)以教育人工智能为主导的现代模式

进入21世纪以来,人工智能对包括教育领域在内的各行各业都产生了非常大的影响,并催生着新的教育变革力量,新的教育现代化模式在这一时期得以构造。党的十九大明确指出中国特色社会主义发展已经进入新时代,社会主要矛盾已经转化为人民日益增长的美好生活需要

---

⑯ 参见张伟江、张民生:《教育发展与教育学》,上海人民出版社2009年版,第7页。

和不平衡不充分的发展之间的矛盾。新时代社会主要矛盾聚焦于教育领域,即体现为人民日益增长的高质量教育需要和不平衡不充分的教育发展之间的矛盾。新时代教育现代化的模式创新与道路选择应当充分考虑社会主要矛盾的转化,着重解决教育发展的不平衡不充分问题,同时应结合中国教育现代化2035年的政策机遇,抓住第四次产业革命的历史契机,促成新时代教育现代化模式迈向更高的层次。这是一个人工智能逐渐发挥越来越大作用和产生越来越大影响的时代,同样是大数据影响社会建设诸多方面的时代。

以人工智能为主导的教育现代化模式,可谓是我国推进教育现代化历史进程中的又一次模式创新,教育人工智能成为新时代教育发展与人工智能结合的新样态。就实践层面而言,教育人工智能既彰显了现代教育改革的技术逻辑,也表征着我国教育现代化战略目标实现的路径依归。就理论层面而言,教育人工智能是教育发展的一种理论范式创新,引导着学术研究对于教育前沿问题的探索。就规范层面而言,教育人工智能推动着教育法制的完善,同时也依赖于法律对相关风险发挥重要的规制作用。以人工智能为主导的教育现代化模式更加强调人工智能在教育领域所产生的广泛影响力,技术对于教育发展的渗透力需要被重视。在后信息时代、大数据时代,信息化带动教育现代化的路径多样,运用网络开放共享名师教学资源加快教育公平的实现,创新多样的数字化平台支持和加速创新人才培养,创新“视—传—研—创”教育新模式,是信息化带动和促进教育现代化的重要路径。⑰ 当然,正如前文所论及的,在充分推崇教育人工智能积极作用的同时,也应当深刻意识到教育人工智能潜在的诸多风险和挑战,这就要求从法治的视角出发,发挥法律规制的应然功能,并构建与完善能够持续发挥规范效力的法律制度保障体系,以确保教育人工智能的理性发展。

---

⑰ 参见陈琳、陈耀华:《以信息化带动教育现代化路径探析》,载《教育研究》2013年第11期。

四、潜在风险应对:人工智能促进教育现代化的法律规制

(一)进一步明晰教育人工智能的法律定位

教育人工智能作为教育与人工智能高度融合的创新发展形态,深刻揭示了教育现代化与人工智能的内在关系。教育人工智能更加强调教育现代化战略目标的预设价值,同时也体现着人工智能的技术驱动作用。人工智能潜在的风险挑战是多方面的,而且对不同行业领域都有着一定的影响,教育领域也不例外,对人工智能促进教育现代化潜在风险的法律规制,首先应当进一步明晰教育人工智能的法律定位。综合来看,相关的法律条文主要包括:一是《宪法》第47条规定,中华人民共和国公民有进行科学研究、文学艺术创作和其他文化活动的自由。国家对于从事教育、科学、技术、文学、艺术和其他文化事业的公民的有益于人民的创造性工作,给以鼓励和帮助。二是《教育法》第47条和第66条,这两条规定国家鼓励企业事业组织、社会团体及其他社会组织同高等学校、中等职业学校在教学、科研、技术开发和推广等方面进行多种形式的合作。国家推进教育信息化,加快教育信息基础设施建设,利用信息技术促进优质教育资源普及共享,提高教育教学水平和教育管理水平。县级以上人民政府及其有关部门应当发展教育信息技术和其他现代化教学方式,有关行政部门应当优先安排,给予扶持。国家鼓励学校及其他教育机构推广运用现代化教学方式。三是《高等教育法》第35条规定,高等学校根据自身条件,自主开展科学研究、技术开发和社会服务。国家鼓励高等学校同企业事业组织、社会团体及其他社会组织在科学研究、技术开发和推广等方面进行多种形式的合作。国家支持具备条件的高等学校成为国家科学研究基地。

通过对以上现行相关法律条文的规范分析可以发现,在具体法律概念的使用上并没有出现教育人工智能或人工智能的直接规定。人工智能归根结底是科技发展作用下的产物,无论是通过文义解释的方式,还

是基于目的解释的立场,人工智能应该属于现代科技的一种。显然,现有主要教育法律并没有对教育人工智能作出相关规定,因而教育人工智能的法律规范体系建构是不完备的,相关法律制度对教育人工智能的发展并没有起到很好的规制作用。因此,应当通过相关立法活动来进一步明晰教育人工智能的法律地位,从规范层面探索教育人工智能的规范内涵,引导人工智能更好地促进教育现代化。为此,不仅需要完善技术层面和社会实践层面的深刻解读,也需要从理论层面对其进行内涵阐述,同时也更应当在法制构建层面进一步明晰教育人工智能的法律地位,这是对教育人工智能潜在风险挑战进行法律规制的必然选择和前提条件。对教育人工智能的法律定位进行界定,主要可以通过立法活动、司法解释、法释义学的理论阐释等途径来完成。综合来看,教育人工智能是促进教育发展、推进教育现代化的技术方式,具有重要的规范内涵,通过对教育人工智能法律定位的明晰,有助于促进人工智能在教育领域的规范适用,也能够推动教育人工智能的法律准入规则和标准的设置。

(二)提升对公民受教育权、个人信息权的法治保障

受教育权是宪法赋予公民的一项基本权利,对于公民实现个人长远发展具有重要的影响,公民可以基于受教育权的受益权能来要求国家提供相应的教育设备建设与制度保障。受教育权作为一项基本人权,同样也兼具自由权与社会权利的性质。基本权利最初的作用,是赋予个人对抗国家所有公权力的不法侵害,而具有防卫性质的权利,要求政府不要干涉人民,目的就在于创设人民的自由空间。在这一空间内,人民有独立自主权,国家原则上不得侵犯。[18] 除此之外,随着现代网络科技的快速发展,个人信息权也越来越受到重视和保护,同时也成为《民法典》编撰过程中,在对公民基本权利进行保障时不可忽略的一项重要权利。而且,现代科技越发达、信息传播速度越快,公民个人信息就越容易受到侵犯。

从权利保障的视角出发,人工智能介入教育领域最先影响到的权利

---

⑱ 参见吴鹏:《中国宪法中公民受教育的权利和义务之解读》,载《法学杂志》2008年第3期。

类型就是公民的受教育权和个人信息权，最可能导致的潜在风险就是对这两种基本权利的损害。因此，为应对人工智能在促进教育现代化时，对公民的基本权利可能产生损害的潜在风险，应当提升对公民受教育权、个人信息权的法治保障。个人信息权同样是公民个人的一项重要权利类型，关系到公民个人发展的诸多方面。个人信息与个人的私生活密切相关，同时也是个人事务的组成部分，只要不涉及公共利益，个人信息的私密性应该被尊重和保护，而法律保护个人信息在很大程度上就是维护个人信息不被非法公开和披露。[19] 有学者认为，在我国《民法典》中，也需要明确个人信息权的具体人格权法律地位，同时规定敏感信息特殊的权利行使和保护规则，另外还要完善个人信息权的各项积极和消极权能，尤其是强化知情同意权和删除权规则。唯有如此，方能更好地适应信息时代的要求，更加有效地保护民众信息利益。[20] 因此，合理发挥人工智能促进教育现代化的技术优势，应当重视对公民受教育权、个人信息权的保障问题，在立法、执法、司法等领域都注重加强对相关权利的保障，构建起完善的法律保障制度，运用法治思维和法治方式推动教育人工智能的良性发展。

（三）确立人工智能介入教育领域的基本限度

人工智能对于教育领域的介入不能是无限制的，而是应当保持合理的限度，并遵循一定的准入标准和准入界限。正如前文所指出的，人工智能作为一项引领前沿科技的创新技术，在促进教育现代化的进程中应当保持一种技术中立的立场。一方面，人工智能应当引领教育的模式创新和技术改革，并且发挥适当作用，保持纯粹的技术理性；另一方面，人工智能也不能过度和无限制地介入教育领域，教育应该保持自身的独立价值，运用现代科技作为辅助性工具，切实推动教育改革目标的实现。人工智能教育应用中还存在狭隘或片面化的问题，表现为对于人工智能教育应用的过分乐观或悲观、缺乏普适性或全面性、缺失人工智能伦理

---

⑲ 参见王利明：《论个人信息权的法律保护——以个人信息权与隐私权的界分为中心》，载《现代法学》2013 年第 4 期。

⑳ 参见叶名怡：《论个人信息权的基本范畴》，载《清华法学》2018 年第 5 期。

或关切等。[21] 与此同时,面对教育人工智能的实践功效,也有学者不无尖锐地指出,教育领域中,人们似乎更关心人工智能的发展与应用,关注人工智能的基础建设、软硬件及其产生的教育大数据的利用率以及人工智能所带来的变化,却忽视了人工智能教育应用的潜在风险和新的安全威胁,而这种威胁一旦大规模暴发,将带来前所未有的危害。[22] 因此,为应对教育人工智能内部与外部的双重潜在风险,有必要通过多种途径与方式设定人工智能介入教育领域的基本界限。

整体而言,应当统合考虑通过法律途径设定人工智能介入教育领域的基本界限,主要可以通过以下几种路径来实现。其一,确立人工智能介入教育领域的基本原则。人工智能介入教育领域的首要目的是应当有利于教育事业的建设,同时在另一个侧面也要促进人工智能本身的发展,基本原则能够从宏观层面把控和指导教育人工智能的具体实践,突显原则规制理念。其二,明确人工智能介入教育领域的技术标准。包括两种维度的技术标准:一是教育人工智能作为技术本身的标准;二是教育人工智能介入教育领域的教育专业性标准。人工智能技术在介入教育领域时,需要同时满足这两个方面的标准。其三,区分核心领域与一般领域。对于教育事业建设的核心性领域应当有条件地限制人工智能的介入,要保持教育的主体性与独立性价值,对于非核心性领域应当放宽要求准许人工智能的介入。

(四)强化教育人工智能犯罪主体的刑事责任

刑法作为规定最为严厉强制方法的法律,具有行为规制、法益保护以及权利保障的突出功能,对保障人权和维护社会秩序发挥着重要的作用,其任务就是要保护公民的人身权利、民主权利和其他权利。《刑法》在我国的法律制度体系中是一部具有较高规制力度和惩罚功效的法律,[23]因

---

[21] 参见张坤颖、张家年:《人工智能教育应用与研究中的新区、误区、盲区与禁区》,载《远程教育杂志》2017年第5期。

[22] 参见薛庆水、李凤英:《人工智能教育应用的安全风险与应对之策》,载《远程教育杂志》2018年第4期。

[23] 参见龚向和、魏文松:《学术规范的功能定位、合理限度及其法律制度体系建构》,载《中国高教研究》2019年第11期。

而《刑法》规制是对人工智能促进教育现代化潜在风险的重要法律规制方式,也是最具法律效力和法治影响力的一种法律手段。值得注意的是,人工智能不仅对传统刑法经典理论提出了挑战,而且对现有刑事法律制度体系也产生了一定程度的冲击,尤其是在刑事责任这一块体现得尤为明显。先进的科学技术往往也可能会成为刑事违法犯罪行为的利用手段,人工智能的技术优势同样也会被相关犯罪分子利用,并异化为犯罪的工具,用来谋取不正当利益。因此,为实现对人工智能促进教育现代化潜在的风险挑战进行法律规制,就应当强化相关犯罪主体的刑事责任,充分发挥刑法理论与制度体系的规范价值。正如有学者所指出的,人工智能时代的到来必将带来风险,其中的刑事风险包括可能使部分传统犯罪的危害性发生"量变",可能会导致新的犯罪形式产生,人工智能产品可能因为种种原因脱离人类控制,进而实施严重危害社会的犯罪行为。[24]

就主体规制的层面而言,应当对两大主体的刑事责任进行强化。一方面,需要强化教育人工智能研发主体的刑事责任。研发者在人工智能技术不断升级的过程中扮演着不可替代的角色,其应当秉持在法律的框架内推动技术更新的立场,并且确保这些技术有利于技术本身的改善和促进社会发展进步。如果研发者违背了相关法律规定,并导致了不利的法律后果,就应当承担相应的刑事责任。另一方面,还需要强化人工智能使用主体的刑事责任。依据对人工智能介入教育领域应当保持技术中立性的价值判断,侵害社会利益或他人利益的后果并不是技术本身导致的,而是取决于使用者是否合理合法地对技术进行运用,因而有必要强调人工智能使用主体的刑事责任。正如有学者所提出的,面对人工智能时代的技术风险,应追究人工智能缺陷产品研发者的刑事责任,包括故意和过失,应追究利用人工智能技术实施犯罪行为的刑事责任。[25] 对

[24] 参见刘宪权:《人工智能时代的刑事风险与刑法应对》,载《法商研究》2018 年第 1 期。

[25] 参见刘宪权、林雨佳:《人工智能时代技术风险的刑法应对》,载《华东政法大学学报》2018 年第 5 期。

人工智能促进教育现代化潜在风险的法律规制,刑法规制的效用是必不可少的,但不是唯一的,要想实现对风险挑战的合理应对,需要建构起全面系统的法律规制体系。除此之外,还应当建立覆盖事前、事中和事后三个环节的运行机制,以实现对人工智能促进教育现代化的过程进行合理引导与有效规制。

On the Education Modernization with the Assistance of Artificial Intelligence

Wei Wensong

Abstract: Artificial intelligence emerged along with the fourth industrial revolution. It belongs to the core driving technology of the latest generation of industrial innovation. The implementation of education modernization strategy needs to give full play to the driving role of modern technology and demonstrate the technical value of artificial intelligence for education modernization. The value convergence relationship between artificial intelligence and education modernization is mainly reflected as follows: people-oriented is the value basis of the both sides. Artificial intelligence can promote the effective implementation of education modernization strategy, and education modernization can fully manifest the technical advantages of artificial intelligence. The three traditional models in the course of China's education modernization practice include the model of taking political orientation as the guidance, the model of taking economic development as the purpose, and the model of taking education innovation as the motivation. At present the model of education modernization goes to the artificial intelligence as the innovation guidance. In order to effectively deal with the potential risks of artificial intelligence promoting education modernization, corresponding legal regulation paths can be taken. Further clarify the legal positioning of artificial intelligence in education, improve the legal protection of citizens' rights to education and personal information, establish the basic boundaries for artificial intelligence to intervene in the field of education, and strengthen the criminal responsibility of educational artificial intelligence criminals. There are potential risks in the modernization of education promoted by artificial intelligence, but such risks can be regulated by corresponding laws. The law needs to further clarify the positioning of artificial intelligence in education and in law, and the law also needs to improve the protection of citizens' rights to education and personal information. In addition, the law must also establish the basic boundaries of artificial intelligence intervention in the field of education, and strengthen the criminal responsibility of educational artificial intelligence criminals.

Key Words: education modernization, value convergence, educational artificial intelligence, risk response, legal regulation

液态教育：未来法学教育和法学教育未来*

杨学科**

摘　要：如何最好地使法学教育与加速的技术进步和不断变化的法律实践相协调，成为数字时代法学教育的首要问题。法学学子学习的未来情景将是复杂多变、社会关系不断"液化"的未来社会，尚无法准确预判预控，唯一不变的只有变化本身。就法学教育而言，法学教育趋势（法学学科中数字化内容的调整：数字法学+法律技术）和教学趋势（数字化作为法学教育的一种手段）都应与时俱进。总体而言，社会进入液态社会阶段，教育是流动现代性的受害者，教育也应该足够快地适应当前、瞬时和不断变化的液态社会，这种适应变化的教育类型就是液态教育。

关键词：液态教育　数字法学　法律技术　法学教育数字化　元宇宙

---

* 基金项目：国家社科基金重大项目2020年度"数字社会的法律治理体系与立法变革研究"（项目编号：20&ZD177）和广东省2021年省级一流法学本科专业建设的阶段性成果。

** 杨学科，华东政法大学在站博士后，广东金融学院法学院讲师、法学博士。研究方向：法学教育、数字法学。

不是我不明白，这世界变化快。——崔健

爱默生说："在薄冰上滑冰，我们的安全系于我们的速度。"①新技术的指数级发展肇致社会加速变化，如何最好地使法学教育与加速的技术进步和不断变化的法律实践相协调，也成为数字时代法学教育的首要问题。个中原因在于，新技术发展已经成为一种常见常新、习以为常的现象，法学教育也不可能处于停滞（止）的状态，"如果我们用昨天的方法教今天的学生，我们就剥夺了他们的明天"②，因此，作为法律知识传播的主阵地法学院必须理解、接受和适应正在出现的背景，并预测未来局势。概言之，法学教育变革是不可避免的——对法学院来说——新技术变革的结构性力量会改变法律实践和法学教育。

我们的法学教育是否为这些事情做好了准备？法学教育作为被动教育而非体验式教育，是否满足时下环境和学生的需要？基于这样一个前提，即在没有长期前景但需要不断改变的背景下，"在一个信息过于饱和的世界里，生活的艺术仍然需要学习。因此，为了这样一种生活，修才育人仍然是十分棘手的困难艺术"。③ 在此一切都变动不居、变化疾速而飘忽不定、看不到"最终状态"的社会背景下，"就像现代社会一样，走路比坐着好，跑步比走路好，冲浪比跑步好"④。法学教育者，应该立即行动起来更新法学教育路线图，想象法学学生学习的未来情景和未来社会的需求，探讨法学教育趋势（法学学科中数字化内容的调整）和教学趋势（数字化作为法学教育的一种手段），积势蓄势谋势，识变应变求变，以万变应万变，而非以不变应万变。

---

① ［英］齐格蒙特·鲍曼：《流动的现代性》，欧阳景根译，中国人民大学出版社2017年版，第342页。

② John Dewey, *Democracy and Education*, Macmillan Company, 1944, p. 167.

③ ［英］齐格蒙·鲍曼：《来自液态现代世界的44封信》，鲍磊译，漓江出版社2013年版，第125页。

④ Zygmunt Bauman, *Educational Challenges of the Liquid-modern Era*, Diogenes 1, 2003, p. 21.

一、未来社会与未来大学

在这个变平了的新世界里,一切都在迅速变化,新事物不断涌现,科技迅速发展。[⑤] 一旦一项技术变得数字化——一旦它可以在计算机代码的1和0数字中进行编程——它就会跳到摩尔定律的背面,并开始呈指数级加速。[⑥] 数字革命或者说是所谓"数字时代"的开始,已经导致当代世界发生了革命性的转变。数字技术正在以更快的速度变化迭代升级变化成了一个不同于我们生活的物理世界的新现实,数字环境已经成为我们日常生活工作的一部分,甚至要面对虚实融合的元宇宙。未来的大学可能会有所不同甚至完全不同,虽然我们不知道它会是什么样子。但现实的社会状况是,我们生活在一个超互联、超加速和超级迭代的社会,还创造了一种新的技术规则伦理体系,代码现在提供了一种看不见也不被注意的架构,构成了我们的整个"无处不在的计算"存在的规则依凭。在这个瞬息万变、不确定且日益科技化的世界中,数字社会已呈现为未来社会的主要形态,这也给大学开出两个选择:要么跳上数字列车,享受其中的好处;要么被这列火车抛在后面,不合时宜。大学不变革就有被数字列车抛弃的可能,只有不断变化,不断行动,才有可能跳上这列正装已发的数字列车。特别是处在这第四代科技革命收尾,数字化变革即将进入元宇宙高级阶段的时刻点上,一种新的虚拟文明形态即将呈现,对教育而言,元宇宙相对于原有的教育的最大优势在于参与者之间互动性。

社会瞬息万变,教育的数字化趋势,如斯坦福大学校长约翰·亨尼

---

⑤ 参见[美]托尼·瓦格纳:《教育大未来》,余燕译,南海出版公司2013年版,第22页。

⑥ See Peter H. Diamandis, Steven Kotler, *The Future Is Faster Than You Think: How Converging Technologies are Transforming Business, Industries, And Our Lives*, Simon & Schuster, 2020, p. 31.

斯所形容的那样,如数字海啸般即将来临,却无法预测它的发生方式。⑦然而,大学教育的组织和实施方式自其产生以来并未发生巨大变化,如今的课程安排和教学方式基本上沿用50年前或更早的做法,⑧甚至还存在19世纪大学中20世纪的教师教21世纪学生的笑谈。如今的大学处于数字经济将主宰21世纪的社会中,已不同于20世纪工业时代的大学,以知识传播和技能培养为主。一般认为,大学是社会中最清晰的时代意识和最颠覆的变革动力蓬勃发展的地方,尽管它们并不总是站在变革的最前沿,近年来在核心突破技术应用上体现得尤为明显,有时甚至会引起巨大的阻力,但是大学无法被排除在这种社会大变革潮流动态之外。这种由数字化推动的破坏性加速变化需要重新思考大学的时代处境之变:现在和将来会发生什么样的社会本质变革?

首先,大学垄断知识的优势丧失。由于技术进步从根本上改变了知识的创造和传播,知识传播场域(刷视频、听音频、看网文等)无处不在,同时加上新知识的浮躁增长和旧知识的迅速老化,大学已经失去了曾经的主导作用,不得不与各种知识提供者(培训机构、在线教育等)竞争,这造成了作为知识保管人的学术机构的传统垄断地位的丧失。教师也不再是知识评价的唯一鉴赏家,知识传播的唯一来源,知识启蒙的唯一向导,知识创新的唯一灯塔。通俗而言,知识不再囿于大学围墙之内,数字环境给了知识传播一个无法封闭的开放空间。

其次,大学师生间纽带丧失。大学一般是以教学活动为纽带形成既相对立又相依存的师生关系,但如上所言大学垄断知识的优势丧失,学生所学知识可能未必主要是从大学课堂所接受的,甚至相对于在线教育,传统大学课堂在讲授水平层面可能并不占有优势,现在的学生可以在网络上找到海量的免费或付费的学习资料,因此,这条以教学为核心形成的大学师生间的纽带也日渐萎缩甚至丧失。如果目前的大学教育不再将垄断课堂学习和考核评估学生学习和知识积累的考试命题阅卷

---

⑦ 参见[美]威廉·G. 鲍恩:《数字时代的大学》,欧阳淑铭、石雨晴译,中信出版社2014年版,第68页。

⑧ 参见[美]托尼·瓦格纳:《教育大未来》,余燕译,南海出版公司2013年版,第2页。

权委托给教师,那么,教学不出色,更多的是不会讨学生喜欢的老师(包括颜值、亲和力、交流技巧等),就压根不可能形成师生纽带,更不用说老师的过分挑剔、严格要求,甚至吹毛求疵了,这样严格直言学生个个嫌,倒是迎合阿谀学生个个喜。可见,不只是教师作为信息的唯一传播者的作用发生了变化,师生关系也从现实转移到虚拟,处于流动的状态,将现时的社会关系和社会承诺看成了需要协商的一个瞬时快照,⑨而非处于“一日为师,终身为父”的师生纽带绑定、永远不变的固态。

最后,大学生关注危机。这里的关注危机不是指如前所述的教师、知识没人关注的危机,主要是指受教育者的注意力缺陷。一定程度上,教育是液态现代性的受害者,学生的学习状态太受技术的影响了。例如,集中注意力和长时段投入是一个非常重要的问题,在数字技术的影响下,越来越多的人存在关注危机。的确,互联网给我们带来了巨大的优势,这是无可争辩的,但正如优势所表明的那样,缺点也异常明显,特别是在个人方面,在获取信息的方式上的实用性,使人类立即变成一个没有耐心和注意力困难的人。现在的大学教育对象是数字原生代,主要是Z世代,科技产品、社交媒体和互联网对于这些学生来说都是非常熟悉的,但这些技术的使用也使这些数字原生代呈现以消费倾向为主、关注短期目标、耐心不足和注意力困难的个体特征。这一代儿童以消费为导向,比上一代学生更加个性化;他们不耐烦,韧性差,主要关注短期目标。事实上,就国内而言,Z世代(“95后”)很多是培训班走出的一代“鸡娃”,他们的注意力在成绩分数,对真正的学习研究缺乏持续关注和耐心。因此,未来的大学,必须考虑有技术适用优势的数字原生代的关注危机。

由上可知,世界无法停滞不前,无法长期保持原状。面对复杂多变、社会关系不断“液化”的未来社会,尚无法准确预判预控,唯一不变的只有变化本身,无时不在液态中,无处不在液态中。时移势迁,数字化作为社会、经济和技术的反映,代表着社会发展潮流,同时,数字化转型力量

⑨ 参见[英]齐格蒙·鲍曼:《来自液态现代世界的44封信》,鲍磊译,漓江出版社2013年版,第20页。

的兴起也在更新和挑战高等教育,没必要因挑战和更新就急于“埋葬”大学,大学的形态在未来应该会发生一定变化,如朱永新教授预见的那样,“学校转化没有统一教材、班级、教室和学习时间要求的学习中心;学校不再垄断课程学习和考试,变成了教育服务机构和数据中心;课程是政府教育部门招标、全社会竞争中标的;教师变成了学生学习方法的指导者和学习过程的陪伴者、职业规划师或者人生导师”。[⑩] 在数字化转型的拐点,大学教育在学校形态、教育结构上没有发生结构性的改变,但在教学内容和教学模式上,教育已然呈现新样态,为此,我们所需要的是保持“机动灵活”,创新未来的新学习模式:技术强化学习和强化技术学习,[⑪]以面对数字化转型对法学教育的挑战和机遇。

二、未来法学教育:数字法+法律技术

世界正在数字化,数字技术渗透到我们的整个日常生活中以及社会的几乎所有进程的同时,数字技术在社会内部的大规模传播导致的“数字革命”正在影响政治经济模式和法律范畴。世界经济论坛创始人兼执行主席克劳斯·施瓦布曾雄辩地证明,技术革命将从根本上改变我们的生活方式、工作方式和互相关联的方式。无论从规模、速度还是广度来看,技术变革不同于人类以往经历的任何变革。显而易见,技术是一种永久性的结构性变革,“技术的根本转变不仅仅是我们使用的工具的改变,而是我们是谁、我们做什么以及我们如何做的改变”。[⑫] 数字化导致生活领域的深刻变化,改变被视为这个时代的必需品,[⑬]社会正在由“固

⑩ 朱永新:《未来学校:重新定义教育》,中信出版集团2019年版,第1~184页。

⑪ 参见杨学科:《论人工智能时代的法学教育新挑战、新机遇和新模式》,载《法学教育研究》2018年第4期。

⑫ Edward A. Cavazos and Gavino Morin, *A New Legal Paradigm front Cyberspace? The Effect of the Information Age on the Law*, Technology in Society 3, 357(1996).

⑬ 参见[英]齐格蒙特·鲍曼:《流动的现代性》,欧阳景根译,中国人民大学出版社2017年版,第7页。

态”变为“液态”,这引发了法学教育框架的根本性调整问题:法学教育如何适应流动性的现代性。因此,法学院应该多教授面向未来的课程,而不是过时过气的课程。

(一)数字法学

如上所言,随着数字技术的发展,需要法律规范来规范数字世界法律关系,从而避免数字世界不法行为。在此数字化背景下,数字法应运而生。数字法一般被认为是新兴的甚至是未来的法律,涉及在数字环境中执行的法律关系规则的综合,⑭数字法主要包括对数字技术有关活动的法律创制,例如,在大数据、人工智能、区块链、金融科技、电子商务、物联网、数据隐私或网络安全,甚至包括承担代码即法律的技术规则和标准。代码在更宽泛意义上也可称为法律,发挥、承担法律的功能,也是数字法的一部分。因此,数字法学不应只被理解为一个独立学科,如计算机法、网络法或人工智能法,应该成为一个数字社会的整体学科门类,尽量不能分裂成“限制的、片面的、相互之间只是松散联系着的叠床架屋式的专业门类”。⑮ 这是因为它几乎涵盖所有法学学科:宪法、民法、刑法、知识产权、行政法等,甚至包括宽泛意义上的技术和标准,已不同于传统的单一学科定义,更多呈现跨学科交叉性,反映的是法学的单一物理场域向虚实融合场域的学科迭代。

数字法是一个新领域,如今数字立法每年都在增加,迄今我国已经形成了《网络安全法》《数据安全法》《个人信息保护法》等数字法治领域的基本法,并有一系列行政规章、行业标准为辅的综合性数字法体系,在我国数字法的内容也日渐丰富,数字法框架业已初步形成。但随着涉及数字技术使用的纠纷解决僵局的增加,考虑到在技术因素较多的地方,虚拟攻击、窃取、泄露和破坏数据以及黑客攻击的风险也更大,数字法的一些领域也成为一个亟待加强的领域,如数字安全、数字平台治理和数字冲突解决。尤其是在日益数字化的未来世界中,真实与虚拟之间的界

⑭ 参见杨学科:《数字时代的“新法学”建设研究》,载《法学教育研究》2021年第2期。

⑮ [英]齐格蒙·鲍曼:《立法者与阐释者》,洪涛译,上海人民出版社2000年版,第208页。

限正变得越来越模糊,特别是元宇宙的到来,它具有增强现实、虚拟现实和持久连接的特点,很可能会出现身份盗窃、非法数据挖掘等新型数字犯罪问题,现有法律体系可能难以回应,数字法学更是亟待创建。

(二)法律技术

法律技术深刻改变着法律和法律职业生态,从最初法律信息流程数字化,到法律活动的智能化、自动化,由于这些技术(互联网、大数据、人工智能技术、区块链、5G技术等)是基于代码的,卓越法律人需要能够理解这些代码,参与此类法律技术的设计,并最大限度地发挥其在支持所有法律工作中的作用。由此可见,在数字时代,使用法律技术解决法律问题比单纯法律知识的掌握更重要。

在元宇宙未来,每个法律职业者都可以用化身来代表,能通过虚拟现实的在线世界进行交流,可以有利于法律职业者应对远程工作的挑战,还可以帮助法律职业者快速法律知识学习、避免适用法律错误以及跟踪和改进法律服务质量。可以说,元宇宙提出了一种通过技术联系和理解法律职业生态的新方式,创建了“永远在线”的3D法律服务环境,协调物理世界和虚拟世界,为用户提供虚拟增强或身临其境的法律现实,例如,利用增强现实(AR)、虚拟现实(VR)和持久连接来创建身临其境的法律场景参加模拟庭审、在线庭审以及证据复原场景之类的事情,可以随时随地就能参加庭审、从事法律服务工作,无须耗费大量时间为工作而奔波。

随着对能够利用自动化、数据分析等技术增强其法律核心知识的“法律工程师”的需求日益增长,一些先知先觉的法学院开始将法律技术纳入其培养方案。在实践中,也出现了两种法律技术课程方案,一种是将一些以计算机科学为基础的纯理工科课程纳入法学院课程;另一种是将涉及法律技术的相关跨学科内容纳入法学院课程,如数字法治概论、法律数据处理、法律大数据分析等新课程。一般认为,法律技术还包括区块链技术、智能合同、统计方法(数据科学)的应用、司法决策预测和合规管理系统的应用等。这就需要法学院的法律技术教学,着重培养法学学生了解法律技术生态系统、理解法律技术运行的技术逻辑、提供法律技术服务方案的能力。总之,如麻省理工学院教授迈克斯·泰格马克所说的那样,让更多精通技术的人进入法学院,对社会来说可能是明智之举。[16] 法律技术将成为法律职业和法学教育的未来趋势。

三、法学教育未来:法学教育数字化

数字化的发展,万物感知、万物互联、万物群智,冲击了构成我们社会的所有结构,法学教育也不例外。可以想象的法学教育未来,必然是法学教育数字化,数字技术在法学教育中无处不在且不可避免,泛在的教育信息网络、智能化的教育基础设施。因此,于法学界而言,使法学教育适应数字时代的未来教育方式变革成为法学教育未来的挑战:重新认识和想象法学教学方式,过往的以"不变应万变"的教学法会产生糟糕的教学效果。

法学教育数字化无疑是法学教育未来的基调。物联网(IoT)、数字教材、游戏和游戏化、人工智能、数据科学分析、无线教育支持设备、虚拟现实、增强现实和聊天机器人等数字技术,都能与教育教学深度融合,都可以数字教育基础设施的方式构建基于教育技术的综合教育环境。法学教育数字化,首先是智能化的学习环境的改变,智能化教室内部署互联化的教、学、测、评、管设备体系,实现智能化的教、学数据采集,智能化的资源推送,智能化评价以及设备管理,实现以学习者为中心的学习环境。除此之外,线上教学空间(社区、微信群、qq群等)将逐渐成为新的法学学习空间,课堂的形式也就不再仅仅局限于教室,而是无时不在、无处不在的"泛在"课堂,能实现在线学习与线下学习、课堂学习与个体学习、体验式学习与自主学习等学习方式的多元融合。总之,智能化的学习环境的改变能实现全员、全过程、全方位的万物互联、智慧感知、虚实融合的智慧学习空间,能在任何地点进行学习交付,采用任何途径学习

---

⑯ 参见[美]迈克斯·泰格马克:《生命3.0:人工智能时代,人类的进化与重生》,浙江教育出版社2018年版,第137页。

和学习节奏、适应任何教学方法、选择任何技术形式的以学习者为中心的学习。其次是法学教育未来的核心问题在于如何从适应工业时代大规模划一的“知识喂养”教育转向数字时代按个人需求和偏好定制的“个性化”教育。教育大数据、数据挖掘等技术构建多元化、智能化、个性化和数据化的以学习者为中心的课程教学实时评价体系,能通过综合数据建模,数据分析跟踪优化教学和学习,洞察教学成效和学习规律,实现教学决策数据化,为学习者建立“数字学习画像”以日益动态和互动方式帮助学生开展个性化学习。“数字技术创造了以比以往任何时候都更加细致、多方面的方式衡量学生表现的机会。教师不再局限于标准化的年度考试或定期课堂测试。相反,他们有机会在学习过程中的每一步都提供反馈,并使用这种定期评估来衡量个别学生在实现教育目标方面的进展”。⑰ 再次,面对大数据、人工智能、区块链等数字技术的高速发展,法学知识更新速度明显加速,法律职业结构亟待更替,终身学习也成为法律人的终生必修课,数字法学教育可能会成为法律人永不毕业的教育新空间。特别是新冠肺炎疫情以来,停课不停学,数字法学教育以教学直播、新辅导的形式进行,法学教育供给和形式日趋多元,法学教学成效显著,实践证明了法学教育数字化已经成为不可阻挡的时代潮流,更是法律人终身学习不可或缺的新机会。

元宇宙横空出世,会给法学教育未来带来新的想象空间。伴随硬件(设备、耳机、眼镜)和软件(处理、渲染)都在不断成熟,法学课堂也将可以在元宇宙中进行。元宇宙中的法学课堂,具有具象体验、沉浸感、信息共享、合作、灵活环境等优势,能克服非面对面远程教育的局限性,并通过增加身临其境的沉浸感来最大限度地提高学习效果,同时法科学生也可以发挥主动性产生或编辑法学教育内容。法科学生在任何地点和时间,只要通过戴上眼镜或耳机等增强现实和虚拟现实设备,通过虚拟教学系统、体感互动教学系统、法学虚拟仿真实验系统等,全时空、全方位

---

⑰ Grant, Peggy, Dale Basye, *Personalized Learning: A Guide for Engaging Students with Technology*, Washington DC, International society for technology in education, 2014, p. 74.

体验真实的课堂体验甚至法律实践体验,增加了法科学生的学习兴趣和沉浸感,为法学教育教学带来新的动力。

综上,法学教育未来的新常态是学习环境的智能化,学习模式多元化个性化,以学习者为中心的教育模式。法学教育界应超前识变、积极应变、主动求变,建立新的法学教育范式,适应数字时代的教学挑战和教育需求。

四、液态教育新常态

物无妄然,必有其理。上述可知,数字技术的加速发展的影响,我们的社会变革也日趋加速,社会已从固态结构变为流动状态,目前的特点是流动性、不确定性、可塑的现实、短暂的关系、不精确和个性,[18]这些现象也可以在教育中发现,教育是流动现代性的受害者,一切都变得不稳定,等待下一个颠覆性的创新,将继续改变我们的世界。我们可能未经思考就被冲进液态社会的旋涡并深陷其中而不自知,这是我们无法改变的现实,问题是我们如何“切中时下,敏于回应,而非只是顺应时尚”[19]。

流动现代性是齐格蒙特·鲍曼在《流动的现代性》一书中为取代后现代性而提出的概念。液态社会,是现代社会出现的各种异化和裂变。它呈现脆弱性、暂时性和持续的变化倾向,是一种不断变化、永无休止的流动状态。流动的现代性(液态的现代性)这一概念有助于我们理解世界的变化和它的连续性。鲍曼不使用后现代性这个词,因为新时代的生活不是与现代性的分裂或终结,所以,现在的生活不是现代性之后的东西,而是现代性的不间断延续。[20] 因此,他创造了“液态现代性”的概念

---

[18] 参见[英]齐格蒙特·鲍曼:《流动的现代性》,欧阳景根译,中国人民大学出版社 2017 年版,第 298 页。

[19] [英]齐格蒙特·鲍曼、[英]蒂姆·梅:《社会学之思》,李康译,上海文艺出版社 2020 年版,第 271 页。

[20] 参见[英]齐格蒙·鲍曼:《立法者与阐释者》,洪涛译,上海人民出版社 2000 年版,第 3 页。

来定义当今时代,相对固态的现代性,选择“液态”或“流动性”的隐喻作为这些变化状态的主要方面。液态的特点是液体会不断变化——它们流动并符合各种结构,同时保持其体积。因此,液态代表适应性、灵活性和流动性。

我们已经从可以被称为“生产者社会”的固态现代社会转变为被理解为“消费者社会”的流动现代社会。液态社会,相对于固态社会,出现了各种异化和裂变。有必要重新思考我们社会的教育类型,以便它能够适应当前、瞬时和不断变化的液态社会。液态教育,是由齐格蒙特·鲍曼(Zygmunt Bauman)创造的一个教育概念,来指称一种适应变化的教育类型,它考虑了当代世界提供的大量可能性,打破了既定的固定性,使我们准备生活在一个充满信息的不断变化的世界中。液态教育是流动现代性的教育哲学,它颠覆了以往的高等教育,追求的是暂时的、实验性的和未经整理的知识和有用的能力。学习者的非权威性活动,缺乏文化目的和合理的框架,在为市场服务的结构界限之外运作。[21] 鲍曼将教育理解为“生命的持续行动”(终身学习)。在他的一次演讲《液态现代性教育》中,鲍曼提出了三个需要考虑的挑战:第一,处理大量信息的挑战。互联网允许即时访问各种信息,但很难学会区分哪些信息是适当的,哪些信息不适当。在信息社会中,保护自己免受99.99%数据(人们不想要的数据)的保护能力至关重要。第二,我们已经失去了长期思考的可能性,若要适应事物的不断变化,在教育领域,必须考虑终身学习的概念,因为流动的现代性,因此社会需要不断更新知识和培训。第三,协调师生关系的挑战。老师和他的学生的关系变了。过去,学生获得知识的唯一途径是通过老师。而今,教师必须与社交媒体及其提供的信息量竞争。教育一直处在被改变和创造的过程中,应该是一种持续的生活行动,而不仅仅是致力于技术技能的提升。[22] 鲍曼在《液态现代性教育的

㉑ See Marvin Oxenham, *Higher Education in Liquid Modernity*, New York, Routledge, 2013, p. xiii.

㉒ See Zygmunt Bauman, *Education in Liquid Modernity. Review of Education*, Pedagogy, and Cultural Studies 4, 2005, p. 303 – 305.

挑战》论文中解释说,液态教育是教育的过程:它从永久的知识到即时使用、一次性或有限字符的知识。当世界在不断变化时,教育应该足够快,以增加它。[23] 即鲍曼主张教育应该足够快地适应当前、瞬时和不断变化的世界,反对将教育作为一种产品而不是一种过程的观念。综上而言,液态教育强调终身学习,不断学习;所有的东西都是在形成的过程中,教育也不例外。

在液态教育中,学生头脑不是要充满的容器,而是要点燃的火焰。但是,我们的教育系统大部分都基于容器模型,其内容类似于把液体(信息)注入容器(学生),学生只是被动填鸭反馈的容器而已。固态现代性阶段的教育哲学家将教师视为弹道导弹发射器,并教他们如何确保他们的产品完全处于预定的轨道内,并由最初触发的冲动决定。“教育家梦想的学生就像一个脾气好的键盘手,这样按任何键都会有规律地发出由乐谱所决定的声音,而不会有不和谐的音符”。[24] 鲍曼认为这是错误的,创造和谐灵魂的结构的努力是基于对现实的错误版本。根据鲍曼的说法,事实是没有乐谱,没有固定的声音,也没有不和谐的音符。世界的标签是“随想曲”,而不是和声。[25] 事实上,大学教育的组织和培养方式没有显著变化,高等教育机构继续运作在鲍曼称为“固态现代性”的状态。大学培养方式还类似于现代工厂生产系统:它在课程、目标、内容、方法方面实践着泰勒主义,其中学生学习经历类似于车辆组装的过程。它产生的是一个客体,而不是一个主体。

但在液态现代性阶段,液态教育颠覆了以往的高等教育,它追求的是暂时的、不确定的和未经安排的知识,并注重有用的能力,使所接受教育的价值成为学习过程和工具的价值,而不是所学到的东西本身的价值。

首先,知识也被视为暂时的,并被设想为短期使用,直到它被下一次

---

[23] See Zygmunt Bauman, *The Challenges of Education in Liquid Modernity*, España, Gedisa, 2008, p. 28 – 29.

[24] Marvin Oxenham, *Higher Education in Liquid Modernity*, New York, Routledge, 2013, p. xiv.

[25] See Marvin Oxenham, *Higher Education in Liquid Modernity*, New York, Routledge, 2013, p. xiv.

更新所取代和丢弃。在液态现代性下,社会已经从一种可预测和持久的行为演变为一种截然不同的行为,其特征是灵活性、短暂性、不可预知性,而且,“短期已经去取代了长期,并把瞬时理解为它的终极理想,持续性被液化至失去价值”[26]。如上所言,液态教育观点中,教育不能被视为一种被消耗和抛弃的产品,而应被视为一种持续性的学习过程。在一个流动性世界中,知识变得更加不稳定、快速和动态,不断变化,不可预测,因此,教育不应被设想为一种产品,被理解为一个过程的教育,需要不断使用和扔掉的知识,同时,知识也不应是绝对和密闭的,而应变得灵活,多变,动态,甚至不稳定。这样,“旧知识”是“有毒”的,无用的和无关紧要的,追求知识的种类是新颖,小众,快捷,未确定的,最重要的是,有用的,临时的,试探性的和未安排的知识和有用的能力。[27] 以学习和积累知识为特征并以理想主义或现实本体论为前提的传统教育方法被鲍曼判定为不适合流动的世界。[28] 因此,需要发展一种瞬时文化,即教育应该足够快地适应,融入不断变化的世界中,对法学院而言,快,是一个持续性生存的关键;对学生而言,瞬时,是知识学习价值获得的手段、追求。这种务实的教育风格,让法学教育正迅速成为(或已经)成为一种商品,体现在对理论、逻辑和思维不太感兴趣,对能力和技能更感兴趣,表现出,知识的深度和广度正被专业效用和利润所取代,也就是法学被市场束缚住,市场用价格(薪酬多少)与有效需求(就业状况)掌握区分专业好坏的权力,这样,学生选择法学专业就是为了将来能挣(大)钱,不再直接与追求法律之正义有关。

其次,师生关系纽带脆弱。鲍曼认为,在液态现代社会,人与人之间没有永恒的关系,类似于陌生人的相遇,是一件没有过去的事情,多半也是没有将来的事情,尽管人与人之间也有联系,但人们不再注重密切的

---

[26] [英]齐格蒙特·鲍曼:《流动的现代性》,欧阳景根译,中国人民大学出版社2017年版,第213页。

[27] See Marvin Oxenham, *Higher Education in Liquid Modernity*, New York, Routledge, 2013, p. 133.

[28] See Marvin Oxenham, *Higher Education in Liquid Modernity*, New York, Routledge, 2013, p. 42.

联系,因为人与人之间的联系可以随时松绑,是不会持续下去的往事。[29]教师的作用从单纯的学习内容的传播者,变为学生自己开展学习的推动者。特别是网络教学以来,学生可以任意选择(或弃选)所喜欢(或不喜欢)的老师,师生关系也变为暂时的选择关系,有弹性的、非正式的、但没有稳定的从属关系。因此,老师的生存法则也从高高在上的"启迪、熏陶、养正"学生变为平等甚至低微的"迎合、说服、诱惑"学生,想尽一切办法让学生选择你、接近你,喜欢你,并要多策略、灵活性和不规则性地去抓住学生那飘忽不定、时时游离的注意力,没有那瞬时的学生为你捧场、流量加持,连当老师的资格可能都没有。因此,老师也不能仅仅固守旧的经验和已经存在的需求,还要不断创造性地满足学生的新需求。

再次,学生的体验将被提到最重要的位置。在液态教育阶段,新的学习方式实际上是把权力从教师转移到学生身上,这个曾经被动的知识接受者,现在在教育过程扮演者更具决定性和影响力的角色。教育变为基于市场驱动的消费,学生的作用获得了更多的自主权,这意味着学生选择老师,学生评教老师,学生有权决定自己的专业学习方案,老师教得再好,学生不满意也不行,学生的体验过程类似于消费者的网络购物的消费评价,体验结果类似于评分。这表明教学的优先级(侧重出勤表现)转变为学习的优先级(侧重学习成效),教师角色也不再是知识的生产者、传授者,主要成为知识的传授者,是将主要满足教育消费者的体验作为最高职业责任,要包学生教学满意,甚至是以学生的满意度为"一刀切"的评教标准。因为在液态社会,教育由"教师"主导(教师权威型)变为由"学生"主导(学生友好型),教师由学习的立法者变为阐释者,其教学策略上也发生了转变:以诱导取代了高压,由学习的权威监督者到学习的指导者,由适应教学规律到适应市场逻辑。基于此,在液态教育中,教育者要为学生提供动态和满意的学习体验,"教育者的劳动也不再是根据它满足、愉悦知识生产者和创造者的道义上的、普罗米修斯似的职

---

[29] 参见[英]齐格蒙·鲍曼:《来自液态现代世界的 44 封信》,鲍磊译,漓江出版社 2013 年版,第 342 页;[英]齐格蒙特·鲍曼:《流动的现代性》,欧阳景根译,中国人民大学出版社 2017 年版,第 167 页。

责的能力，而是根据它满足消费者、感觉的追求者和体验的集成者的美的需要和渴望的能力来测度和评价的”。[30] 易言之，即液态教育将教师、文本和传统的权威替代为单一的学习者的权威。

最后，液态学习模式的形成。液态教育的观点认为知识是暂时的和肤浅的，具有预先确定的保质期。知识处于流变中，不断更新变化，因此需要将各种错综复杂的学习环境整合为一个丰富、有效且精密的教学模式，提供更加灵活及个性化的课程，让学生随时、随地、随势学习，不再是单纯的线上线下混合教育模式。也就是，同一门课程，没有时间、地理和环境的限制，任何地方，任何地点，任何时间，提供多种方式的教育模式，满足学生的个性化需求。液态学习是一种变革性的，全面的，通过以创新的方式将物理和数字学习生态系统融合在一起，从而超越单一学习方法和平台的整体和交互式教育体验，使学生无论身在何处，无论其当前状况如何，都能获得最高质量的教育。[31] 质言之，液态学习模式切中时下挑战，敏于回应变化，积极面向未来，不将学习固化为课堂教学，而是要液化出多元的学习体系。

具体到法学教育而言，在这个流动现代社会阶段，有的曾经为社会提供稳定的基础、并规范人的行为的法律规范，及其依赖的社会结构会日渐消失，新的法律规范及其依赖的社会结构也正在层出不穷，所以，有必要使法学教育变成终身学习的过程，也应提倡法律人终身学习的理念；停止对“产品”进行模式化、普遍化教育，更加注重“过程”，要求教学的灵活性、在线性，“重要的是培训恢复公共空间沟通及其民主权利的公民，以便能够控制其环境和自己的未来”。[32] 教育不能简化为培训，它必须使每个人都能发挥他们的创造潜力并行使公民权，这取决于道德姿

[30] ［英］齐格蒙特·鲍曼：《流动的现代性》，欧阳景根译，中国人民大学出版社2017年版，第236页。

[31] 参见《你听说过液态学习（Liquid Learning）模式吗？—全球学习模式新突破》，载商学院大百科2021年8月16日，http://www.whichmba.net/business.do?actionId=BrowseArticle&Id=1623。

[32] Zygmunt Bauman, *The Challenges of Education in Liquid Modernity*, España, Gedisa, 2008, BackCover.

态。高校应该如"重视知识一般重视价值"[33],必须教育人不仅仅是商品的消费者,而是公民,是社会的非被动元素,能够影响道德选择和社会环境,应对生活的不确定性。

"Liquid" Education: On the Future of Legal Education

Yang Xueke

Abstract: In the digital age, it has become one of the primary problems how to best coordinate legal education with accelerated technological progress and changing legal practice. In the future, the learning scenarios for law school students will become complex and changeable. In the future society, social relations will continue to its "liquefication", making it impossible to accurately predict and control. In the future, the only constant is change itself. For legal education, its development trend (adjustment of digital content in legal education: digital law + legal technology) and teaching trend (digitalization as a means of legal education) should keep pace with the time. In general, when social development is constantly changing, it enters the "liquid" stage. Education has gradually transformed from a victim of fluid modernity to an actor, and it can and should adapt quickly enough to the current, instantaneous and ever-changing liquid society. This type of education that adapts to changes is liquid education.

Key Words: liquid education, digital law, legal technology, digitization of legal education, metaverse

---

㉝ [美]威廉·G. 鲍恩:《数字时代的大学》,欧阳淑铭、石雨晴译,中信出版社 2014 年版,第 95 页。

教学研究

高等学校课程建设的理念与路径分析

赖绍聪*

摘　要：课程建设是高等教育体系中重要的核心环节之一，契合学科发展前沿、符合人才成长规律的高质量课程教学体系是创新型人才培养的最有力保障。本文基于对课程建设内涵的分析，结合作者39年从事高等教育和课程建设经验，从理念、思路、内容、方法、评价、机制等多个方面针对高质量课程建设关键环节及建设路径进行了深入分析。

关键词：课程建设　路径分析　高等教育

近年来，随着高等学校“双一流”建设规划的有序推进，我国高等教育事业进入了全新的快速发展阶段，实现由高等教育大国向高等教育强国的跨越式发展已经成为我国高等教育事业发展与改革的最强音，而高质量的课程建设是高等教育体系中至关重要的核心环节之一，是推动高等教育教学改革，提高人才培养质量最为重要的核心抓手。教育部《关于一流本科课程建设的实施意见》以及《关于深化本科教育教学改革　全面提高人才培养质量的意见》

---

* 赖绍聪，国家级教学名师，国务院学位委员会学科评议组成员，教育部高等学校地质学类专业教学指导委员会副主任。研究方向：地质学。

明确提出[①][②],“在全国高校范围内全面开展一流本科课程建设,一段时期内,建成万门左右的国家级和万门左右的省级一流本科课程。通过课程建设,提高教学质量,最终实现管理严起来、课程优起来、教师强起来、学生忙起来、效果实起来的效果”。显然,深入思考课程建设的基本理念与思路,探索课程建设的有效方法与路径,有效构建契合学科发展前沿、符合人才成长规律、适应社会经济发展的高质量课程教学体系,既是我国高等学校每一位一线教师都必须认真思考的重要课题,也是我国高等学校当前形势下共同面临的严峻挑战。

一、课程建设的指导思想

吴岩在2018年曾经指出,“课程虽然是教育的微观问题,却是关乎宏观的战略大问题,是高校人才培养的核心要素,是立德树人成效根本标准的具体化、操作化、目标化,是当前中国大学带有普遍意义的短板、瓶颈和关键”。同时指出,一流课程的建设要紧紧围绕高阶性、创新性和挑战度设置。高阶性是指课程应该具备知识、能力、情感(素质)三大教育教学目标有机融合的特点,课程要能够成为培养学生解决复杂问题的综合能力和高级思维的重要推动力。创新性是指课程教学内容选择应该契合学科学术发展前沿趋势,反映当代科学技术进步以及人文社会科学的时代性和先进性,课程组织和教学方法能够充分体现教与学的双边互动,激发学生的学习兴趣,促进学生主动学习,而课程的学习结果应该有利于促进学生的个性化发展,激发学生探究和解决实际问题。挑战度是指课程学习内容、学习方法应该具有一定的难度,任课教师备课和学生课下学习应该有较高的要求。

① 参见中华人民共和国教育部:《教育部关于一流本科课程建设的实施意见》,教高〔2019〕8号。

② 参见中华人民共和国教育部:《教育部关于深化本科教育教学改革 全面提高人才培养质量的意见》,教高〔2019〕8号。

泰勒在《课程与教学的基本原理》中指出,[3]课程建设和教学计划开发需要面对四个最为基本的问题:(1)课程试图实现或达到什么样的教育目标;(2)课程需要提供什么样的教育经验(教学内容)才最有可能达成这些目标;(3)课程采用什么样的方式对这些教育经验(教学内容)进行有效组织;(4)课程采用什么样的评学评教策略才能够准确判断预定教育教学目标正在或已经得以有效实现。也就是说,课程建设和教学计划开发实质上需要着重考虑为什么教、教什么、怎么教以及教得怎么样四个最为核心的关键问题。

值得注意的是,高质量的课程体系还必须有良好的条件保障。一是重视团队建设。高素质、高水平的教师团队是课程建设最为核心的条件保障。二是强调资源整合。要整合各类资源,为课程提供充分的线上线下资源保障。三是注重技术创新。课程应该是传统教育教学方式与现代教育教学技术充分融合的结果。四是倡导文化引领。高等教育的课程体系,无论是自然科学类还是人文社会科学类,均应该拥有丰富的文化底蕴,课程建设应该注重先进的文化意识和内涵的融入,形成先进的高等教育课程文化,引领时代发展。

因此,我们可以认为,教学目标、教学内容、教学方法、教学评价、教学资源以及师德师风和执教能力是高质量课程建设的核心要素。其中,明确目标是前提,选择内容是核心,创新方法是策略,评教评学是结果,师德师风、执教能力和资源建设是保障。

二、课程建设路径分析

(一)明确课程教学目标

一般情况下,课程教学或者说教育教学主要涉及学生在知识、能力、情感(素质)三个方面的进步与发展。因此,课程教学目标应该包括理

---

③ 参见张华:《课程与教学论》,上海教育出版社2000年版,第95~96页。

论教学、实践技能教学、情感及价值观教育三大领域。④

1. 理论教学目标(认知领域)。包括对知识的记忆→领会→运用→分析→综合→评价六个层次。(1)知识的“记忆”是最低水平的认知学习,学生通过课程学习,能够对知识点形成长效的记忆是课程知识学习最基本、最低的目标;(2)对知识的“领会”,超越了记忆,学生对知识内涵逐步形成了自身的初步感悟,这是最低水平的理解;(3)有效地“运用”知识是较高水平的理解,学生能够将知识体系较为合理地运用于生产、生活实践;(4)在知识学习、领会、运用的基础上,能够对事物进行“分析”,则代表知识学习中比运用更高的智能水平,学生已经逐步形成发现问题、分析问题的能力;(5)“综合”需要产生新的模式结构,它强调的是创造能力,是认知领域的较高境界,代表学生已经开始具备解决问题和创新创造的能力;(6)“评价”蕴含价值的判断,是最高水平的认知学习目标,代表学生已经逐渐形成了辩证唯物主义的思维逻辑。

显然,课程教学绝不仅仅是让学生知道、了解或记住某些知识,而应该是在记忆知识的基础上能够领会知识内涵,并能够有效地运用知识进行分析和综合,最终能够对相关问题做出正确的价值判断。

2. 实践技能教学目标(技能领域)。对于学生实践动手能力的提升,同样需要经历一个循序渐进的过程。这个过程包括对动作技能的知觉→定向→有指导的反应→机械动作→复杂的外显反应→适应六个层次。(1)“知觉”指学生在实践技能教学过程中,通过看、听等感官获得实践操作动作技能的基本信息,并为下一步的实践操作做好准备;(2)“定向”指学生对一套程式化的实践动手操作程序有了较为系统的了解,并为实践操作做好了充分准备;(3)“有指导的反应”指学生在教师的指导下能够模仿教师的操作初步完成一套程式化的实践操作,但操作可能不够熟练,甚至在操作过程中出现错误;(4)“机械动作”指学生通过反复训练,对实践操作的反应已经成为一种习惯,已经能够熟练、准确、自信地完成实践技能操作;(5)“复杂的外显反应”指学生已经能够

④ 参见张华:《课程与教学论》,上海教育出版社2000年版,第153~182页。

对程式化,甚至非程式化的复杂实践动手技能进行熟练的操作,这是动作技能领域的较高层面;(6)“适应”指学生不仅能够熟练完成已知的实践技能操作,而且能够根据仪器、设备型号的不同,或外界环境的变化创新性的自主修正自己的实践动作模式,从而达到对特殊装置或变化的外界环境的自主适应。这是动作技能领域教学目标的最高层面。

3. 情感及价值观教育目标(情感领域)。包括接受→反应→价值化→组织→价值与价值体系的性格化五个层次。(1)“接受”是低级的价值化水平,它仅仅代表学生对课程所传递的价值标准的认知;(2)“反映”指学生能够主动参与,代表学生对课程所传递的价值标准的逐步认识与理解;(3)“价值化”则代表学生对课程所传递的价值标准的认同和欣赏;(4)“组织”是指学生已经能够将多种价值标准进行比较、关联和系统化;(5)“价值与价值体系的性格化”则是指学生对课程所传递的价值标准达到深度认同。

总之,准确设定并深刻理解理论教学、实践技能教学、情感及价值观教育的目标是高质量课程建设的必要前提。有了明确的目标才能够发现课程建设中存在的问题,从而通过目标牵引和问题导向,为教学内容选择、教学方法创新、教学评价改革奠定良好基础。

(二)合理选择教育经验

选择教育经验的实质就是课程教学内容的选择与凝练。知识是教不完的!什么知识最有价值?这是每门课程都必须回答的重要问题。

传统的课程教学是典型的教材导向的教学,照本宣科是经典的教学内容组织模式。在传统的课程教学中,教师首先考虑的是用什么教材。教材怎么选?长学时选一个长学时的教材,短学时选一个短学时的教材,没有教材就编一个教材。其次,按照教材的章—节—点体例形成教学内容体系。也就是说,课程讲什么,每部分讲多少学时,决定于选用什么教材。因此,传统的课程教学内容体系构建必然存在问题。比如,认识明显滞后,专业知识体系陈旧,知识体系构建过于倚重教材,按部就班,照本宣科,注重知识的灌输,忽略科学精神、科学思维和科学方法的融入,教学内容选择与社会经济发展及产业发展不匹配,不能很好体现现代科学技术发展前沿。⑤

我们认为,高质量的课程建设可以参考目标导向(Outcome Based Education)的教育理念,紧扣反向设计、学生中心、持续改进三个关键。依据学科国际国内发展前沿、社会经济及产业发展现状、学生能力发展需求,充分尊重学生的主体地位,严谨梳理论证课程教学目标。在明确课程教学目标的前提下,以目标为牵引,问题为导向,反向设计,精心选择凝练教学内容,构建教学内容体系,从而决定课程讲什么、怎么讲、讲多少学时,并在课程教学实施过程中不断优化和改进。这样的内容构成体现了最有价值的知识构成,符合课程高阶性、创新性、挑战度的要求以及认知、技能、情感三大领域的课程目标定位。

总之,课程建设过程中,选择教育经验是核心,高质量的课程建设应该形成先进的课程教学内容体系。一是要强化基础,选择知识体系中最为重要、不可或缺的核心基础知识。二是要突出前沿知识理论和方法,体现课程的高阶性。三是要凸显特色,突出教师的学术感悟,增强课程教学内容体系的创新性和挑战度。四是要知行合一,加强理论教学体系与实践教学体系的更好结合。另外,课程的教学内容体系应该具有国际化的视野,与国内、国际同类课程进行充分的研究对比和分析。在此基础上,通过教学科研的深度融合,形成课程自身教学内容体系的比较优势。应该更加突出思维方法的训练,加强实践方法的创新,加强学生综合分析问题能力的培养,建立起特色鲜明的自然认知,方法实践,综合分析到探索创新的循序渐进的课程教学内容体系。

(三)有效组织教学过程

课程组织是指在一定的教育价值观指导下,将所选出的各种课程要素妥善组织成课程结构,使各种课程要素在动态运行的课程结构系统中形成合力,以有效实现课程目标。课程组织就好比是一台智慧的"编织机",它将零散的课程要素编织成课程智慧的彩缎,以更好地促进人的发

---

⑤ 参见赖绍聪:《聚焦学习者身心发展 构建教育教学新范式》,载《中国大学教学》2020年第6期;赖绍聪:《论课堂教学内容的合理选择与有效凝练》,载《中国大学教学》2019年第3期。

展。显然,课程要素是课程组织的基本线索和脉络,课程要素好比大厦的钢筋结构,尽管看不见,但对大厦的强固极为重要。

一般情况下,课程要素包括宏观要素和微观要素两部分。其中,宏观要素主要指学生、教师、教材、环境、范围五个方面;微观要素主要指概念、原理、技能、方法、价值观五个方面。

课程组织的原则应该是充分调动教与学的双边互动,充分尊重学生的主体地位,通过教学过程的有效组织,也就是教学过程中教学策略、教学方法的合理运用,使我们的课程教学能够引导学生探究解决问题,能够让学生发散、扩展、升华他们的思维,激发学生的学习兴趣,并给学生留下思考。因此,课程组织过程中,要着重培养学生的主体意识,彻底改变"一言堂"和"满堂灌"的课程组织方式;要更多地运用PBL、TBL、CBE等多种不同的教学策略,有效地调动学生主动学习,提升课程的教学质量;要引导学生大胆质疑;要改革实验教学模式,鼓励学生根据实验原理自行设计实验方案,使实验教学向研究性、探究性和设计性方向转变;要鼓励学生积极参与社会实践和课外学术活动,多途径提升学生自身素质和能力;要鼓励和引导学生自学和进行研究;要引导学生从反思中学习,将学生的被动接受逐渐转变为主动探索的过程。

课程组织方式通常采用两种方式。[⑥] (1)垂直组织:按照符合学习者身心发展阶段的序列以及符合学科知识逻辑演进的序列,将各种课程要素按纵向发展序列组织起来。(2)水平组织:是指将各种重要的课程要素按照横向(水平)关系有效地组织起来。

有效的课程组织应该具有以下特点和属性:(1)课程组织应该能够激发学生的学习兴趣,充分给予学生主动学习的空间,允许学生在教学活动过程中做出自己的选择,并对选择所带来的结果作出自己的反思;(2)应该让学生在学习情境中充当主动的角色,而不是被动的角色;(3)应该要求学生探究各种观念,探究智力过程的应用,探究当前个人和社会关注的一些问题;(4)应该能够促使学生在课程学习过程中尽可

---

⑥ 参见张华:《课程与教学论》,上海教育出版社2000年版,第229~234页。

能地涉及实物教具,与课程学习密切关联的真实物体、材料或人工制品;(5)应该使学生的学习过程能够由处于不同能力水平的学生成功地共同完成;(6)应该让学生在一个新的背景下审查观念、智力活动,或探讨在以前的研究过程中存在的一些问题;(7)应该要求学生审查一些题目或问题,这些题目或者问题是社会生活中被忽略的;(8)应该尽可能促使学生与教师共同参与冒险,不是冒生命或肢体之险,而是冒成功与失败之险;(9)应该尽可能要求学生改写、重温或完善他们已经开始的一些学习尝试;(10)应该尽可能促使学生应用与掌握有意义的规则或标准;(11)应该给学生提供一个与别人分享制订计划,执行计划及活动结果的机会;(12)应该让学习过程与学生所表达的目的密切关联起来。

(四)改革课程学习评价

传统的根据试卷定分数,由分数定学生学习效果的评价策略,忽略了对学生潜在的创新能力开发和价值观升华的评价,这是长期以来传统课程评价的一个严重弊端。因此,传统的课程评价策略,不能够很好地反映学生实际才干提升和核心价值观养成。

关注学生在整个课程学习过程中所表现出来的创造力、创新力和思想意识形态的进步,而不是仅仅通过期中考试、期末考试的试卷成绩来判定学生的学业和思想表现,这是课程教学评价改革的一个重要方向。

课程学习评价应该采取更加全面综合的学生评价策略,注重理论教学、实践教学、社会实践等不同教学环节中的持续性评价,注重学生在整个学习过程中长期的学习表现、行为表现、思想意识表现。这样,才能使课程学习评价与课程教学目标保持一致。

课程学习评价应该将学生置于核心地位,通过评价发现问题,帮助学生提高学业成绩,促进学生能力发展、素质提高和社会主义核心价值观的逐步养成。同时,通过课程评估和评价,为教学内容选择、教学方法改进提供及时准确的信息,帮助教师改进教学。⑦

---

⑦ 参见[美]玛丽埃伦·韦默:《以学习者为中心的教学》,洪岗译,浙江大学出版社2006年版,第81~85页。

(五)强化课程思政元素

课程思政元素的合理融入是高质量课程建设的必然要求。事实上,课程思政建设的核心就是将“教”与“育”有机统一,以教学改革为抓手,强化教学内容中社会主义核心价值观导向,在专业知识教学过程中善于挖掘那些对学生具有思想启迪、行为导向和心灵震撼的价值因素,引导学生正确对待学术探索与研究过程中的成功、失败、付出、收获、成绩、荣誉,等等,使我们的专业课程教学在润物无声中有效践行育人功能,达到知识、能力、情感目标的有机融合,养成学生正确的世界观、人生观、价值观。

同时,不同的课程类型,课程思政的侧重点是不同的。根据教育部教高〔2020〕3 号文件《高等学校课程思政建设指导纲要》的要求:⑧公共基础课应该重点关注理想信念、爱国主义情怀、品德修养、奋斗精神等,提升学生的综合素质;专业课程要依据课程类型的不同,研究不同专业的育人目标,依托不同学科专业的特色优势,挖掘专业知识体系中蕴含的思政价值和精神内涵,拓展专业课程的广度、深度和温度;实践类课程则要更加注重学思结合、知行统一;创新创业类课程应该注重增强创新精神、创业意识和创业能力;社会实践类课程应该注重弘扬劳动精神;理学类课程要注重科学思维方法训练和科学伦理教育;工学类课程注重强化学生工程伦理教育,培养学生大国工匠精神,激发科技报国的使命担当。

因此,在专业课程教学过程中教师如何合理选择、精心凝练课程思政内容,并有效融入专业教学体系,强化专业课程“育人”功能,需要我们每个教师依据不同的课程类型深入研究和思考。

(六)重视课程条件保障

1. 重视团队建设。学术水平高,教学能力强,结构合理的课程教学团队,是课程建设的最基本保障。高质量课程建设应该通过组建老、中、青有机结合的教学团队,确保课程建设的可持续发展。课程教学团队的优势在于以共同的教育理念和目标为牵引,能够有效提升课程教师团队

---

⑧ 中华人民共和国教育部:《高等学校课程思政建设指导纲要》(教高〔2020〕3 号)。

的整体素质,推动课程教学研究,提高课程教学质量,保证课程教学质量。⑨

2. 强调资源整合。教学资源建设意义重大,具有不可估量的重要价值,是课程建设和开发的重要条件保障。优质的教学资源建设,能够为学生的自主学习,教师的教学研究,对外的资源服务提供高效能的保障。高质量课程应该有充分充足的优质资源保障。在课程建设过程中,应该尽力整合和提升课程中的优质资源,形成一批经典鲜活的教学资源和实验资源,形成线上、线下多种形式的优质资源体系。同时,应该建设一流的教学实验室,通过教学科研一体化的建设思路,让实验室建设与学科建设同步发展,从而带动实验室建设上层次。课程的实验资源应该尽力面向学生全面开放,实践教学管理模式逐步国际化。

3. 注重技术创新。课程建设过程中,必须合理运用教育技术,将现代教育技术与传统的教育教学优势有机结合,充分利用互联网先进技术和数字化资源,采取线上学习、线下辅导,线上线下混合式教学等多种新的教学方式,推动学生学习的主动性。

4. 倡导文化引领。大学有大学文化,院系有院系文化,课程也应该有课程文化。优良的课程文化主要包括以下几个方面:(1)崇尚学术。大学是研究学术、探索学术的殿堂,强调学术性理应是大学高质量课程建设的一个核心要素。(2)批判与创新。创新是大学文化最为显著的特征,课程教学是实现大学人才培养基本功能的核心载体,因此课程理应承袭大学文化之精髓,倡导批判与创新精神。(3)追求真理。传播和追求真理是大学课程教学的灵魂,因此追求真理应该是大学课程教学理应崇尚的一种课程文化。(4)自由包容。大学课堂应该是民主的课堂,多元文化和谐的课堂,在课堂上,教师和学生共同拥有探究、创造、交流、合作甚至质疑的权利。(5)开放多元。大学的课程文化应该是开放的文化体系,课程建设要面向世界,不断学习吸收世界的先进经验,培养造就富民强国的高质量人才。

---

⑨ 参见鲁卫平等:《研究型大学教学团队建设的研究与思考》,载《中国大学教学》2010 年第 3 期。

结　语

综合上述分析，我们可以看到，当前形势下高等学校课程建设应该从理念、内容、方法、机制等多个方面进行深入地思考。聚焦立德树人，坚持德智体美劳全面发展，以促进学生发展为中心，是高等学校高质量课程建设最为核心的理念。注重反映学科前沿动态、社会经济发展现状以及行业产业需求，精心选择凝练教学内容是课程教学内容体系构建的关键；有效组织教学内容，重视教学策略创新，实施更为有效的学生学业评价改革是课程方法创新的精髓；重视团队建设，强调资源整合，注重技术创新，构建优良的课程文化氛围是课程建设的重要机制保障。

Analysis on the Concept and Path of Curriculum Construction in Colleges and Universities

Lai Shaocong

Abstract: Curriculum construction is one of the most important core links in the higher education system. A high-quality curriculum teaching system that conforms to the frontiers of discipline development and the law of talents growth is the most powerful guarantee for the cultivation of innovative talents. Based on the analysis of the connotation of curriculum construction and combined with the author's 39 – years' experience in higher education and curriculum construction, this paper has conducted an in-depth analysis of the key links and construction paths of high-quality curriculum construction in terms of concepts, ideas, content, methods, evaluation, and mechanisms.

Key Words: curriculum construction, path analysis, higher education

“贯通式”法理学通识课教育教学模式的探索[*]

刘艳红[**]　苗泽一[***]

摘　要：培养高素质法治人才是现代法学教育在新文科理念下的重要目标，时代发展需求的变化让法学本科课程教育教学模式亟待创新。面对人文社科本科生基础性课程的现实需求与供给差异，东南大学秉文文科试验班法理课程以法学通识教育为目标，采取多样化的授课形式，形成了“一流课程+精品慕课+大师讲堂+特色教材”四位一体的“贯通式”法理学通识课教育教学模式，成为新时期法学理论教育教学改革的一次重要尝试，在学科建设和立德树人方面取得了良好的课程建设成果，为未来国家级一流本科课程发展方向提供了有益借鉴。

关键词：法治人才培养　法学通识课　法理学　新法科　一流课程

---

* 基金项目：本文系教育部首批新文科研究与改革实践项目“新兴法学交叉专业建设探索与实践”（项目编号：2021060035）的阶段性成果。

** 刘艳红，中国政法大学教授，东南大学教育立法基地教授，人民法院司法大数据研究基地主任。研究方向：刑事法学、大数据和人工智能法学。

*** 苗泽一，法学博士，东南大学法学院助理研究员。研究方向：法理学、大数据和人工智能法学。

随着习近平法治思想的提出，在法治轨道上推进国家治理体系和治理能力现代化已经成为社会发展的基本共识。法治事业的发展，关键在于培养具有现代法治理念的高境界、高人品、高素质的复合型和实务型高层次法治人才。2018 年 8 月 8 日教育部、财政部、发改委联合发布的《关于高等学校加快“双一流”建设的指导意见》，明确提出强化人才培养的核心地位，明确“双一流”建设的核心是人才培养，同时明确了一流本科教育在“双一流”建设中的基础地位。[①] 课程是人才培养的核心要素，没有一流本科，“双一流”建设就是空中楼阁，要率先在新工科、新医科、新农科、新文科建设中打造“金课”（一流课程）。[②] 自教育部 2018 年 11 月明确提出“消灭水课、打造金课”[③]口号、2019 年 4 月全面实施“六卓越一拔尖”计划 2.0，推动全国高校掀起一场“质量革命”，建设高水平本科教育以来，[④]我国法学教育事业发展秉承新文科理念，积极开展教学、课程等方面的创新。

一、问题的提出

一流人才培养的根本体现在一流本科教学上，从这个角度来说，“双一流”建设的关键问题就是一流本科教学问题。[⑤] 厚基础、宽口径的教育理念的形成，让通识教育成为改善高等教育中人文素质教育薄弱的重要举措。法学教育本身就受“学科孤岛”的制约，一直在法学教育专业

---

① 参见《三部门印发〈关于高等学校加快“双一流”建设的指导意见〉的通知》，载中华人民共和国中央人民政府官网，http://www.gov.cn/xinwen/2018-08/27/content_5316809.htm。

② 参见吴岩：《建设中国“金课”》，载《中国大学教学》2018 年第 12 期。

③ 吴岩：《建设中国“金课”》，载《中国大学教学》2018 年第 12 期。

④ 参见《教育部启动“六卓越一拔尖”计划 2.0》，载教育部官网，http://www.moe.gov.cn/jyb_xwfb/xw_zt/moe_357/jyzt_2019n/2019_zt4/tjx/mtjj/201904/t20190430_380243.html。

⑤ 参见陈德良、边霞：《一流大学建设视角下本科教学问题的思考》，载《中国大学教学》2017 年第 7 期。

化方向深入发展,单一化的法学思维也不利于复杂社会问题的解决,“培养具有现代法治理念的高境界、高人品、高素质的复合型和实务型高层次法治人才”是现代法学教育培养的目标。当代大学生需要怎样的法学教育是一个巨大的法教育学问题,本文重点在于讨论在信息爆炸时代的今天,非法本或者未进入法学院的大学生需要怎样的法学教育。而目前,法学学科的结构和学科体系不够完善,社会亟须的新兴学科开设不足,法学与其他学科的交叉融合还不够,[⑥]这也对新型法科的教育提出了新的要求。

传统法学基础学科的法理学课程是法学教育16门主干课之一,其核心在于研究法律的一般性、规律性问题,是对社会现象进行最基本、最一般、最理论化层面的分析,是法学的一般与基础理论,也是法学的方法论和意识形态。[⑦] 即从定性方面而言,法理学是关于法的基础理论,是学习其他法学专业的前提和基础。然而,以追求哲学作为基础理论阐述方式的传统法理教育教学具备一定的门槛与标准,尽管这样保证了学科发展的质量,达到了法理学之“专”,但对非法学专业的本科生则未能满足其现实需求,更未提高其法治素养,从而易产生以下问题。

(一)课程设置过于专业化

传统法理学本科课程以法哲学作为基础,回应的是法的一般基础理论,且多数院校选择在大学一年级开设,在这种学科设置思路下,法理学主要回应的是法的本体论、起源论、运行论以及价值论等。这种教育教学模式对于未来继续深入学习法学的学生来说作用突出,对于人文社科的其他专业学生来说则具有明显的学科壁垒,过于抽象的思维要求与理论展示也不利于大学一年级本科生对法理学的充分吸收和理解。概言之,法学的发展是以哲学思辨作为基础,面对毫无法学专业知识的大学一年级新生,法理学本身的哲学性、理论性、思辨性、高度抽象概括性,会造成还未从高中思维转变过来的大学一年级新生难以把握,甚至无所适

⑥ 参见2017年5月3日习近平在中国政法大学发表讲话《全面做好法治人才培养工作》,载习近平:《论坚持全面依法治国》,中央文献出版社2020年版,第175页。

⑦ 参见张文显:《法理学》(第4版),高等教育出版社2011年版,第14页。

从。从课程定位来说，传统法理学是作为专业课而非通识课开设的，即jurisprudence，由juris和prudential复合而成，直观感受即有关法律的系统性理论或知识。法学学科要求和学生综合素质之间存在差异化格局，需要创新教学模式来调整。就学习角度和本科生的现实需求而言，jurisprudence层面的法理课程对于大学一年级本科生存在一定的学习难度。众所周知，对于大部分本科生来说，信息的不对称性让很多学生对大学的专业选择是基于高考成绩的直接选择，甚至在填报高考志愿之前也只是对该专业的发展前景、发展历程有浅显了解，对于具体知识和兴趣培养还需要深入接触后才可得知。即使有“转专业”的政策性个别改变，但整体来说对专业的选择并非在完全了解情况下作出。然而很多高中生对于法律的认识处于懵懂的状态，不懂法不知法而盲目跟风选择了法学专业，[⑧]这也就导致了很多对法律没有兴趣的学生盲目选择了法律。当进入大学后发现现实法律教学与其直观感受教学出现巨大差异，往往会形成厌学情绪，陷入“恶性循环”，造成的直接影响就是法学专业毕业生的就业率一直处于“亮红灯”[⑨]的状态。在这种情况下，通过大类招生的方式进行本科生初次专业选拔，并开设专业前沿课程，以学生现实需求为基础，根据学生学习能力进行理论传授。“君子务知大者远者”，当代大学生并不缺乏知识学习的能力，而真正缺乏的是在学科前沿看问题的机会。在掌握法的基本理论之前树立法的基本理念，从而使学生了解什么是真正的“法学”，再进行选择，将是一种非常好的课程设置尝试。

（二）教学模式粗放，课程资源单一

因学好法理学意义重大，很多高校对法理学课程的教学也非常重视，但是课程设置和培养方案具有高度趋同性，通常采用理论教学法，以法学教材为基础，教师对法理学的基础理论进行系统性的讲授，比如，对

---

⑧ 据统计，法学本科招生一直处于所有专业的前十名，包括法学在内的10个普通高校本科专业的毕业生规模最大。参见贺卫玲：《这10个本科专业毕业生人数最多》，载《三湘都市报》2017年4月29日，A5版。

⑨ 教育部公布近两年各地就业率较低专业名单，其中绘画、音乐表演、法学、化学连续三届都是就业率、薪资和就业满意度综合较低的“红牌专业”。参见麦可思研究院：《就业蓝皮书：2021年中国本科生就业报告》，社会科学出版社2021年版，第27页。

法的起源、要素、概念、范畴等进行抽象的阐述,照本宣科,对理论界的观点进行介绍,教学模式粗放,教学方式也很单一。且在传统的法理学课程上,师生互动性不强,教师主动灌输式的教学模式,难以考虑被动接受一方的接受率和吸收效果,缺少互动也让教师难以得到课堂效果的反馈,更多的是为了完成教学任务而教学,忽视了学生法学思维的培养,甚至可能造成学生对法理学存在误解,以为法理学是纯理论性的科目,枯燥难懂、对于法律实践和未来发展意义不大。如此授课,何谈高层次法治人才的培养。

(三)忽视非法学专业本科生的现实需求

立善法于天下,则天下治。法治作为治国之重器,是国家治理体系和能力现代化的重要标准。可以认为,社会生活的方方面面都必须纳入法治轨道。然而,对于法的基本理念的树立,法科生的教育可以认为始于法理学,但是在非法学本科学生的课程设置中只有思想道德修养与法律基础一门课程与法律基础有关,虽然其作为高校思想政治理论课程体系的重要组成部分,是帮助大学生提高思想道德素质和法律素质的重要课程,但是其教育结果远未达到完善"大学生法律素养"的基本要求。近年来,大学生违纪违法事件时有发生;网络诈骗中大学生作为受害者更是屡见报端,在互联网上肆意表达错误言论。这些反面案例都体现现有的法学基本课程忽视了学生知法懂法的现实需求,也在警示我们夯实大学生法律思想基础和法学基本素养的重要性。诚然,大学生法律素养的降低并不和已有课程设置呈强关联性,但目前,大学生法律素养培养的主要矛盾在于对新兴社会现象的法治解读需求和传统较为滞后的法律基础教学间的冲突。因此,在保证专业基础课程完整授课的前提下,提升对于大学生的法律基础和思想教育,成为东南大学法学院开始实施秉文文科试验班法理课程设置的重要前提和切实需求。

二、四位一体"贯通式"法理学通识课教育教学模式的探索

东南大学以一流本科建设"双万计划"为基点,秉持新文科发展理

念,打破专业、学科和院系壁垒,将经管文史法等人文社科专业融合在一起,于2017年开设秉文文科试验班。秉文文科试验班法理课程作为基础性课程群"五理"(心理、法理、伦理、艺理、哲理)之一和文科通识教育的核心模块,面向全体本科一年级文科生进行授课,开始了一次具有东南特色的四位一体"贯通式"法理学通识课教育教学模式的探索与实践。短短几年,业已取得丰硕成效。

(一)东南大学秉文文科试验班法理课程定位与教学目标

东南大学秉文文科试验班法理课程设置的根本目的在于以法学通识教育为目标,提升人文社科类本科生的法律素养、法理思维和法学基本知识,为以后的法学专业学习以及人文社科领域的学习奠定法学基础。因此该课程以"达理"为核心战略,以"成己成物"为终极目标,致力于培养高层次的人文社科精英,塑造具有大格局、大境界、大视野的未来领军高端人才。在课程设置方面,东南大学秉文文科试验班法理课程不是jurisprudence,而是basic theory of law,课程目标是让学生"掌握法的基础理论"并"树立法的基本理念",课程定位为通识课程。在秉文文科实验班一年级的学习结束后,那些分流到法学院的学生才会继续学习jurisprudence层面的法理课程。在东南大学秉文文科试验班法理课程中,既有对于权利的理论阐释的"权利之源"专题,也有前沿理论的"司法与人工智能"专题;既有体现中国千年法治变迁的"农耕中国的法治与当代中国的法治变革"专题,也有2020年《民法典》出台而专门开设的"民法的时代精神"。这些课程深入浅出,探寻的是法治中国建设中的理论、实践与探索,探讨法律作为一种社会现象背后的理论基础和价值导向,同时紧握时代脉搏,努力回应社会生活的高速发展所带来的法律需求的现代化,努力向全体本科生传授一门基于法律现象的基本价值和理论的新型课程,从而更好地发挥法学教育在法治中国建设中的基础性作用。[10]

---

[10] 参见杨宗科:《新时代法学教育新理念新思想新战略》,载《法学教育研究》2021年第1期。

(二)四位一体"贯通式"法理学通识课的基本内容

东南大学秉文文科试验班法理课程通过"一流课程+大师讲堂+精品慕课+特色教材"诸环节的四位一体"贯通式"课程模式,从通识课定位出发,课程不以追求法哲学理论闭环为目标,而是以法学的基本原理为切入点,以达深入浅出、鞭辟入里之效。

1.一流课程和大师讲堂。一流课程的主要内容在法学基本理论、社会法治实践、法学前沿理论方面,基础的内容依然是法学的基本理论阐述。除了东南大学法学院自身的授课师资外,通过大师讲堂的方式融入本科课程的教学,为学生提供多样化的授课内容。在课程设置方面,有"法学三问""法律与法理""法律解释问题""权利之源"等专题,其核心在于从理论层面回答法律的基本价值和目的,探讨法律的发展路径。例如,在"法学三问"课程中,授课老师以中西方"法"的图腾——中国古代的神兽"獬豸"与西方的"正义女神"为切入点,深入浅出地向同学们阐述了中西方对法的不同理解。同时,强调法学是谋生与谋道之学,是公正与秩序之学。通过学习法学,能有效保护私人权利、对抗国家权力,可以帮助个人主张合法权利、维护切身利益,也能弘扬社会正义、维护社会秩序,对社会有所助益。这些课程的设置,深入浅出地介绍了法学的基本理论,为初入高校的学生提供了一种完全不同的视角和思维方式。⑪"农耕中国的法治与当代中国的法治变革""家国天下:中国法律的三个域""法律与社会"等专题的内容着力关注中国法治发展与变迁。在"家国天下:中国法律的三个域"专题中,授课老师结合中国自然地理条件和历史,辅以地图展示,对"家""国"和"天下"三个层面上的问题进行了分析,使同学们了解到中国传统文化和法律文化中区别于其他国家的特点究竟是因何而生以及是如何发展形成的。"鸡犬之声相闻,老死不相往来"的农耕民族在面对资源稀缺的游牧民族等外族入侵时,需要一个强大的中央政府将农民们统一起来。从西周的分封制到秦施行郡县制,从

---

⑪ 参见童斯楠:《以法学三问叩开法律之门,从法律思维体悟法学之美‖东南大学刘艳红教授2021级"秉文文科试验班"火热开讲》,载微信公众号"东南法学"2021年9月3日,https://mp.weixin.qq.com/s/y_8HeJYd7YZbyp2pW38HyQ。

秦朝统一度量衡到现代普通话的推广,无一不是中华民族在组织统一人民道路上的探索。而到了现代社会,随着工业化发展迅速,经济生产方式发生了根本性变革,城市人口激增,熟人社会逐渐被陌生人社会所取代,这必然会导致文化和法律的变化。授课老师通过深入浅出的例子和宏大的视角,向学生展示了中国法治的内生逻辑与未来发展方向,提升了学生们对于中国道路的认知自信。⑫

与传统课程设置相比,东南大学秉文文科试验班法理一流课程内容上最大的创新之处在于以社会实践为导向,关注法律前沿的发展与动向,从而回应学生对于社会重大热点问题的关切与需要。目前设置了"司法与人工智能""数字人权初探""民法的时代精神"等专题。在"民法的时代精神"专题中,课程教授以《民法典》的颁布是中国法治现代化发展的重要里程碑,《民法典》的颁布是以对公民权利的保护的重要标志为起点,对从《大清民律》开始的前后共八次民法典编纂工作进行了系统的介绍评析,结合《民法典》具体的法律规则分别对《民法典》体现的中国特色、实践特色、时代特色进行了解读,深入浅出阐释了法条的内涵与意义;在民法条文背后的立法精神的讲解过程中,通过生动有趣的案例,妙语连珠诠释了中国民法发展的内在逻辑与现实需求。⑬ 而在"司法与人工智能"专题中,课程教授更是立足前沿技术领域,以人工智能、大数据计算为代表的技术正在打破传统司法程序的围墙,渐渐使"法律之门"可视。如今我国正在逐步实现全业务网上办理、全流程依法公开、全方位智能服务,实现司法过程的网络化、阳光化和智能化。⑭

除了课堂授课,课外辅导也是提升学生教学质量的重要途径。在东

---

⑫ 参见《鸿儒硕学,析家国天下;意犹未尽,沐苏力旋风——苏力教授2021"秉文文科试验班"法理课程圆满结束》,载微信公众号"东南法学"2021年9月16日,https://mp.weixin.qq.com/s/JahDIAiy-ICfv9C4If_xUA。

⑬ 参见《抚今追昔谈法典历程,妙趣横生论时代精神‖王轶教授2020级"秉文文科试验班"火热开讲》,载微信公众号"东南法学"2020年11月29日,https://mp.weixin.qq.com/s/h6szxt5TiNHjI6jqBdt0Sw。

⑭ 参见《人工智能助力司法发展,数字技术引领人权迭代——马长山教授2020级"秉文文科试验班"火热开讲》,载微信公众号"东南法学"2020年12月15日,https://mp.weixin.qq.com/s/xmPeWQIl65lqH5YLP6neYw。

南大学秉文文科试验班法理课程建设过程中,除了有大师讲堂、名师课堂外还有丰富形式的小班辅导。小班辅导主要依托于东南大学法学院全体青年教师,涵盖基本全部法律专业,以随机分班的形式为本科生提供答疑和辅导。在答疑的过程中,青年教师下沉至学生身边,为全体大一新生提供较为细致的专业回答,从而在授课之余提供良好的学科环境,也使得学生们能更好地学习法理课程内容。与此同时,东南大学秉文文科试验班法理课程的最终成绩评定也根据学生们在小班辅导上的表现进行打分,与课程论文共同作为评价课程成绩的标准。

2. 精品慕课。大数据时代,信息技术已经改变了人们的生产、生活、学习和交流方式,学校教育也不例外;MOOC 的出现为解决学员个性化学习需求提供了可能。[15] 借助于信息技术的发展,为推动信息化技术与学科知识在教育教学上的深度融合,2020 年 12 月,SEU 法学院将法理课程在中国大学 MOOC(慕课)平台正式上线。"一人、一桌、一椅、一电脑"的云端教学能让学生随时随地通过回放的方式重温课堂内容,满足不同时空学员的学习需求。这种方式非常适合学生自主性学习的开展,学习进程由自己控制、学习时间灵活掌握。此外,慕课的一个重要功能在于打破了高校间师资资源的壁垒,[16]"双一流"高校聚集了各研究领域最尖端的学者,名师授课多、精品课程多、免费课程多,通过慕课平台高校的课程和师资可以实现共建共享。诚然,慕课等线上教学的最大不足在于隔着屏幕无法及时捕捉到学生的反馈,为此东南大学秉文文科试验班法理课程还借助于在线小测验、小班辅导、案例解析作业等方式,保障学生们知识的汲取。

3. 特色教材。教材建设是专业与课程建设全面推进的重要指标。法理学作为专业基础核心课程,所有法学专业均开设此课程,从早期的孙国华主编的《法理学教程》到后来使用范围较广的张文显主编的《法

---

⑮ 参见庄玮:《MOOC 视域下法学混合教学模式探究》,载《教育教学研究》2020 年第 4 期。

⑯ 参见张玉:《大变局与慕课制:高校形势与政策教育的革新》,载《产业与科技论坛》2021 年第 6 期。

理学》教材,再到各个院校自己编写的教材以及目前全国范围推广使用的马克思主义理论研究和建设工程重点教材(以下简称马工程系列教材)的《法理学》,法理学教材的种类超过了五百多部,可供选择的法理学教材种类繁多、内容丰富、体例各异。[17] 作为法理课程体系化的结晶,东南大学《法理》教材的正式出版,是课程建设成熟化的见证,将该课程质量的多维提示推向新高度,也彰显了东南大学法学院的学科优势与人才培养特色。从开设东南大学秉文文科试验班法理课程开始,东南大学法学院就已经开始着手教材布局。教材的出版作为法理课体系化的结晶,具有鲜明的“东南特色”,由东南大学法学院各位杰出的法学教授和法理研习者共同完成。从教材的框架来看,《法理》主要集中在介绍法的一般理论和现实与应用。在内容设置方面,既有传统法理学教材中所包含的“法是什么”“法的历史”“法的谱系”等法哲学内容以及“立法”“执法”“司法”等法律实现内容,更把重点集中在了“法与文化”“法与人权”“法与科技”“法的监督”等法的社会运行领域,通过生动有趣的实例,介绍法的现实性与实践性。需要特别说明的是,因本课程面对的是大学一年级新生,课程的目标是让学生“掌握法的基础理论”并“树立法的基本理念”,因此和东南大学秉文文科试验班法理课程一样,本教材所言法理不是 jurisprudence,而是 basic theory of law,即不是传统的十四门法学核心课中的法理学。

三、四位一体“贯通式”法理学通识课教育教学模式的优势

法理学通识课程的精要在于,力求以平实的语言、生动的例证,基于文理多学科同学的日常生活经验和已有社会知识,介绍法学基础理论,探讨法律实践难题,从法律视角解读社会问题,培养理性、审慎的法律问题分析思考能力。[18] 和传统法理学专注于概念、定义体系有很大不同,

[17] 参见蒙爱红:《法理学案例教学优化设计》,载《西部素质教育》2018 年第 19 期。

[18] 参见法理教材编委会:《法理》,东南大学出版社 2021 年版,第 2 页。

该课程更加强调基本的原理、原则、理论观念的入脑入心。

(一)东南大学法理学通识课教育教学模式的内在特点

传统法理课程设置和教学模式与实践存在一定脱节,教学往往陷入简单重复与机械记忆的窠臼。基于此,东南大学法理课程组建了具有较高理论与实践水平的教学团队,以国内优秀法学家与校内优秀教师组成教学团队,通过“一流课程+精品慕课+大师讲堂+特色教材”四位一体“贯通式”教育教学模式,实现理论与实践的紧密结合,以学生为中心、以问题为导向,构建动态教学评价系统,及时发现学生在学习过程中的不足以及课程设置方面的缺陷,从而及时进行修正,建设前瞻性与普遍性相统一的新型法学理论课程群。该模式下的东南大学秉文文科试验班法理课程具有以下特点:

第一,师资配置雄厚。东南大学秉文文科试验班法理课程打破了传统法学课程授课教师集中在校内的固定模式,采取大师授课—小班辅导—个别答疑的形式,从全国法学家中筛选符合课程需要的优秀学者,目前该课程授课教师均为法学名家,其中多人获得教育部“长江学者奖励计划”特聘教授荣誉称号,实现了师资配置方面的全国领先。此外,在小班辅导方面,SEU法学院为每个小班配备了优秀的青年教师进行课后辅导,使学生在接受法理课程讲授的基础上,获得了参与法理学相关热点问题讨论的机会,提高了学生课程参与度与学习积极性。这种以“博采众长说法理道法义,兼容并蓄话秉文促达理”的新型教学模式,变革了传统法学教育以学院学科发展为导向,集中在某些优势学科而导致了学生学术视野局限以及知识封闭的困境。

第二,授课方式创新。东南大学秉文文科试验班法理课程的授课方式创新性采取了大师讲堂、名师课堂、小班辅导课三种不同层次、不同模式的课程方式,从各个角度为学生对法理课程的学习提供多方面支持。三种授课模式,提供给学生以知识点—理论基础—实践模式的三位一体知识运用模式,符合不同需求的同学的学术研究需要,实现了法学研究的基本理论与学生个人的学术兴趣相结合的有机结合。除了上述的一流课程外,该模式下的大师讲堂、精品慕课、特色教材更是满足了学生多元化的理论学习需求,大师讲堂让学生能够近身感受到大师风采,感受法的基本理念,被播下一颗关于法的基本理念的种子。精品慕课实现了精品课程从校内到校外、从线下到线上的发展路径,特色教材作为法理课程体系化的结晶,更成为教学的重要依托。

第三,考核标准客观。东南大学秉文文科试验班法理课程采取的是对学术课堂参与情况、答疑表现情况、论文撰写情况三个方面进行考核,彻底改变了传统法学教育重考试轻课堂的课程评价体系,明显提升了学生的课程参与感,加深了对于法理的整体认识。课程成绩评定主要包括了三方面,一方面是学生课程参与度与平时学习情况,另一方面是课程结束后的学术论文撰写水平,再一方面是在小班辅导上的问题思考与回答情况。三个方面既考察了学生的上课情况,也考虑了课程学习与接受的情况,同时也对其课后思考的过程提出了考核要求,对于学生的知识、能力、素质等方面进行了综合考量,从而形成了较为客观与动态的成绩评定模式。

第四,教学评估科学。东南大学秉文文科试验班法理课程的评价及改革成效主要通过两种路径进行。一是每学期开展秉文班教学运行效果学生座谈会,邀请学生代表参与,探讨在课程设置、学生接受程度、管理体制等方面所存在的问题,并进行总结归纳。二是定期开展法学院领导、课程主讲教师、研讨教师以及研究生助教代表的课程教务总结会。在分析学生思想动态以及课程反馈的基础上,进行问题总结,协调课程配置比重,调整小班辅导课形式,实现课程发展与本科生需要相匹配的良性发展模式。

第五,资源综合整合。传统法理学课程主要是以校本课程团队进行课程研发,这种模式不可避免地会带来法理教学的僵化固化,而东南大学秉文文科试验班法理课程通过多元授课主体参与的方式,为学生提供了多种理论选择,形成了复合型理论教学模式,明显提高了学生的法学学术兴趣,为未来法学理论与实务工作,提供了坚实的基础。

(二)四位一体"贯通式"法理学通识课教育教学模式的优势

四位一体"贯通式"法理学通识课教育教学模式,即通过一流课程、大师讲堂倾力打造质量一流的法理学本科教学,更让学生可以多种方式近距离感受大师、名师魅力;精品慕课的推出打破了时空限制,不仅融汇多样师资,更让学生有了更多自主性选择;特色教材的打造与该系列课程相匹配,量身定制,更加符合法理通识教育的需求。概而言之,这种四位一体"贯通式"模式不仅实现了从一流课程到特色教材的贯通,也同步实现了线上线下多种授课方式、多类师资力量、多种教学方法、教学内容理论性与时代性等的贯通。

1. 四位一体的融汇贯通。"双一流"建设是我国建设高等教育强国的重大方针,更是中国高等教育走向世界一流大学,抢占世界高等教育战略高地的必由路径。一流课程建设是"双一流"建设的重要支撑,而课程是人才培养活动最重要的载体和最核心的要素。⑲ 无论信息技术如何进步时代如何发展,对于本科生课程的教育教学最基础性的还是课堂教学。一流课程是"贯通式"法理学通识课教育教学模式的基础,坚持以需求为导向,立足于人才培养目标,从课程的设计、建设、使用、评价等环节,形成一流课程的良性闭环体系。大师讲堂是该模式的亮点,通过名师、大师讲堂等系列高端学术讲座活动的举办,邀请国内外法学领域有重大影响的著名学者及实务专家以法学基础理论、法律实务、法治前沿热点等内容向学生分享法的基本理念和自身对于法学的深邃思考,能够极大激发学生的学习热情,即便是一年级结束后未分流到法学专业的学生,也能由此对法的基本理念入脑入心,对学生法律素养的提高极具益处。精品慕课是该模式的补充,通过教学资源、技术资源、政策支持等有利条件实现了线上线下混合教学方式,在提供更多师资、更多课程的同时赋予学生自主能动性的发挥,再配合"一流课程"中的小班答疑辅导、特色研讨弥补慕课课堂反馈之不足,以达到深度教学的效果。特色教材是该模式的主要载体之一,通识教育的回归亟须与该课程相配备的教材,该教材建立在东南大学秉文文科试验班法理课程建设成熟之际,从编写团队到内容体例,都充分彰显了法学院的学科优势与人才培

---

⑲ 参见朱秋月等:《供给侧视域下一流课程建设:逻辑、困境和因应路径》,载《现代教育管理》2021 年第 10 期。

养特色,为“贯通式”法理学通识课教育教学模式提供了基本支撑。专业、课程、教材的一体化建设,一流课程、大师讲堂、精品慕课、特色教材的贯通式模式,充分实现了“一流专业”“一流课程”引领“一流教材”建设,“一流教材”建设支撑“一流专业”“一流课程”的发展格局。

2. 线上线下多种授课方式的贯通。法理学作为专业必修课,课堂上的理论授课成为不可缺少的一部分,但是传统的理论灌输式课堂教学又导致内容枯燥无味、学生兴趣匮乏、教学效果一般。随着教育创新改革的发展,很多教师会丰富教学方式,比如,采取课件、板书、课堂讨论等多种方式教学,甚至布置分组研讨汇报作业以提高学生的参与度,提升教学效果。但是,线下授课终归受时空限制,且大班授课的方式很难满足多类学生的多样化需求。精品慕课则具有显著的知识体系优势,不仅可以弥补线下教学的不足,还远比其他网络教学资源更加体系化、科学化、规范化。伴随教育部一流课程“双万计划”的推进,法学专业的精品在线开放课程体系将更加完备。[20] 一流课程、大师讲堂和精品慕课互为支撑,通识性教育的定位学生容易接受和理解,课堂的高质量打造和大师讲堂成为课程质量的重要支撑,并充分发挥了“双一流”高校的师资优势;单一的线上教学能够充分发挥学生自主性但很难保证教学质量,线上线下多种授课方式的贯通充分实现了各自的优势,又互相弥补不足,把线上教学与线下课堂深入结合,将传统课堂的“以教师讲授为中心”的教学结构转变为“教师主导 + 学生主体”的教学结构,[21]在加强师生良性互动的同时又充分调动了学生学习的积极性、主动性和创造性。

3. 多类师资力量、多种教学方法的贯通。教学方法的选择与知识原理学习的需要、学生的学情状况等密切相关。[22] “一流课程”的打造离不开高校师资、教学方式、技术投入等各方面的保障。“贯通式”法理学通

---

⑳ 参见杨攀、杜志红:《后疫情期“慕课 +”法学本科教学模式研究》,载《法学教育研究》2021 年第 1 期。

㉑ 参见徐娟:《线上线下混合教学模式在“法理学”课程中的探索》,载《教育教学论坛》2021 年第 13 期。

㉒ 参见马念珍:《法理学课程教学困境与本科法学人才培养问题探讨》,载《贵州警察学院学报》2020 年第 5 期。

识课教育教学模式中的一流课程、大师讲堂、精品慕课充分结合了讲授法、案例分析法、互动式讨论法、多媒体教学法等综合方法的运用。师资层面而言,“一流课程”以学院师资为主,大师讲堂则以国内外法学名家为师资依托,精品慕课资源和校内课程的教学优势充分结合,课堂教学之外的小班辅导答疑等又充分发挥了优秀青年教师群体的力量。更重要的是,在贯通式教育教学的过程中,受益的不仅仅是学生主体,相信青年教师团队通过大师讲堂等高端学术讲座也能在名师的教学方式、风格等方面得到启发,从而不断提升自身的教学水平。

4. 理论性和时代性的贯通。四位一体“贯通式”法理学教育教学模式中,各部分的教学内容虽然各有侧重,比如,大师讲堂侧重于法的基本理念、法学前沿理论,一流课程注重法学基本理论、法治实践,精品慕课则是各类课程全覆盖,但是各部分都以法学基本理论、社会法治实践、法学前沿理论为核心板块,因而充分实现了教学内容理论性和时代性的贯通。比如,东南大学秉文文科试验班法理课程中,一流课程所设置的“司法与人工智能”“数字人权初探”“民法的时代精神”等专题,大师讲堂中已开设的“法学三问”“法律与法理”“法律解释问题”“权利之源”等专题,这些专题的核心均在于从理论层面回答法律的基本价值和目的,探讨法律的发展路径,回应社会热点,探寻前沿理论发展。

四、四位一体“贯通式”法理学通识课教育教学模式的初效及未来发展

“一流课程+大师讲堂+精品慕课+特色教材”四位一体的“贯通式”法理学通识课教育教学模式,在线下与线上互联、课内与课外互动、教师教学与学生自学互补的良性发展局面中,促进了专业、课程与教材一体化建设,为努力实现“一流专业”“一流课程”引领“一流教材”建设,“一流教材”建设支撑“一流专业”“一流课程”,为培养具有大格局、大境

界、大视野的高层次人文社科精英贡献了东南经验和东南智慧。[23]

(一)四位一体"贯通式"法理学通识课教育教学模式建设成果

自2017年至今,东南大学秉文文科试验班法理课程建设取得了丰硕的成效,实现了一流课程、大师讲堂、精品慕课、特色教材"四位一体"贯通式的建设成果,而在立德树人方面,东南大学秉文文科试验班法理课程更是取得了令人满意的结果。在课程建设成果上,2020年11月,根据《教育部关于公布首批国家级一流本科课程认定结果的通知》(教高函〔2020〕8号),东南大学秉文文科试验班法理课程被认定为"国家级一流本科课程"。2020年12月,东南大学法学院将法理课程在中国大学MOOC(慕课)平台正式上线,实现了精品课程从校内走向校外,从线下走向线上的重大发展路径。与此同时,2021年《法理》教材正式面世。

立德树人是高校立身之本,所有课程设置的最终目的都必须在培育人才;建设法治队伍,就必须推进法学院校改革发展,提高人才培养质量。[24] 因此,评价法理课程建设的重要指标是人才培养的成果。4年以来,东南大学秉文文科试验班法理课程在学生培养方面产生了积极的效果。学科竞赛上,2019年以《法理》课程论文为基础的学生课外学术调研作品《护航"网生代"——WEB3.0时代未成年人网络权益软性保护路径研究》获得了第十六届"挑战杯"全国大学生课外学术科技作品竞赛特等奖,这也是东南大学法学院的历史性突破。作品以《法理》课程中所探讨的网络时代的公民权利为基本出发点,着重聚焦当今未成年人用网状况与网络权益,认真研读数百篇高引用文献,实践走访五省十四市县,运用大数据技术发掘处理数千篇未成年人涉网刑事判决,深入分析现有硬性保护措施不足,构建了"行业主导型新规范+需求整合型新技术+协同联动型新机制"体系,实现了对未成年人无时不在、无所不在的全面保护,直接体现了东南大学秉文文科试验班法理课程的积极作

---

[23] 参见《首批国家级一流本科课程、精品在线开放课程配套教材法理面世》,载微信公众号"东南法学"2021年8月26日,https://mp.weixin.qq.com/s/0mFkZOKmPuUHBUDaqjexJw。

[24] 参见习近平:《坚定不移走中国特色社会主义发展道路,为全面建设社会主义现代化国家提供有力法治保障》,载《求是》2021年第5期。

用,也是理论指导实践的重要成果。学科教育上,东南大学秉文文科试验班法理课程以一流课程和大师讲堂作为核心,极大程度地提升了所有同学对于法学的热情,在课堂上积极听讲,课后自主思考,三年来分流至法学院的学生平均分均为各社会科学专业之首。每年课程结束后,课程教授都会根据课堂教学反应,及时调整授课内容,从而实现回应性课程改革的本质需求。"春风化雨,如沐春风"是东南学子对于法理课程的真实评价。同时,东南大学秉文文科试验班法理课程教学中更加注重思政育人,以培育社会主义法治信仰为基本落脚点,引领学生树立社会主义法治信仰,筑强社会主义法治基本观念,将"谋生"与"谋道"紧密结合。在课程上,授课老师教育谋道之上,乃在于以天下国家为己任,法治兴衰,都离不开每一个法律人的付出;谋道之中,乃在于立德立行,勿见利忘义,背弃法治;谋道之下,乃在于守住为人之底线,遵纪守法,勿僭规越矩。[25] 正是法理课程中不断的言传身教,在所有大学一年级跨专业学生中树立起了深刻的法律信仰,提升对于社会主义法治的认识,从而实现法治人才培养的终极目标,为社会主义法治事业奠定坚实的人才基础。

(二)四位一体"贯通式"法理学通识课教育教学模式的未来发展

东南大学秉文文科试验班法理课程将继续以法学基础理论作为课程核心内容,通过外聘教师和本院优秀的教师共同授课辅导的方式,提升学生整体法律素养,培养高层次的人文社科精英,塑造具有大格局、大境界、大视野的未来领军高端人才。同时,通过该课程建设进行教学团队传承,培养一批具有突出教学科研能力的中青年教学骨干。

其一,东南大学秉文文科试验班法理课程必须明确坚持贯彻习近平法治思想,培养高素质法治人才的基本目标。高校是法治人才培养的第一阵地,肩负着培养德才兼备高素质法治人才的重任。[26] 该课程的建设目标中,必须坚持理论先行,强化习近平法治思想的引领作用,实现立德

㉕ 参见刘艳红:《法律人的谋生与谋道》,北京大学出版社2021年版,第2页。

㉖ 参见马怀德:《贯彻习近平法治思想 培养高素质法治人才》,载《中国教育报》2020年12月17日,第1版。

树人的基本目标;同时以实际出发,以问题为导向,积极向学生展示法学研究的基本目标,提升学生以法治解决社会问题的信心。发挥法理在法学课程教育中的重要基础作用。其二,东南大学秉文文科试验班法理课程将进一步解决课程发展过程中所面临的困境。在课程建设方面,需要建构较为稳定的教学体系,形成较为稳定的师资团队,目前该课程群的师资建设受到外部环境影响较大,需要加强师资队伍的稳定性建设,明确师资团队梯度,形成常态化发展趋势。目前,东南大学秉文文科试验班法理课程主要以大师讲堂、名师课堂、小班辅导为教学形式,教学内容既要体现学术的热点与研究观点的前瞻性,又要和学生需要相结合,因此必须基于授课对象的特点,明确学生的理解和学习能力,细化课程内容,加强理论基础教学与前沿问题分析,实现教学内容与教学形式改革。同时该课程的考核方面需要进一步发展,彻底纠正传统法学教育重考试轻平时的考核方式,加强课堂参与和论文写作的考核,进行过程管理,使评价体系更加科学。其三,东南大学秉文文科试验班法理课程将构建与司法实务部门合作育人的新型授课模式。随着法治中国建设的深入,必须发挥法院、检察院等实务部门在法治人才培养中的积极作用。[27] 在未来课程设置中,课程团队将积极邀请政法机关专家参与课程教学活动,让学生在学习法学理论知识的同时,亲身体会法治发展的具体实践,从而为未来法治发展奠定基础。其四,国际化是东南大学秉文文科试验班法理课程未来发展的必然道路。随着国际社会社会科学的迅速发展,法理学也进入了迅速发展的时期。[28] 构建中国特色的法理课程建设,离不开国际法理学理论的支撑。因此,东南大学秉文文科试验班法理课程将不断拓宽国际视野,拓展与国际高水平大学相关学科的交流,探讨法理发展的一般规律,提升学生的眼界与综合素质,实现培养有国际视野新时代大学生的重大课程目标。

---

[27] 参见习近平:《论坚持全面依法治国》,中央文献出版社2020年版,第177页。

[28] 参见於兴中:《时代的法理学:世界与中国》,载《浙江社会科学》2016年第1期。

结 语

法律知识、法律思维、解决争议这三种能力,“使一个法律人能够依法律实现正义,担负起作为立法者、司法者或公司企业法律事务工作者等的任务”,[29]其中法律知识和法律思维能力的培养均以法理学课程为起点,因而抓好法理学通识性教育的知识供给和课程质量至关重要。四位一体“贯通式”法理学通识课教育教学模式的探索和东南大学秉文文科试验班法理课程建设的丰硕成果,不仅为面向新时代法理学课程定位调整和改革的通识教育提供了诸多有益经验,更为“一流”本科课程的打造提供了“金课”样板。

Exploration on the “Run-Through” Teaching Pattern of General Curriculum of Jurisprudence

Liu Yanhong Miao Zeyi

Abstract: Cultivating high-quality legal talents is an important goal of modern legal education under the concept of the new liberal arts. The change of the development demand of the era makes it urgent to innovate the teaching mode of undergraduate course of law. Facing the actual demand and supply difference of basic courses for undergraduates of humanities and social sciences, Southeast University adheres to the jurisprudence course of the “Bing Wen” experimental class of liberal arts, aiming at the general

[29] 王泽鉴:《民法思维:请求权基础理论体系》,北京大学出版社 2009 年版,第 4 页。

education of law, adopting diversified teaching methods, and forming a "run-through" teaching pattern of general curriculum of jurisprudence integrating "first-class courses + high-quality MOOC + master lectures + characteristic teaching materials". It has become a significant attempt in the education and teaching reform of legal theory in the new period, and has made good curriculum construction achievements in discipline construction and moral cultivation, which provides a useful reference for the development direction of national first-class undergraduate curriculum in the future.

Key Words: cultivation of legal talents, general curriculum of law, jurisprudence, new discipline of law, first-class courses

作为通识教育的法律课程教学经验与反思

——以武汉大学通识课程《创业与法律》为例*

孙　晋**

摘　要：通识教育在新时代新文科建设和复合型高等教育中的地位越来越重要，法学专业教育在全面推进依法治国战略的背景下更是任重而道远。法学专业教育作为高等教育的重要组成部分，历来承担着为国家培育输送高素质法律人才的重任。武汉大学近年面向全校本科生开设"创业与法律"通识课程，将通识教育和法学专业教育相结合，融科学教育和人文教育于一体，校内教师的理论教学和校外实务专家的实践指导相辅相成，有利于充分发挥法学类通识教育的基础作用，为建设社会主义法治国家和发展社会主义市场经济提供充足人才储备。法学类通识课程教学效果的可持续和进一步优化，离不开专业的教学团队建设和专门且充分的经费支持。

---

* 基金项目：武汉大学创新创业基础知识课程"创业与法律"项目（项目编号：CYKC2016012）；国家社科基金重点项目"现代市场体系建设的竞争法问题研究"（项目编号：19AFX019）。

** 孙晋，武汉大学法学院教授、博士生导师。研究方向：经济法，法学教育。

关键词：通识教育　创业与法律　实践教学　教学团队　专项经费

一、通识教育与法学学科教育的关联与定位

通识教育在现代大学教育中的地位越来越重要，事关当代大学生社会主义核心价值观的教育养成于自觉践行。① 何谓通识教育之"通识"，顾名思义，"通"即"融汇贯通"，"识"可解为"博闻广识"。与严谨、精密、功利性强、目标明确地用于培养学生专职技能的各类专业课不同，它将浩渺如烟的各类知识精粹融会贯通，突破壁垒高筑且高深莫测的学科界限间的藩篱，有效弥补了专业教育过分强调学科专精从而导致的知识碎片化以及在社会、艺术、人格基础教育上的缺失，②是一种对"自由"与"人文"的继承与发扬。正如塞涅卡在《道德书简》——这本现代通识教育理念的奠基性文本中所阐述的那样：一种教育只有当其"解放"学生的心灵，鼓励他或她掌管自己的思想，过苏格拉底式的反省生活，成为一个传统实践的反思批判者，它才是真正"自由的"，只有这种类型的教育才会发展每个人成为完全意义上的人的能力。③ 他的这些理念有助于帮助我们反思在当下的通识教育推行与改革中存在的问题，也为新时代背景下通识教育中衍生出的各种新形式课题研究与新兴课程设计提供了理论参考。

法学专业教育是高等教育的重要组成部分，历来承担着为国家培育输送高素质法律人才的重任，在现今中国全面推进依法治国这一新时代背景下更是任重而道远。党的十八届四中全会通过的《中共中央关于全面推进依法治国若干重大问题的决定》（以下简称《决定》）提出，"全面

---

① 参见习近平：《青年要自觉践行社会主义核心价值观——在北京大学师生座谈会上的讲话》，载《人民日报》2014 年 5 月 5 日，第 2 版。

② 参见李彦蓉、胡良梅、张宝：《大学通识教育课程质量评价体系探索——以合肥 H 大学为例》，载《合肥工业大学学报（社会科学版）》2021 年第 2 期。

③ 参见［美］玛莎·C. 努斯鲍姆：《在法学教育中培养人性》，叶会成、张峰铭译，商务印书馆 2020 年版，第 120 页。

推进依法治国,总目标是建设中国特色社会主义法治体系,建设社会主义法治国家。"[④]2021年3月发布的《中华人民共和国国民经济和社会发展第十四个五年规划和2035年远景目标纲要》(以下简称《远景目标》),指出我国2035年远景目标是基本实现社会主义现代化,包括基本实现国家治理体系和治理能力现代化,同时,推进法治国家、法治政府、法治社会一体建设。《决定》和《远景目标》开启了我国迈向现代法治国家的新征程,这无疑对全民法治素养提出了更高要求,法治教育是依法治国的前提之一,全面加强法治教育已然是一个十分现实、紧迫而又重大的问题。高校高等教育历来是法治教育的主阵地、排头兵和风向标,学法、懂法、培养法律意识不仅仅拘泥于法学专业院校的大门之内,也不仅仅是法学专业学生所独享的"专利"和必备的"技能",而应该是贯穿于所有学科专业的一根"红线",成为衡量全面依法治国背景下合格社会人才的一把"标尺"。基于此,高等教育中法律类通识课程的开设与普及意义重大、势在必行。

习近平总书记2016年5月17日在哲学社会科学工作座谈会上的讲话指出,现在我国哲学社会科学学科体系已基本确立,但还存在一些亟待解决的问题,主要是一些学科设置同社会发展联系不够紧密,学科体系不够健全,新兴学科、交叉学科建设比较薄弱。要加快发展具有重要现实意义的新兴学科和交叉学科,使这些学科研究成为我国哲学社会科学的重要突破点。由此可见,通识教育运用不同的学科话语相互阐释、说理论证,为法学学科研究提供更为广阔的研究思路,能够促进法学交叉学科的发展。如人工智能发展如火如荼,带动网络与数据法学、计算法学等新兴领域得以勃兴,这就对法律者的智识提出更高要求,跨学科研究必不可少。[⑤] 在这个层面上,通识教育拓展了法学学科的深度与广度,与时俱进推动法学专业自身革新。法学专业教育与通识教育的优

---

④ 《中共中央关于全面推进依法治国若干重大问题的决定》,载《人民日报》2014年10月29日,第1版。

⑤ 参见孙晋:《数字时代网络与数据法学课程的教学探索》,载《中国大学教学》2022年第1~2期。

势互补共同发力，才能培养更具“人性化”“认知完整”[6]的法律人。从些微处着眼，这不仅有利于社会个体的安身立命，在必要时以法律武器维护自身合法权益；从长远看，更是建设中国特色社会主义法治体系、建设中国特色社会主义法治国家、培养中国特色社会主义合格建设者和可靠接班人的不竭动力源泉，这与党的十九大报告中再次强调的全面推进依法治国总目标高度一致、紧密契合。

二、武汉大学“创业与法律”通识课程的教学现状与经验总结

高等院校作为法治社会人才培养的重要基地，要认真学习领悟习近平总书记2017年5月3日在中国政法大学考察时发表的重要讲话精神，紧紧围绕他提出的“坚持以全面依法治国新理念新思想新战略为指导，加强法治工作队伍建设和法治人才培养，更好发挥法学教育基础性、先导性作用”的指示，展开深入研究。本文力图通过结合武汉大学开设的通识课程“创业与法律”的具体授课情况、课程效果进行分析，揭示通识教育与法学学科教育的关联与定位，总结法律类通识课程的授课经验，发现存在的不足，并探究如何优化通识教育与法学学科教育衔接与深度融合，完善教学理念，创新教学方法，强化经典阅读在通识教育中的重要地位，分层次、分专业构建课程体系等教学改革途径，[7]充分发挥法学类通识教育的基础作用，为建设社会主义法治国家提供充足人才后备军。

武汉大学自2016年以来大力提倡通识教育，并在当年决定设置首批通识课程，笔者申报的“创业与法律”是2016年全校首批成功立项并开课的通识课程。2016～2021年，已连续6年逾10次成功开课，全校近

---

⑥ 陈雄、牛盼盼：《论通识教育在法学专业教育中的定位、功能、融合》，载《教育教学论坛》2019年第48期。

⑦ 参见韩大元、杜焕芳等：《跨学科教育与研究：新时代法学学科建设的实现路径》，载《中国大学教学》2021年第6期。

两千名各专业本科生选修了该门课程,在6年连续教学过程中积累了一定的教学经验。以2021~2022年春季学期开课为例,课程总时长设置为32学时,每周一次课,课时3节课,基本贯穿学期始终。授课采取校内理论教学和校外实践教学相结合,授课团队由两到三位法学院不同专业教授与四位校外专家共同组成;主要内容以创业为主轴和核心,从法律规范和企业合规视角切入,围绕创业过程中的企业设立、治理结构、经营范围、交易行为、风险防控、纠纷解决、市场监管、司法应对等多层面和各环节所涉及的民商法、经济法、行政法、社会法、刑法等专业问题铺陈开来,为学生创业提供必要的法律知识储备。其中,校内老师负责前6次授课,主要从合同法、侵权法、竞争法、劳动法、刑法等专业方向教授创业中可能遇到的法律问题,以及如何适用法律法规解决问题等基础理论知识,后5次课程邀请资深的法官、市场监管执法官员、律师以及创业成功的公司高管等拥有不同社会背景、来自不同工作岗位的校外专家,结合自身工作或创业经历,以案例教学和体验式教学为主,分享法律与创业之间的密切关系,既为学生填补法律实践的欠缺,又帮助学生树立正确的创业观,还提高了课程学习的兴趣。校内与校外授课良好衔接,实现理论与实务的高度融合,为学生带来具体生动的学习体验,这种创新型授课也为今后法律类通识课程的教学开展提供有益参考,具有推广价值。整体而言,笔者提炼出以下几点经验供大家参考,另附上具体授课内容安排参见表1:

表1　武汉大学2020~2021学年第二学期《创业与法律》课程表

时间	授课人	授课内容
2月25日	教授	创业与法律的基本关系
3月3日	副教授	创业与合同法的风险识别与防范
3月11日	教授	创业中的公司法风险识别与防范
3月18日	教授	创业中的反不正当竞争法风险防范
3月25日	教授	创业中的反垄断法风险识别与防范
4月1日	副教授	创业与劳动法

续表

时间	授课人	授课内容
4月8日	湖北省某金融机构风控部门干部	企业融资风险的法律防范
4月15日	湖北省市场监管局执法官员	企业设立运营及市场监管若干法律问题
4月22日	湖北省高级人民法院庭长	我国的司法审判制度和法官视野下的创业法律风险防范
4月29日	资深律师	知识产权的法律保护与法律纠纷的解决机制
5月6日	某公司总经理	创新创业之三大主义

本课程在理念创新上结合法学学科特点，优化授课模式，加大外部力量参与互动，弥补理论教学“从书本到书本”的严重缺陷，提升实践经验在法律类通识教育中的地位，教学效果大为提高。由于法学是一门具有高度实践性的学科，而实践性也是创业课程的显著特点。没有“真枪实战”的创业创新课程无异于“纸上谈兵”，再严谨的法学理论也无法在脱离实践的土壤里生根发芽。⑧ “创业与法律”课程的实践环节重要性不言而喻。在传统的以教师教授法学理论的课堂模式基础上，考虑到选修课的学生群体绝大部分以非法学专业为主、法学基础薄弱的特点，课程采用大量案例教学，并且邀请校外实务专家如市场监管干部、法官、公司董事长、律师等社会人员，分享法律实务经验，解答实务工作中的疑难问题，不仅极大增强了课堂的生动性与趣味性，吸引学生与课堂教学之间形成良好互动，更重要的是潜移默化中帮助学生掌握法律知识、构建规则意识、确立法律信仰，并学以致用到日后的创业实践里，有利于从根本上改善创业生态、转变经营从“关系”到“规则”的经营模式，推进我国市场经济法治化进程。比如，在“创业与法律”的授课中，邀请到具有丰富自主创业经验的某股份有限公司总经理分享自己的心得，在课上做了

⑧ 参见孙晋：《法学实践课程教学改革探讨》，载《武汉大学教育研究》2018年第1期。

题为“创新创业之三大主义”的精彩演讲。分别从个人英雄主义、团队至上主义、法律现实主义三大板块剖析了创业成功的路径规划,并辅之以经典案例如“王老吉加多宝不正当竞争纠纷案”“真功夫股权纠纷案”来充实论证。同时也再三强调谨慎融资的重要性,对创业中的法律风险娓娓道来,引发深刻思考。授课语言生动活泼,课件制作简洁精炼,课堂交流轻松愉悦,课后答疑耐心细致。如此种种极大激发了学生的创业热情。将枯燥繁杂的法条应用于创业实践,与前番理论授课中的合同法、公司法、竞争法知识教学实现良好衔接,校内教授授课与校外专家授课优势互补、相得益彰。这也是通识教育实现由知识教学向能力教学转换、理论导向向应用导向转型、教师中心向学生中心转变的一次成功探索。

三、法律类创业通识教育课程存在问题分析

(一)缺乏创业教育专业化教师团队,业务水平有待提升

与开展创业教育较早,创业教育体系构建较完备的大国名校相比较,我国创新创业教育起步较晚,从整体上看还处于引进、吸收、本土化的阶段。[⑨] 师资力量薄弱、教师专职化程度低、水平有限更是首当其冲的问题。师者是学生走进学术殿堂的指路人,其素质水平高低直接决定了教育的培养层次。结合“创业与法律”课程授课现状而言,笔者主要总结了以下问题。其一,创业教育课程层级较低,缺乏专职教师团队,水平有待提升。目前创业创新教育课程主要以通识选修课程为主,面向群体大多为本科生,课程层次较低,主要由各专业老师从本专业方向剖析问题,缺乏完整的体系,不免有管中窥豹之惑。不仅如此,也缺少专职的教师团队或者对教师关于创业教育方面的专职培训,纵然教师在涉及本专业理论方面游刃有余,然而在涉及创业实践问题时仍不免掣肘。其

---

⑨ 参见赵天华:《武汉大学创新创业教育课程体系研究》,武汉大学 2020 年硕士学位论文,第 18 ~ 20 页。

二，校外专家缺乏一定的授课培训，在讲授方式、授课技巧、与学生互动方面不免存在一些问题，导致无法与校内授课很好衔接。校外专家具有丰富的工作实践经验毋庸置疑，但是毕竟没有受过完整的教师培训，且由于工作背景、个人身份、年龄学历迥异等种种原因导致在临场发挥上的语言表述、时间掌控、提问应答等各项环节略显经验不足。其三，教学方式有待创新。在互联网多媒体高速发展的今天，教学方式早就不拘泥于老式课堂上的理论授课了，充分发掘线上教育的便捷、高效、资源广袤的多种优势，并积极开展配套的实践课程，是创新教学方式、提升教学水平的有效途径。

（二）课程缺乏完整体系：层次定位低、培养目标不明确、课程内容设置欠合理

从“创业与法律”课程设置来看，目前的创业教育课程大致存在以下问题。首先，课程定位层次低，覆盖面较为窄小。“创业与法律”仅仅是作为针对本科生开放的通识选修课，无论是课程层级定位还是覆盖目标群体都远不如专业课。这种基础型非必修的定位层次，大大拉低了创业教育课程的受重视程度，这与法治社会背景下创新创业能力必须成为高素质人才衡量标准的初衷相去甚远。其次，课程缺乏完整体系，内容设置也欠合理。“创业与法律”课程主要由法学院老师讲授，针对目标群体多为其他专业的本科生，法律基础甚是薄弱，更不用说法律实践经验了。学生基本没有对于法律概念与架构的理解，也没有系统学习过民法、经济法理论知识，就直接上升到各种风险防范、融资问题、知识产权问题也未免有些吃力。而仅仅利用32学时就为学生构建起这一庞大法律“帝国”的雏形，对教师而言同样也是困难重重的。参考创业教育发展繁荣的案例，构建针对不同目标群体的复合创业教育体系是解决这一问题的良好借鉴。

（三）创业文化基础薄弱，氛围淡薄，受重视程度不足

虽然创新创业教育的重要性在国家层面日益得到认可与关注，但是落实到高校与学生自身方面仍旧境况不容乐观。高校作为创业教育发展的基地，其地位毋庸置疑。在现实层面，仍存在对创业教育重视程度严重认知不足、课程设置上不合理、对于创新创业的精神宣传力度不够等诸多问题。校园创业文化氛围淡漠也一定程度影响到学生。在塑造正确价值观、探寻正确人生方向最为重要的大学时光,创新创业精神的缺失无疑不利于大学生自身健康成长和全面发展。[10] 唯“学分论”“就业论”的功利主义思想反过来又侵蚀了创业文化氛围。没有健康、开放、兼容并包的良好文化氛围,创业精神的普及与创业教育的开展更是举步维艰。

四、针对法律类创业通识教育课程中存在问题的解决对策

(一)在师资力量建设上:建设专业化教师队伍,提升业务水平

教师队伍的素质对创业教育课程开展效果起到举足轻重的作用。实践中,依然存在授课者专业技能不足,学科间思维割裂较明显等问题,一定程度影响了创业教育课程的开展。建设专业化教师队伍,提升教师业务水平势在必行。首先,加大专职教师培训力度,比如,开设专门的有关创业创新的培训课程或培训班,邀请业内专家前来传授经验,提升专职教师授课水平。不仅如此,鉴于创业课程绝大多数以通识课的形式呈现,由各专业老师教授,如何将专业领域知识与创业课程更好衔接也是值得重视的。随着创业教育体系的完善,层次的拔升,培养一批专职创业教育的教师团队也是日后形式所趋。其次,增加对校外专家的授课岗前培训,补足其在授课技巧与基础理论知识上可能存在的短板,以期与校内授课更好地衔接。再次,丰富教学手段,创新教学方式。比如,在互联网飞速发展的今天,充分利用网络教学,探索线上线下教学相结合的新模式,不仅提高教学效率,推进资源共享,也有助于培养学生自学能力,增进师生互动。最后,重视实践与交流,提升业务水平需要在不断的实践中总结经验,专职教师与校外授课专家,不同专业的专职教师之间,

---

⑩ 参见李波:《美国大学创业教育研究——以百森商学院和斯坦福大学为案例》,东北师范大学2008年硕士学位论文,第34~35页。

教师与创业教育业内专家之间都需要不断地沟通交流，经验共享，通过举办各种学术交流研讨会与社会实践活动，总结教学经验，探索创业教育培养的新路径。打造专业化的师资队伍也是提升创新创业能力，树立创新创业教育理念，促使业务水平提升，推动教师角色转型的必经之路。⑪

（二）在课程体系设置上：提升层次定位，明确培养目标，优化课程内容设置，创新教学方式，将法学学科特点与通识教育深刻融合，着力构建科学完整的创业教育课程体系

法学专业教育与法学通识教育在培养理念与价值定位上的不同决定了其培养方式也是大相径庭。法学专业教育重视对法律规则的应用技术，而法学通识教育则着重开阔视野、丰富知识层次，培养学生的人文情怀与法律觉知，塑造真正意义上“认知完整”的社会人，更多是一种规范性意识的熏陶。法学专业教育以法学院为主要阵地，学生大都有一定程度的知识储备，应对法律类通识课程游刃有余；而通识教育面向所有专业学生开放，选修以其他专业学生为主，缺乏基础概念的铺垫，更遑论理论知识的拔高？学生素质的参差不齐导致将法学专业教育的方式方法原封不动照搬到通识课堂是否会“水土不服”？再者，法学专业教育从本科阶段到硕博培养，循序渐进形成完善的知识体系，而通识教育则广泛存在于本科生教育培养方案中，基本难以覆盖到研究生阶段，课程覆盖层级较低、⑫讲授内容粗略、培养要求较为基础。这与法治社会背景下创新创业所需要的高素质人才定位难以匹配。培养理念造成的价值定位问题，与社会需求脱节问题，如此种种，迫切要求在法律类通识课程的体系建设上探索出符合创新创业教育的规律。在此可借鉴开展研究生创业教育较早的美国百森商学院的经验。作为全美最好的私立商学院，也是创业学领域当之无愧的领导者。它以“追求卓越”的创业精

---

⑪ 参见朱晓芸、梅伟惠、杨潮：《高校创业教育师资队伍建设的困境与策略》，载《中国高教研究》2012 年第 9 期。

⑫ 参见赵天华：《武汉大学创新创业教育课程体系研究》，武汉大学 2020 年硕士学位论文，第 48 ~ 51 页。

神贯穿百年发展史。与我国大部分创业教育课程以面向本科生为主的较为单一授课体系不同,百森商学院已经形成了成熟的、针对不同目标群体的复合创业教育体系,包括按照学习不同阶段进行课程安排的授课——主要针对本科生群体,涵盖了创业者、创业机会、创业计划、创业融资、创业风险五大方面的内容。在注重实践技能把握的同时还关注个性化、自信心、追求力在内的等多种思维的培养。同时,以“基础、专业、支持”为三大支撑板块的百森MBA创业教育课程在世界同样闻名遐迩,包括面向所有学生开设的基础课程与针对不同学科背景的专业课程。[13] 课程内容按照创业流程划分,核心课程有创业学、创业者、资源需求与商业计划、创业企业融资、快速成长;选修课程有高科技创业、社会创业、连锁经营、创业营销、成长型企业管理、企业成长战略、创业社会责任感等。与理论知识紧密相连的是丰富多彩的创业实践活动,有学生社团、创业计划大赛、百森名人堂等。[14] 这种精密、科学、高效的课程结构设置将创业理念与创业氛围无一不发挥到极致,对当下的创业教育通识课程改革极具借鉴意义。更值得一提的是,创业不仅是对财富价值的追求,更是对拼搏向上、勇于担责的价值观的践行。对创业精神的执着追求塑造了善于把握机遇、勇于探索未知、敢于直面挫折的良好精神品质,也是培养具有社会责任感现代公民的潜在动力。在这个层面,创业教育课程的社会意义更加重大。结合当下的“创业与法律”课程经验总结,提升自身层次定位,明确培养目标,优化课程内容设置,创新教学方式,将法学学科特点与通识教育深刻融合,着力构建科学完整的创业教育课程体系,仍然任重而道远。

(三)在创业文化氛围培养上:国家政策指导规划、高校加强宣传普及、学生积极参与,共同营造良好的校园创业文化氛围

深化创业创新教育改革的首要任务是,完善人才质量培养标准,使

---

⑬ 参见叶维:《美国创业创新教育课程组织的模式分析》,载《重庆广播电视大学学报》2017年第2期。

⑭ 参见李波:《美国大学创业教育研究——以百森商学院和斯坦福大学为案例》,东北师范大学2008年硕士学位论文,第19~22页。

创新精神、创业意识和创新创业能力成为评价人才培养质量的重要指标。[15] 高校作为创新创业教育的大本营与中坚力量，肩负为社会输送创新型人才的重担。除了深化课程改革力度，构建科学完善的创业教育体系的硬性举措之外，营造浓厚的创业文化氛围，鼓励倡导学生积极参与，培养法治意识与责任意识，从根本观念上认同创业教育的重要性更加具有现实意义。首先，应该积极利用社交媒体渠道，包括但不限于广播、宣传栏、校报、微信朋友圈、公众号、微博、网站、短信等多种传统或新兴媒介方式，加大推广普及创业教育课程知识；其次，积极开展丰富多彩的线下宣传教育，如举办讲座、竞赛、社团、社会实践等创业活动。结合我校“创业与法律”课程由法学院老师主讲，在以后的课程设置里也可以增加由法学院与商学院的联合举办的创业实践活动，如参观大型公司、邀请知名企业家开展创业教育系列讲座、组织学生旁听法院的民商事案件审理、安排学生进入知名公司实习，等等。高校的重视支持与推广普及是营造浓厚创业教育氛围的有力助推器。但是仅仅有学校的倡导与鼓励是远远不够的，学生的创业意识与法律意识的塑造才是创业教育开展普及的核心力量。提高对通识课程学习的重视程度。不再是单纯为了凑够学分，也不是粗粗掠过，带着“看热闹”的心情囫囵吞枣一遍课件就丢开手。只有学生意识到创业思维与法治思想的重要性，树立起坚实的社会责任感，将成为“合格的社会人”纳入自身的未来规划，而不是仅仅拘泥于试卷成绩与眼前就业。端正自身学习态度，积极参与创业课堂的学习与互动，重视经典阅读的力量，多读书多思考，知行合一，身体力行为重塑自我而奋斗。与此同时，在国家层面，持续深化“放管服”改革，优化创业环境，推进以创业带动就业，发挥互联网、大数据、人工智能、区块链、元宇宙等新兴技术优势，进一步整合社会资源，对接需求与供给，挖掘就业潜力。以上系列举措与培育良好创业文化氛围的要求高度一致，相信在多方共同努力下，共建和谐、健康、有序和充满活力的创业创新文化环境未来可期。

---

[15] 参见马曦、孙乐强：《哈佛大学通识教育建设的理念、特征及其理论启示》，载《重庆大学学报（社会科学版）》2018 年第 4 期。

On the Teaching Experience of Legal Courses as Liberal Arts Education and Its Reflection

—A Case Study of Wuhan University's Liberal Course "Entrepreneurship and Law"

Sun Jin

Abstract: As liberal arts education is becoming increasingly important in the construction of new liberal arts in the new era and compound higher education, legal education, as a vital part of higher education and assuming the responsibility of training and providing high-quality legal talents, has a long way to go under the background of comprehensively promoting the rule of law in China. Over the years, Wuhan University has offered liberal course, "Entrepreneurship and Law" for the whole school undergraduates, which combines liberal arts education with legal education, unifies science education and humanity education, as well as integrates on-campus scholars' theoretical teaching and off-campus experts' empirical guidance, which is conducive to giving full play to the fundamental role of legal liberal education and providing sufficient qualified personnel for building a socialist rule of law state and developing a socialist market economy. More importantly, the sustainability and further optimization of the teaching effect of legal liberal courses cannot be achieved without the construction of professional teaching faculty and support of special and adequate funds.

Key Words: liberal arts education, entrepreneurship and law, practical teaching, teaching team, special funds

以现代庭审理论为基础的民事诉讼实践教学

范　一*

摘　要：民事诉讼的实践教学需要以高质量的诉讼活动来提供实践案例支持。我国当前的民事诉讼实践教学的智识获得感不强，效果不佳。20世纪以来，现代庭审理论的实践运用给大陆法系民事诉讼程序带来结构性变革，已被实践经验证实符合司法规律且有助于提高民事诉讼的审判质效。我国应当引入现代庭审理论来改造当前的民事诉讼庭审方式，并将其融入法律实践教学，推动民事诉讼实践教学的发展。

关键词：现代庭审理论　民事诉讼　实践教学

法律实践教学需要依托丰富的高质量的学习素材，其中最好的素材就是高质量的真实案件和庭审。现代庭审理论的实践运用使得大陆法系民事诉讼从分割审理走向集中审理，被视为20世纪民事司法具有标识性的结构性变革。① 我国目前的民事诉讼采

---

* 范一，上海财经大学法学院博士研究生。研究方向：民商法、司法制度。

① 参见段文波：《一体化与集中化：口头审理方式的现状与未来》，载《中国法学》2012年第6期。

取的还是传统的分割审理的诉讼模式,现代庭审理论无论是在理念还是实践操作层面,都还没有被广泛知悉和接受。这使我国民事诉讼的庭审存在内容虚化、沟通不畅等问题。[②] 由于以庭审为核心的诉讼活动缺乏科学的方法,使得即便是通过法院实习进行法律实践教学,对于法科学生而言更多的也只是一种社会经验的积累,所带来的智识提升较为有限。本文将从我国民事诉讼活动和实践教学的现实困境入手,剖析其问题根源,就如何引入现代庭审理论并将其用于民事诉讼活动及其实践教学提出建议。

一、现象:我国民事诉讼活动和实践教学的现实困境

(一)内容虚化:通过庭审获取有效信息效率较低

我国《民事诉讼法》规定了审限制度,即从案件立案之日起,法院应当在一定期限内将案件审理完毕,表面上看审判案件的效率很高。然而,判断案件审判效率不能只是看整体的整理周期,而是要看法院在每一个具体案件审理中实际投入的时间精力。我国目前的民事诉讼庭审采取的还是一种分割审理的诉讼模式。所谓分割审理,在诉讼程序上的表现是法院受理案件后,并不对原告提交的诉状进行十分严格的审查,而是直接将其送达给被告。被告在收到原告诉状后,也不是必须进行答辩。大部分案件开庭之前,法院并不会与当事人就案件的争议焦点进行探讨。因此,案件的第一次庭审往往才是当事人和法院之间的初次正式沟通。第一次庭审结束后,当事人还可能变更诉讼请求、补充证据等,一个复杂案件往往需要多次开庭,并且多次开庭之间往往会有比较长的时间间隔。这种长时间的间隔意味着法官和当事人在后一次开庭时,可能对前一次庭审内容的记忆已经有所模糊,每次庭审都需要花费一定的时间和精力来回顾案件之前的审理情况,造成重复劳动。另外,由于缺乏

② 参见章武生:《我国民事案件开庭审理程序与方式之检讨与重塑》,载《中国法学》2015 年第 2 期。

庭前准备,举证质证等环节都在庭审时进行,庭审时间往往比较冗长,法官通过一次庭审所能获得的有效信息反倒比较有限。

(二)沟通不畅:诉讼透明度低不能形成有效对抗

考察具体的庭审过程,笔者发现,当前民事诉讼的庭审未能实现法官和双方当事人之间的有效沟通,庭审时难以形成有效对抗,法官也很少开示心证,导致民事诉讼的透明度比较低。

一是攻击防御的目标不够明确。由于正式庭审之前缺乏争议焦点的固定,很多案件的法官在庭审时也不注重争议焦点的整理归纳,导致当事人在发表诉辩意见时,往往只是宣读诉状、答辩状,并没有聚焦案件的争议焦点。例如,在合同类纠纷中,原告起诉时只是向被告主张违约金,但没有明确违约金的性质,系逾期履行违约金还是解除合同违约金,法官在庭审时也没有要求原告明确。由此导致在诉辩阶段,原告依照逾期履行违约金的思路进行主张,但被告按照解除合同违约金的思路进行答辩,即使经过较长时间的意见表达,也无法真正实现有效对抗。

二是有效攻击防御的时间严重不足。目前的庭审程序,设计了很多仪式性环节。例如,宣读法庭纪律、告知权利义务等,均放在正式庭审阶段进行。所有的证据,无论与争议焦点是否有关,均需要在庭审时进行逐一举证质证。这就导致当事人在诉辩称、举证质证和法庭辩论阶段的大量发言内容存在重复,真正用于有针对性地攻击防御的时间往往比较少。

三是法官主动与当事人进行交流沟通的积极性不足。目前的民事诉讼程序中,法官与当事人之间的沟通方式方法尚缺乏成熟的制度规范,其具体的沟通方式和效果,更多地依赖于法官的个体经验。最高人民法院 2001 年制定的《法官职业道德基本准则》第 11 条规定,"法官在宣判前,不得通过言语、表情或者行为流露自己对裁判结果的观点或者态度"。[③] 虽然该条规定已经在后续修订时删除,但仍然有不少法官出于认识上的惯性,对于主动与当事人进行沟通并不积极。如果法官与当

③ 最高人民法院于2010年修订该司法文件时已将本条删除。

事人沟通不足,不仅影响案件的审理效率,也可能导致当事人在庭审时无法就案件的裁判结果形成预期,影响案件审理的透明度。④

(三)旁观者迷:实践教学难以实现智识提升

民事诉讼庭审方式存在的以上问题,导致法律实践教学难以为法学院学生充分传递有价值的法律专业知识和技能。笔者曾对上海市某区法院参加暑期法院实习的二十余位实习生和法律助理进行访谈,了解他们在法院实习的主要工作内容和收获。⑤ 通过访谈发现,无论是实习生还是法律助理,实践教学的主要内容包括三个方面。一是通过旁听庭审了解案件的审判方法。由于我国目前的民事诉讼庭审采取的是分割审理的模式,案件需要进行多次开庭,加之庭审的大部分时间被用于宣读诉状及答辩状、举证质证,围绕争点的对抗交锋很少,法官不愿意开示心证,与当事人缺乏有效沟通,庭审透明度低,通过旁听一次庭审甚至无法了解基本案情,更不用说学习庭审的方法。二是协助书记员处理事务性工作。这是法院实习的主要内容,具体包括邮寄诉状等材料、在审判管理系统进行信息录入、打印发送传票、整理卷宗并进行归档等。这些事务性工作有助于实习生了解法院基本的工作流程,但对于审判能力的提升并无多少帮助。三是撰写调研文章。法律助理实习过程中,法官可能会指导其撰写案例分析、司法统计等调研类文章,这些调研文章虽然与实务的联系较为紧密,但与其在学校撰写的各类论文没有本质区别,对实践能力的提升作用不大。参加法院实习的学生普遍反映,即便是身临法院近距离观察诉讼活动,也难以清晰地了解法官在案件裁判过程中的基本方法和思路,对其专业能力的帮助较为有限。

---

④ 参见杨严炎:《论民事诉讼突袭性裁判的防止:以现代庭审理论的应用为中心》,载《中国法学》2016年第4期。

⑤ 该法院是上海市多所高校法学院的学生实习基地,提供的实践教学模式主要有实习生和法律助理两类。实习生主要针对的是本科高年级的法学学生,通常在寒暑假进行为期以一到两个月的实践教学。法律助理是与特定的法学院进行合作,主要面向研究生,进行为期三个月的实践教学。

二、问题：影响民事诉讼活动和实践教学效果的原因

高水平的司法活动能为法律实践教学提供更为丰富的案例素材，法学教育的成果也能更好地为司法实践服务。但是，如果司法实践不能为法学实践提供高质量的案例素材，显然也会影响实践教学的效果。前述现象反映出当前的民事诉讼实务和法律实践教学主要存在的以下问题。

（一）对庭审功能的认知存在偏差

对庭审功能认知偏差，是导致民事诉讼及其实践教学效果不理想的重要原因之一。当前，刑事诉讼领域庭审实质化的共识日益凝聚，相关的研究成果也比较丰富。⑥ 但是，在民事诉讼领域，关于庭审实质化的研究还比较薄弱，尚未引起足够的重视。当下有关民事诉讼庭审的改革更多地集中于提高庭审的公开性。例如，最高人民法院专门开通了“庭审公开网”，在该网站可以通过视频方式直接观看部分案件的真实庭审过程。庭审视频向社会的公开，有助于发挥民事诉讼的法治宣传和法治教育功能，但是公开审判不仅仅是形式上的公开，更重要的是当事人和社会公众要能够通过案件的公开审理明晰规则、确立预期。庭审的功能应当首先着眼于高效、高质量地围绕争点解决当事人之间的纠纷。如果过分强调庭审形式上的完整性，如要求当事人在庭审时仍然要逐字逐句宣读诉状、答辩状，要求当事人提交的所有证据都必须逐一举证质证，或者由当事人在辩论阶段动辄发表长达数十分钟甚至一个小时以上的长篇大论，其必然导致真正用于解决争点的对抗交锋时间被大幅挤压，从而影响庭审的效果。如果将这些庭审作为教学素材，显然也难以达到预期的教学效果。

（二）缺乏现代庭审理论支持的学习和实践

由于缺乏现代庭审理论的学习和实践，律师和法官就案件的审理未

---

⑥ 参见龙宗智：《庭审实质化的路径和方法》，载《法学研究》2015 年第 5 期；张斌、罗维鹏：《庭审实质化的技术路径反思与政治路径证成》，载《法制与社会发展》2017 年第 3 期。

能形成共同的话语体系,是导致民事诉讼及其实践教学不理想的第二个原因。国内目前无论是理论界还是实务界,了解并能实际运用现代庭审理论进行诉讼活动的法官或者律师还比较少。现代庭审理论包括庭审程序和裁判思路两个层面。庭审程序应当符合集中审理的基本要求,裁判思路则是要架设起事实认定和法律适用之间的桥梁。目前,我国法学院的教学往往只是教学生如何基于既定事实来适用法律,即便是最近兴起的鉴定式案例教学方法也是如此。⑦ 这种教学方法主要由实体法学者引入,但只是引入了其中基于既定事实进行请求权检索的方法,对于事实认定时使用的关系分析法(法庭报告技术)还没有完全引入。

(三)实体法和程序法研究教学的分野

影响民事诉讼活动和实践教学效果的第三方面原因是实体法和程序法研究教学的互相脱节。我国法学教育的学科划分造成了实体法和程序法研究教学往往是分开进行,但是在司法实务中,两者密不可分,必须要综合运用来进行案件的审理。民事实体法的条文为法律纠纷的解决提供了基准,诉讼过程中需要证明实体法所规定的构成要件事实。⑧构成要件事实是从自然事实中进行提炼,经过自认或者证据证明的事实。法官和当事人在诉讼活动中,既需要就所适用的法律也就是请求权基础规范进行沟通,同时也需要就证明哪些构成要件事实以及如何进行证明进行沟通。在这个过程中,事实的范围和请求权基础规范都可能发生变化,法官和诉讼双方的目光需要在法律规范和事实之间来回穿梭。从自然事实到法律事实的过程需要以证据为纽带,证据范围的划定、举证质证主要适用的是程序法规范。由于我国法学研究中实体法和程序法的分野,法律从业者在从业之前缺乏实体法与程序法相结合的实践案例训练,成为法学教育的盲区。在诉讼活动中恰恰需要的是这方面的技

⑦ 鉴定式案例分析源自德国,主要是一种法教义学的分析方法。[德]德特勒夫·雷讷:《鉴定式案例分析法的基础与技术》,黄卉编译,载《法律适用》2021年第6期。

⑧ 参见内田貴『民事訴訟における行為規範と評価規範』(法学教室75号,1986年)69頁。

术和能力，通过现代庭审理论可以架设起实体法与程序法之间的桥梁。⑨

三、阐释：现代庭审理论对民事诉讼理念和技术的革新

现代庭审理论是近几十年来在法治发达国家逐步形成，并通过实践检验，有助于法院正确、适时地审理案件，体现诉讼民主、诉讼规律和程序保障的理论，主要包括集中审理、协同主义、真实义务、一次性解决纠纷原则、争点的确定、疑点的排除等。⑩ 其对民事诉讼理念和技术的革新主要体现在以下方面：

（一）更新理念：庭审功能的科学定位

我国学界和实务界对两大法系诉讼制度和诉讼模式的理解存在一定的误区。我国自20世纪90年代开始，民事诉讼法学领域形成了"职权主义向当事人主义转型"的理论命题，即从既有的法院职权干预向保障当事人程序主体性并由其自我决定、自我负责的诉讼模式转变。⑪ 一般认为，职权主义是大陆法系民事诉讼的主要特征，而当事人主义是英美法系民事诉讼的主要特征。这样容易产生的结果是法官在庭审时为了展现出消极中立的形象，不敢过多地介入当事人的辩论，从而导致庭审的冗长拖沓。然而事实上，随着自由资本主义发展到垄断资本主义，资本主义的法律原则逐渐从个人本位转向社会本位，强调要促进当事人之间的实质平等，当事人负有促进诉讼的义务，法官负有释明的义务，法官在个案中应当就将来可能之判决的重要法律上观点进行对话，实质地

---

⑨ 目前已经有学者在法律实践教学中尝试以真实的案例作为教材，让学生在案例分析中直接依据真实案例的诉状、答辩状、证据材料等进行分析，综合运用实体法和程序法，这需要以现代庭审理论作为桥梁。参见章武生主编：《个案全过程新论——以集中审理为中心》，复旦大学出版社2020年版，第1页。

⑩ 参见章武生主编：《个案全过程新论——以集中审理为中心》，复旦大学出版社2020年版，第10页。

⑪ 参见陈杭平：《"职权主义"与"当事人主义"再考察：以"送达难"为中心》，载《中国法学》2014年第4期。

参与讨论、沟通,防止突袭性裁判。法官也从古典辩论主义时期的消极形象,发展成为协同主义下的积极形象。⑫

依照现代庭审理论,庭审功能应当定位于为当事人提供一个最终议决纷争的场所,面对面与法官交流的机会。自20世纪60年代以来,传统的大陆法系国家或者地区,例如,德国、日本都基于现代庭审理论的影响,进行了集中审理的庭审制度改革。⑬ 集中审理更强调庭前准备,主张正式庭审之前,尽可能排除与案件无关的事项,并尽可能限缩案件的争点,以实现庭审的集约化。例如,德国的法官往往会在庭审伊始公开自己对案件处理的初步看法,以便当事人有针对性地回应。日本则往往在庭前完成了书证的调查,庭审集中用于人证的调查。这种模式下的案件审判,其进程需要法官和当事人协同推进。虽然事实的查明主要依赖当事人的举证,但法官有义务主导诉讼的进程,与当事人保持沟通,并且通过释明和心证公开来让当事人了解法官对案件处理的初步见解,从而确定当事人所需要举证和辩论的范围,使当事人在庭审中的发言更具针对性,防止突袭裁判。庭审的功能则从侧重形式上完整性,转为法官和诉讼各方通过庭审来实质性地发现和解决争议,着重用于排除案件的疑点和开示心证,以便当事人更有针对性地回应。

(二)明晰争点:实体法与程序法的有机结合

现代庭审理论提倡案件的集中审理,而集中审理的前提是开庭前案件的争议焦点得到精准确定。只有争点确定得当,才能确保庭审的优质高效。从比较法上看,实现集中审理的国家,基本都设置有专门的案件争点整理程序。大陆法系制定法的传统之下,裁判思路遵循的是大前提——小前提——结论的三段论结构。具体而言,法官在民事诉讼中裁判的是双方当事人之间关于一项由原告在诉讼中提出的“请求权”,因此围绕请求权及其基础规范和相应要件事实来构造争点整理的方法成

---

⑫ 参见杨严炎:《论民事诉讼中的协同主义》,载《中国法学》2020年第5期。

⑬ 参见[德]罗尔夫·施蒂尔纳:《当事人主导与法官权限——辩论主义与效率冲突中的诉讼指标与实质阐明》,周翠译,载《清华法学》2011年第2期;邱联恭:《争点整理方法论》,台北,三民书局2001年版,第32~42页。

为大陆法国家的通行做法。[14]

争点的确定需要实体法与程序法有机结合。争议焦点的类型通常包括事实争点、证据争点、法律争点。[15] 并不是所有的案件都有全部类型的争点。原告提出事实主张,被告对基本事实无异议,但对适用法律有异议的,那么这个案件就只有法律争点,而无事实争点。被告对原告提出的事实有异议,才可能涉及事实争点和证据争点。争议焦点应当根据案件的诉讼标的,在当事人充分阐述诉辩意见的基础上确定。应当要求原告在起诉状中明确其提出的请求以及相应的请求权基础,并且审查原告所提出的事实是否符合该请求权基础规范所包含的构成要件事实,即所谓的一贯性审查。而后要求被告对原告的请求进行有针对性的答辩,审查被告的答辩意见是否能够否定原告的请求,是否提出了请求权消灭或者阻却行使的抗辩事实,即所谓的重要性审查。通过多轮的诉辩意见交换,确定案件的争点是事实争点还是法律争点。如果存在事实争点,再要求当事人根据争议的事实进行有针对性的举证,确定证据的范围和证据争点。在这一过程中,法官的视野需要在事实问题和法律问题之间来回穿梭,并且需要灵活适用实体法规则和程序法规则。随着我国《民法典》的施行,已经有学者开始探索将《民法典》中的请求权基础规范进行梳理,并确定各规范的构成要件事实,以明晰争点整理的范围。[16]

(三)程序重构:各方沟通贯穿诉讼活动始终

现代庭审理论强调,在诉讼过程中法官与当事人之间应当保持充分的沟通。法官应当积极地释明和公开心证,当事人负有真实义务,应当如实向法庭陈述有关事实。通过诉讼各方的协同配合,促使法官能够通过庭审排除疑点、形成内心确信,防止突袭裁判。法官的释明和心证公开不限于庭审阶段,而是从对原告诉状的一贯性审查就已经开始,贯穿于整个诉讼过程。释明和心证公开,既可以通过法院的引导使当事人对

---

[14] 参见[德]迪特尔·梅迪库斯:《请求权基础》,陈卫佐等译,法律出版社2012年版,第1页。

[15] 参见邱联恭:《争点整理方法论》,台北,三民书局2001年版,第23~47页。

[16] 参见吴香香:《民法典请求权基础检索手册》,中国法制出版社2021年版,第1~9页。

特定事项进行说明澄清,使其主张更为明确,又可以通过法律观点的释明,为当事人提供了一个对法院的法律判断施加影响的机会,制约了法官的秘密心证和恣意心证,有利于法官形成正确的内心确信,并防止突袭裁判。⑰

应当区分庭前准备程序和庭审程序的不同价值,采取不同的沟通交流方式。我国《民事诉讼法》虽然规定了庭审程序和审理前的准备程序,但在实践操作中对于两阶段的区分更加关注其形式上的区别,而对于其具体功能并没有清晰的认知。法庭开庭审理的主要功能是给当事人提供一个当面议决纷争的场所,相对比较正式;而在庭前准备程序,法官和诉讼各方完全可以根据沟通交流的实际需要来选择成本更低的沟通方式。例如,当事人诉辩意见的交换、书证的举证质证,可以通过交换书状、电话会议、在线通信软件等方式灵活进行,甚至并不需要像庭审那样完整记录当事人的每一句言词,而只需要记录要点。通过这些"非正式"的沟通,可以过滤掉大部分无争议或者非实质性争议的事实。这种层层递进、层层限缩的诉讼程序,有利于将正式的庭审集中用于人证的调查、疑点的排除,庭审能够更为聚焦,也更符合纠纷解决的通常规律。

这种贯穿全程的沟通,也有助于推进法律实践教学。根据法律规定,正式庭审的程序要求十分严格,必须由法官主持,书记员进行记录。但是,对于正式庭审之前的这些非正式沟通,法律并没有严格的身份要求,可以由法官助理、书记员甚至是实习人员在法官的指导下进行,这有利于法官从具体的事务性工作中解脱出来,宏观地把握案件的整体进程。法官助理、实习生等辅助人员也乐于通过这种方式实质性地参与到纠纷的处理中来,而不只是从事程序性事务。这种层层递进的程序设计,同时为实践教学提供了很好的素材,能够让学生真正了解到纠纷是怎样一步一步被发现、澄清和最终处理,从而真正学习到运用法律解决真实纠纷的方法。

---

⑰ 参见章武生主编:《个案全过程新论——以集中审理为中心》,复旦大学出版社2020年版,第20~21页。

四、实践：现代庭审理论在民事诉讼实践教学中的具体运用

虽然我国尚未建立集中审理的民事诉讼制度，但现代庭审理论作为一种纠纷解决的理论，符合纠纷解决的基本规律，因此在民事诉讼的实践和教学中可以尝试运用该理论进行案件的审理和实践的教学，具体可以从以下几个方面展开。

（一）争点整理的实践教学

争点整理的实践教学，兼具裁判思路和诉讼程序的训练价值。教学过程中，学生通过直接接触真实案件，通过与当事人之间的直接沟通，可以更好地熟悉掌握案件审理的思路。下面通过一个案例，来分别介绍德国鉴定式法庭报告技术和日本的要件事实理论两种争点整理方式。

【案例】原告乙公司向法院提起诉讼，称甲乙两家公司有着长期的业务合作，甲经常从乙公司处采购水泥。某日，甲向乙公司发出订单，要求采购10吨某标号的水泥，乙公司未予答复，而是直接将相应标号的水泥送至甲公司指定地点。后甲公司未付款，乙公司遂起诉要求被告甲公司支付货款。

德国的民事诉讼严格贯彻的是请求权的思维模式。由原告提出主张，法院需要与当事人协商后确定诉讼标的以及请求权基础，再依照请求是否发生、是否消失或者变更、是否可以行使的思路进行分析，进而得出原告主张是否能够得到支持的结论。在这些阶段，当事人可能就诉讼标的、事实、证据等皆可能发生争议，进而产生争点。在本案中，法院需要首先就原告乙的诉状进行一贯性审查，即假设原告所述为真，其主张能否成立。根据原告诉状的描述，甲向乙发出了订购水泥的要约，该要约有明确的数量、种类，应当可以认定为一个有效的要约。乙虽然没有作出书面或者口头的承诺，但依照《民法典》第479条、第480条以及第481条的规定，可以认定其以实际行为作出了承诺。因此，原告的请求权已经成立。请求权也不存在消失或者变更的情况，该请求权显然也是

可以行使的,因此原告的主张能够成立,一贯性审查没有问题。此时,依照被告甲的抗辩意见不同,可能会产生不同的争点。如果甲抗辩称并未向乙发出订购单,双方之间没有合同关系,则是权利未发生的抗辩,产生的主要是事实争点。如果甲对事实无争议,但认为乙发货的行为不能构成有效的承诺,则虽然主张的也是请求权未产生的抗辩,但产生的是法律争点(是否存在有效的承诺)。甲还有可能提出货物质量不合格、已经支付货款、乙的主张已经超过诉讼时效等新的主张,那么就需要进行第二轮的诉辩,才能进一步明确争点。

日本民事审判规则采取的是基于"要件事实理论"的争点整理方法,具体划分为五个阶段:一是审查诉讼标的之权利的构成要件在实体法上有无理由。二是如果具有实体法上的理由,审查其要件事实主张是否充分。三是如果要件事实无法证明,审查是否可以通过间接事实证明要件事实。四是将双方主张的要件事实与书证进行比对,看事实主张是否有证据支持。五是设定举证计划,审查证据。⑱ 依照该方法来分析前述案例,第一步系审查原告乙公司的权利构成在实体法上有无理由。在这一阶段,可以得出与前面相类似的结论,即如果事实如乙所述,其主张应当能够成立。不过在这个审查过程中,需要同时听取被告甲的意见,即甲提出了何种抗辩。如果甲否认向乙订购水泥的事实,那么并不影响要件事实范围的确定,即要件事实的范围仍然是甲向乙订购水泥、乙发货的事实。可以继续进入到第二、第三阶段。如果双方还不能达成一致,则需要制订举证计划,看是否需要就订购以及发货的事实进行举证。如果甲并不否认向乙订购水泥的事实,而是提出质量抗辩或者诉讼时效抗辩,将影响要件事实的范围。可能将水泥是否合格、乙是否在诉讼时效内提出主张等纳入要件事实的审查范围,进而依照上述步骤继续确定争点。

上述两种不同的争点整理方法,虽然方式方法上有所差异,但实际上一脉相承,均没有脱离三段论的思维模式,甚至可以进一步予以简化。

---

⑱ 参见丁朋超:《民事争点整理程序研究》,复旦大学法学院2018年博士学位论文,第59~60页。

即可以按照一贯性审查——重要性审查的思路,组织双方当事人进行一轮或者多轮的交锋,即可实现确定争点的目的。

在实践教学层面,法官可以指导实习生按照上述思路进行争点整理,力争在开庭之前达到诉辩意见固定、争点明确的状态。争点整理的工作从收到原告的起诉材料就开始进行。法官指导实习生对诉状进行一贯性审查并制作摘要。审查的具体事项主要包括以下几个方面。第一,诉讼请求的明确性、一贯性。例如,原告起诉要求被告给付货款,并要求被告支付违约金的,是否明确了款项的具体金额、违约金的计算方式。第二,诉讼请求所依据的事实主张是否具体。例如,原告起诉要求被告支付违约金的,诉状中有没有载明被告具体的违约行为以及违约行为发生的时间点或者时间段。第三,诉讼请求的法律依据是否明确。例如,原告起诉要求被告就其违约行为进行赔偿的,系依照合同约定的违约责任,还是依照相关法律规定的损害赔偿责任。待原告对于上述事项明确后,再征询被告的意见,要求被告提出答辩意见时必须明确针对原告的诉请以及相应的事实理由。这种与双方的沟通,本身就是一个很好的实践运用法律的过程,法官适时予以指导,对于提升学生对实体法和诉讼法的理解很有帮助。

(二)开庭审理的实践教学

经过庭前的争点整理,正式庭审即可以直接围绕争点展开,庭审变得十分聚焦。通常情况下,庭审可以在一个小时以内一次完成,最短的甚至可能缩短到十几分钟。这种时间短、效率高的庭审十分适合拿来作为教学素材。[19] 与传统的庭审方式相比,这种集中审理的庭审教学,重点不再是向法科学生展示庭审的基本流程,而是向学生展示民事纠纷解决的基本思路,包括法官和当事人三方之间如何通过有效的对话沟通来排除案件的疑点,以及针对法官开示的心证进行有针对性的回应。

一是固定争议焦点以及攻击防御手段的实践教学。通常情况下,

---

[19] 笔者曾经作为法官主审一起建设工程案件,运用现代庭审理论所体现的集中审理的庭审方式效率高,整个庭审耗时仅15分钟。该案庭审录像曾被送到日本最高法院司法研修所进行交流展示,得到日本专家学者好评。

原、被告双方的诉辩意见以及本案中的攻击防御手段应当在庭前的争点整理阶段即予以固定。如果争点整理阶段没有固定,则应当在庭审程序的最开始阶段即予以固定。当事人陈述诉辩意见,并不是简单地宣读诉状和答辩状,而是应当首先明确其起诉和抗辩的具体主张。在这一阶段,法官应当通过积极的询问,对于诉讼能力较弱的当事人,必要时应当帮助其进行意见要点的归纳。例如,原告请求被告给付金钱,应当要求其明确金钱的数额、计算方式。如果原告请求被告履行特定行为,应当要求其明确行为的具体内容和所欲达到的效果。被告发表答辩意见,应当首先就原告诉请同意与否作出明确表态,进而再对原告提出的事实和法律主张逐一有针对性地予以回应。只有争议焦点和攻击防御手段得到固定,才能确保后续审理的集中性。在实践教学时,可以将诉辩称阶段单独剪辑出来作为学习素材,引导学生就该阶段是否实现了争点固定的目标作出评价。同时,可以引导学生就该阶段争点固定与否对后续庭审进行是否顺利的相关性予以观察,加深学生对固定争点必要性的认识。

二是证据调查的实践教学。在这一阶段,可以将传统庭审方式与集中审理庭审方式进行对比。传统的庭审方式的特点是,庭审的大部分时间被用于书证的调查。原告需要逐一陈述证据名称和证明内容,被告逐一就该证据的真实性、合法性、关联性发表意见。而后再由被告举证,原告再质证。这种举证质证的过程,并不是遵循上述纠纷解决的思路,而是由当事人自行决定证据的排列顺序。这一方面导致大量与争议焦点无关的证据进入庭审;另一方面也导致纠纷解决的思路缺乏连贯性,当事人虽然花了很多时间陈述意见,但并未形成真正的对抗交锋。如果基于现代庭审理论来定位庭审的功能,则庭审时只需要就与争点有关的证据进行举证,质证也应当围绕该证据的真实性以及该证据是否能够证明要件事实发表意见。两者进行对比后,学生能够切身体会到基于现代庭审理论所进行的证据调查的高效率和高质量。

三是法官释明与心证公开的实践教学。在依照现代庭审理论所进行的集中审理中,释明和心证公开是法官与当事人进行沟通交流的主要方式,并且鼓励法官进行释明和公开心证,这是运用传统庭审方式进行的庭审中所难以见到的,同时也是很好的实践教学素材。正式的开庭审理需要通过法官和双方当事人对话的方式展开。传统的庭审方式中,法官通常只是在涉及程序性事项的处理时才会发表意见,一般不会就案件处理的实体问题与当事人进行交流。这种情况下,当事人难以知晓法院对于案件处理的基本思路,因此为了避免遗漏,通常都会尽可能多地阐述对己方有利的观点,而其中可能很多观点意见与案件的争议焦点关联性不大,却可能耗费大量的时间。从实践教学的角度看,这些"冗余"的时间并不具有教学的价值。以现代庭审理论为基础的集中审理,则要求法官在庭审时必须加强释明,如果当事人的发言偏离了争议焦点,法官有义务及时指出。如果当事人的发言前后矛盾或者存在疑点,法官有义务要求当事人予以澄清。如果法官就案件的处理已经形成了初步心证,则其有义务将心证告知当事人。这样,当事人就可以了解法官对案件的审理思路,从而有针对性地发表意见,避免了长篇大论。从实践教学的角度,这种释明和心证公开也有助于学生更清楚地了解案件审理的思路和进程,能够在更短的时间内获得更多的有效信息,提高学习的效率。

(三)文书撰写的实践教学

诉讼过程中所形成的文书,既包括法院最终做出的判决、裁定,也包括当事人在庭前书状交换程序中向法庭递交的诉状、答辩状等书面材料以及法院给当事人下达的指令。现代庭审理论强调诉讼过程中法官与诉讼各方的全过程的沟通,这种沟通既包括正式庭审时的口头沟通,也包括庭审外的各种口头和书面的交流方法。在实践教学中,可以针对不同的教学对象,训练其撰写不同类型的诉讼文书。不过,所有文书的撰写,都应当遵循现代庭审理论所给出的基本案件审理思路。例如,有关诉状和答辩状的撰写,应当符合一贯性审查、重要性审查的要求。诉状中除了明确诉讼请求,还应当明确诉讼请求所依据的事实依据和请求权规范依据。答辩状应当针对诉状提出的主张进行有针对性地回应。对于一轮诉状和答辩状未能澄清的问题,法院可以就其认为需要进一步澄清的问题向双方当事人发出书面指令,组织双方当事人进行第二轮诉答。庭前书状交换程序中法院给诉讼各方发出的书面指令并不是法院对案件的最终裁判意见,其规范化的要求要低于判决书等最终的裁判文书,这些文书可以在法官的指导下交由法官助理甚至实习生来完成,有助于有层次地培养和提高他们的审判实务能力,在走上法官岗位后也能更好地适应。[20]

如果在诉讼过程中能够实现诉讼各方的充分沟通,法官和当事人之间已经充分交换了案件事实认定和法律适用方面的意见,诉讼的透明度将得到显著提升。在这种情况下,判决书等最终裁判文书的撰写,将主要是对诉讼活动中各方观点的梳理记录,是一个自然形成的过程,而不再需要法官撰写判决书时绞尽脑汁,思考裁判理由。判决书的主要内容应当包括原、被告对案件处理的整体意见以及法院对该案的裁判意见两大部分。这些意见都应当围绕争议焦点进行阐述,并且法院的裁判意见也应当在判决前已经通过某种方式让当事人知悉,使裁判具有可预见性。

结　语

当前法律实践教学越来越得到重视,法学院也鼓励学生通过前往法院、律所实习的方式了解实务,案例教学也越来越受到推崇。不过,实践教学不能等同于案例教学。如果还是基于给定的案件事实,让学生提出法律适用的意见,其本质还是实体法的教义学研究,不能视为真正的实践教学。真实的民事诉讼活动需要从自然事实中发现法律事实,并选择合适的法律规范来对纠纷作出处理。司法实务与法学院的教学应当是基于同一话语体系和思维模式,互相促进。在民事诉讼活动以及教学中

---

[20] 我国新一轮司法改革的内容之一是推行法官员额制,同时取消了“助理审判员”,这就意味着法官助理在通过遴选后,将直接独立行使审判权。实践中不少新入额法官反映,这一跨越中间缺少衔接,很难适应突然的身份转变。通过书状交换,法官助理从撰写书状开始逐步建立起法官的思维,则可以补上改革后所缺失的这一环,有助于法学院学生、法官助理到法官身份的平稳转变。

引入现代庭审理论，既可以提高民事诉讼活动的质量和效率，让学生能够通过真实的庭审，融贯实体法和程序法，专业能力得到有效训练，更好地掌握纠纷解决的方法，从而明显提升法律实践教学的效果。

Practical Teaching of Civil Litigation Based on the Theories of Modern Court Trial

Fan Yi

Abstract: The practical teaching of civil proceedings needs to be supported by real cases from high-quality litigation activities. At present, there are some problems in China's civil litigation, such as the excessively procedure-driven court trial and its low transparency, which leads to the weak sense of intellectual acquisition and poor effect in practical teaching. Since the 20th century, the application of the theories of modern court trial in practice has brought structural changes to civil litigation procedures in civil law system, which has been proved by practical experience to be consistent with judicial rules and help improve the quality and efficiency of civil litigation trails. China should introduce theories of modern trial to transform the current civil litigation trial mode, and integrate it into legal practice education to promote the development of practical teaching related to civil litigation.

Key Words: theories of modern court trial, civil litigation, practical teaching

“新法学”语境下金融法教学与金融实践的悖反与融合*

陈荣新**

摘　要：长期以来，金融法教学与金融实践存在悖反关系。具体而言，金融法培养目标与金融职业定位产生背离，金融法课程与金融岗位需求有所偏差，金融法教学方式与金融法务训练发生互异。进入“新法学”时代，金融法教学迎来了新的实践性课题，有必要从金融法与金融学的跨学科交融、教学机构与金融部门的场景转换、理论学习与金融实操的能力提升、知识浇灌与实证推理的思维升华四个层面展开调试，从而为金融法教学指明方向。尔后在“新法学”语境下，应加强跨学科交叉培养，重构金融法教学体系；衔接金融法课堂与金融市场，开创场景化新教法；搭建师资交流培养机制，塑造双师型教师角色；开设金融法实证教学课，构建实证性思维法则。唯有如此，方能在“新法学”时代擘画出金融法教学与金融实践的融合图景。

---

* 基金项目：国家社会科学基金重大项目《社会主义核心价值观融入行业规章体系建设的法治路径研究》(20VHJ007)和厦门大学研究生田野调查基金(2022FG012)的研究成果。

** 陈荣新，厦门大学法学院博士研究生、金融法中心研究员。研究方向：金融法、网络法、法解释学等。

关键词:金融法教学　金融实践　调适　融合　新法学

引　言

党的十九大以来,以习近平同志为核心的党中央在法学教育改革中提出了许多开创性命题,确立了法学教育必须重视实践性教学的改革目标,开启了新时代"新法学"建设的新征程。"新法学"概念起源于《新文科建设宣言》,新文科建设在法学范畴的延展就是"新法学","新法学建设是新文科建设的重要组成部分,建设新法学正在成为法学界的共识"。[①] 以此为背景,作为金融调控与市场监管重要依托的金融法向来以服务于金融实践为学科本位,本质上是金融法理论的实践化操作,其要义就是将金融法教学与金融实践衔接并轨,形成适应新时代发展要求的金融法教学新境界。

金融法教学与金融实践虽然互为因果、彼此相成,但两者在各自的目标、方式、内容等方面都存在诸多龃龉。晚近,大多数法学院校的金融法教学仅停留在"重理论而轻实践"的传统老路,并未真正地从金融法教学走向金融实践中去。深究其中之要因,不仅没有深刻领悟"新法学"实践性命题对金融法教学调适的演化趋向,而且对"新法学"语境下金融法教学与金融实践融合的双向图景视若无睹。基于此,笔者力图引入"新法学"视角进行讨论,重新纾解当下金融法教学与金融实践的悖反困境,旨在从中展开新时代金融法教学的可行之道,以期求教于各位方家。

一、金融法教学与金融实践的悖反:"新法学"视角的再审视

长期以来,金融法被看作法学理论与法律实践结合的跨学科典范,

---

① 杨宗科:《论"新法学"的建设理路》,载《法学》2020 年第 7 期。

从来都不是孤立存在的,与金融行业演变休戚相关。然而时异事殊,金融法教学与金融实践的纠葛却历时已久,如今金融法教学正在主动地或被动地接受"新法学"视角的重新审视,无论对于培养目标、教学课程抑或是讲授方式来说,都处于一个全新的重建时期。

(一)金融法培养目标与金融职业定位的背离

作为一门实践性很强的交叉学科,金融法究竟应当培养何种类型的法律人才?这是一个法学界、教育界乃至金融界存在争议的共同话题,虽莫衷一是却也各具可取之理,就犹如一个没有标准答案的哲学问题。从2008年全球金融危机以来,我国在采用法律手段有效应对各种系统性金融风险的同时,更加重视金融调控与市场监管的法律制度建设,随之越来越多的学生、学者乃至金融从业者加入金融法研学工作中。当下,我国法学院校几乎都将金融法作为一门主干学科列为法学专业学生或在职研修班的主要课程。对于大多数人来讲,他们学习金融法的目的是今后更好地从事金融法律实务工作,并非希望成为一名金融法科研工作者。鉴于此,晦涩难懂的理论研学或脱离金融本体的法条堆砌会显得毫无实际意义,并不能完全有效地帮助他们解决金融行业的法律问题。当已有的金融法理论不能解释瞬息万变的金融行为与市场风险时,就会引致理论与实践的彼此背离。显然,实践问题构筑了金融法教学的起始点,由此促使金融法教学必须要回归到培养学生发现问题、提出问题、考证并解决问题的金融法思维与法律应对能力的轨道上。

事实上,在金融法治建设进程中,国家亟须更多具备法学专业素养、掌握金融行业知识、处理金融法案件能力的法律人才。无论是法官、检察官、律师抑或是金融从业者,他们都不可避免地要对各自面对的金融现实进行回应,运用金融法知识与方法解决金融社会发生的问题与矛盾。金融法所嵌入的这种实践性学科特质,确立了其教学目标必然要以培养法律职业人才为主,而其课程内容与讲授方式就必须服务于金融职业定位,这一目标与定位就好像一条黄金纽带贯联于金融法教学的各个环节。

法学是世俗的学问,甚至很多是实践性的、技术性的。[②] 但是,如前所揭,我国法学院校金融法学教学过度执拗于金融法概念、学科体系、法理渊源、法律条文、规范原则等抽象理论,而往往囿于培养学生对金融法案件的逻辑推理与法条应用等具体能力,造成金融法教学长期脱轨于金融实践工作。如果还不强调法科教育的职业型特征,将会贻误法科学生,也会危及法治建设。[③] 回顾过往,实践性教学的薄弱与应用型人才的缺乏不仅是掣肘我国金融法治建设的现实梗阻,也是"新法学"建设中所必须消除的关键症结。因此,倘若不对传统金融法教学模式进行革新,那么将会使其滑向周而复始的老路,最终陷入与金融职业定位相背离的未知深渊。

(二)金融法课程内容与金融岗位需求的偏差

从学科本原出发,金融法的基本理论与学科体系起始于国家金融调控与金融市场实践。虽然我国并未以"金融法"来单独命名某部法律,但其学科涉及面极为庞杂,主要包括《中国人民银行法》《银行业监督管理法》《证券法》《保险法》《基金法》《反洗钱法》等众多法律法规及司法解释。当前法学界共识是,金融法是一门以金融法律关系为主要调整对象的交叉学科,大多涉及金融监管关系和金融交易关系。但无论基于何种法律关系,其参与者都需要遵照一定的法律标准或行业准则进行金融活动。这些金融活动所关涉的法律法规、行业规章及办法条例之复杂性、技术性与专业性,绝不是四年法学教育或短期研修班的课程内容所能够完全覆盖得了,尤其随着近年来金融科技创新突飞猛进,使金融法教材更新难以及时赶上金融市场的前进步伐。就此而言,金融法课程内容如何做到与时俱进的这一主题,不仅是法学界、教育界的共同命题,也是"新法学"建设希冀解决的重要问题。

晚近,虽然我国法学院校的金融法课程开设早已实现较大范围的普及化,但其课程内容不仅在某种程度上并不具有典型性、新颖性和时事性的实务特质,也远未形成成熟稳定的知识体系,难以适应当下金融行

② 参见苏力:《当代中国法学教育的挑战与机遇》,载《法学》2006年第2期。

③ 参见孙笑侠:《法学的本相:兼论法科教育转型》,载《中外法学》2008年第3期。

业的岗位需求。无论是国家金融监管部门、金融市场组织乃至于金融行业协会,人们内心期盼法学院校能够培养出高度专业化、实务型的金融法律职业人才,以适应我国金融行业与市场正在经历的百年未有之大变局。

如今,金融岗位需求已不再局限于金融法务人员,还包括政府公务员、新闻媒体人、企业管理人、司法工作者、法学教育者及民间协会或非政府机构等岗位。"他们的法学背景对于其视野及社会教学至关重要。在亚洲、欧洲国家,不从事法律职业而从事其他相关职业的法科毕业生比例更高。"④金融行业与生俱来的多元性禀赋推动了金融法律职业的多元化发展,使不同金融岗位具有不同的专业性标准,即使在同一岗位上,由于层级差异、技术区别、地域偏差等诸多因素影响,在岗位准入、工作重点、考核指标等方面也大相径庭。因此,所谓金融法实践性教学就不容易针对金融职业与岗位需求的偏差进行区别化订制,诱使多数法学院校不加以审慎考量金融法的学科特点与教学目标,就无区别地盲目扩展金融法专业课程范围,在各自领域寻求其课程设计的"合法性"与"合理性",偏离了本应契合金融岗位需求的初衷。

(三)金融法教学方式与金融法务训练的互异

任何法学理论、研学方法与实践技能都是借助于某种教学方式或工具进行传授的,"目的在于全面训练、提升学生的实践技能,而学生实践技能的形成不是一朝一夕即可实现的目标,它依赖于科学的课程设计和恰当的训练手段"。⑤ 金融法教学不仅如此,对于一个侧重于培养金融法律职业人才的学科,更需要从理论教学走向实务训练,搭建二者交互支持的沟通平台。虽然这种观点受到绝大多数法学院校的重视,诸如模拟法庭、案例分析、法律援助、法律诊所等多形式的金融法教学方式获得普遍推行,但现实中却仍然延续"重理论而轻实践"的教学模式,课堂上以教师讲授为导向,学生以被动听讲或知识记忆为重点,成绩以考试为

---

④ 蔡立东、刘晓林:《新时代法学实践教学的性质及其实现方式》,载《法制与社会发展》2018年第5期。

⑤ 房文翠:《法学教育中的法学实践教学原则》,载《中国大学教学》2010年第6期。

唯一标准。以法学本科生为例，由于法学本科生学制为四年，前三年大多数学生忙碌于上课和学习法学基础知识，即便是寒暑假时间也不足以进行一次“淋漓尽致”的实习体验，而到了第四年不仅要完成毕业论文，也要为就业而奔波，有些学生甚至忙于考研。无疑，学生在面临太多学习压力、论文压力、就业压力时，实习积极性与配合度明显不高，金融实务训练就只能流于毕业形式与程序性排练，最终也是付之东流。是故，“新法学”本质上所倡导的实践性环节在整个教学过程中的占比很少，学生缺乏金融法务训练，导致“过场式”的毕业实习沦为金融法务训练环节仅有的课程，这种教学成果评价也只能说是一种“半成品”的效果，远未达到“新法学”所期待的成效。

如此论之，传统金融法教学模式已然无法满足培养应用型金融法律人才的需要，试想如果一个法学学生没有经历一定程度的金融法务训练，那么他将如何驾驭金融市场错综复杂的法律风险？又将如何处理金融案件中调查取证、立案审查、仲裁裁决等诸多法务？诚然，我们不能过分苛责一个法学院校必须在短时间内培养出完全适应金融市场需要的法律人才，即使是被称为全球法律职业教育典范的哈佛大学，也不可能在校期间就把法学学生培养成为一名成熟的金融法律人才。但不可忽视的事实是，美国常春藤院校更加强调法律实务的重要性，几乎都要求法学学生必须主动做好律师执业准备，求学之时参与律师事务所实习或金融企业法务实习，毕业之时参加由具备深厚经验的资深律师主讲的实务培训。

比较而言，我国法学院校大都重视科研而弱化教学，法学教师即使在教学上做出巨大创新也很难得到甚高的绩效评价，这就促使大部分教师宁愿放弃教学努力而将更多时间投入到科研工作中，于此更不用提所谓实践性教学。申言之，虽说我国法学院校拥有博士学位的教师比例越来越高，特别是青年教师近乎全员博士，不如说这些教师几乎都是从书本到书本、从课堂到课堂、从论文到论文，自始不具备任何金融实践能力与法务经验，着实无法胜任金融法实践性教学任务。在这种以教师为主导的传统教学方式下，法学课时极为有限，与金融法务训练相关的教学环节往往被删减掉,鲜少给予学生足够的提问讨论与实务参与的机会,也就无法培养学生独立的金融法思维与扎实的金融实务能力。此外,一部分法学院校基于教学成本压缩与教务管理便利之考虑,减少对开办小班教学、举行实务讲座、实行校企合作的支持力度,这些做法无异于违背了"新法学"实践性教学目标。

二、"新法学"实践性命题对金融法教学的调适

随着《新文科建设宣言》的发布,我国"新法学"建设迎来了新命题。根据《新文科建设宣言》提出的"夯实课程体系"的任务要求,要实现聚焦应用型法学人才培养、法治人才助力治国理政的目标,必须"鼓励支持高校开设跨学科跨专业新兴交叉课程、实践教学课程,培养学生的跨领域知识融通能力和实践能力"。如今法学界在"新法学"概念指引下,启动了各个部门法的教学研究模式,展现出百花齐放的新气象。由此,"新法学"的肥沃土壤给金融法实践性教学带来发芽成长的盎然生机,"这就要求我们在实践中培养出知识更符合、学科更融合、实践能力更增强的新型人才"。⑥ 作为一门回应新时代金融法治建设的法学学科,金融法不能仅徘徊于理论研学与课堂灌输的斗牛之间,也必须要突出"新法学"实践性命题。在教学过程中,牢牢抓住实践课程这一基础性要素,全力推动"跨学科交融""场景转换""能力提升""思维升华"四个层面的调适转型,方能为金融法教学与金融实践的融合路径指明方向。

(一)从金融法到金融学的跨学科交融

"新法学"实践性命题中金融法教学的"实践性",首要任务在于"跨学科交融",着力点是金融法与金融学,二者联系最为紧密。从学科分类来讲,金融法侧重于研究金融监管与市场交易的法律关系,是经济法的重要分支,可作为法学三级学科;金融学偏重研究金融行为与货币供给

---

⑥ 樊丽明、杨灿明等:《新文科建设的内涵与发展路径》,载《中国高教研究》2019年第10期。

的经济现象，是经济学的重要分支，称为经济学二级学科，彼此之间既有区别又有交叉之处。传统以来，法学家们囿于对资产定价、数学建模和货币工具等金融学知识的理性认知，难以精准厘清金融社会中的经济关系；而金融学家们往往流连于金融学的建模工具与金融行为等抽象理论与科研方法，导致金融学问题难以上升至金融法范畴，这些冲突在一定程度上阻碍了两个学科的融合发展。实际上，无论是在我国还是在法学教育高度发达的欧美国家，法学院校不仅鲜少开设金融学课程，也鲜有联合经管学院共同培养金融法或金融学专业学生的情况。职是之故，金融法学生对于金融学常识、理论、工具及方法的理解也只能是略知一二、浅见寡识，在一定程度上抑制了复合型金融法律职业人才的培养。

近年来，随着新一轮改革开放和金融全球化的加速推进，金融法与金融学这两个学科从长期割裂逐渐走向携手合作之路，共同应对金融体制转型难题与金融市场结构性风险。在全新时空背景下，一方面，国家急需对云谲波诡的金融市场与无序扩张的资本行为进行依法调控，型塑更高质量、更高效率、更有秩序的现代化金融业；另一方面，我国企业走向国际或国内资本市场亟待大量金融法律职业人才，从而为预备上市、已经上市乃至破产重组企业提供风控管理与金融合规的治理良方。无论从金融调控关系抑或从金融交易关系的维度而言，都有助于促进金融法与金融学的学科对话与实践合作，推动金融法教学的自我革新与学科超越。

对此，《新文科建设宣言》指出：“产业革命浪潮奔腾而至，社会问题日益综合化复杂化，应对新变化、解决复杂问题亟须跨学科专业的知识整合，推动融合发展是新文科建设的必然选择。”科技进步和社会发展中出现的许多新问题不是传统法学理论和方法可以独立解决的，诸如金融治理等新兴问题，就需要经济学、统计学、网络工程学等学科的参与，需要文理工学科的协同。⑦ 进而言之，金融法教学不仅要与金融学紧密交融，也要与信息学、人工智能、大数据、区块链等学科进行交叉衔接，破除

⑦ 参见张文显：《迈向科学化现代化的中国法学》，载《法制与社会发展》2018 年第 6 期。

人文社科与自然科学之间的学科樊篱,形成金融法教学独特的跨学科交融格局。

(二)从教学机构向金融部门的场景转换

尽管金融法与金融学乃至其他文理学科在跨学科融合上存在诸多现实阻梗,但在实践场景操作上却有殊途同归之处,它们都适宜采取场景化教学模式,通过连接教学机构与金融部门的浑然一体,勾画出理论演绎、法条疏义、金融调控、市场监管、司法适用、风险管控、企业治理等不同场景转换。随着诸如大学课堂、证券市场、金融机构、银保监会、期货市场、金融法院等场景有所变化,则其教学模式也会随之转变,从而构建从教学机构向金融部门的场景转化。在这一过程之中,我们不机械式地固化金融法理论,反而要回溯至现行法规之中,解构并运用法条适用、主体归责、救济方式、金融操作、风控方案甚至于公私权益衡量等诸多场景化模块进行动态的法理推演。

正如《新文科建设宣言》中写道:"加强高校与实务部门、国内与国外'双协同',完善全链条育人机制,促进学界业界优势互补"。法学院校是法治人才培养的第一阵地,第二阵地在法院、检察院,在实务部门,所以要形成新的人才培养的协同机制。⑧ 这种金融法教学模式的协同机制,不仅突破以往静态式教学呈现方式,重建金融法教学模式与金融实践行为的融贯链条,也打破知识革新、主体类型、模拟仿真、情景展现、时空互易、人才流动的跨界桎梏,学习者能够获得全面的、个性化的教学体验,教学机构与金融部门得以因材施教地进行场景对话与方案构思。新近,我国法学院校越来越重视金融法场景化教学,开设金融法案例课、金融调解实务、金融立法实例乃至于金融市场操作实务等特色课程,充分地发挥了金融实务专家的特殊优势,既有效地提升了学生的金融实践技能,也把教学内容从横向广度与纵向深度上进行不同层次的整合。譬如,清华大学法学院在选修课中设置了"实践课组",其中包括:法律实务(3 学分)、法律诊所(4 学分)、模拟刑事审判(2 学分)、模拟涉外仲裁

---

⑧ 参见徐显明:《高等教育新时代与卓越法治人才培养》,载《中国大学教学》2019 年第 10 期。

(3 学分)以及"实践环节"(15 学分)。

(三)从理论学习到金融实操的能力提升

"新法学"实践性命题本质上强调,金融法教学应以解决具体金融法律问题为定向,既在理论学习中认识金融实践,又在金融操作中掌握理论知识。由此,这必然要求法学院校不仅要着重培养学生理论学习能力,还要强力提升学生金融实操能力,并以此启动"能力提升"的开题性程序。

众所周知,金融法理论是在金融法律实践活动中凝练而成的理性认知与法律原理,并在此基础上探究金融法现象背后蕴含的基础性、抽象性、宏观性的法理问题。这种法理问题基于金融社会与资本市场之需而产生,旨在探寻解决金融法律矛盾与冲突的方法,倘若远离社会与市场的洗礼,这种方法论无异于缘木求鱼,所论之理也就不可能被认可与适用。反之,倘若金融实践脱离了金融法理论的锤炼,所谓的金融实操能力就会像一种没有法律情感的条件反射,完全失去理论品格,最终也难以真正地解决金融法律问题。无论我们采用偏向于理论学习能力抑或金融实操能力,乃至于设立一种恰如"百分比式"的分摊模式,都不足以回答"新法学"实践性命题。从某种意义上讲,二者存在从抽象到具体、从单一到复杂、从一般到个别的层层递进程序。

长期以来,中国的法学教育过于注重对法条的注释和对法学理论的解析,在培养学生对于真实案例的实际操作能力方面缺乏足够的重视。⑨ 为此,《新文科建设宣言》就指明:"持续推动教育教学内容更新,将中国特色社会主义建设的最新理论成果和实践经验引入课堂、写入教材,转化为优质教学资源。"也就是说,法学院校"要推动知识教学和实践教学紧密结合,将实践导向、职业导向贯彻到法学教育中,加强与用人单位的协同育人,建设法律实训课程体系,为学生接触法律实务提供畅

⑨ 参见冀祥德:《论中国法科研究生培养模式转型之必要——从以培养法学硕士为主转向以法律硕士为主》,载《环球法律评论》2012 年第 5 期。

通渠道,注重培养学生法律职业能力”。[⑩] 乐见的是,近些年,各地教育主管部门相继推行与国家计划相对接的适应本区域司法需要的法律实践项目,教育部直属院校和地方普通高校也热情参与了各级各类法律实践项目的申报与实施,广大实践单位更采用“签约”“共建”“协同”等各式途径进行积极响应。唯此,金融法学生方能通过参与金融实践活动或模拟金融市场操作,将金融市场法律问题上升至课堂理论研讨,在不同情形的案件中寻找最适宜的法律方案,从中既形成独立的金融法思维与问题解决能力,又养成正确的法律职业操守与金融市场伦理。

(四)从知识浇灌到实证推理的思维升华

作为一种建构于调整金融法律关系或解释金融市场现象的法学思维,金融法理论思维在与时俱进的“建构—解构—再建构”之演变中日趋完善,不断探究现象、事实、关系、原因背后的法理逻辑,金融法教学思维亦是如此。这种教学思维启发学生在不断发现问题、考证问题和解决问题的过程中,对金融法律关系或金融市场的法理溯源、经验判断、事实论证、案情演绎、风险假定等众多因素进行实证推理,更加注重引导学生像律师或法官一样地思辨法条适用与客观事实,挥别过往纯粹地对金融法学理论专研与知识浇灌的方式。

实证推理“常见的工作方式是从现存事实入手,逐渐展开解析过程,在这个过程,发现事实与分析法律交替进行,最终实现‘从结论到根据’的逻辑推理”。[⑪] 金融法教学思维正是遵循这种实证推理的逻辑方法,譬如,分析与综合、类比与想象、归纳与演绎、对比与分类等。如此一来,金融法教学开始从理论性、抽象性理论的知识浇灌转向更为社会化、技术化的实证推理,从而助力“新法学”实践性命题得以走进事实、融入经验、回归具体。

从某种意义上讲,纵然是亚里士多德的实践智慧或是康德的实践理性,他们的哲学思维也势必要进入到“认知与存在”之间的目光往返,故

---

⑩ 邱水平:《谱写新时代法学教育的新篇章》,载《民主与法制时报》2019 年 9 月 28 日,第 2 版。

⑪ 李傲:《互动教学法——诊所式法律教育》,法律出版社 2004 年版,第 192 页。

而纯粹理论性或思想性的金融法教学思维是不存在的。在《新文科建设宣言》语境中的"新法学",更重要者在于"实践","要坚持不懈挖掘新材料、发现新问题、提出新观点、构建新理论,加强对实践经验的系统总结"。也就是说,作为一门社会科学,金融法教学的基本思维应当"以事实为中心,主张法律的意义向社会开放,在社会关系中重新寻找法律的意义;认为法律规范本来就来自事实,因而探寻法律的意义需要回到事实;用科学、实证的方法重新论证"。⑫ 这就意味着我们如果不借助一种兼顾规范性与社会性的实证推理思维,那么近乎难以造就具有独立经验判断与问题辨析能力的金融法律职业人才。

三、"新法学"语境下金融法教学与金融实践的融合路径

如同那些盘根错节、乱象丛生的法律问题的解决思路一样,我们以"新法学"视角重新界定金融法教学与金融实践的悖反关系后,就要朝着"新法学"实践性命题对金融法教学调适的基本方向迈进,进而擘画出"新法学"语境下金融法教学与金融实践的融合图景。

当下,"新法学"时代已然来临,不久将来的金融法教学革新实际上就是对新文科建设的一种法科回应,通过金融法教学的发展推动"新法学"建设,方能为新时代金融法治实践贡献法治人才、法治思维、法治价值。无疑,如果说《新文科建设宣言》的教学任务是"构建世界水平、中国特色的文科人才培养体系",那么在金融法教学领域的路径展开就是:在交叉融合的"新法学"时代重构金融法教学体系、开创场景化新教法、塑造双师型教师角色、构建实证性思维法则。

(一)加强跨学科交叉培养,重构金融法教学体系

针对"新法学"语境中"跨学科融合"所涉及的"文文交叉""文理交叉""知行交叉"的教学课程,《新文科建设宣言》明确要求"进一步打破

---

⑫ 陈金钊:《体系思维及体系解释的四重境界》,载《国家检察官学院学报》2020年第4期。

学科专业壁垒,推动文科专业之间深度融通、文科与理工农医交叉融合,融入现代信息技术赋能文科教育,实现自我的革故鼎新”。从这个维度切入,金融法教学必然要打破长期以来院系分开与专业分明的传统樊篱,建立跨院系与跨院校交叉培养的体制机制,在此基础上,将金融法教学所关涉的各种学科力量进行优化整合,推动金融法教学体系的重构与升级。

第一,“文文交叉”。“文文交叉”教学是指金融法与金融学等人文社科课程的融合,比如,财政学、证券投资学、货币银行学、公共关系学。“文文交叉”教学的核心在于“融合”,而“融合”不能简单地认为是金融法与其他人文社科的课程叠加、师资互换、模式更迭,而是对金融法教学中的观念、目标、方式、内容与体系进行全新释义,使金融法教学浸浴在人文社科的怀抱之中,以培养金融法学生应对金融法律问题所亟须的综合解决能力。也正因如此,“新法学”建设不仅要建立开放共享的法学课程体系,支持跨院系、跨院校开设跨学科选修必修课程,也要构建高质量、门类全、交叉性的人文社科教材体系,协同增强“软科学”教材内容的法学伦理与人文情怀。

第二,“文理交叉”。“文理交叉”教学是指金融法要与理工学科进行融会贯通,尤其是形成对生物信息学、人工智能、大数据、区块链、算法科学等新兴学科的回应能力,在交叉融合的过程中不断探究教学体系的新思维、新方法、新模式。《新文科建设宣言》为此明确指出,要“紧跟新一轮科技革命和产业变革新趋势,积极推动人工智能、大数据等现代信息技术与文科专业深度融合,积极发展文科类新兴专业,推动原有文科专业改造升级,实现文科与理工农医的深度交叉融合”。在“新法学”语境下,面对新科技革命的全新挑战,金融法教学应借助于新技术与新工具的应用基础进行自我革新、主动改革,进一步扩展新的研究对象与教学主题,通过“文理交叉”教学带动金融法与自然学科的深度融合,为金融法教学体系更新与研学范式创新提供无限想象与突破可能。

第三,“知行交叉”。简言之,“知行交叉”教学指金融法理论课与实践课的融合教学。对于“新法学”实践性命题来说,金融法教学应当更偏重"金融实践",也就是要逐步将实践课程先置于或平行于理论课程,着重发挥实践课程连接金融法知识与金融实操能力的桥梁作用,打破金融法教学与金融实践长期割裂的现实桎梏。就此来说,笔者认为,可以大胆尝试将实践课程提前到理论课程之前,或者在金融法学生入学之后即时启动实践任务,从而让学生拥有更充沛时间全身心融入金融实践之中。固然,这种"知行交叉"需要把握好度,存在一个核心层与外围层的关系问题,不能因此失去自我,搞成"四不像"。⑬

(二)衔接金融法课堂与金融市场,开创场景化新教法

从场景化原理入手,可以将金融法课堂全方位地对接金融市场。金融市场是一个多场景范畴,它包括证券市场、金融机构、银保监会、期货市场、金融法院等众多场景。在人工智能时代,金融法实践性教学不仅仅可以通过线下实现,也可以采用在线课程、庭审直播、虚拟仿真、云端整合等信息化方式实现物理空间联动与时间维度接续。在这种动态式教学场景下,通过对主体互换、形式转变、知识流动、内容更新、师生互动等场景模块的构建,突破以往的静态场景呈现方式,从而开创金融法教学与金融实践融合的新教法。

进而言之,在"新法学"时代,法学院校必须要"打造优质实践教学资源,完善法治人才培养的协同机制;打破高校与社会之间的体制壁垒,将实际工作部门的优质实践教学资源引进高校"。⑭ 就此来讲,场景化新教法能为金融法教学与金融实践之间的有效融通提供协同契机。在这种契机之下,法学课堂由原先的"师生 + 教室",增加为"师生 + 教室 + 政府部门 + 实务部门 + 金融市场 + 司法机关 + 智能技术平台",在不同空间与时间的维度中促进教学资源的协同互动。金融法课堂与金融市场最恰当的协作不外乎融入场景化新教法,想方设法地开设以实践为导向的教学方式,借助于现代信息技术实现线上线下教学,彻底改变传统上以金融法教材与课堂讲授为唯一蓝本的僵化式教学模式。

---

⑬ 参见杨灿明:《新文科建设的"七个维度"》,载《新文科教育研究》2021 年第 1 期。

⑭ 杨宗科:《坚持立德树人根本任务 培养德法兼修高素质法治人才》,载《法学教育研究》2017 年第 4 期。

是故,笔者认为,结合金融法的场景化教学模式,根据"新法学"实践性命题的要求,教学场景可以由不同的教学主体进行交互衔接,同时也嵌入不同的金融场景与法律问题,从中形成切合"新法学"时代要求的金融法教学范式。

(三)搭建师资交流培养机制,塑造双师型教师角色

"新法学"时代不再是传统上学生被动式的知识浇灌模式,而是一种师生之间持续对话、交互辩论、理性质疑、提问应答的教学过程,从而实现金融法理论与金融实践的协同转化。毫无疑问,教师仍然是当下金融法教学的主力军,他们在这一过程中所能展现的专业知识功底与金融实务经验,势必会影响整体教学效果与学生课堂体验。因此,在中国,为了培养出社会急需的法学工匠,我们需对当下的观念、做法做出相应的调整和改变。⑮

首先,应当着力于搭建师资交流培养机制。一方面,法学院校要在与金融实务部门的教学合作中,大力引进一些富有金融案件处理经验的法官、检察官、律师、金融实务人员执教于课堂。进言之,法学院校要充分发挥兼职教师的作用,建立兼职教师常态化执教机制,逐步提高金融法应用型教师的比例。另一方面,法学院校要搭建与金融实务部门的人才合作培养机制,支持具有跨学科教学能力的教师到法院、检察院等部门挂职锻炼,进一步丰富跨领域经验与跨学科知识,并将这种实践视野应用于金融法课堂中,以提高金融法实践性教学的含金量。

对此而言,笔者认为,法学院校可以尝试采用全职教师与兼职教师的合作教学模式,开设"单周大班""双周小班"轮流执教的案例教学课,如此一来既能保证大班讲授效果,也能发挥小班讨论功能。同时,法学院校还可以根据学生兴趣爱好与培养方向的区别,分类开设针对某一具体金融实务领域的案例课程,如国家金融调控实例、金融公司法务实例、国际金融投资实例、金融刑法实例、金融知识产权实例,从而为金融法学

---

⑮ 参见刘风景:《法学工匠的角色定位——倡导注重细节的法学模式》,载《法制与社会发展》2010年第6期。

生提供一系列行之有效的实务课程。

其次,应当致力于塑造双师型教师角色。哪怕是一个有丰富教学经验的教师,也必须经过相当长时间的摸索,积累经验教训后才能成功。⑯金融法教师要积极地担任金融法律职务,如陪审员、普法员、兼职律师、法律顾问、独立董事。金融法教师还可以在走访司法部门与调研金融案件的过程中,概括法律问题、提出解决方案、形成教学素材。事实上,金融法律问题往往不会有栏栅,很少出现纯粹某个部门法问题,这就需要金融法教师懂得融合民法、刑法、知识产权法等其他部门法知识进行协同办案。这些金融法案件还大量涉及司法实操层面上的起诉、查证、审理、举证、上诉、判决等程序法内容,乃至于社会舆论、历史文化、政治经济等诸多因素。金融法教师从实务中发现司法实践中的"真问题",提高自身法律应对能力、科研能力和教学能力,并对这些"真问题"进行加工整理,用"接地气"的实践经验反哺课堂教学,带给学生更多精彩的案例分享与课堂体验。

除此之外,法学院校也应当同步推进课程评价体系和效果反馈机制的深层次改革,逐步提高实践性教学评价指标在法科评价中的占比,从教学资源给予、职称评定绩效等方面往专注于实践性教学工作的教师倾斜,全面支持金融法教师开设体现"新法学"实践性命题的课程。

(四)开设金融法实证教学课,构建实证性思维法则

无论是从金融法教学体系、场景化新教法抑或是从双师型教师角色的不同维度展开,金融法教学与金融实践的融合路径本质上都可归结为如何塑成一种金融法实证性思维,这一思维是一种建构于案例教学课、逻辑导论课、模拟审判与仲裁、法律诊所、情景实验等实证教学课中的"法律头脑"。这种"法律头脑"需要金融法学生养成一种带有问题意识的研学习性,不仅要具备法条解释、案件推理、逻辑论证和探知事实的综合能力,同时也要掌握搜证举证、口头辩论、书面撰文、法务谈判等实践技能,进而全方位提高自身实证性思维。

---

⑯ 参见葛云松:《法学教育的理想》,载《中外法学》2014年第2期。

传统教学思路主要停留在知识讲解与应试训练的浅层维度,这种教学显现的是零星化的、片面化的效果。相较之下,金融法实证性思维更加注重训练学生的法律思维,而不只是纯粹列举金融法概念与案件结论。倘若金融法教学不借助一定的实证思维或推理逻辑,那么即使对学科知识与法律现象有所概括,也构不成完整的实践性思维体系,也就契合不了"新法学"教学目标。作为一门实践性很强的学科,金融法教学同样需要实证分析与经验推理,并最终也要回到事实与案件中进行解释与应用。

进而可见,在"新法学"语境之下,金融法学生必须秉持这样一种思维法则(见图1):必须首先沿着金融法的概念、原理、原则、规则、关系等法学知识、研究方法与学科逻辑进行抽象性分析,尔后进行法条适用与案件推理之间的因果假定、事实呈现、经验认知等实证性评价,将抽象性法理概括与实证性事实判断予以深度衔接,在由众多规范与不同事实所建构的思维世界里,实现从知识浇灌到实证推理的思维升华。显然,这就倒逼着金融法教学必须运用一种辩证法思维去构建这个法则,统筹各个因素的协同升华,才能形成理性的教学过程,才能塑造以问题为导向的思维方法,才能获得理想的教学预期。

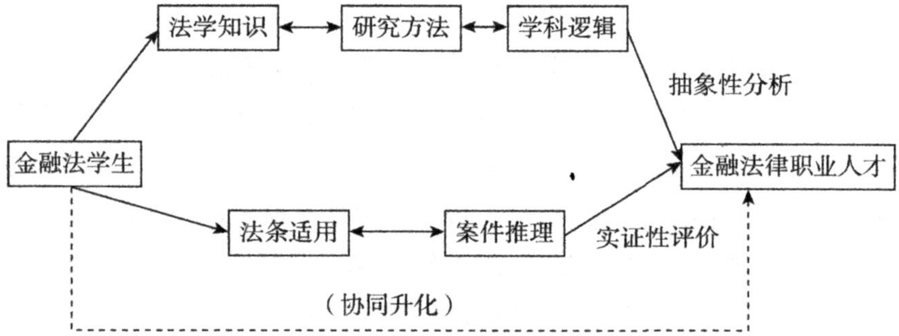

图1　从知识浇灌到实证推理的思维法则

然而,由于人们不能够穷尽所有的经验事实,所以在对事实经验进行分析时必须借助理性思维中的抽象与想象,屏蔽无关因素,提取重要信息,筛选出关键变量,并以纯粹的形态呈现,进而形成理论。[17] 就此来讲,金融法教师的职责在于完整地展现金融法案例,抽丝剥茧地拆分不同教学界面中的法治价值、经验推理、逻辑规则和各方立场,在这一系列思维构建的过程中,反复推演并最终凝练成为一种指导金融实践的理性思维。

余　论

随着"新法学"时代的纵深发展,进一步推动了金融法教学与金融实践交叉融合的广度与深度,培养金融法学科"未来社会科学家"的教学目标已然成为法学界、教育界乃至金融界的共同向往。从我国金融法治建设出发,我们应当以"新法学"视角不断审视金融法教学与金融实践之间的辩证关系,将教学目光投射于金融法实践课程之中,全方位地践行"新法学"实践性命题,奋力跳脱出理论与实践割裂开来的悖反困境。唯有在"新法学"语境中不断完善金融法教学模式,方使金融法理论与实践教学实现深度融合,助力新时代金融法治人才培养迈向更高的台阶。

与此同时,在法律全球化融合与金融人才国际化竞争中,如何更好地让我国金融法教学立足国情并面向世界的问题终究是我们亟须应对的现实困境与实践难题。比较而言,美国和欧盟等国家或地区已经积淀较为丰富的教学经验,对于我国建构既符合"新法学"建设目标又引领世界话语的金融法教学模式具有重要的借鉴意义。我们不仅要秉持开放包容的心态去学习域外金融法学科的实践定位和教学创新,更要积极参与国际金融法治建设的实践合作和教学对话,深入推进我国金融法教

---

[17] 参见刘晓红:《"教育基本理论"课程教学检视——逻辑起点与路径选择》,载《东北师大学报(哲学社会科学版)》2018 年第 6 期。

学体系与教学能力现代化的进程。仅此而言,本文也只能说是一个开始,还需在将来进一步研讨。

Contradiction and Integration of Financial Law Teaching and Financial Practice in the Context of "New Science of Law"

Chen Rongxin

Abstract: For a long time, there has been a contradictory relationship between financial law teaching and financial practice. Specifically, the training objectives of financial law deviates from the financial professional orientation, the courses of financial law deviate from the needs of financial posts, and the teaching methods of financial law are different from those of financial legal affairs. In the era of "new science of law", the teaching of financial law has ushered in new practical topics. It is necessary to debug from four aspects: the interdisciplinary integration of financial law and finance, the situation transformation from teaching institutions to financial departments, the ability improvement from theoretical learning to financial practice, and the thinking sublimation from knowledge pouring to empirical reasoning, so as to point out the direction for the teaching of financial law. Then, in the context of "new science of law", the author of this paper suggests: (1) to strengthen interdisciplinary training and reconstruct the teaching system of financial law; (2) to connect the financial law classroom with the financial market and create a new contextualized teaching method; (3) to build a teacher exchange and training mechanism and shape the role of double qualified teachers; (4) to set up empirical teaching courses of financial law and construct empirical thinking rules. Only with these measures, can we draw a picture of the integration of financial law teaching and financial practice in the era of “new science of law”.

Key Words: financial law teaching, financial practice, adjustment, integration, new science of law

比较研究

全球化时代法学教育的不确定性及其应对

罗　阳*

摘　要：新冠肺炎疫情在全球的快速传播及其所产生的深远影响，使人们切身感受到风险社会的来临，也使全球化在其本身所具备的复杂意涵之上，又出现了"不确定性"的新动向，风险的全球化使社会治理和个体生活的方方面面都产生了难以预测的后果。在这样的时代背景下，法学教育在知识边界、职业伦理教育和时空环境三个方面都体现了较强的不确定性。那么，法学教育不仅要强调对学生涉外能力的培养，以适应经济全球化对涉外法律人才的要求，还应重视引导学生对全球化社会进行全面理解，培养学生的全球化视野，提升学生的风险防控意识，并进一步加强法律职业伦理教育的力度，使学生学会如何在风险社会中工作与生存，适应未来复杂多变的执业环境。

关键词：全球化　法学教育　风险社会　不确定性

---

* 罗阳，陕西师范大学教育学部博士后、社会学博士。研究方向：教育社会学、法学教育。

一、引言:全球化时代的法学教育

全球化问题是哲学、政治学、社会学、经济学、历史学等多个学科共同关注的重要学术议题,学者们普遍认为全球化已然成为一种历史趋势,既是多个学科学术研究中不可忽视的时代背景,又是影响到各学科内部发展的重要因素。并且,全球化时代互联网技术的广泛应用使各类信息和资源的传递更为高效,加速了不同国家、不同领域、不同学科的交流和融合,从而助推着高等教育事业的发展。[①] 与此同时,全球化使高等教育也面临着新的问题和挑战,大学体制、管理方式、教学模式都在不断改革,国际学生持续增多、在线教育广泛应用、教师角色不断转型等一系列新变化使全球化时代的高等教育越来越趋于多样化、流动性和无边界,可以说全球化影响了高等教育的方方面面。

法学领域也不例外,早在20世纪,全球化所产生的法学问题就已经得到了国内外法学家的广泛关注。[②] 中国自加入世界贸易组织以来,根据世贸组织协定对大量的法律法规进行了清理和修订工作,众多法规背后体现的是全球化时代法治中国法之精神的转型。[③] 不过,与之伴随的问题也不断凸显,在立法层面来看,全球化使国际法律关系日益复杂,许多法律问题并不能通过国内法予以解决。在司法层面上,全球诉讼持续增多,民商事纠纷常常涉及多个国家和地区,全球化的浪潮之下复杂的跨国司法争端不断涌现。[④]

因此,法学教育必须对这种时代趋势做出回应,与全球化伴随的法

---

① 参见[英]罗杰·金等:《全球化时代的大学》,赵卫平译,浙江大学出版社2008年版,第18~20页。

② 参见朱景文:《关于法律与全球化的几个问题》,载《法学》1998年第3期。

③ 参见张文显:《全球化时代的中国法治》,载《吉林大学社会科学学报》2005年第2期。

④ 参见刘仁山:《全球化背景下法律人才的培养问题》,载《法律科学(西北政法大学学报)》2011年第2期。

学教育研究在学术界得到了一定程度的探讨。不少学者都注意到,在经济全球化的背景下,涉外法律问题的复杂化趋势对法学教育提出了更高的要求,涉外法律人才的培养迫在眉睫。同时,法学教育研究者们也从更加具体的角度,对法学教育的课程目标、教学计划、国际合作、外语教学等多个方面的建设展开了内容翔实的探讨。⑤ 学界普遍认为,法学院应当培养具有全球视野的法律人才,提升法学教育之中比较法、国外法、国际法等涉外法律课程的学习质量,加强与其他国家及地区法学教育的国际合作,并且进一步注重法科学生法律外语能力的培养。总之,在全球化的经济变革和社会转型之下,法学教育不得不直面由此而来的严峻挑战。

全球化趋势仍处于变动之中,与现代性背后的社会治理问题紧密交织,在经济发展、政治秩序、文化交流等多个领域,持续引发全球社会新的不确定性。尤其在新冠肺炎疫情的影响之下,全球社会都陷入巨大的风险之中,这种态势也同样影响着法学教育的发展和变革,对其中的理论和实践问题进行深层次的分析显得尤为必要。本文在这样的背景下,以全球化理论为视角,以当前法学教育所面对的实际问题为切入点,对当前法学教育的不确定性展开尝试性的探讨。

二、全球化的复杂意涵及最新向度

在日常生活中,人们谈及全球化的时候,主要指涉的是一种经济现象。但是在研究领域,全球化是一个较为复杂的学术概念,涉及多个学科的不同领域,很难给出一个明确且简洁的定义。不过,也有学者进行着综合不同概念的尝试,认为全球化是指一组多向度的社会进程,多个向度共同建构、增强和扩大着全球意义上的彼此交流和相互依存性,同时具有一种文化属性,使个体越发认识到所处的周边环境与远方世界之

⑤ 参见王千华:《经济全球化背景下中国高等法学教育改革》,载《高等教育研究》2001 年第 6 期。

间的联系正日益深化。[⑥] 也就是说,理解全球化不能单单依从一个方面的判断,而要从包括经济、政治、文化、意识形态在内的多个向度展开分析。但是,在中国法学教育全球化问题的以往研究中,这一概念却经常被简化为一种具有跨国或涉外经济意涵的研究背景,其他维度则或多或少被忽视了。故此,本文采取更具整合性的分析框架,从中选取了三个与法学教育研究关联度比较大的维度,层层递进,展开对这一复杂概念的剖析。

(一)经济维度:全球化的基本理解

习近平总书记2021年1月在世界经济论坛“达沃斯议程”对话会上指出,经济全球化是社会生产力发展的客观要求和科技进步的必然结果。[⑦] 经济全球化的发展趋势也与新一代信息技术的突破和应用密不可分,尤其是人工智能、量子信息、移动通信、物联网、区块链等技术的发展,使经济全球化伴随生产力的发展而继续向前。[⑧] 即便在当前的国际局势中,出现了“反全球化”“逆全球化”“去全球化”的思潮,但是经济全球化的基本态势仍然将持续存在,所产生的影响也并未消减。新的进步思潮普遍认识到了深度全球化所造成的负面影响,加剧了富国与穷国之间的经济不平等,但是全球化所需的是进行一定意义上的重建而非摒弃。[⑨]

全球化的经济向度其首要特征在于贸易与金融的国际化,这有赖于世界市场的建立,在国际自由贸易协定的推进下,多年来各国之间的贸易壁垒总体上呈现消解的趋势,而且贸易的国际化与金融交易的自由化

---

⑥ 参见[美]曼佛雷德·B.斯蒂格:《全球化面面观》,丁兆国译,译林出版社2013年版,第30页。

⑦ 参见习近平:《让多边主义的火炬照亮人类前行之路——在世界经济论坛“达沃斯议程”对话会上的特别致辞》,载《人民日报》2021年1月26日,第2版。

⑧ 参见陈江生:《经济全球化的历史进程及中国机遇》,载《人民论坛》2021年第13期。

⑨ 参见郭静:《经济全球化的走向:政治思潮的风向标意义》,载《国外社会科学》2021年第3期。

同步发生。[10] 加之大型跨国公司的参与以及国际经济机构的助推,全球经济秩序之下以西方为主导的技术和资本已经延伸到世界的各个角落。换句话说,各国之间一种持续加强且相互依存的经济关系得以建立,经济全球化使即便在单一民族国家范围内所发生的个体经济行为,也深深嵌入全球的经济秩序之中。

(二)文化维度:全球化的延伸意涵

在文化层面,全球化意味着世界范围内不同民族国家之间文化活动的加强与延展,即便在此过程中会产生普遍而激励的文化冲突,但更多的是不同文化之间的传播与融合,也就是说,文化全球化不仅代表着文化层面所存在的特殊化与异质化,更为重要的是其中所包含的普遍化与趋同化。[11] 不过,文化全球化的传播方向却常常主要是从经济发达地区向欠发达地区的单向传播,是西方文化向全球的扩展。正如社会学家乔治·瑞泽尔所揭示的那样,全球社会受以追求高效、可计算性、可预测性、可控性的理性文化影响,不同国家的城市社会高度趋同,出现了社会的"麦当劳化"。[12]

文化全球化与现代性之间有着密不可分的联系,全球化为现代性提供了物质依托和现实内涵,是现代性的世界性延伸。[13] 不过,现代性所衍生的文化传播不只是包括理性文化部分,另外以个人主义和消费主义为代表的价值取向,在全球范围内流行也是显而易见的。虽然,在文化全球化的过程中,文化的许多方面都产生了本地化的改变,甚至可以说是误读,但这种能动性的表现也是文化全球化的基本特征之一。

(三)不确定性:全球化的最新向度

自2019年年底新冠肺炎疫情暴发以来,全国各地为抗击疫情采取

---

[10] 参见[美]曼佛雷德·B.斯蒂格:《全球化面面观》,丁兆国译,译林出版社2013年版,第69页。

[11] 参见汪信砚:《全球化中的价值认同与价值观冲突》,载《哲学研究》2002年第11期。

[12] [美]乔治·瑞泽尔:《汉堡统治世界?! 社会的麦当劳化》,姚伟译,中国人民大学出版社2014年版,第25页。

[13] 参见杨小兰:《对文化全球化研究中几个问题的思考》,载《西北师大学报(社会科学版)》2009年第3期。

了各项防控措施,有效缓解和控制了病毒的传播,保护了人民的生命安全。不过,因此所产生的影响仍然持续存在,全球社会尚处于巨大的风险之中,疫情对全球经济、政治、文化等多个方面造成了巨大的冲击,不仅是一次重大的全球公共卫生事件,同时也是风险全球化的重要表征。疫情之下,经济全球化受到了一定程度的阻碍,但风险全球化却更加凸显。甚至可以说,是为了防止风险全球化的加剧,各国才放慢了经济全球化的步伐。

正如社会学家乌尔里希·贝克在其著作中所指出的,“只要我们仔细审查现代化风险的特殊样式或特殊分配模式,这一点就会变得更加清晰:现代化风险具备一种内在固有的全球化趋势”。[⑭] 在风险社会之中,各类风险不断试探风险治理与防范机制的空隙,使整个世界处于相似的风险之中。不仅如此,在充满了不确定性的背景下,各类治理方式本身也存在风险,使风险全球化成为一种充斥悖论的结构性风险。[⑮] 因此,这种风险的全球化不仅仅是技术性的,而且是制度性的,风险全球化具有很强的政治维度。[⑯]

与全球化的其他维度相较而言,风险全球化具有高度的不确定性和不可预测性。随着全球化的流动性、变异性和复杂性不断增强,不仅传统社会中的预测机制开始失灵,而且固有的确定性根基也有所动摇。[⑰] 因此,即便是某个领域的专家,也难以准确预测未来的发展方向。这种不确定性产生了对专家知识系统的不信任,加大了治理的难度。但是,个体是具有能动性的,风险全球化所具有的高度不确定性也会激发个体对现有制度的反思,成为社会诸多领域改革和创新的基本动力来源。

---

⑭ [德]乌尔里希·贝克:《风险社会:新的现代性之路》,张文杰、何博闻译,译林出版社2018年版,第28页。

⑮ 参见文军:《从“结构导向”到“关系本位”:重构面向不确定性时代的全球化理论》,载《华东师范大学学报(哲学社会科学版)》2021年第5期。

⑯ 参见肖巍:《“全球化风险”与中国的长期应对》,载《学术月刊》2010年第1期。

⑰ See Paul Dobrescu, Mlina Ciocea, *This Time Is Different*: *The Globalization of Uncertainty*, Romanian Journal of Communication and Public Relations1, 129 – 136(2020).

三、全球化时代法学教育中的不确定性

上述三个维度不是相互割裂的，实际上彼此之间关系紧密，而且互相影响。比如，文化全球化也是经济全球化的结果，并且反过来促进着经济全球化，同时，使风险全球化进一步扩大。从三个维度来看，全球化对法学教育都产生着直接的影响，并且存在一个共性的问题，即都引发了法学教育的某种不确定性。不确定性已经成为现代社会的本质特征，[18]在这个充满不确定性发展的全球社会中，所有的知识乃至人的生存状态都是建立在流沙之上，没有任何固定的、可参考、可预测的框架。[19] 那么，下面将在这种的理论视角之下，对全球化时代法学教育中的不确定性展开分析。

首先，全球化时代法学教育的知识边界存在不确定性。一方面，经济全球化使法学知识生产全球化，产生了知识边界的不确定性。经济全球化对法学的最直接影响是产生了法律全球化，这不仅仅表现为许多跨国法律的出现以及其发挥越来越重要的作用，而且也表现在法学研究的全球化上。知识生产的全球化使法学研究不断吸收和借鉴其他国家法学以及其他社会科学和人文学科的研究成果。世界各国的本地学术共同体都受到全球化知识生产模式的冲击，这就意味着全球化时代的法学研究向着一个超越中国本土语境的方向迈进，其知识边界变得更具开放性。[20]

另一方面，全球化本身就具有不确定性，使法学教育中知识边界的不确定性进一步加剧。例如，中国经济的快速发展，美国对全球化秩序

---

[18] 参见文军、刘雨航：《不确定性：一个概念的社会学考评——兼及构建“不确定性社会学”的初步思考》，载《天津社会科学》2021 年第 5 期。

[19] See Karl. Popper, *Conjectures and Refutations*: *Growth of Scientific Knowledge*, London, Routledge, 1963, p. 4.

[20] 参见[德]托马斯·杜斐：《“复规范性”从何谈起：法律全球化的知识挑战》，载《中外法学》2019 年第 1 期。

的破坏以及英国的脱欧,都使经济全球化的趋势看上去忽而向前,忽而向后。尤其在疫情之下,各国经济政策收紧,甚至关闭边境,大型跨国企业所构建的全球产业链布局受阻,资本市场波动频繁,未来经济发展趋势尚不明朗。而法学教育是具有实践性的,法学教学需要面向未来的全球经济格局,做出有针对性的教育部署和人才布局,培养能够适应未来世界发展趋势的法律人才。但经济全球化自身所具有的不确定性使未来的发展趋势充满未知,因此,法学教育中知识边界的不确定性不能扩大。

再一方面,全球化增加了法学知识需求的不确定性。在经济全球化背景下,走出法学院的毕业生们所面对的法律事务更为复杂,尤其在民商事案件中,许多本地法律关系裹杂着跨国性质,法律工作者日常可能会用到的法学知识变得更加多元,且觉有很强的不确定性,并不确定会与哪些知识相关。那么,与之相关,在本科或研究生阶段,法学教育究竟该对现行的课程安排进行怎样的调整,应该教授哪些新知识和新方法,才足以使法科学生在未来游刃有余地应对和处理纷繁复杂的法律事务呢?法学教育所追求的确定性与全球化所带来的不确定性之间也形成了巨大的张力。

其次,全球化时代法律职业伦理教育存在不确定性。法律职业群体中包括了几种不同的职业类型,即法官、检察官、律师、仲裁员、公证员等。不同职业的从业者虽然都以法律工作为核心,但是在工作的具体情境中有着不同的角色定位和工作职责。例如,刑事法律案件中的法官、检察官和律师有着不同的立场、态度和身份。不过,这并不妨碍法律职业群体具备统一的职业操守,而且统一的法律职业伦理是十分重要的,是法律人共同体得以存在的基本要件之一。[21]

有调查研究显示,我国法律职业实践中出现了多种多样的职业失范行为。如各地律师职业存在或多或少的乱收费、虚假宣传、虚假承诺等

---

[21] 参见陈景辉:《忠诚于法律的职业伦理——破解法律人道德困境的基本方案》,载《法制与社会发展》2016年第4期。

现象,各地公检法日常工作中也存在腐败情况,[22]这些与法律职业伦理相违背的行为都严重影响法律职业共同体的整体形象以及民众对司法系统的信赖。这些问题的存在,既可能是由于之前法学教育中法律职业伦理教育的相对缺失所造成,也可能是其他外部社会环境所致。

从文化全球化的视角来看,法律职业伦理受到了个人主义和消费主义的影响。在这样的社会背景之中,法律从业者也受到一定程度影响,主体性发生了变化。在原本单位社会之中,受集体主义的影响,个体积极工作的动力更多的是源于集体的荣誉感与责任心,集体主义的日常道德与法律职业伦理有着更强的亲和力。而当前,在全球化的冲击之下,个人主义中的利己主义以及与之相关的消费主义深刻改变了个体对生活方式的选择,改变了个体对工作的定位和认知。于是,法律职业本身的价值被淡化,而成为追求上述生活方式和价值观念的工具,使法律职业主义趋同于法律技能训练,法律职业被简单化为法律人谋生的手段。[23] 这种情况之下,容易滋生唯利是图和贪污腐败的伦理隐患。

最后,全球化时代法学教育的时空环境存在不确定性。社会学家安东尼·吉登斯曾指出,学校教育的时空安排是高度制度化的,无论是在时间维度还是空间维度,都具有高度的重复性。[24] 实际上,法学教育也同样如此。在时间维度,学生全部嵌入在以学年、学期、周、日以及每节课为单位的课程时间序列之中,将法学教育的多门课程按照一定次序填充其中;在空间维度上,则以教学楼、图书馆、餐厅和宿舍为轨迹,在例行化的情境之中,法学教育的日常实践是高度制度化的。

但是在风险全球化的背景下,受到新冠肺炎疫情的影响,包括法学教育在内的全部学校教育均面临着时空分离的潜在风险。[25] 一旦存在

---

[22] 参见柴鹏:《法律职业伦理现状及其培育——以实证调研数据为基础》,载《证据科学》2015 年第 2 期。

[23] 参见冯果:《论新时代法学教育的公共精神向度》,载《中国大学教学》2018 年第 10 期。

[24] 参见[英]安东尼·吉登斯:《社会的构成:结构化理论纲要》,李康、李猛译,中国人民大学出版社 2016 年版,第 127 页。

[25] 参见刘雨航、罗阳:《面对不确定性:后疫情时代学校治理的情感转向》,载《中国教育政策评论》2020 年第 1 期。

疫情的风险,上述制度化的法学教育会被暂停,转而以线上教学的方式进行。线上教育的优点在于打破物理距离的限制,在彼此不接触的情况下,高效地传递知识与信息。但与此同时,却造成了法学教育时空环境的不确定性,教师和学生身体不在场的风险持续存在。众所周知,法学是一门具有很强实践性和应用性的学科,而在线教学在法学的应用,则使原本基于面对面互动的人际空间和体验空间被教学活动的时空分离打破。这样的法学教育中的知识会更易碎片化,从而便于从具体的教学情境中脱域,在更广阔的时空环境中传播。

值得注意的是,法学知识在实践场域的时空环境也充满了不确定性。原本确定的审判周期、开庭时间、谈判地点甚至当事人与诉讼参与人员自身,都有可能受到疫情等全球化风险的影响而调换,法律实践的不确定性成为常态,与法律所提供的确定性之间产生了巨大的张力。

四、法学教育不确定性应对的尝试性探讨

从上述分析中可以看出,全球化时代法学教育的不确定性是多重多角度的,涉及法学教育的知识边界、职业伦理和时空环境等多个维度,也就是说,当前法学教育自内而外都不得不面对全球化所带来的风险危机。承载人们美好愿景的"全球化",在助推高等教育诸领域发展的同时,也带来了新的挑战。那么,如何在法学教育的不确定性中寻找确定性?如何将不确定性所带来的负面影响降到最低?成为全球化时代法学教育研究所要面对的重要问题。

一方面,应更加重视法科学生对全球化理论的学习,培养学生的全球化视野。全球化时代的法学教育,并不是要将所有的法科学生都培养成具有涉外办案能力的法律人才,这既不切合中国法学教育的实际情况,也忽视了中国基层法律人才缺失的现状。[26] 中国的法学教育是分层

㉖ 参见万猛、李晓辉:《全球化背景下中国法律人才培养模式转型》,载《中国大学教学》2010年第11期。

的,法学院之间存在很强的差异性,不过,大多数法学院是以培养基层法律人才为主要目标的。但是,经济全球化增加了法学知识需求的不确定性,并且经济全球化本身也充满不确定性。因此,即便是对于未来的基层法律从业者而言,在他们的求学阶段,都应当强调和注重对他们全球化视野与思维方式的培养,使他们能够将法律问题放置于全球社会进行整体性的思考。

为培养这样的思维方式,法学教育中不仅应当提升国际法、外国法、比较法等法学课程的教学品质与授课效果,还应当在教学中加强对其他社会科学学科的学习,将法学问题放置于更广阔的学科视野之中加以分析。全球化问题是其他社会科学领域的共同研究背景和研究议题,从其他学科的全球化研究之中汲取营养是十分必要的,尤其在社会学之中,法社会学、全球社会学、风险社会学等学科分支的知识内容都有助于法科学生打开视野,放眼全球,反思自身所处的时代环境和社会境遇。

另一方面,应进一步加强法律职业伦理教育的力度,完善相关课程体系。教育部于2018年出台《普通高校法学本科专业教学质量国家标准》后,法律职业伦理课程终于与其他九门课程一起,被正式确定为一门法学教育的专业必修课。[27] 国家标准将德法兼修、德才兼备作为法学教育最为重要的培养目标,这也说明了行业内部加强法律职业伦理教育的决心。不过,长期以来,法律职业伦理的相关课程是缺位的,师资力量也相对薄弱,教学的效果往往流于形式,与实际需求有所偏差。[28] 虽然法律职业伦理已经成为一门单列的专业必修课,但是需要注意的是,这门课是与整个法学教育相关联的,涉及法学理论以及每一门部门法学课程,具有较强的延展性和贯穿性,这也给法学教育中的职业伦理教育提

---

[27] 《普通高校法学本科专业教学质量国家标准》在课程体系方面对专业课的设置进行了明确:法学专业核心课程采取"10 + X"分类设置模式。"10"指法学专业学生必须完成的10门专业必修课,包括:法理学、宪法学、中国法律史、刑法、民法、刑事诉讼法、民事诉讼法、行政法与行政诉讼法、国际法和法律职业伦理。

[28] 参见曲玉梁:《论我国法律职业伦理教育学科体系的构建》,载《法学》2019年第6期。

出了更高的要求。[29] 总体来说,法律职业伦理教育的底子是比较薄弱的,法学院或多或少都需要进一步加强和完善相关课程体系的建设。

法律职业伦理所提供的确定性是与法治所提供的确定性紧密相连的,是应对文化全球化不确定性的重要方法。法科学生在接受法律职业伦理教育的过程中,要充分地认识到法律职业共同体的存在,莫以角色分化拆解法律人的共同信仰,而应以法律人才的身份认同建构自身的职业素养,消解全球化趋势下受个人主义和消费主义影响所产生的职业伦理去道德化趋势。[30] 法律职业主义不应当趋同于法律技能训练,法律职业也不能被简单化为法律人谋生的工具和手段,法律精神的培育、公共精神的传递都是法学教育应该遵循的基本方向,也是决定法学教育培育什么人、怎么培养人、为谁培养人的核心要素。[31]

再一方面,应适当将"不确定性"教育融入法学教育之中,提升法科学生的风险防范意识。这次新冠肺炎疫情是人类社会迈入风险社会时代的一次重要考验,并且在未来相当长一段时间内,不确定性都是法学教育需要面对的基本问题之一。那么,将"不确定性"教育融入法学教育之中是十分必要的,"不确定性"教育有助于法科学生在日后面对充满不确定性的复杂法律工作时,保持一个良好的精神面貌,具备一种稳定的心理素质。[32]

具体而言,可以从以下几个方面展开。一是要在认识层面,使法科学生意识到全球化时代不确定性的真正含义。如上所述,全球化不仅仅代表经济全球化和文化全球化,而且也意味着风险的全球化或者说"不确定性"的全球化。法学教育在价值层面,往往传递的是一种法治精神所追求的"确定性",但是使学生认识到风险社会背后的"不确定性"也

㉙ 参见陈云良:《新时代高素质法治人才法制职业伦理培养方案研究》,载《法制与社会发展》2018年第4期。

㉚ 参见董静姝:《论法律职业伦理的现代困境》,载《新疆大学学报(哲学·人文社会科学版)》2016年第4期。

㉛ 参见冯果:《论新时代法学教育的公共精神向度》,载《中国大学教学》2018年第10期。

㉜ 参见赵仁青、黄志斌:《风险教育的必要性及其开展路径》,载《人民论坛》2021年第12期。

是尤为重要的。二是要在方法层面，使法科学生学会进行风险防控的知识与技能。风险社会不仅仅是一个学术界探讨的理论概念，而是已经切实地影响了人们的日常生活和工作。那么，法律工作者不仅需要提升自身为当事人或客户进行风险防控的能力，也要学会在自己的日常法律实践中，灵活应变，将工作本身的风险和不确定性降到最低。三是要在结果层面，使法科学生具备接受不确定性结果的能力。在对风险社会具备充分的认识后就会发现，不是所有的防控措施都能彻底消除不确定性，或许唯一确定的，就是不确定性会长期存在，因此，要在态度上，做好与风险长期共存的准备。

结　语

综上所述，我们可以发现全球化在其本身所具备的复杂意涵之上，又出现了“不确定性”的新动向，而且风险的全球化体现在各个维度之上，使社会治理和个体生活的方方面面都产生了难以预测的后果。在这样的时代背景下，法学教育在知识边界、职业伦理教育和时空环境三个方面也体现出了较强的不确定性，法学教育所追求的“确定性”与风险全球化所带来的不确定性之间，充斥着巨大的张力。那么，法学教育不仅要强调对学生涉外能力的培养，以适应经济全球化对涉外法律人才的要求，还应重视学生对全球化社会的全面理解，培养学生的全球化视野，使学生将法律问题放置于更广阔的全球社会背景加以分析，同时提升学生的风险防控意识，使学生学会如何在风险社会中工作与生存，适应未来复杂多变的执业环境。另外，在充满不确定性的全球化时代，法律职业伦理教育有待加强，法律精神的培育和公共精神的传递是法学教育应该遵循的基本方向，也是决定法学教育培育什么人、怎么培养人、为谁培养人的核心要素。

On the Uncertainty of Legal Education in the Era of Globalization and the Countermeasures

Luo Yang

Abstract: COVID – 19 is spreading rapidly worldwide and it has had a significant impact. This makes people feel the advent of a risk society, and it also brings new significance to globalization. The globalization of risk has led to unpredictable consequences in all aspects of social governance and individual life. Under this background, legal education shows strong uncertainty in three aspects: knowledge boundary, professional ethics education and space-time environment. Therefore, legal education should not only emphasize the cultivation of students' foreign-related ability to meet the requirements of economic globalization for foreign-related legal talents, but also pay attention to students' comprehensive understanding of the global society, cultivate students' global vision, enhance students' awareness of risk prevention and control, and further strengthen the legal professional ethics education, so that students can learn how to work and survive in the risk society and adapt to the complex and changeable practice environment in the future.

Key Words: globalization, legal education, risk society, uncertainty

教育法治

研究生国家奖学金评定规则的法治化建构*

——基于41所高校规范文本的考察

刘启川** 戴 维***

摘 要：研究生国家奖学金评定规则尚缺乏法治化的理论建构。研究生国家奖学金的设置意旨在于激励个体以及完善教育体系，应当通过行政法基本原则保障此两项意旨的实现。在法治模式上，现行的规范主义控权模式，已经不适应现实需要。应建构功能主义的建构模式，通过原则之治保证研究生国家奖学金评定规则的形式正义、实质正义与程序正义；通过行政法定原则、行政均衡原则、行政正当原则规制研究生国家奖学金评定中的评定依据、评定内容、评定程序以及救济机制。

关键词：研究生国家奖学金 评定规则 法治化建构

---

* 基金项目：本文是2020年江苏省科学"十三五"规划课题重点项目"鼓励社会力量兴办教育的行政法保障机制研究"（项目编号：B-b/2020/01/31）的阶段性研究成果。

** 刘启川，东南大学法学院副教授，博士生导师。研究方向：行政法学。

*** 戴维，东南大学法学院2019级硕士研究生。研究方向：行政法学。

2012 年教育部、财政部下发《研究生国家奖学金管理暂行办法》,设立了研究生国家奖学金,用于奖励普通高等学院中表现优异的全日制研究生,并对评定规则做了顶层设计。但该办法的规定泛化,缺乏对于研究生国家奖学金评定规则的制度设置。此后,教育部联合其他部委又先后出台了《普通高等学校研究生国家奖学金评审办法》《学生资助资金管理办法》《研究生国家奖学金实施细则》等规范性法律文件,对研究生国家奖学金的评定程序、内容与救济等方面进行了细化规定,各高校在此基础上也纷纷出台本校的评定规则,使实践层面呈现多元化的样态,甚至出现了违反上位法规定的高校评定规则。为此,通过法治化路径构建研究生国家奖学金评定规则,使各校出台的评定规则既符合法治原则,也满足现实需要,同时更具备实操性,是相当有必要的。但理论界有关研究生国家奖学金的研究多是从公共管理学、经济学的角度展开,缺乏法律视角的审视。公法学中已有“特别权力关系”理论,对高校权力做了系统的研究,还有“行政法基本原则”理论,对于控制权力做了原则层面的研究,这些理论都可以作为工具用于分析高校制订的研究生国家奖学金评定规则,从而给出法治化的建议。

笔者通过对 42 所世界一流大学建设高校公开的有关研究生国家奖学金评定规则的文本进行调研,除其中 1 所高校未公开所有有关国家奖学金评定的规范性文件外,收集了 41 所高校出台的校级规范性文件共 54 份。① 本文以这些规范性文件为研究对象,通过分析研究生国家奖学金之评定依据、评定程序、评定内容与救济机制四个要素,对我国一流大学建设高校的研究生国家奖学金评定规则进行实证层面的观察,总结出研究生国家奖学金评定规则面临的现实问题,通过法治角度的分析,从而提出研究生国家奖学金评定规则的法治化建构模式。

---

① 此处规范性文件指各高校出台的与研究生国家奖学金评定相关的规则、办法、实施细则等。所有文件均来自高校官网、研究生院网、信息公开网等网站,最后访问时间为 2021 年 8 月 10 日。

一、研究生国家奖学金评定规则的实践面相

对我国研究生国家奖学金评定规则现状进行归纳与总结，可以有两种方法，一是完全归纳，二是不完全归纳，两者的最大区别在于是否对所有对象予以考察。[②] 前一种方法是对国内所有高校的研究生国家奖学金的所有评定规则进行考察，继而进行符合形式逻辑的推理，如此得出的结论具有必然性；而后者的考察对象仅为部分具有代表性的样本，即只考察国内的部分代表性高校的研究生国家奖学金评定规则，得出的结论具有或然性。

以完全归纳的方法对所有高校的研究生国家奖学金评定规则的样本进行搜集归纳，不具有可行性。原因有二：首先，并非国内的所有高校都出台了本校、本学院的研究生国家奖学金评定规则；其次，并非所有已经出台评定规则的，都公开了规则。故笔者在此选择了通过不完全归纳的方式对我国高校的研究生国家奖学金的评定规则之现状进行归纳，适用该方法必须选取具有代表性与普遍性的样本，方可得一斑而窥全豹，否则得到的结论便可能谬以千里。笔者在此选择以41所世界一流大学建设高校的研究生国家奖学金评定规则为样本，是具有一定代表性的。原因在于：第一，世界一流大学建设高校在我国高等教育体系中享有不同于其他高校的特殊地位，这种地位带来了高度的裁量空间，同时也带来了滥用裁量的法治风险。第二，世界一流大学建设高校是其他高校的榜样，其出台的研究生国家奖学金的评定规则，具有一定的示范作用。同理，这些高校出台的研究生国家奖学金评定规则中出现的问题，也更易在其他高校中重现。

（一）评定依据有违形式正义

伦理学家罗尔斯认为正义可以体现为三种形式，分别是形式正义、

---

② 参见吴彤：《从实践哲学看归纳问题》，载《自然辩证法研究》2020年第4期。

实质正义与程序正义,其中形式正义指"制度确定的正确规范被一贯地坚持,并由当局恰当地给予解释",[③]该原则要求对于正义法律的严格执行,也就是严格依法办事。[④] 学校依法制定本校的研究生国家奖学金评定规则,应按形式正义的要求,遵守法律优先、法律保留等行政法治原则,不得与上位法的规定相抵触,当校评定规则与上位法相悖时,应当优先适用上位法。但经过笔者对于41所学校出台的文件的梳理,发现各校所依据的上位法差异较大,具体如表1所示:[⑤]

表1 研究生国家奖学金评定依据的数量分布

评定依据	学校	数量
《研究生国家奖学金管理暂行办法》(财教〔2012〕342号)	QH、BJ、BSF、BLG、ZGN、SD、NJ、DN、ZJ、TJ、FD、SJT、XM、HNLG、HN、ZN、HZK、JL、DB、DLG、ZGK、CQ、SC、LZ、ZGH、HDS、ZMZ、XBNL、YN、XJ	30
《普通高等学校研究生国家奖学金评审办法》(财教〔2014〕1号)	QH、BJ、*BHK*、ZGN、TD、NK、NJ、TJ、SJT、ZS、HNLG、ZN、WH、HZK、HG、JL、DLG、CQ、SC、ZGH、HDS、XBNL、YN、ZZ	24
《学生资助资金管理办法》(财科教〔2019〕19号)	BHK、WH、HG、XJT、ZZ	5
《财政部、国家发展改革委、教育部关于完善研究生教育投入机制的意见》(财教〔2013〕19号)	TD、WH、XJT、XBG	4
《财政部、教育部关于做好研究生奖助工作的通知》(财教〔2013〕221号)	TD	1

③ [美]罗尔斯:《正义论》,何怀宏等译,中国社会科学出版社1988年版,第58页。

④ 参见周佑勇:《行政法原论》,北京大学出版社2018年版,第55页。

⑤ 以下均以校名的拼音简写指代各高校。

续表

评定依据	学校	数量
《教育部、国家发展改革委、财政部关于深化研究生教育改革的意见》(教研〔2013〕1号)	XBG	1

实践中出现了两大特征。第一，各校制定评定规则的依据，绝大多数为教育部、财政部出台的规范性文件，主体单一，法律效力位阶低且单一。第二，各校制定评定规则的依据存在较大差异，其中绝大多数高校将《研究生国家奖学金管理暂行办法》作为制定本校评定规则的法律依据，但该文件的效力已经被《学生资助资金管理办法》废止。

评定依据的法治风险已然呼之欲出。高校制定本校的评定规则，仅依据教育部、财政部等部委的少数部门规章，不受其他国家机关、地方政府的限制，并且这些文件充分尊重了高校的独立与自治，赋予了高校较大的裁量空间。但从形式上看，高校并没有很好地运用这种裁量权，大多数高校未及时更新评定规则的依据，依然将已经被废止的规范性文件作为评定依据，体现了滞后性。这也意味着在实质内容层面，法律优先、法律保留等行政法治的要求可能没有起到实质上的约束作用。

综上，部分高校在制定评定规则方面，仍将已经废止的规范性法律文件作为制定本校研究生国家奖学金的评定规则，与形式正义存在一定的疏离。

（二）评定程序不符合正当程序之要求

程序正义则是与结果公正相对的概念，体现了一种过程价值，其指任何做出集体决策的程序，都应当符合平等、回避、公开等一般的道德原则。[⑥] 研究生国家奖学金的评定作为一种行政权内部进行的评选程序，需受到行政正当原则的制约，应以避免偏私、行政公开以及行政参与三项要求对评定程序展开校验。避免偏私要求高校评审组织与评审对象即参评国家奖学金的研究生之间没有利害关系，主要体现为回避制度；

---

⑥ 参见李石：《程序正义与形式正义之辨》，载《天津社会科学》2021年第3期。

行政参与要求行政机关在行使权力时应听取公众意见和建议,积极发动公众参与,这要求高校在进行研究生国家奖学金评定时,应吸纳学生群体这一相对人参与评定程序中,并采纳其提出的合理合法的意见或建议;行政公开要求高校应将研究生国家奖学金评定的依据、过程和结果向公众公开,也即评定的事前、事中、事后均需公开。笔者通过这三点对评定规则予以考察,其具体情况如表2所示:

表2 研究生国家奖学金评定程序中对回避、参与及公开的设置情况

评定程序	学校	数量
评审委员应主动回避	QH、BJ、RM、BSF、BHK、BLG、ZGN、TD、NK、SD、NJ、DN、ZJ、TJ、FD、STJ、XM、ZS、HNLG、HN、ZN、WH、HZK、HG、JL、DB、DLG、ZGK、XJT、XBG、CQ、SC、DK、LZ、ZGH、HDS、ZMZ、XBNL、YN、XJ、ZZ	41
学生代表应作为评审委员参与评定	QH、BJ、RM、BSF、BHK、BLG、ZGN、TD、NK、SD、NJ、DN、ZJ、TJ、FD、STJ、XM、ZS、HNLG、HN、ZN、WH、HZK、HG、JL、DB、DLG、ZGK、XJT、XBG、CQ、SC、DK、LZ、ZGH、HDS、ZMZ、XBNL、YN、XJ、ZZ	41
公开评定规则(事前公开)	QH、BJ、RM、BSF、BHK、BLG、ZGN、TD、NK、SD、NJ、DN、ZJ、TJ、FD、STJ、XM、ZS、HNLG、HN、ZN、WH、HZK、HG、JL、DB、DLG、ZGK、XJT、XBG、CQ、SC、DK、LZ、ZGH、HDS、ZMZ、XBNL、YN、XJ、ZZ	41
公开答辩(事中公开)	BHK、TD、NK、ZN、HZK、HG、JL、DLG、ZGH、HDS、ZZ	11
公开评定结果(事后公开)	QH、BJ、RM、BSF、BHK、BLG、ZGN、TD、NK、SD、NJ、DN、ZJ、TJ、FD、STJ、XM、ZS、HNLG、HN、ZN、WH、HZK、HG、JL、DB、DLG、ZGK、XJT、XBG、CQ、SC、DK、LZ、ZGH、HDS、ZMZ、XBNL、YN、XJ、ZZ	41

在避免偏私方面,41所高校均对回避做了原则性的规定,但仅限于评审委员的主动回避,缺少对于具体回避情形的列举,也没有规定依申

请回避等其他回避方式,缺乏深度的细化规定。在行政参与方面,41 所高校均规定了学生代表应列为评审组织的组成人员,但仅限于学院级评审组织,校级评审组织则不允许学生代表参与评定,参与的广度不够。在行政公开方面,41 所高校对事前公开与事后公开做了规定,但仅有 11 所高校对事中公开,即公开答辩做了要求,公开的广度不够。由此可知,研究生国家奖学金评定程序与正当程序有一定的疏离,应当加以完善。

(三)评定内容有违实质正义

实质正义也称为实体正义,它要求法律本身的内容,也即权利义务符合正义的要求。研究生国家奖学金的评定内容,应当符合实体正义之要求。行政法治中关于实体正义的原则是行政均衡原则,该原则要求行政权力的行使必须综合权衡各利益,使实体内容均衡合理,具体包括平等对待原则、比例原则与信赖保护原则。⑦ 比例原则指行政行为所造成的损害应与追求的利益成比例,信赖保护原则要求行政主体不得随意撤销行为,不可朝令夕改。此两个原则站在保护相对人的实体利益角度对行政行为予以规制,但研究生国家奖学金的评定内容中,高校并不会主动侵害作为相对人的学生的实体权益,各高校出台的评定规则也具有高度的稳定性。质言之,无须通过比例原则与信赖保护原则审察评定内容,而应通过平等对待原则,考察高校在国家奖学金评定中是否对研究生群体一视同仁,做到同等情况同等对待,不同情况区别对待。详情见表 3。

表 3　研究生国家奖学金评定内容中设置的参评条件情况

评定内容	学校	数量
定向生不可参评	SD、TJ、ZS、ZN、DB、DLG、ZGK、XBG、DK、XJ	10
定向生可以参评	BHK、HG	2
新生不可参评	RM、BLG、XJ、YN	4

⑦　参见周佑勇:《行政法原论》,北京大学出版社 2018 年版,第 62 页。

续表

评定内容	学校	数量
新生可以参评	BJ、TD、NK、TJ、XM、HG、JL、DLG、XJT、CQ、DK、ZGH	12
学习实践中造成重大损失不可参评	ZGN、ZN、HZK	3
课程、讲座、活动等缺勤不可参评	HZK	1

由上可知,41 所高校中仅有不超过半数对申请国家奖学金设置了参评条件的规定,比例不高。而且条件集中于定向生、新生不可参评。约有 24% 的高校明确规定定向生不可以参评,但仍有 4% 的高校规定定向生可以参评。定向生与非定向生的区别,仅在于入学和就业,在校学习阶段,两者在修习课程与学术训练上并无本质不同,而国家奖学金的设立目的在于激励高校中表现优异者,并发展中国特色研究生教育体系,对定向生设置不得参评的条件,似有差别对待之嫌,有违平等对待之原则。对于新生参评条件,有 9% 的高校规定新生不可以参评,29% 的高校规定新生可以参评。同理,新生与否,也不影响研究生在高校中的表现,故此条件的设置也涉及差别对待,不符合平等对待原则的要求,有违实质正义。

反观仅有极少数高校设置的如研究生在学习、实践中造成重大损失、缺勤等不得参评等条件,能在一定程度上反映研究生在高校中的表现是否优异,将其作为评定内容具有一定的合理性,做到了不同情况区别对待,符合实质正义。

(四)救济机制内部性及其法治风险

研究生国家奖学金评定中的救济机制,体现了高校的内部自治。异议者不可以通过司法、行政复议等渠道予以救济,仅得向学校、学院的评审组织提起申诉。实践中,各校对救济机制的细化规定,多停留于主体以及答复时间方面,具体情况见表 4:

表 4　研究生国家奖学金评定中对救济机制的细化规定情况

有关救济机制的细化规定	学校	数量
规定提起异议主体为学生及相关人员	TD、NJ、DLG、YN	4
规定提起异议主体仅为学生	QH、BJ、BSF、BHK、ZGN、NK、DN、ZJ、FD、SJT、XM、ZS、HNLG、HN、WH、HG、JL、DB、ZGK、SC、DK、LZ、HDS、ZMZ、XBNL	25
规定校、院应在具体期限内予以答复	BJ、WH	2

注:本表将规定了异议主体为学生或研究生的,统一认定为学生主体。

有 25 所学校仍将异议主体限缩为学生,而没有涉及相关人员,占比 61%,这限缩了异议主体的范围,使得可能的利害关系人的权利无法得到救济。有关研究生国家奖学金的评审中,不仅会有学生的权利受到侵害,任何一个决定都牵涉方方面面,应当放宽救济主体的范围,使所有可能因国家奖学金评审而受有实际影响者,都有权提起异议。此外,上位法中已经明确,异议人可以是学生以及相关人员,部分高校制定有关救济机制的细化规定有违上位法的规定,应当予以及时修订。

有关答复时间的规定,只有 4% 的学校做了细化规定,其余绝大部分的学校,并没有就此做细化规定,在实践中可能导致因公示期间的经过,异议人权利受损。除了以上列举的两点细化规定之外,各高校基本上在有关救济机制的规定上,照搬上位法的规定,没有就本校的实际情况再予以细化,缺少有关救济的具体方式,使救济机制难有实际上的操作性。高校处理异议的具体个案答复,也未有在其官网上公布。有关研究生国家奖学金的救济机制,整体呈现一种机制不完善、过程不公开、结果不透明的样态。

二、研究生国家奖学金的设置意旨及法治化限度

(一)研究生国家奖学金的设置意旨

上文从实然的角度,通过实证数据分析了一流大学建设高校的研究生国家奖学金评定规则的实践现状。除此之外,还应当通过应然的角度进行分析,对研究生国家奖学金的完善提供导向。质言之,应当明确研究生国家奖学金的设置意旨,通过辨析研究生国家奖学金的设置目的与评定现状之间的差距,指明完善的路径。

《研究生国家奖学金实施细则》第 1 条,已经明确了研究生国家奖学金的设置意旨,"奖励纳入全国招生计划内的高校中表现优异的全日制研究生","旨在发展中国特色研究生教育,促进研究生培养机制改革,提高研究生培养质量",前者是直接目的,以奖励去激励研究生勤奋学习、努力进取;后者是根本目的,旨在发展并完善具有中国特色的研究生教育体系。学界中也有学者持相同观点,其认为国家设置国家奖学金的目的有两点,分别是奖励优异的学生以及为各行各业培养人才。⑧ 此种归纳与上述的二分法别无二致,前者是指研究生国家奖学金的存在,不仅能通过物质奖励来激励每个研究生个体勤奋学习、努力进取,而且能通过国家这一奖学金中的最高荣誉,通过精神层面激发学生的学习热情,这是微观的、个人层面的直接目的,旨在激励研究生勤奋进取。而后者则是针对社会、国家的宏观层面的目的,发展教育体系,以期培养出优质人才从而为社会各行业,为国家建设增添力量,这是以发展中国特色的教育体系,提升教育质量为目的,是根本目的。

但根据本文第一部分可知,现有的研究生国家评定规则对这两个意旨有所忽略。在评定内容上,部分高校不区分学术型研究生与专业型研究生、新生与老生,没有做到不同情况不同对待,有违实质正义,无法为

---

⑧ 参见潘红祥、黄艳:《实质平等视域下国家奖学金评审机制的完善》,载《中南民族大学学报》2019 年第 2 期。

研究生提供参评的合理预期,不利于激励个体努力进取,实现研究生国家奖学金的直接目的;在评定依据上,部分高校的评定规则与上位法相悖,有违形式正义;在评定程序上,评定过程缺乏公开性与参与性,有违程序正义,不利于完善具有中国特色的研究生教育体系,实现研究生国家奖学金的根本目的。

(二)研究生国家奖学金评定规则的法治化限度

为使研究生国家奖学金的设置意旨得以实现,需要依靠符合形式正义、程序正义与实质正义的评定规则。故应当对研究生国家奖学金评定规则予以一定的规制,以保证其符合正义。而法的终极价值追求就是正义,通过法律手段对研究生国家奖学金的评定予以法治化的规制,是有必要的。

在明确了法治化的必要性之后,应当对法治化的限度予以分析。法治化的限度,指法律干预高校进行研究生国家奖学金评定的程度。高校不同于其他行政机关,其具有一定的自治地位,享有高度的裁量空间,可以在一定程度上排斥法律的规制。公法学界对高校享有的这种特殊地位早已经有研究,其被称为“特别权力关系理论”,该理论指出,高校和学生之间,一方处于概括命令及支配的地位,另一方则处于更为附属的服从地位,高校可以在一定情况下排斥国家权力干涉。⑨ 在这种特别权力关系下,高校基于其达成高等教育目的之需要,应当拥有一些区别于普通组织的权力。⑩ 这意味着在制定研究生国家奖学金评定规则方面,高校必须具有高度的裁量空间,如对于学习优异、科研能力突出的认定标准,则只应交由各高校进行裁量,而不得由规范性法律文件直接规定;但对于研究生国家奖学金的名称、奖金金额、评审组织的构成等方面,仅可以由规范性法律文件予以规定,而不得由高校通过裁量自行决定。若意图通过上述一一枚举的方式明确法治化的限度,是不具备可行性的,而应当通过宏观的层面把握法治化限度。

---

⑨ 参见李晏、杨洋:《高校自治权的法律规制研究》,载《黑龙江高教研究》2021年第4期。

⑩ 参见杨挺:《论高校管理的法治化限度》,载《高等教育研究》2010年第10期。

法治化的限度要求既能保证研究生国家奖学金评审的正义,实现研究生国家奖学金的设置意旨,又能尊重高校的自治与裁量。故应引入宏观层面的行政法之基本原则,通过法律原则保障研究生国家奖学金评定的形式正义、实质正义与程序正义。但高校与学生之间的关系,并非典型的行政法律关系,早先的理论认为这种关系可以逸脱法律原则的约束,在司法实践中,也仅在学位授予等方面,才有行政法原则与司法救济的适用空间。可随着理论研究的深入,这种有违现代法治精神的特别权力关系已经逐步得到了修正,在此关系中适用法律原则,不再是理论的禁区。运用行政法的基本原则调整特别权力关系,不仅适用范围广,适用对象多元,还可以从行为方式、程序等多个方面调整这些主体与其内部人员之间的关系,更全面、更深入、更合理、更长效地贯彻现代法治精神。⑪ 故此,如研究生国家奖学金的评定这一高校与学生之间的内部奖惩关系,适用行政法的基本原则,自然不在话下。除此之外,在顶层设计上,原则在高校对学生的奖惩关系上也有适用的空间,《国家中长期教育改革和发展规划纲要(2010—2020年)》中曾明言:"对学生实施的奖励与处分要符合公平、公正的原则",这种原则当然不外乎法律原则。由是观之,通过行政法的三大基本原则保障研究生国家奖学金评定规则的正义,是合理合法的,高校可以在不违背此三项原则的基础上,行使其裁量权,依其意志制定出符合研究生国家奖学金设置意旨的评定规则。

行政法的基本原则包括行政法定、均衡与正当三项原则。行政法定原则要求"法无明文规定不得任意行政",旨在明确行政权力的来源以及权力的秩序。⑫ 其具体包括职权法定、法律优先与法律保留三项子原则。职权法定意味着高校在研究生国家奖学金评定中行使的行政职权源于法,行使职权的过程必须受制于法;法律优先意味着高校制定的评定规则不得与上位法相抵触,否则无效;法律保留意味着高校在制定评

---

⑪ 参见莫于川:《试论条理法在调整特别权力关系中的作用——以公立高校管理行为争议解决机制为例》,载《河南财经政法大学学报》2014年第3期。

⑫ 参见周佑勇:《行政法原论》,北京大学出版社2018年版,第58~61页。

定规则时,不得对研究生国家奖学金的名称、奖金金额等重要事项做出变更规定。通过引入行政法定原则,研究生国家奖学金评定中的形式正义得以保障。

行政均衡原则要求高校在进行研究生国家奖学金评定时,应当权衡各方利益关系以作出最佳选择,实现评定内容的均衡合理。⑬ 其具体包括平等对待、比例原则、信赖利益保护三项子原则。平等对待意味着高校参评条件上,应当对所有符合参选条件的研究生一视同仁,允许他们公平参评,但在评定的内容上又要对不同类型、不同学历层次的研究生做出区分,以做到同等情况同等对待,不同情况区别对待;比例原则主要针对损益行政,而非属本文讨论的范围,在此不赘述;信赖利益保护原则要求高校在制定本校的研究生国家奖学金评定规则后,不得任意变更、撤销或废止,以保护研究生对于评定规则产生的信赖,是诚实信用原则在研究生国家奖学金评定领域的体现。通过引入行政均衡原则,可以保障研究生国家奖学金评定中的实质正义。

行政正当原则是对程序正义的要求,其具体包括避免偏私、行政参与以及行政公开三项子原则。⑭ 避免偏私要求研究生国家奖学金的评审组织应在评定中保持居中地位,不与参评者有利益牵连,也不得对参评者存在偏见;行政参与意味着受研究生国家奖学金评选结果影响的利害关系人有权参与研究生国家奖学金的评定过程,其核心要求是答辩。评定组织应听取参评人本人的答辩意见,供参评人积极争取自身权益,而不得剥夺其发声的权利;行政公开则要求高校将研究生国家奖学金评定的依据、过程与结果向研究生与社会大众公开,满足公众的知情权,以此监督整个评定过程。通过引入行政正当原则,可以保障研究生国家奖学金评定中的程序正义。

---

⑬ 参见周佑勇:《行政法原论》,北京大学出版社2018年版,第62~65页。

⑭ 参见周佑勇:《行政法原论》,北京大学出版社2018年版,第66~68页。

三、重构研究生国家奖学金评定规则的法治化进路

(一)构建功能主义的法治模式

如前所述,研究生国家奖学金评定规则的法治化限度在于不违背行政法基本原则的前提下,尊重高校的裁量空间,充分调动高校的主观能动性,使得研究生国家奖学金的评定符合形式正义、实质正义与程序正义。为更好地将理论运用于实际,应确定研究生国家奖学金评定规则的法治模式。在此引入两种不同风格的法治模式,规范主义控权模式与功能主义建构模式。规范主义控权模式强调法律规则对于权力的规制,主张通过法律规则维护秩序、控制权力,注重法律规制的实际效果。功能主义建构模式强调在法律原则的宏观规制下,充分发挥行政主体的能动裁量权,提高行政效能。⑮

研究生国家奖学金评定的实践面相体现了规范主义的控权模式,这种模式带来的弊端有三点。第一,高校无法有效行使自身的裁量权。该模式下的高校仅仅相当于传送带,只能执行上位法的规定,若上位法规定过于严密,则高校的裁量空间就受到压制,不利于制定符合本校实践的评定规则,若上位法的规定过于宽泛,则高校的裁量空间过大,裁量难免遭受滥用。第二,该模式过于强调法律规则的作用,但法律规则具有滞后性,常与研究生国家奖学金评定的社会现实之间产生脱节。第三,过分追求形式正义,缺乏实质正义。⑯ 该模式仅希望通过制定明确具体的规则,来限制高校的裁量空间,片面追求形式法治,忽视了高校的主观能动性与评审中的个案公正。

而功能主义的建构模式的基本理念与表现形式上与研究生国家奖学金的评定具有一致性。在基本理念上,该模式强调功能与效率,能够有效发挥裁量自身的能动性。在表现形式上,功能主义表现为原则之

---

⑮ 参见刘启川:《责任清单编制规则的法治逻辑》,载《中国法学》2018年第5期。

⑯ 参见周佑勇:《行政裁量治理研究》,法律出版社2008年版,第34页。

治，研究生国家奖学金评定规则与功能主义建构模式的形式要求相符，高校享有高度的裁量空间，可以不拘泥于法律规则，而自行对于研究生国家奖学金评定标准予以规定。

故应构建功能主义的法治模式，以原则之治为指导，既保证研究生的个体受到平等对待，使研究生能对国家奖学金的评审产生合理预期，以实现评审的个案公正，激励研究生个体的努力奋进，实现研究生国家奖学金的直接目的；又保障高校的独立地位，使其更好地发挥裁量功能，制定出符合本校实际的评审规则，完善高等教育体系，实现研究生国家奖学金的根本目的。高校可以通过行政法定原则、行政均衡原则、行政正当原则等基本原则，对评审规则的依据方面、内容方面、程序方面，救济机制予以规制。

（二）以行政法定原则规制评定依据

在高校制定研究生国家奖学金规则时，通过行政法定原则对其予以指导和约束，有助于实现评审规则的法治化建构。行政法定原则，意指法无明文规定不得任意行政。[17] 其具体要求包括职权法定、法律优先以及法律保留。

职权法定是指，行政职权需源于法，受制于法，越权的行为应当无效。[18] 评定依据方面，职权法定要求高校在制定评定规则时，不得再将已经被废止的规范性法律文件作为制定本校规则的依据，也不应再将其他与研究生国家奖学金评审无关的规范性法律文件列为制定依据。

法律优先则要求，低位阶的法律规范的制定必须以高位阶的法律规范为依据，前者必须服从于后者。[19] 法治的实践起点是立法，任何规范性文件均不得与法律相抵触。[20] 这意味着，在上位法已经对诸如新生可以参评等问题予以明确的基础上，高校出台的规则不得与之相悖。高校必须自查自纠，将本校制定的规则中与上位法相抵触的规定予以修订，

---

⑰ 参见周佑勇：《行政法基本原则研究》，武汉大学出版社2005年版，第166页。

⑱ 参见周佑勇：《行政法基本原则研究》，武汉大学出版社2005年版，第167页。

⑲ 参见周佑勇：《行政法基本原则研究》，武汉大学出版社2005年版，第60页。

⑳ 参见刘王芳：《建设社会主义法治国家的几个基本原则——论十一届三中全会对法治的贡献》，载《江苏大学学报（社会科学版）》2019年第2期。

以满足法律优先原则的要求。

法律保留是指特定范围内的行政事项专属于立法者规范,行政主体非有授权不得为。[21] 关于高校特殊地位的理论,特别权力关系理论则排除了法律保留原则的适用,认为学生对于高校,相当于"行政机器中的小齿轮",[22]高校不需要有特别的法律依据,就可以限制学生的权利或增加其义务。但这种理论有违现代法治的要求,应当认为,研究生国家奖学金评定规则中,在一定程度上需要适用法律保留,并且保留的范围应当限定于"重要事项",对于评审规则中涉及参评者重要的、基本的权利义务,应当仅由法律加以规定。易言之,国家奖学金的名称、奖金金额、评选时间等事项,应仅由上位法规定,高校制定的评审规则不得对此予以变更。

(三)以行政均衡原则补正评定内容

通过引入行政均衡原则,对评审规则的实质内容予以规制,使高校、学院在行使其裁量权时,受到法治的限制。行政均衡原则要求高校在决策时权衡各种利益关系,以保证实体内容的均衡合理,体现法的实质正义。[23] 本原则的要求包括平等对待与信赖保护。

平等对待要求高校在评审时,做到同等情况同等对待,不同情况区别对待。前者要求,在参评条件中,应对所有符合部门规章中八条参评条件规定的研究生,均应使其享有真正的参评资格。而不得再规定新生、定向生不可参评等条件,这种额外增加的参评条件,是高校在其权限之内所作的恣意裁量,没有做到同等情况同等对待,使部分研究生丧失了参评资格,有违研究生国家奖学金的设置意旨,会对激励研究生个体这一目的产生负面影响。不同情况区别对待则要求,对于实质上不同的两种参评者,应当区分评审考核内容。如不同学历层次,硕士与博士之间应当区别对待,对博士可以侧重于考察科研能力,而对硕士则在侧重考察学业成绩基础上,考察科研能力,而不能以同样的一套标准去考察

㉑ 参见陈新民:《行政法学总论》,台北,三民书局1997年版,第52页。

㉒ 周佑勇:《行政法基本原则研究》,武汉大学出版社2005年版,第193页。

㉓ 参见周佑勇:《行政法原论》,北京大学出版社2018年版,第62页。

两者，这会造成考核内容的混同，不符合平等对待之要求。同理，专业硕士与学术硕士、老生与新生等，均应作出区分。

信赖保护指相对人对行政行为形成值得保护的信赖时，行政主体不得随意撤销或废止该行为。[24] 要求学校在制定出评审规则后，如果研究生已经根据评审规则中考核内容的要求，对自己的学习、科研做了规划并付出了努力，学校不得朝令夕改，随意变更实体考核内容，以保证学生的合理预期。

（四）以程序正当原则规制评定程序

研究生国家奖学金评审规则中有关程序性事项的规定，应当符合程序正当原则之要求，体现一种程序正义。具体包括避免偏私、行政公开、行政参与三项要求。

避免偏私要求行政主体在行政过程中，保持超然独立的态度和地位，不受各方利益或偏私之影响。[25] 这要求在高校进行国家奖学金评审时，应当守中持正、不偏不倚，评审委员不得与参评者单方、私下接触。且若评审委员与参评者存在任何有可能影响评审公正的情形下，应当回避。《普通高等学校研究生国家奖学金评审办法》第5条规定了回避的具体情形包括存在亲属关系、直接经济关系或其他情形时，评审委员应主动申请回避，这种关于回避的规定尚有缺欠之处，无法有效避免偏私，各校应当就回避情形再进行细化规定，将回避的种类从仅主动回避扩展至主动回避与依申请回避并存，同时将存在师生关系、存在学术争端等情形，纳入回避的范围，以保证评审组织的中立。

行政公开要求行政主体在行使行政权力的过程中，应当依法将行政权力运行的依据、过程和结果向行政相对人和社会公众公开，以使其知悉并有效参与和监督行政权力的运行。[26] 公开评审依据方面，在高校制定的研究生国家奖学金评定规则中，笔者共调研了42所高校，其中41

---

[24] 参见周佑勇：《行政法原论》，北京大学出版社2018年版，第64页。

[25] 参见周佑勇：《行政法总则中基本原则体系的立法构建》，载《行政法学研究》2021年第1期。

[26] 参见周佑勇：《行政法总则中基本原则体系的立法构建》，载《行政法学研究》2021年第1期。

所公开了评定规则,仍有一所高校未公开所有有关本校研究生国家奖学金评审的任何规则,这有违行政公开的广泛性要求,应当尽快公开。公开评审过程方面,41所高校中仅有26%的高校规定了需公开答辩,其他学校也应尽快引入公开答辩机制,使评审过程公开化。公开评审结果方面,现行公开的结果大多为仅公开拟推荐者的姓名、学号等基本信息,可以考虑将评审的得分、排名一同公开,增加评审过程的透明度。

行政参与要求可能受行政权力运行结果的利害关系人有权参与行政权力的运行,表达自身意见,从而对结果的形成发挥有效作用。[27] 行政参与的重点为公开听证,体现于研究生国家奖学金的评定中即为答辩制度。故,需扩大答辩的广度与深度,不仅应使各高校的研究生国家奖学金评定普及答辩制度,还应保障参评者能够充分表达自身的观点,不得剥夺其发声的权利,评定组织应在听取参评人的答辩意见的基础上,对参评者的各项条件予以考察。

(五)完善救济机制

研究生国家奖学金评定规则中,涉及救济机制的规定尚未完善,救济渠道过窄。可以通过扩张提起异议主体的范围,使得不仅学生,还包括教职人员在内的其他利害关系人,均有权提起异议,以加强行政参与的广度与深度,补正救济机制的实质正义。并引入行政正当原则中的具体制度,如以举证责任分配制度、案卷排他制度为指导,补正救济机制的程序正义。

举证责任是指承担提出证据证明案件事实之责任,而举证责任的分配制度,则是指某一事实由哪一方当时负担举证责任的分配制度,在行政诉讼中,由被告即行政机关这一强势方承当证明责任,以平衡两造。[28] 同理,在对于研究生国家奖学金的救济中,可以引入举证责任分配制度,由评审组织负责举证,证明其做出的评审决定合法,以平衡高校与学生之间的地位差距,通畅救济渠道。

案卷排他制度指行政机关的行政行为只能以行政案卷作为根据,不

---

[27] 参见周佑勇:《行政法原论》,北京大学出版社2018年版,第67页。

[28] 参见姜明安:《行政诉讼法教程》,中国法制出版社2011年版,第129页。

能将案卷之外相对人未知或未质证的事实作为根据。[29] 该制度限制了行政机关在事后的补充证据，有力维护了行政程序的合法性。在对于异议人对研究生国家奖学金申诉的救济中，也应当引入该原则，使评审组织这一异议裁决者，仅可以根据当初做出评审决定时所依据的文件材料做审查，而不得事后补正，杜绝评审程序违法的可能。

On the Rule of Law Construction in National Scholarship Evaluation Rules for Postgraduate Students

—An Investigation Based on the Normative Texts of 41 Universities

Liu Qichuan　Dai Wei

Abstract: The evaluation rules of the postgraduate national scholarship lack the theoretical construction of the rule of law. The empirical research shows that the rules for the evaluation of postgraduate national scholarship formulated by universities have problems, such as the basis of evaluation deviates formal justice, the lack of procedural justice in the evaluation procedure, the content of the evaluation is implemented lacking of substantive justice, and the remedy mechanism is not perfect. The purpose of the graduate national scholarship is to encourage individuals and improve the educational system, and the basic principles of administrative law should be adopted to ensure the realization of these two purposes. In terms of the mode of the rule of law within the system, the existing normative control

---

[29] 参见吕新建：《行政法视域下的正当程序原则探析》，载《河北法学》2011 年第 11 期。

mode is no longer suitable for practice. It is necessary to construct a functionalist mode to ensure the formal justice, substantive justice, and procedural justice of the evaluation rules of postgraduate national scholarship through the statutory principle, the principle of administrative balances and the principle of due process to regulate the basis, content, procedure and remedy of the evaluation.

Key Words: postgraduate national scholarship, evaluation rules, rule of law construction

管理经纬

新中国成立以来我国高校学生权力研究省思与现实透视*

周　倩** 　王威丹*** 　鞠法胜****

摘　要:将国家宏观政策背景、中观高等教育发展历程及微观高校学生权力研究等共同作为参考系,梳理新中国成立以来对高校学生权力关注的历史嬗变。在改造、整顿、拓展和成熟四个时期演变中,学生权力呈现:"双重改造"到"整顿""复兴"的变化轨迹、"忽视""规范"到"模糊""理性"的表现形式、"外发""被动"到"内生""自觉"的权力诉求。在明晰学生权力发展阶段和运行逻辑的基础上,从维护稳定社会环境、树立正确学生观、培育内生性权力意识、构建适切规章制度、划定合理权力范围等入手保障学生权力在高校治理中发挥积极效用。

关键词:学生权力　学生参与　大学治理

---

* 基金项目:本研究为国家社科基金项目"基于教育赋权理论的新时代高校思政课分众教学模式研究"(项目编号:19VSZ067)。

** 周倩,郑州大学教育学院教授,博士生导师。研究方向:高等教育、教育管理。

*** 王威丹,郑州大学公共管理学院博士研究生。研究方向:教育管理。

**** 通讯作者:鞠法胜,南京大学教育研究院博士研究生。研究方向:高等教育学、教育经济与管理。

引 言

学生是高校存在的前提,没有学生就没有高校可言。① 高校学生权力是学生拥有的对高校其他资源的某种支配性和影响性力量,②即学生或学生组织依据相关制度和自身身份,利用掌握的资源对高校及内部群体等特定对象施加影响以求实现自身意志和利益的能力。我国最早的学生权力表述见于"通常认为学校权力主要包括行政权力和学术权力两种,此外,还应包括其他方面权力,如学生权力"。③ 1999年学生权力作为我国高校内部的一种权力类型被提出,④但学界对学生权力的内涵和认识莫衷一是:从教育学层面说,学生权力是学生参与高校事务管理的权力和影响力;⑤从法学角度讲,学生权力多强调学生享有的权力,⑥当它倾向于"资源性权力"时,"权力"与"权利"几无差别;⑦社会学侧重影响力,是个体或群体行为对他人造成他所希望的预定影响或行为改变的能力和关系。⑧

长久以来,学生参与一直是发达国家高校治理的有机组成部分。相

---

① 参见[西]奥尔特加·加塞特:《大学的使命》,徐小洲、陈军译,浙江教育出版社2001年版,第50~51页。

② 参见任丽婵:《大学学生权力的彰显及其影响因素》,载《黑龙江高教研究》2011年第8期。

③ 谢安邦、阎光才:《高校的权力结构与权力结构的调整——对我国高校管理体制改革方向的探索》,载《高等教育研究》1998年第2期。

④ 参见周倩:《我国高校学生权力研究10年:观念演变与合理模式》,载《现代大学教育》2010年第4期。

⑤ 参见冯遵永、丁三青:《学生参与大学治理:理性检视与路径重构》,载《社会科学家》2017年第2期。

⑥ 参见林杰:《高等教育普及化时代大学生的特征及其权利保障》,载《中国高教研究》2016年第3期。

⑦ 参见孙芳:《西方"学生权力"演进对我国现代大学制度建设的启示》,载《现代教育管理》2016年第9期。

⑧ 参见林崇德主编:《中国成人教育百科全书·经济·管理》,南海出版公司1994年版,第452页。

较而言,我国学生参与并未受到足够重视,即使学界有所呼吁,但在实际操作中却步履维艰。顺应高校内部治理规律,丰富学生参与内容、提升参与成效逐步成为高等教育必须正视的问题,因此有必要以发展的眼光看待学生权力演进及涌现的问题,并提出基于历史经验的解决方案,为完善高校内部治理结构,建设现代大学制度贡献经验、智慧和方案。为此,以制度章程为主、学术研究为辅,探析新中国成立后学生权力发展脉络,以外部表征和内部逻辑为起点,提出规范、保障学生权力的举措,对新时代高校治理能力和治理体系现代化建设具有重要意义。

一、新中国成立以来我国高校学生权力嬗变的双重视角

学生权力与学生工作是一朵并蒂莲,学生工作强调对学生的管理、服务,学生权力侧重学生参与学校事务。学生工作趋向标准化、人性化,学生参与就会越发积极向上。虽然关涉学生权力的早期资料亡佚、研究数据分散,但仍可借助学生(事务/工作)管理发展反映学生权力演进。高等教育进程同国家发展紧密相关,因而有必要将政策背景、高等教育发展历程及学生权力研究等共同作为参考系,爬梳新中国成立后学生权力发展。通过回顾历史:第一,可以从前人言而不详的历史性叙述中提炼出学生权力发展历程。第二,可以总结、归纳出不同阶段学生权力发展的表象和逻辑,为新时代学生参与提供历史经验和借鉴。

宏观而言,制度性的法规条例限定了学生的日常行为和权力范围,通过梳理制度条例,可以获取权力的内容、标准等;微观而言,不同时代学术研究主题和演进也将为学生权力的阶段划分提供重要参考,呈现这一研究的发展动态,丰富、充实宏观研究结论。借助 CiteSpace 可视化软件分析学生权力的研究进展及热点。其原理是将时间区间平均划分,而后在每个时间切片内依据共现关系形成网络,转而将一众小网络依据时

间顺序加以合并,形成大的递进的可视化网络。⑨

在中国知网(CNKI)数据库高级检索中,检索式为"全文 = 学生权力",时间跨度为 1949 ~ 2021 年的中文学术期刊,来源类别选择北大核心和 CSSCI,学科选择高等教育、教育理论和教育管理两项,共检索出 831 条结果。在剔除无效数据后获得高校学生权力研究演进图(见图 1)。

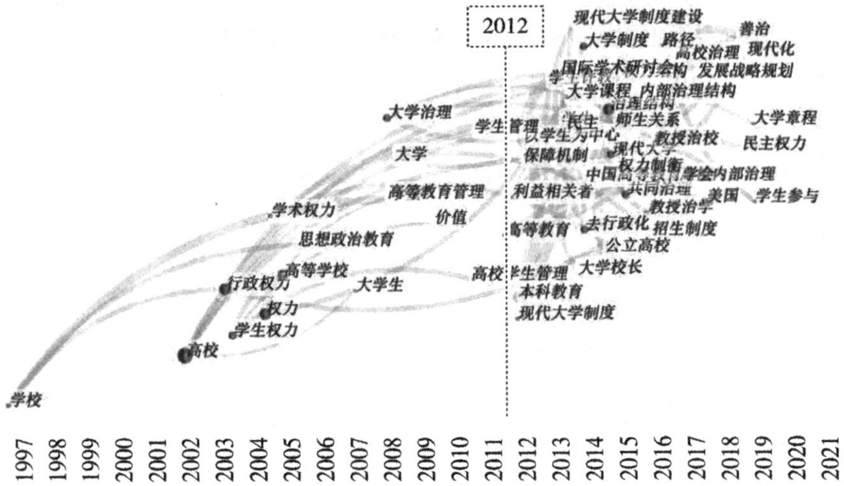

图 1 高校学生权力研究演进

可以看出,1997 年前研究较少或主题零碎不集聚,2012 年后呈现主题多元化的研究态势。其中引用分析被用于科学筛选信息、评价期刊影响和组织科研绩效评比等方面,是科学、信息和文献计量学等研究领域的重要主题,⑩在此基础上筛选出具有重大影响力的关键文献(见表 1、表 2)。

⑨ See Chen C, *Searching for Intellectual Turning Points: Progressive Knowledge Domain Visualization*, Proceedings of the National Academy of Sciences1, 5303 – 5310(2004).

⑩ See Stringer M J et al., *Statistical Validation of a Global Model for the Distribution of the Ultimate Number of Citations Accrued by Papers Published in a Scientific Journal*, Journal of the Association for Information Science & Technology, 1377 – 1385(2010).

表1 学生权力及参与研究文献被引统计(1998～2011年)

时间	作者	题名	期刊	被引	下载
1998	谢安邦、阎光才	高校的权力结构与权力结构的调整——对我国高校管理体制改革方向的探索	高等教育研究	393	3946
1999	陈玉琨、戚业国	论我国高校内部管理的权力机制	高等教育研究	246	1909
2000	袁贵仁	建立现代大学制度推进高教改革和发展	中国高等教育	253	2215
2004	李福华	对高等学校学生权力的探讨——学生主体地位的政治学视角	教师教育研究	129	1584
2004	张永华	以学生权利为本位　规范高校学生管理	中国高等教育	85	888
2005	林荣日	论高校内部权力	现代大学教育	92	940
2006	寇东亮	学术权力:中国语义、价值根据与实现路径	高等教育研究	101	1721
2007	李福华	利益相关者理论与大学管理体制创新	教育研究	351	4158
2008	吴立保、谢安邦	全人教育理念下的大学教学改革	现代大学教育	90	2856
2009	张燚、张锐、高伟	高校利益相关者理论的研究现状及趋势	高教发展与评估	73	1846

表2　学生权力及参与研究被引统计(2012年至今)

时间	作者	题名	期刊	被引	下载
2013	梅萍、贾月	近十年我国高校学生评教有效性问题研究述评	现代大学教育	90	2674
2013	赵庆年、祁晓	高等学校分类管理:内涵与具体内容	教育研究	48	2301
2014	金姗姗	高校内部治理碎片化困境及其突破:整体性治理的视角	教育发展研究	50	1837
2014	陈金圣	重塑大学治理体系:大学治理能力现代化的实现路径	教育发展研究	78	3644
2014	刘献君	高等学校决策的特点、问题与改进	高等教育研究	37	1474
2015	李立国	大学治理的内涵与体系建设	大学教育科学	64	1657
2016	张德祥	1949年以来中国大学治理的历史变迁——基于政策变革的思考	中国高教研究	68	2498
2016	石荣传	本科生导师制:类型、实施现状及完善对策	大学教育科学	60	1138
2016	宣勇	论大学的校院关系与二级学院治理	现代教育管理	44	1574
2019	戴国力	析论高校教育惩戒权的法律控制	东方法学	47	2334

(一)学生权力改造期(1949~1965年)

第一阶段从1949年到1956年,党和政府领导全国各族人民实现了从新民主主义到社会主义社会的转变。中央从旧政府和外国教会手中接管学校,在回收教育主权的同时,从根本上改变了教育性质。

为满足国家对人才建设需求，学生管理制度亟待改造。基于“一边倒”的外交方针，在苏联的援助下，我国初步实现了对高等教育体制、格局的改造。此时的规章要求建立社团以发挥其促进科学文化的功能，⑪认可学生组织促进校园文化建设、发展科学方面的作用，提出在校长领导下的校务委员会中设“学生会代表二人”，⑫表明学生代表已具备参与高校事务的权力。1952年在院系调整和教学改革后，高等教育逐步纳入有计划的人才培养轨道，高校管理开始全面沿用“苏联模式”。这一时期主要任务是政治教育，部分规定虽认同学生参与学校事务，但计划模式管理体制下并未形成主流。

第二阶段从1957年到1965年，在全面建设社会主义的探索、实践和发展中，一批“又红又专”的社会主义建设者被培养和锤炼。高等教育逐步进行自主化、正规化的改革调整。这一时期出台了大量涉及学生权力的法规条例。《关于教育工作的指示》提出，“学校领导人员要尽可能同学生打成一片……学校财政、建设计划等，应向全体师生员工公开，使师生员工能参加管理工作”，⑬明确了师生的监督权、参与权，学生权力在制度层面得以体现。1961年提出“班成立班委会，由学生选举产生。班委会也是学生会的基层组织。主要任务是：向教师和行政反映有关学习的情况和意见”。还强调“教师要注意听取学生对教学的意见和要求”。⑭ 学生权力的内容和组织形式逐渐摆脱“苏联模式”，开始迈向自主探索。

（二）学生权力整顿期（1966～1997年）

“文化大革命”时期，学生权力的组织样态、表现形式和运行方式同之前相比出现差异，学生权力较小。1977年恢复高考后，教育主管部门

---

⑪ 参见张冠鹏：《新中国成立以来高校学生管理制度的历史沿革与基本经验》，载《黑龙江高教研究》2013年第12期。

⑫ 上海市高等教育局研究室等合编：《中华人民共和国建国以来高等教育重要文献选编》（上）1979年版，第241页。

⑬ 范跃进：《新中国成立以来高等教育元政策》，中国社会科学出版社2017年版，第70页。

⑭ 《中共中央关于讨论和试行教育部直属高等学校暂行工作条例（草案）的指示》，载中国经济网，http://www.ce.cn/xwzx/gnsz/szyw/200706/12/t20070612_11710374.shtml。

也多次颁布和修订学生管理制度。

1978年《高等学校学生守则（试行草案）》要求学生遵守学校规章制度，尊敬师长。随后涉及学生权力的法规条例重新进入公众视野，《关于正确处理大学生中发生的事端的通知》提出，“要爱护学生关心改革、要求改革的热情……使广大学生有表达意见的机会和正常途径”，保障学生表达合理诉求的渠道和机会。1990年“鼓励学生对学校工作提出批评和建议，支持学生参加学校民主管理”⑮，“高等学校党委要研究学生会等群众组织工作中的重大问题，支持他们依照国家法律和各自的章程独立自主地开展工作”⑯，该时期从扩大学校办学自主权开始，赋予学生权力并对其进行规范、引导，拓宽了学生自我教育管理的新途径。⑰

（三）学生权力拓展期（1998～2011年）

以颁布《高等教育法》和大学扩招为标志，高等教育发展逐步迈入法治化和大众化的新篇章。伴随高等教育体制改革深化，高校显性的思想教育模式和管理上刚性的特点已无法适应学生个性发展。因此此时的规章制度侧重“自主办学，民主管理”⑱，“建立现代学校制度……民主治校，健全学校的民主监督机制”⑲。“学校应当建立和完善学生参与民主管理的组织形式，支持和保障学生参与学校民主管理”，⑳为学生参与提供了依据。主张“维护学生通过学生代表大会参与学校相关事项的民主决策、实施监督”㉑，这一时期学生参与大学内部治理的作用已逐渐被

⑮ 《普通高等学校学生管理规定》，载中央政府门户网，http://www.gov.cn/flfg/2006-01/17/content_161593.htm。

⑯ 《中国共产党普通高等学校基层组织工作条例》，载法律图书馆网2020年6月1日，http://www.law-lib.com/law/law_view.asp? id=62198。

⑰ 储祖旺：《高校学生事务管理教程》，科学出版社2008年版，第95页。

⑱ 《中华人民共和国高等教育法》，载中央政府门户网，http://www.gov.cn/banshi/2005-05/25/content_927.htm。

⑲ 《国务院批转教育部2003—2007年教育振兴行动计划的通知》，载教育部官网，http://old.moe.gov.cn//publicfiles/business/htmlfiles/moe/moe_4/200501/5323.html。

⑳ 《普通高等学校学生管理规定（2005年）》，载法律图书馆网2020年6月1日，http://www.law-lib.com/law/law_view1.asp? id=91071。

㉑ 《高等学校章程制定暂行办法》，载中央政府门户网2020年6月1日，http://www.gov.cn/flfg/2012-01/09/content_2040230.htm。

正视和重视。

学生权力迈向法治化进程的同时,学界也逐步参与到学生权力讨论中(见图1和表1)。如认为学生权力是现代高校内部权力的重要组成部分,学生应在学校事务中拥有发言权,高校在调整权力结构中要注重完善多方组成的委员会制度,等等。这一时期的学生权力在高校日常教学、管理等事务中的影响逐渐扩大。

(四)学生权力成熟期(2012年至今)

党的十八大后,我国进入全面推进法治化进程新时期。教育部提出"落实校内民主管理和社会参与机制,尊重和保护师生权利"。[22] 高校章程成为依法治校和完善现代大学制度的积极探索和重要抓手。截至2020年12月,教育部审核通过的131所高校章程,均有关涉学生参与的条款,也多次重申"高校依据章程树立规范制度体系,完善内部治理结构,建立健全自主监督机制,推动实现高校自主办学"[23]。2013年教育部要求将学生满意度纳入本科教学工作评估。"建立现代学校制度……健全校务公开制度,加强学生代表大会建设"也被纳入《国家中长期教育改革和发展规划纲要》。与修订前相比,《普通高等学校学生管理规定》指出学校应建立完善学生参与管理组织形式,支持保障学生依法、依章程参与学校管理。新增"实施学生管理,应当尊重和保护学生的合法权利"等表述。学生参与内部治理得到前所未有的重视。

这一阶段的学生权力研究集中于高校内部治理、治理现代化等领域。强调大学治理能力的现代化有赖于治理环境的改观和体系的完善。从政策文本看,教育部门修订、完善了现有规章制度,补充了涉及学生参与的论述,注重高校章程的建设和审核,以确保学生权力真正落地;从学术研究看,学生权力研究主题转向内部治理的多个层面,涉及教育学、政治学、法学和管理学等多个领域。

---

[22] 《关于印发〈全面推进依法治校实施纲要〉的通知》,载教育部网,http://old.moe.gov.cn/publicfiles/business/htmlfiles/moe/s5933/201301/146831.html。

[23] 《对十三届全国人大二次会议第5928号建议的答复》,载教育部网,http://www.moe.gov.cn/jyb_xxgk/xxgk_jyta/jyta_gaojiaosi/201911/t20191101_406455.html。

二、新中国成立以来高校学生权力嬗变的特点

学生权力嬗变历经改造、整顿、拓展和成熟四个阶段,以"整顿期"为分水岭,前一阶段以苏联模式为蓝本,强调借鉴、学习和改造,后一阶段从国情出发,注重引导和规范。其嬗变可以从"变化轨迹""表现形式"和"权力诉求"三方面加以考察。高校学生权力虽表现为"时多时少、时强时弱",但却从未消失,并随社会背景和时代主题不断改变自身面貌。

(一)变化轨迹:"双重改造"到"整顿""复兴"

学生权力历经"双重改造":1949~1956年,依据社会政治、经济文化建设的发展需求培育人才,学生权力由民国模式转变为"苏联模式";1957~1965年,学生话语权得以强化,在一系列初涉学生权力的规章制度颁布后,学生权力开始步入人们的视野,[24]转向自主探索的中国模式。"文革"期间学生权力的扩张,实质上阻碍了学生参与良性发展。1977~1997年,高等教育在反思基础上整顿规范,学生参与逐步为规章制度所认可。1998~2011年,伴随高校扩招和高等教育大众化,高校与学生的关系被重新定义,学生权力迈入新的历史时期。2012年至今,学生权力伴随依法治国的全面推进、现代大学制度的构建、高校内部治理的提出而焕发勃勃生机。

我国高校学生权力的变化轨迹还体现在不同时期高校学生权力内容、运行方式、载体和特征上的差异。(见表3)

---

[24] 参见尹宁伟:《现代大学制度与学生权力》,载《现代教育管理》2011年第8期。

表3 我国高校学生权力内容、运行方式、载体和特征的变化轨迹

时期	权力内容	运行方式	运行载体	运行特征	规章制度
改造期	研究、讨论和决定学校(院)的重大发展问题;对高校财政和建设方面的监督、参与权;向教师和行政反映学习情况和意见等	校务委员会中设"学生会代表二人"参与学校管理	学生会、社团、班委会	高校学生权力由民国模式向苏联模式再向中国模式的"双重改造";政治挂帅背景下,学生权力并不能完全彰显	《高等学校暂行规程》《关于教育工作的指示》《教育部直属高等学校暂行工作条例(草案)》
整顿期	对学校工作提出批评和建议,参加学校民主管理;学生组织可以依照国家法律和各自的章程独立自主地开展工作	通过扩大高校办学自主权,赋予学生一定权力,通过学生社团实现自我教育和管理	学生会、学生社团	这一时期趋向是学生权力运行规范化,表达意见和建议的机会和渠道合理化	《关于正确处理大学生中发生的事端的通知》《普通高等学校学生管理规定》《教育法》《中国共产党普通高等学校基层组织工作条例》
拓展期	参与学校民主管理;通过学生代表大会参与学校相关事项的民主决策、实施监督	通过建立完善民主管理组织形式,支持学生通过学生代表大会参与学校管理	学生会、学生社团和学生代表大会	在现代学校制度探索、大学章程建设背景下,法治化、制度化建设的特点开始显现	《高等教育法》《普通高等学校学生管理规定》《高等学校章程制定暂行办法》

续表

时期	权力内容	运行方式	运行载体	运行特征	规章制度
成熟期	对学校改革、建设和发展事项的知情权，对学校发展、民主管理和教育、教学改革的批评建议权；在本科教学工作评估中，将学生满意度纳入其中；接受师生员工和社会的监督，加强学生代表大会建设；支持保障学生依法、依章程参与学校管理	通过大学章程建设，使高校学生事务管理变得有“法”可依，有理可循；加强学生法治意识和法治观念，加强学生代表大会制度建设，维护学生合法权益	学生会、学生社团和学生代表大会	在全面推进依法治国、深化行政体制改革和建立健全权力运行制约和监督体系背景下，学生权力运行的法治化、制度化、组织化建设进一步规范和深化	《全面推进依法治校实施纲要》《关于开展普通高等学校本科教学工作审核评估的通知》《关于开展普通高等学校本科教学工作审核评估的通知》《普通高等学校学生管理规定》（修订后）

如表3所示，我国高校学生权力内容不断丰富、具体，从最初笼统表述，到对学校工作提出批评建议，学代会参与民主决策、监督，再到近年来参与学校改革、建设、发展的知情权和批评建议权等，细化了学生参与领域；在运行方式中，主要采用在选取代表的间接参与形式；以学生会、社团为主要运行载体，“整顿期”还存在班委会参与的情况；呈现改造、整顿、拓展的运行特征，是学生权力自上而下推进和权力意识逐渐觉醒的过程。

（二）表现形式：“忽视”“规范”到“模糊”“理性”

特定时代背景决定了学生权力的特殊形式。新中国成立伊始，政府既是高校举办者又是管理者。伴随恢复高考和改革开放进程加快，政府部门出台了一系列规章制度规范学生权力，但此时部分规定虽保障了学生通过合理渠道表达自身意见，但就如何参与、参与到何种程度还是模糊不清。诸如，学生对学校工作提出批评和建议，但到底什么是“学校工作”？学校工作是科研、教学还是其他？这些问题不明了，学生权力在落实时就可能沦为一纸空文。在“拓展期”和“成熟期”,学生权力迈入法治化阶段并不断深化。党的十八大明确指出,依法治校是应有之义。“成熟期”以来的有益探索,从制度入手细化学生权力,助推了学生权力的深入发展。诸如在高校章程中正视学生参与,重视学代会建设、将学生满意度纳入本科评价等,较之前界定都更为理性和清晰。

(三)权力诉求:“外发”“被动”到“内生”“自觉”

受我国传统社会观念和高校管理体制等影响,学生权力进入制度和政策前大多处于被动地位,在来源上依赖外部赋予,而非内部群体权力意识的觉醒和主动诉求。新中国成立伊始,出台的规章制度虽为学生参与创设了条件,但却被“苏联模式”掩盖,导致学生权力“自觉”意识缺位。随后较前一阶段出台了大量规章制度,但仍未改变学生权力靠政策推动的“外发性”和“被动性”本质。因缺乏“内生”和“自觉”,当面对权力时,学生往往不能给定合理范围。既容易在受侵害时因缺少渠道和话语权而主动放弃自身权益,也容易在拥有权利后茫然无措而失去权力使用的范围、底线。

以“整顿期”为分水岭,学生权力实现由“外发”,“被动”向“内生”,“自觉”转变。此后出台的规章制度有意引导和规范学生权力,学生逐渐产生“自觉”意识,由“外发性”向“内生性”迈进,由规章制度赋予向积极主动要求迈进。伴随高等教育体制改革推进,高校收费意味着高等教育教学已成为学生缴费购买的“准私人产品”,学生角色出现新变化——“消费者”,此时学生权力意识进一步“觉醒”。在“拓展期”和“成熟期”,学生权力不断通过制度化、法治化和组织化建设而加强。尤其是“成熟期”,学生的法治意识和法治观念建设被提上日程。种种迹象表明,我国高校学生权力逐步向“内生性”和“自觉性”蜕变。

三、新中国成立以来高校学生权力的时代回应

学生权力虽历经几个阶段变化,但就权力体系及高校治理结构而言具有延续性,中国共产党领导下的大学权力结构和治理体系在指导思想

上相当稳定,这既是为人民办教育的宗旨所决定的,也是中国共产党民主集中制原则与人民民主思想在大学中的贯彻落实。通过检视学生权力发展中的问题和遭遇,省思、探索理性有效的学生参与,是梳理历史变迁逻辑的意义所在,也是消弭高校内部权力失衡、完善高校治理结构的必要准备。

(一)稳定的外部环境是前提

学生权力需要良好的生态系统。学校发展离不开政治、经济和文化环境等外部因素,学生权力的变迁同样受此影响。新中国成立伊始,面对满目疮痍、百废待举的社会现实,恢复生产、实现经济发展成为重中之重。教育的经济功能被重视,政府有意加强高校管理,此时学校的自主权十分有限,学生也缺乏权力观念。改革开放后学生权力逐渐步入正轨,科技进步、生产力发展使社会创造的资源与日俱增,经济基础的多元化发展,使社会话语权逐步扩大。社会、企业和民间组织对高校资源投入增多,高校完全受政府管理的局面发生转变,学生权力诉求也随经济社会发展浮出水面,尤其是近年政府对教育领域的"放管服""管办评"分离、完善高校治理、建立现代大学制度等,推进了学生权力发展。因此,经济社会稳步前进是维护学生权力、保障学生参与的前提。

(二)树立正确的学生观是关键

树立正确的学生观有利于保障学生的合法权力,实现学生有效参与高校内部治理并发挥积极效用。树立学生观的过程,也是对"大学兴旺与否取决于内部谁控制"㉕的回应。长期以来,我国高校学生话语权式微,学生权力很大程度上为学术权力和行政权力所掩盖。高等教育潜移默化的科层制管理思维模式,将学生视为被管理者的角色,理念上轻视甚至忽视学生参与的重要性和必要性,所以学生权力容易在实践层面失去有效参与学校治理的机会。

尊重学生权力是转变高等教育发展理念、发挥学生主体性的基础和

㉕ [美]伯顿·克拉克:《高等教育学》,王承绪等译,杭州大学出版社1994年版,第12页。

保证。“把学生放在首位只是一个简单的原则,但它却拥有巨大力量”。[26] 学生参与高校治理对现代大学制度的建立和学校内部结构完善有正向作用。因此,有必要尊重学生的合理诉求、承认学生作为学校治理的重要权力方,将学生角色从传统、单纯的受教育者和被管理者中“解放”出来,成为“高等教育治理的全面合作伙伴”[27]。通过打破传统学生观的桎梏,充分探索学生潜能,维护学生的合法权力,拓宽学生参与渠道,让学生参与从文本走向实践。

(三)培育内生性权力意识是核心

内生是自觉意识的体现,是开展行动的动力。学生权力只有被高校内权力主体(包含学生自身)意识到其存在的必要性和合理性,才能得以发展并实现预期效果。而培育学生内生性的权力意识,是学校人才培养的使命所在,也是对国家提升青少年法律素质的回应。倘若学生缺乏内生的权力意识,一方面,学校管理者或教师的角色在做出一些决策时,难以从学生最高利益出发约束自身行为;另一方面,学生没有自发维护权力的诉求或主见,就容易被牵着鼻子走,最终丧失个人主动性。

培育学生的内生性权力意识,需改变当下教育中的非理性和实用主义倾向。高校创设机会培养和激励学生的正义感,提升学生甄别和选择的能力,保证学生以积极负责的态度参与高校治理:第一,要完善现有组织体系,目前以学生自我教育、管理和服务为主的组织已普遍存在,但以参与学校管理为主要职能的组织发展明显滞后,应成立或完善学生代表“教育教学质量监督”“后勤服务监督”“行政管理监督”“学生提案委员会”等组织,维护学生参与管理、监督的权力。第二,赋予组织权力,通过《大学章程》赋予学生组织独立运作和管理的权力,防止组织“虚有其表”。第三,发挥学生组织职能,学生组织作为沟通学校和广大学生的桥梁,在柔化学校管理、避免学生与学校冲突方面存有的优势,要充分发挥学生组织特有的媒介功能。

---

[26] [美]唐纳德·肯尼迪:《学术责任》,闫凤桥等译,新华出版社2002年版,第350页。

[27] 饶燕婷:《欧洲国家高等教育质量保障中的学生参与政策》,载《教育发展研究》2012年第11期。

(四)构建适切的规章制度是根本

好的规章制度是学生权力的保障。在政策、法律层面学生参与表述的碎片化特征,不仅使学生参与缺乏法律依据,还使高校在治理实践、出台规章时缺少有效参考。实践证明,适切的规章制度是明确学生合法权力不受侵犯、保障学生参与合法渠道的重要依据,也是划定权力界限的制度基础。

"合法性"是事物存在的前提,而制度建设则是学生权力合法化最稳固的基石。进行合理的制度构建,一要国家加快法律法规的修订完善。将涉及学生参与的条款转化为明晰的法律条文,通过立法赋予学生正当权力,为学生参与提供坚实的法理基础。二要完善高校章程建设。通过章程建设以制度化的形式明确学生拥有的权力,参与职责、范围和渠道等,确立学生及学生组织地位。三要在落实法律法规和章程的基础上,将涉及学生参与的条文具体化和实践化。通过创新学生参与的民主管理制度,诸如听证制度、提案制度、申诉制度、学生代表大会制度等,为学生参与提供明确制度依据。

(五)划定合理权力范围是保证

权力边界既可以维护"合法权力",也可以束缚"权力任性"。学生的广泛参与不等同于过度参与,而是"有限参与"。任何权力运作都离不开相关知识体系和认识论,也离不开对知识的获取、占有、分配和保留。㉘ 毫无疑问,学生在高校学习时间短且多集中于专业知识学习,缺乏社会适应性,甄辨、选择、决策的知识经验和实践能力不足。所以在理性引导学生参与的同时,还要对学生参与的权力范围做好划定,否则可能会出现学生参与的非理性化或"溢出参与",干扰高校治理效果。

要划定学生权力的合理范围,就要在充分调研的基础上明确学生能做什么、不能做什么,将其纳入高校章程或学生管理办法,并设立相应监督机制,既要防止"放权不足",又要防止"放权过度"。此外,高校还应积极引导学生合理使用权力,但需注意的是,学生参与高校内部治理并

㉘ 参见冯遵永、丁三青:《学生参与大学治理:理性检视与路径重构》,载《社会科学家》2017年第2期。

非一成不变,而是伴随时代进步而不断丰富的弹性概念。因此,在对待学生权力时不能搞"一刀切",而是要设置开环结构以保证其内容不断更新。

Reflection and Realistic Perspective on the Study of the College and University Students' Power since the Founding of the People's Republic of China

Zhou Qian Wang Weidan Ju Fasheng

Abstract: Based on the national macro-policy background, the meso-development process of higher education and the-micro research on college and university students' power, this paper sorts out the historical transmutation of attention to the power of college and university students since the founding of the People's Republic of China. In the four periods of transformation, reorganization, expansion and maturity, college and university students' power shows the following characteristics: the change track from "double transformation" to "reorganization" and "revival", the expression form from "neglect" and "standardization" to "fuzziness" and "rationality", and the power appeal from "external" and "passive" to "endogenous" and "conscious". On the basis of clarifying the development stage and operation logic of students' power, it is guaranteed that students' power plays a positive role in the governance of colleges and universities by maintaining stable social environment, setting up correct students' view, cultivating endogenous power consciousness, constructing appropriate rules and regulations, and demarcating reasonable power scope. This paper also looks forward to the new growth points emerging in the fields or backgrounds of private colleges and universities, the new era, the promotion of modernization of education governance and the construction of a powerful country in higher education after students' power has entered the "mature period".

Key Words: students' power, student participation, university governance

大学治理视野下高校教学督导评价观之多元重塑*

王若梅**

摘　要：新时代陕西本科教育要想实现创新和发展必须高度关注教育评价方面，教学督导作为各校教育教学评价的重要主体，其作用不容忽视，其落后的评价观需要首先加以改造。以往主要存在如下不足：对评价主体构成的认知较为模糊；对评价原则的认识缺乏全面性；对评价内容的认识偏重评教，忽视评学和评管；对评价方式的认识偏重结果性评价及定量评价；对教育评价的新手段重视及应用不够。在国家治理体系全面走向现代化的进程中，应在树立高等教育治理观的前提下，对高校教学督导评价观进行多元重塑，主要是："主体"上兼顾自评与他评；"原则"上兼顾督查与发展；"内容"上兼顾督教、督学与督管；"方式"上兼顾结果与过程；"方法"上兼顾线下与线上。

关键词：新时代　陕西本科教育　高校教学督导　评价观

* 本研究为2021年省教改重点项目《新时代陕西高校本科教学改革与创新的理论与实践研究》（项目编号：21BZ050）研究成果之一。

** 王若梅，西北政法大学教学质量监测与评价中心副主任，研究员。研究方向：高等教育评估、大学教学。

一、引言

教育评价是教育教学的指挥棒,当前陕西高等教育领域正处在构建高质量发展体系的新阶段,高质量发展从根本上离不开高质量的教育评价,依据国家近年来下发的《深化新时代教育评价改革总体方案》《关于深化新时代教育督导体制机制改革的意见》等,陕西省也出台了相关的制度办法,提出了多种要求,陕西在新时代本科教育改革创新过程中也必须高度关注这些要求。教育教学督导人员是各校确保教育质量不容忽视的一支重要力量,是高等教育内部教育教学质量评价活动的重要主体,在陕西高等教育发展进程中发挥了实实在在的作用,但同时也存在较为突出的问题,如果这些问题不能及时加以解决,将不利于陕西高校在新的历史条件下的改革进程,而要从根本上加以改进,必须对其评价观加以改造。"评价观"是关于教育评价的基本认识,涉及评价的主体、基本价值遵循、原则、思路、内容、方式及方法等,它是评价行为发生发展的首要前提或是决定性因素,具体到高等教育领域,则离不开先进的与高等教育高质量发展相匹配的评价观。新时代是高等教育加快内涵式发展的时代,教学督导人员需不断吸取新鲜养料,树立符合时代需求的评价观,方能适应复杂多变形势下教育质量持续提升的客观需要。

二、以往陕西部分高校教学督导评价观之不足

(一)对评价主体构成的认知较为模糊

目前,部分督导专家对教育教学评价主体的认识仍停留在传统管理的层面上,潜意识里将评价主体定位于教学管理的领导、专家等少量特定人群,而将教师、学生、教学管理人员、后勤管理人员等均视为接受评价的一方,尤其是不自觉地将教师与学生置于评价的客体位置,这种相

对单一的评价主体观使包含督导专家在内的少量评价人员处于较为强势的地位，关于“评什么？”“怎么评？”等关键性问题均由这部分人员说了算，评价过程中往往只是站在专家的立场上对教学结果进行简单衡量和判断，这种主客体分明、居高临下式的教学评价某种程度上不仅不能带来教育教学领域的改观，有时可能还起到反作用，引起师生的不满甚至反感。近年来虽有所好转，但仍有部分督导专家的认识上具有模糊性与不确定性，有时虽然态度有所转变，但未对主体问题进行认真思考并发生实质性改变。评价主体方面认识落后，将大大阻碍评价功能的有效实现，因此是首先必须正视的一个重要问题。

（二）对评价原则的认识不够全面

教育教学评价原则是教学督导开展评价工作的基本遵循，是评价观的有机组成部分，按照一般性说法，教育教学评价原则通常包括全面性、全程性、指导性、发展性与激励性等方面。所谓“全面性原则”就是评价工作应尽可能覆盖“德智体美劳”人才培养的主要环节，既要有教学，更要有育人；既要有课内，又要有课外；既要有组织管理，还要有支撑保障。所谓“全程性原则”就是为了达到有效监控监测、渐进了解、精准施策的目的，评价活动需贯穿教师发展与人才培养的全过程。所谓“指导性原则”就是在评价过程中充分融汇指导性元素，有关人员以专业的知识与经验对所督查的部门与个人施以正向影响，主要是对教学管理、课堂教学、学生学习、教学资源建设等方面展开全方位的帮助和指导，促使其不断改进和提升。所谓“发展性原则”则更是蕴含了评价工作核心的价值追求，指评价人员需充分认识到教育教学主体与对象的特殊性及其成长的渐进性与复杂性，其教学监督与检查需有利于教师的专业化成长，同时也应有利于学生“德智体美劳”全面进步，以及学校各项工作的有效改进。所谓“激励性原则”就是评价活动的最终目的并不在于简单的评判，其价值所指主要是激励评价对象的持续改进。

对于教学督导人员的评价活动而言，上述一些原则同样适用。客观地说，以往教学督导开展工作过程中，对评价原则的把控仍不够全面，尤其是较大程度上忽视了指导性与发展性原则。由于我国高校教学督导专家传统的构成方式及工作运行模式均带有较强的经验性特征,督导专家群体天然的对评价工作的理论遵循建构不足,对评价应遵循的各种原则缺乏深刻而清晰的认知,更缺乏深层次的反思与提升,导致实际工作中一定程度上对评价存在表面化理解,往往只重视了与结果或结论密切相关的评价、总结、反馈等环节,而一定程度上却忽视了关乎在过程中改进的"指导"与"发展"原则的运用,其实是关注了评价活动的表面忽视了其灵魂,在这方面认识含混不清,将会严重影响评价活动的走向,使督导专家评价的效果和影响力大为降低。

(三)对评价内容的认识厚此薄彼现象突出

"督教""督学""督管"之"三督"并举是教学督导的基本职能,然而多年来在这方面始终存在较为突出的问题,即偏重"督教",忽视"督学"和"督管","三督"工作存在明显的厚此薄彼现象,工作配比严重失衡,这主要源自较为狭隘的质量观与评价观,认为教育教学质量主要在于教师的教学,因而往往会在"评教"方面投入较多的时间和精力。诚然,教师的教育教学是学生成长成才的第一要素,但绝非全部,事实上学生发展的影响因素丰富且复杂,是校内外诸多因素共同作用的结果,仅就校内而言,也必须包括师资力量、教学管理、资源建设、条件保障、后勤服务等方面,因此必须形成统筹的质量观与评价观并在其下展开相关的管理活动。

此外,即使是评教方面,认识上也还存在明显的局限性甚至误区。首先是仅重视智育方面的教学评价,而忽视了德育、体育、美育与劳动教育等方面;仅重视课堂教学而忽视了其他形式的教学评价。事实上人才培养活动涵盖多个环节,形式多样,绝不仅仅是课堂理论教学,如实验教学、实践教学、创新创业教育、第二课堂等均是其重要的方面,而围绕这些方面开展教学评价的屈指可数。其次,即使是理论课堂教学的评价,也还有明显的欠缺,重视教师在课堂的"教"忽视学生在课堂的"学",重视"督"知识性教学而忽视了课程思政,重教书轻育人,重视教师课堂具体的教育教学技术而忽视教师长期的专业化发展,"督"课堂的教学形式大于"督"课堂的教学内涵建设,偏重教学秩序评价,忽视教学设计与教学内容评价。

(四)对评价方式的认识也有明显偏差

本研究所提及的评价方式不是具体的评价方法或手段,而是一种相对抽象的对评价走向与趋势的总体性概括。对于评价方式的认识也是评价观的有机组成部分。以往部分教学督导专家受传统观念影响,对评价方式的认识存在明显的惯性思维,习惯沿袭旧的评价方式开展工作,偏重结果性评价,忽视过程性评价;偏重定量评价,忽视定性评价。当宏观高等教育形势及微观人才培养方式均已发生显著变化的情形下,这种重刚性、轻柔性的评价方式越来越不适应形势发展的需要。

目前,偏重结果评价的弊端现已充分显现,较大程度忽视了教育教学发生发展的具体过程,尤其是对于教学过程最重要的主体——教师与学生缺乏应有的研究与关注,这种评价无法有效引起师生的共鸣。偏重定量评价的弊端也是显而易见的,其使教学督导工作一定程度上呈现出表面化、简单化倾向,而人才培养活动则具有相当的复杂性和特殊性,人才成长并非整齐划一,有更多的方面仅有量化评价仍远远不能揭示其本来面目,必需展开必要的定性评价。“重结果、重量化”的评价方式较大程度上降低了专家评价应有的作用。

(五)对教育评价的新手段应用不够

对于评价手段的认识也是评价观的应有之义。多年来,教学督导专家在评价手段上,主要采取的是传统的手工填写各类评价表的方式,如课堂教学评价表、试卷质量评价表、论文答辩评价表,等等,先进一些的也仅是利用电脑填写电子评价表并在网上进行提交,在科学技术迅猛发展的当下,上述评价手段已显落后。

当代社会科学技术发展日新月异,5G时代已悄然来临,大数据、人工智能、云计算之类已开始深刻影响人们的工作和生活,教育评价领域也不可避免地受到了科技新发展的影响。以现代科技发展为基础,监测评价、智慧评价开始映入人们的眼帘,这种基于科技革命带来的评价手段的变化,有助于随时发现存在的问题,有助于准确发现并及时纠正人才培养过程中的偏差,这种发现带有全覆盖、瞬时性、精细化、准确化等特征,更好地顺应了人才培养过程复杂多元的变化,不仅吸引了越来越多的研究者关注的目光,而且已在一些学校开始付诸实践。

教学督导专家作为学校内部质量监测的关键主体,如果固守传统单一的评价手段,不去关注学习教育评价与监测手段的新发展新变化,不仅难以满足新形势下教学督导工作的需要,而且也难以继续保持其特有的权威性。

三、树立高等教育治理观是提升教学督导评价观的重要前提

当前我国高等教育已步入追求高质量发展的关键时期,高校教学督导在其中担负着质量保障的重要职责,要真正发挥其应有的作用,尤为重要的是必须尽快使传统评价观升级换代,形成新的评价观。为此,必须顺应国家新时代改革与发展的大势,深刻理解"治理体系与治理能力现代化"的丰富内涵,树立新的高等教育的治理观,这是扭转传统评价观的重要前提。

多年来,受高校垂直式管理模式的影响,教学督导工作坚持的也是一种行政化的自上而下的管理思想,这种管理理念虽在一定阶段取得了较为明显的成效,但随着形势的变化,其弊端也日益显现,导致督导实践中问题重重,主要包括:督导力量单一,督导人员素质及能力有限,工作的缺失不能得到有效的弥补;督导与被督导者是简单的管理与被管理的关系,督导人员往往以管理者的姿态出现,督导与被督导者存在一定的对立情绪;督导的重点往往仅在于给出确定性结论或是结果等评价,督导的作用和效果较为有限;反馈机制不健全,工作时效性差。在当前我国高等教育已经经历了从管理理论到管理实践一系列重大变化的情形下,在高等教育利益相关者日益多样的背景下,这种高权力重心的管理思想显然已经落后于时代发展的需要。

所谓"高等教育的治理观"主要就是在把高等教育视为一种准公共产品的前提下,对高等教育治理主体、治理机制、治理过程等方面形成的

基本认识，主体多元化、权力分散化、制度规范化是其基本逻辑，在国家以治理理念推进高等教育改革的进程中，该理念有利于高等教育的和谐与可持续发展。近年来，随着我国社会主义市场经济的快速发展以及高等教育管理体制改革不断向纵深推进，高等教育管理领域正在发生深刻变化，其中最重要的就是国家开始致力于通过建立现代大学制度构建新型的高等教育治理结构，以形成政府、大学、市场多元参与治理的格局。这样做的根本目的就在于通过"管办评"的相对分离，以及权力的分散和下沉，以充分调动各方的积极性，进一步提高办学质量和效益，使大学焕发出应有的生机与活力。大学管理思想的这一重大变化是时代使然，也是我国高等教育深化改革的必然结果，高校各方面的工作都应该积极适应上述变化，教学督导工作亦是如此。

基于大学从管理走向治理这一根本的制度性变化，大学教学督导工作也必须发生应有的转向，其核心就是要深刻理解大学治理的精髓，并将其要义贯穿到工作过程中。有研究认为，治理作为一种管理理念和逻辑框架，与高校督导体制创新存在内在契合。① 本研究认为，以治理思想引领高校教学督导工作，关键就是要形成新的评价观，在此基础上进一步优化工作机制，强化制度设计，充分调动学校自主开展质量监控的积极性，构建以督导为核心的内外相连的教学质量治理体系，形成督导者、教师、学生、管理者、校友、校外专家等多方参与的多元化的工作主体，进而打造信息多向传递、协同互动的层级化、多中心的大督导工作格局。这是对传统督导工作的升级改造，由此，有助于一改以往种种积弊，有助于形成民主和谐的督导氛围，有助于质量文化向督导文化的延伸，有助于督导工作在更深更广的层面上得以延续和开展。

目前许多学校已行动起来，以构建校院两级督导制度来回应学校内部校院两级治理结构的改变，一种新的评价观指导下的协同共进的督导评价格局初步显现，这是一个很好的开端，下一步还应该积极推进教师、学生及其他管理者乃至校外利益相关者的多元参与，使教学督导工作从

---

① 吴计生：《治理视域下高校教学督导工作的思考与实践》，中国水利水电出版社2020年版，第19页。

单一主体的单向度推进到多主体多流向发展,从而达到共治共享的目的。通过多方参与协同互动以形成多主体、多流向、多层级、网格化、高能化、全覆盖的督导工作机制,方能应对日益复杂的质量保障的需求。

四、治理视野下教学督导评价观之多元重塑

针对教学督导评价观存在的种种问题,本研究认为重点应在深刻理解高等教育治理思想的前提下,以《深化新时代教育评价改革总体方案》等文件精神为指引,从评价的主体、原则、内容、方式以及手段方面使教学督导的评价观走向全面升级。具体就是在评价主体的认识上应进一步走向多元化,在评价原则的认识上应进一步体现发展性,在评价内容的认识上应趋向全面化与综合化,在评价方式的认识上应积极寻求刚性与柔性的有机结合,在评价手段的认识上应进一步聚焦线下与线上的有机结合。

(一)主体之变:兼顾自评与他评

有关研究表明,大学的利益相关者分为四个层次:核心利益相关者(教师、学生、管理人员)、重要利益相关者(财政拨款者、管理部门、校友)、间接利益相关者(科研经费提供者、产学研合作者、贷款提供者等)、边缘利益相关者(用人单位、社区、社会公众等)。[②] 在大学治理现代化进程中,就教育教学评价而言,以上述诸多利益相关者为主体展开多维度、多视角的监测与评价是确保评价客观、科学、准确、公平的不二选择。由单一主体走向多元主体,绝不仅仅是评价人员及评价活动数量的简单增加,多元评价主体是随着现代高等教育管理活动的递进、升级所带来的评价领域的重要进展,它有利于纠正以往评价视角固化的弊端,有利于消解主客体之间的距离感,有利于调动多方利益主体的积极性。以多层级利益相关者为主展开多主体、全方位、立体化的评价活动

② 李福华:《大学治理的理论基础与组织架构》,教育科学出版社2008年版,第85~87页。

有利于在质量提升进入攻坚阶段进一步取得实质性突破，是当前我国高等教育评估发展的重要方向。最重要的是，多主体评价从根本上是质量文化意识的全面觉醒，有利于唤醒教师、学生等教育教学重要群体的质量主体意识，以此能够在质量文化建构过程中从被动走向主动，这是高校质量文化大局发展的需要，更是教书育人质量评价活动走向科学性、合理性的必然。

教学督导人员作为学校教学质量管理的专家团队，更应积极扭转陈旧观念，站在建构和发展质量文化的高度，本着理性包容、尊重多元价值选择的原则，摒弃以往较为片面的单一主体的认识，构建多主体平等参与、协调互补的评价观，使自身成为多元主体评价当中的有机组成部分。多主体评价的架构并不是对督导评价作用的削减，而是有利于更好地找准教学督导评价的功能与定位，在新的架构中，督导评价与其他评价既有一定的相容性，又有一定的超脱性，以此能够更好地体现教学督导评价的意义与价值。

（二）原则之变：兼顾督查与发展

前文指出，教育教学评价原则大体包括全面性、全程性、指导性、发展性与激励性，它们之间有着一定的内在关联，其蕴含着教学督导评价的外部特征与内在价值，同样适用于教学督导的评价活动，教学督导人员应深入理解并遵循这些原则。在督导评价原则的把控上，以往突出的问题主要是督导评价过程中对于指导性与发展性原则较为忽视，这种做法一定程度上淡化了督导的特殊身份与作用，将督导评价等同于一般检查性的教学评价，使督导的作用打了折扣，这一点应引起足够的重视。要让督导评价的价值得到最大化的体现，就必须在多元评价体系中提高督导评价的辨识度，彰显督导评价的独特功用与价值，这就要求评价原则方面必须充分关照指导性与发展性。

关注指导性原则，就是基于教学督导专家丰富的教育教学经验以及学科特长，充分发挥其帮扶带动作用，寓指导于评价，积极采取过程性评价等柔性评价方式，不以短时间作出结论为重点，而以评价对象的工作改进为重点。如对教师教育教学活动的评价，不仅要给出教育教学水平的基本评判,更应该指出其如何强化教学设计、如何改进教育教学。

关注发展性原则,就是要充分认识督导评价的特殊性,将督导评价的重心进一步后移,以评价谋发展,谋求教师的发展,更要谋求学生的发展,归根结底是要谋求学校各项事业的进步。特别是学生的发展尤其应成为关注的重点。正如有专家指出的那样,教学评价之改革应致力于从主要取决于教得怎么样向主要取决于学得怎么样转变,要注重采取指向学生学习的产出导向的评价,这种评价具有四个特征:重视学习者高阶思维能力的发展、注重学习过程的评价、注重评价主体的多元化和评价方式的多样化以及质性评价方式。③ 教学督导的评价观只有充分融汇上述观点,才能在较大程度上达到促进学生发展的目的。

(三)内容之变:兼顾督教、督学与督管

“督教”方面,就是要积极拓展促进师生健康发展的教育教学评价。注重教学评价是教学督导工作长期的传统,但是要对其进行必要的改造,一定要摒弃狭隘片面的教学评价观,要站在促进教师专业化发展、学生德智体美劳全面进步的高度重构教学评价的内涵及方式,始终坚持立德树人,加大对育人元素的考量,关注课程思政、教学设计、教学内容、课堂延伸等方面。

“督学”方面,就是要围绕促进学生全面发展展开评价。一个重要的方面就是要努力开展促进学生发展的增值评价。所谓增值评价即通过对学生在整个大学就读期间或某个阶段的学习过程、学习结果的分析,来描述学生在学习上进步或发展的增量。④ 以往教学督导评价过于关注教师的“教”,而较大程度上忽视了学生的“学”,对质量工作最终的对象——学生的发展变化及收获情况缺乏应有研究和关注,这是非常严重的缺失和不足。基于立德树人这一高等教育的根本任务,督导的评价观应适时作出调整,积极彰显以生为本,关注学生的差异性以及个体发展的独特性,注意对学习者知识构建过程开展评价的同时,还要注重考

---

③ 李志义:《“水课”与“金课”之我见》,载《中国大学教学》2018年第12期。

④ 章建石:《基于学生增值发展的教学质量评价与保障研究》,北京师范大学出版社2014年版,第25页。

查学生综合素质、创新精神和实践能力,既激励学生,又矫正指导学生,从而使其获得发展的动力及能力。

“督管”方面,就是要围绕教学服务与保障展开管理评价。由于多种原因,以往教学督导对于教学管理的评价最为薄弱,效用也极其有限。在高等教育现阶段的发展进程中,一幅与以往大不相同的图景已呈现在人们的眼前,教学的组织形式、学生获取知识的手段、教学支持与保障等都在发生前所未有的改变,需要强化教学管理方能满足形势快速变化发展的需要,加强对教学管理的监管因此成为必然。教学督导作为学校内部颇具权威性的一支监管力量,必须投入相关工作,通过瞄准教学管理的关键环节开展评价活动,从而促使教学管理的理念、内涵及形式的优化与提升。

(四)方式之变:兼顾结果与过程

人才渐进式的成长规律决定了需要采取与之相匹配的量变质变并重的评价方式,这才是科学合理的。不仅要关注结果更应关注过程,在人才成长环境日益复杂、环节日渐多样、手段不断丰富的情况下,更应在评价方式方面有所改革与创新,将评价的侧重点转向过程,在评价方式中充分融入定性评价。

要注重强化寓“德智体美劳”为一体的过程评价。要建立动态评价思想,注重评价对象多样的变化过程,从培养德智体美劳全面发展的建设者和接班人出发,不仅关注智育,还需要积极领会《深化新时代教育评价改革总体方案》精神,关注德智体美劳的综合评价,即“创新德智体美劳过程性评价办法,完善综合素质评价体系,切实引导学生坚定理想信念、厚植爱国主义情怀、加强品德修养、增长知识见识、培养奋斗精神、增强综合素质”。这就需要持续关注多个方面,要着力突出思想政治教育,除了关注课堂教学,还应关注学位论文(毕业设计)指导、学生管理与服务、学生参加社会实践、实习(实训)、师德师风建设常态化、教师参与教研活动,教师指导学生就业创业、学生体质健康、艺术课程与艺术实践、劳动教育课程学习和实践情况、教材质量、国际交流合作、毕业生发展以及用人单位满意度等。此外,在扩大评价覆盖面的同时,有些还需要持续追踪评价。同时还要采用多样化方法推进过程评价,《关于深化新时代教育督导体制机制改革的意见》就指出要坚持综合督导与专项督导相结合、过程性督导与结果性督导相结合、日常督导与随机督导相结合、明察与暗访相结合,这对高校教学督导工作也有突出的指导意义。

要着力推进以发展为导向的结果评价。传统的结果评价属于终结性评价,由于不利于改善,存在为评价而评价之嫌,多年来备受诟病,教学督导工作以往也多是如此,这在一定程度上招致广大被评人员的不满。然而,结果性评价绝非一无是处,基于其蕴含评价的合理性成分以及在以往各类评价中发挥的无可替代的效用,它亟须进行符合时代需要的改造。对于教学督导工作来说,优化结果性评价的关键就是要和"教""学""管"过程性评价相结合,寻求其与不同性质过程性评价的耦合,增加结果性评价的合理性因素,从而使传统的结果性评价焕发新的生机和活力。

此外,还要在定量评价的同时,进一步发展柔性的定性评价。对于教学督导的主要职责"三督"而言,无论是教师的教书育人、学生的学业发展、还是高校的教学管理都具有较强的复杂性,均存在循序渐进由量变到质变的过程,尤其是量变过程中细微的差异及变化,这种探求人才发展规律的过程,其中有些方面根本就不可以量化评价,如教师的教学投入,教学督导的监督与评价如果将目光过多投向阶段性的量化评价将是一种明显的缺失,它不利于深入揭示个体的特殊性、差异性,不利于因材施教、精准施策,因此必须注重发展定性评价。

(五)手段之变:兼顾线下与线上

要研究学习基于大数据的监测评价。2020年2月印发的《关于深化新时代教育督导体制机制改革的意见》提出"充分利用互联网、大数据、云计算等开展督导评估监测工作"。《深化新时代教育评价改革总体方案》再次提出"充分利用信息技术,提高教育评价的科学性、专业性、客观性"。可见,国家已充分认识到基于数据开展教育评价的重要性及必要性。监测评价就是数据驱动的评价,具体就是利用现代信息技术持续收集、深入分析有关数据,直观呈现高等教育状态,为多元主体价值判断和科学决策提供客观依据的过程。⑤ 目前高等教育质量保障正朝着精细化方向发展，监测评价高度契合了这一需要，它有助于对潜在风险作出预警；有利于及时修正教育活动的偏差；有利于及时补救出现的问题。监测评价是现代信息技术在高等教育质量管理领域应用的必然产物，代表了高等教育评价发展的新发向。监测评价的重要特点之一就是将所有利益相关者均纳入其中，使其都成为监测主体，教学督导作为学校教育教学质量管理的一类专门人员，有义务、有责任督促学校在质量管理方面适应新时代发展的需要积极开展监测评价，并努力参与其中。

要积极了解基于人工智能的智慧评价。随着人工智能技术在我国突飞猛进的发展，它已经影响并渗透到多个行业、多个领域，教育领域也不例外。智慧教室、智慧课堂、智慧教学系统等越来越多地映入人们的眼帘，教育评价也逐渐开始融入“智慧”元素，人们不仅开始讨论基于智慧教学的评价，而且开始讨论基于人工智能及大数据等技术的智慧评价，智慧评价是对教育过程的多维数据的集中总结，是基于大数据的认知与价值判断活动，目前已有研究提出要构建治理视角下的高等教育智慧评价体系，提出以大数据作为重构多元评价主体评价权利的技术支撑，以共享数据创造的多维评价空间进行人机协同，通过评价相关者“合作—协商—对话”确立评价标准。⑥ 监测评价在某种程度上也属于智慧评价，二者在评价基本遵循上是相似的，评估主体均为所有利益相关者，评估展开都离不开多元主体的充分沟通与协商，评估手段都基于大数据和智能技术，如果说有区别，主要是监测评价的工具属性更加突出，而智慧评价兼具工具性与人文性，它通过提供个性化的学习策略，以及跟踪分析其学习成长历程，给予个性化的评价支持，引发其内在自我的觉醒与成长，从而协同生成自觉主体，有利于生命价值的回归。教学督导作为教育教学评价的重要力量，必须对这种教育评价发展的新动向、新成果有所把握，以此才能适应当前及今后督导工作的变化和发展。

---

⑤ 王战军：《高等教育监测评估理论与方法》，科学出版社 2017 年版，第 3 页

⑥ 任珂：《教育治理视角下的高等教育智慧评价体系构建》，载《中国高等教育》2020 年第 24 期。

Colleges and Universities from the Perspective of University Governance

Wang Ruomei

Abstract: In order to achieve the innovation and development in undergraduate education in Shaanxi province in the new era, we must pay close attention to education evaluation. As an important subject of teaching and education evaluation in colleges and universities, teaching supervision cannot be ignored. Its backward evaluation concept needs to be reformed first. In the past, the major issues are as follows: the cognition of the composition of the evaluation subject is relatively vague; the understanding of the evaluation principle lacks of comprehensiveness; the focus of the evaluation stays on the evaluation of teaching, ignoring the evaluation and management of the evaluation; the evaluation method focuses on the result-oriented evaluation and quantitative evaluation; the attention and applications of new means of educational evaluation are insufficient. In the process of the comprehensive modernization of the national governance system, on the premise of establishing the governance concept of higher education, the aspect of evaluation for the teaching supervision and evaluation in colleges and universities should be reshaped in multiple ways. It includes: the integration of the subject's self-evaluation and the third party evaluation ,the integration of supervision and development in "principle", the integration among teaching, learning and administrating in "content", the integration of result and process in "mode" and the integration of online evaluation and offline evaluation in "methods".

Key Words: new era; undergraduate education in Shaanxi Province; teaching supervision in colleges and universities; aspects of evaluation

《法学教育研究》稿约

《法学教育研究》创办于2009年，是国内较早系统关注法学教育研究的专门性学术出版物，由西北政法大学高等教育研究所主办、法律出版社定期出版。2017年起本书每年出版4卷，现已入选南京大学CSSCI来源集刊。

宗旨：本书恪守科学性、实践性、创新性、开放性原则，集中出版法学教育教学研究成果，探索法学教育教学规律，促进法学教育事业的发展。

主要栏目有理论探讨、教学研究、比较研究、教材体系、管理经纬、学问人生、教育法制、法务反哺、法学资讯、书评等。

《法学教育研究》致力于搭建高水平的学术探讨平台，所有来稿均以学术价值为遴选标准。敬请作者来稿时提供：(1)中英文题目及作者姓名，标题尽量确切、简洁；(2)中英文摘要（不超过200字）；(3)中英文关键词（3～5个）；(4)作者简介（含姓名、工作单位、职称、学历学位、研究方向、通信地址、邮政编码、联系电话、电子邮箱），如果来稿系作者承担的省级以上科研基金项目，请注明项目名称和编号；(5)正文；(6)注释。

注释：是对文内某一特定内容的进一步解释或补充说明。用①②③……数字标注序号，采用当页脚注整篇连续编号形式。著作类包括“序号,著者:《书名》,出版社出版年,起止页码”。论文类包括“序号,作者:《题目》,载《报刊名》出版日期或期号”。

声明:《法学教育研究》已许可中国学术期刊(光盘版)电子杂志社在中国知网及其系列数据库产品中以数字化方式复制、汇编、发行、信息网络传播全文。《法学教育研究》已许可北大法宝法学期刊数据库以电子形式对本书进行制作、以不脱离于数据库的形式进行传播和销售;《法学教育研究》被北京万方数据股份有限公司、万方数据电子出版社数据库收录,相关著作权使用费和稿费一并支付;《法学教育研究》已被维普网全文收录。如无特别说明,作者提交文章发表的行为即视为同意上述声明。

本书的微信公众号为 fxjyyj-xfd,定期发布相关信息,敬请关注,官方网站为 http://ler. nwupl. cn/。本书的网络采编系统现已开通,网址为 http://fxjy. cbpt. cnki. net,请通过网络采编系统投稿。

联系方式:

E-mail: fxjyyj@126. com

电话:029-88182796

地址:西安市长安区西长安街558号

西北政法大学长安校区80号信箱

邮编:710122